U0563107

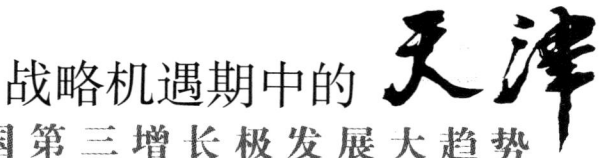

战略机遇期中的 天津
中国第三增长极发展大趋势
TIANJIN TO SEIZE THE IMPORTANT STRATEGIC OPPORTUNITIES

吴敬华 臧学英 / 编著

社会科学文献出版社
SOCIAL SCIENCES ACADEMIC PRESS (CHINA)

天津市科技发展战略研究计划项目
（项目编号：08ZLZLZT04600）

序　　言

　　天津位于环渤海的核心地带，是我国北方最大的沿海开放城市，经过长期努力积聚了巨大的发展潜能。天津改革开放的全面加快，不仅能够带动环渤海地区的经济振兴，改变我国经济发展南北失衡的态势，而且对于培育具有中国北方国际竞争力的城市群，有效参与东北亚经济合作与竞争具有十分重要的战略意义。

　　中国的改革开放就像是一场前赴后继的接力赛。20世纪70年代末~80年代初，深圳经济特区的建设带动了珠江三角洲，使中国经济进入了持续高速增长的轨道；90年代初，浦东新区的开发，带动了长江三角洲，中国经济继续保持了持续高速增长。进入21世纪，中国经济持续高速增长不仅刷新了日本创造的经济奇迹，而且刷新了中国台湾创造的经济奇迹。能否进一步保持中国经济持续健康发展，关键在于实现中国经济各大板块，尤其是第三大板块环渤海地区的全面振兴。

　　中共中央十六届五中全会，从我国区域协调发展和全国经济发展的大局出发，作出了一个重大战略决策，提出将天津滨海新区作为带动环渤海、掀起改革开放第三轮高潮的领军城市，进而全面积极地探索实现科学发展、和谐发展、率先发展的客观规律。2006年7月，中央又对天津城市发展提出了新要求，即要把天津建设成为国际港口城市、北方经济中心和生态城市。这既表明了中央对天津发展的充分肯定，又表明了中央对天津的未来发展寄予厚望。

　　2007年天津市第九次党代会以来，开创了天津科学发展的新时代，天津经济社会发展站在一个全新的历史起点上。这座伟大的城市发生了翻天覆地的变化。曾经在城市发展中承受无数压力和困难的天津人，不仅在奋力拼争中把握住发展机遇，而且最终焕发出强大的生机与活力。如果说目前中国机会最多、潜力最大的是环渤海地区，那么，天津无疑就是中国城市追求科学发展、和谐发展、率先发展的最理想的试验田。

令人欣喜的是，在天津进入第十二个五年规划的开局之年，由天津市委原副秘书长、天津社科联副主席、天津"十二五"规划专家委员会副主任吴敬华研究员挂帅，由天津市委党校经济发展战略研究所所长臧学英教授牵头，以天津市委党校经济研究所为主体的研究团队经过3年多精心研究的力著《战略机遇期中的天津——中国第三增长极发展大趋势》一书即将面世。这部专著站在时代发展的前沿和全球经济发展的战略高度，多层面、全方位、立体化地探讨了天津作为中国第三增长极的发展大趋势。理论上研究和构建了新形势下我国城市发展的新理念、新模式及制度创新体系；实践上分析探讨了天津作为我国21世纪第三增长极实现跨越式发展的基本现状、存在问题以及制约其科学发展的症结，并在借鉴国内外经济增长极实践经验基础上，构建了第三增长极实现科学发展的目标模式、结构模式与运行模式；对策上探讨了第三增长极实现科学发展的途径、运行体制与机制以及相关配套政策等。

全书共21章，包括四大篇。第一篇，世界格局中的天津，分析了21世纪初世界格局的变动与调整对中国经济社会的重大影响以及给天津经济社会发展带来的重大机遇与挑战；第二篇，正在崛起的天津，一共包括16章，从天津在21世纪所应承担的历史使命、发展目标、空间布局、总量与速度、质量与水平、金融与服务、商业与贸易、港口与交通、功能与辐射、制造与研发、生态与环境、科技与人才、城市与农村、改革与开放、旅游创意与产业创新等多个角度全方位地、深入系统地研究了天津经济社会发展的全貌，描述了起飞中的天津经济社会发展的全景图，也预测了2020年天津发展的宏伟蓝图；第三篇，走向世界的天津，重点研究了天津与京津冀、环渤海的经济互补、经济合作的内在关联性，强化了中国第三增长极崛起的真正目的是要通过依托中国北方地区的广大腹地，成为面向东北亚的北方经济中心，并通过发挥北方对外开放门户的作用，在东北亚区域合作中成为重要的经济增长极；第四篇，我国第三增长极发展大趋势，预测分析了作为21世纪中国第三增长极的天津未来发展将呈现的七大趋势。

该书作为近年来不多见的、专门研究剖析天津经济社会发展全貌的专著，其创新与特色体现在以下方面：

一是研究站在时代发展的前沿，结合国内外城市经济发展的实际，从理论与现实的结合上深入探讨了天津作为中国经济增长第三极，在21世纪新一轮的改革开放中所应发挥的作用及其实现二次崛起的客观必然性，揭示了21世纪的中国城市及其城市中的特殊区域在城市和区域发展中的地位及其与其周边地区发展的相互借力、互为动力、互为依托的联动协调发展关系。

二是该书比较全面、系统、立体地研究了天津经济社会的发展历程，特别是进入21世纪，随着天津滨海新区上升为国家战略，国务院赋予天津城市发展新定位以来天津经济社会发展的全貌。在21章中，多角度、多领域、全方位、深层次分析探讨了天津经济社会的发展变化，用动态的眼光理性地探索了天津取得的成绩、存在的不足以及未来的发展前景。同时，运用经济学相关理论深入剖析了天津与京津冀、环渤海、中国北方以及东北亚的内在经济关联性及其合作与发展的客观必然性。

三是该书丰富完善了中国特色的城市经济与区域经济理论。即从中国现阶段城市和区域经济发展的新趋势、新特点出发，探讨了新形势下作为经济增长极的中心城市实现经济崛起的路径依赖、体制机制以及发展模式和制度保证，揭示了21世纪我国中心城市功能定位的内涵及其实现发展的内在规律、运行机制和发展趋势。

四是构建了"增长极发展"的整体性分析框架。即从我国区域经济发展的实际和天津城市发展的现实出发，全面、系统、立体地研究了天津的发展历程和实现崛起的客观必然性，并对未来的发展趋势进行了预测，为我国其他区域实现增长极发展提供了整体性分析框架，并研究探索了新形势下我国经济增长极实现发展的新模式。

21世纪是一个充满机遇和挑战的世纪，是令人期许和矛盾丛生的世纪，更是一个充满变数与博弈的世纪。中国的城市在这样的一个世纪变迁中如何生存并实现发展，特别是实现科学发展，《战略机遇期中的天津——中国第三增长极发展大趋势》做了一定的探索，给我们做出回答，值得一读。

天津已经站在一个全新的发展起点上，迎来了千载难逢的历史性机遇，天津要百尺竿头、更进一步，成为名副其实的中国北方的经济中心，还需要经受世界经济的血雨腥风和市场经济的洗礼，正如天津市委书记张高丽所言，机遇十分难得，抓住了、用好了，就能乘势而上、阔步前进，使重要战略机遇期成为天津科学发展的黄金期、攻坚克难的创新期、大有作为的发展期。

我们有足够的理由相信，天津这座伟大而美丽的海滨城市，科学发展、和谐发展、率先发展之路越走越宽；天津成为经济繁荣、社会文明、科教发达、设施完善、环境优美、人民富裕的国际港口城市、北方经济中心和生态城市的建设步伐越来越快；天津大气洋气、清新靓丽、中西合璧、古今交融的城市风格深入人心；天津一定能够成为全国乃至全世界人人向往的美好家园。

天津市委党校常务副校长
祝宝钟
2011 年 8 月

目 录

第一篇 世界格局中的天津

第一章 世界格局的重新调整与中华民族的伟大复兴 ……………… 3
　一　21世纪初世界格局的重大变化与调整 …………………… 3
　二　中华民族在世界格局中的地位迅速跃升 ………………… 7
　三　中华民族的伟大复兴大有希望 …………………………… 18

第二章 党和国家的重大战略决策与第三增长极的崛起 ………… 21
　一　21世纪初中国区域格局的重大变化 ……………………… 21
　二　中国北方经济的振兴与环渤海的快速发展 ……………… 24
　三　环渤海发展的新趋势与天津的重新崛起 ………………… 28
　四　2005年以来天津发展的新局面 …………………………… 34

第二篇 正在崛起的天津

第三章 使命与挑战 ………………………………………………… 41
　一　天津崛起的重大意义 ……………………………………… 41
　二　天津崛起面临的重大挑战 ………………………………… 49
　三　天津崛起与国内各区域的竞相发展 ……………………… 59

第四章 蓝图与设想 ………………………………………………… 78
　一　北方经济中心 ……………………………………………… 78

二　国际港口城市 …………………………………………… 89
　　三　生态宜居城市 …………………………………………… 97

第五章　布局与规划 …………………………………………… 114
　　一　做好城市空间布局与规划的意义 ……………………… 114
　　二　"双城双港"的城市空间发展战略 …………………… 121
　　三　"一轴两带"的城市发展新布局 ……………………… 128
　　四　"南北生态"的城市发展新理念 ……………………… 134

第六章　引擎与龙头 …………………………………………… 140
　　一　强大的引擎让天津插上腾飞的翅膀 …………………… 140
　　二　昂起的龙头带动京津冀都市群快速发展 ……………… 150
　　三　"先行先试"的示范效应助推环渤海地区协调发展 … 155

第七章　总量与速度 …………………………………………… 162
　　一　经济总量位于全国城市前列 …………………………… 162
　　二　保持一定的发展速度 …………………………………… 168
　　三　站在科学发展的前沿 …………………………………… 171

第八章　质量与水平 …………………………………………… 176
　　一　实现又好又快发展 ……………………………………… 177
　　二　不断提升质量与水平 …………………………………… 186
　　三　科技进步与产业结构升级 ……………………………… 192

第九章　金融与服务 …………………………………………… 197
　　一　经济中心建设呼唤金融中心的再兴 …………………… 197
　　二　金融服务功能的完善是经济中心强有力的支撑 ……… 207
　　三　金融创新不断加快 ……………………………………… 213
　　四　现代服务业蓬勃发展 …………………………………… 216

第十章　商业与外贸 …… 224
一　天津商圈与东北亚商贸集散地 …… 224
二　商贸发展面临的机遇与挑战 …… 229
三　加快商贸设施建设与完善服务功能 …… 233
四　对外贸易实现跨越发展 …… 237

第十一章　港口与交通 …… 240
一　港口是推动城市经济发展的重要力量 …… 240
二　国际港口城市的新要求 …… 245
三　建设中的世界一流现代化国际枢纽大港 …… 253
四　建设完善高效的现代港口城市交通体系 …… 265

第十二章　功能与辐射 …… 269
一　完善的城市功能是城市发展的内在要求 …… 269
二　天津城市功能建设不断提速 …… 272
三　国际港口城市的辐射功能建设 …… 277

第十三章　制造与研发 …… 282
一　"高水平现代制造业与研发转化基地"的基础与条件 …… 282
二　存在的问题与面临的重大机遇 …… 289
三　现代制造业的快速发展与研发转化基地的形成 …… 292

第十四章　旅游创意与产业创新 …… 300
一　旅游业的新功能与发展新趋向 …… 300
二　发展的新契机与面临的新问题 …… 309
三　旅游创意产业与产业创新 …… 314

第十五章　生态与环境 …… 323
一　现代城市发展的新要求 …… 323
二　生态环境的总体状况 …… 325
三　加快生态城市的建设步伐 …… 329

第十六章　科技与人才 ……………………………………… 333
一　科技创新与人才聚集 ……………………………… 333
二　现存差距与发展机遇 ……………………………… 340
三　创新型天津正在形成 ……………………………… 345

第十七章　城市与农村 ……………………………………… 353
一　城乡统筹发展的新格局 …………………………… 353
二　加快城乡统筹的发展机遇与挑战 ………………… 359
三　城乡统筹发展的新天津 …………………………… 364

第十八章　改革与开放 ……………………………………… 374
一　改革开放成就巨大 ………………………………… 374
二　滨海新区综合配套改革扎实推进 ………………… 376
三　开放型经济体系不断完善 ………………………… 379
四　面临的新形势新问题 ……………………………… 381
五　实现改革开放新突破 ……………………………… 383

第三篇　走向世界的天津

第十九章　京津冀与环渤海 ………………………………… 389
一　京津冀共同发展的重大意义 ……………………… 389
二　京津冀共同发展的途径 …………………………… 396
三　环渤海的振兴之路 ………………………………… 401

第二十章　依托北方腹地与面向东北亚 …………………… 412
一　依托环渤海和中国北方 …………………………… 412
二　东北亚区域合作潜力巨大 ………………………… 417
三　天津在东北亚区域合作中的新作用 ……………… 420

第四篇 发展大趋势

第二十一章 中国第三增长极发展的七大趋势 …………………… 427
  一 龙头带动作用将不断增强 ……………………………………… 428
  二 城市群效应愈发凸显 …………………………………………… 430
  三 生态城市建设助推城市的可持续发展 ………………………… 431
  四 金融改革和创新将成为城市发展的强大动力 ………………… 433
  五 城乡一体化将成为城市发展一道亮丽风景 …………………… 434
  六 创新型城市在转型中健康成长 ………………………………… 435
  七 城市的国际化现代化程度不断提升 …………………………… 437

参考文献 ……………………………………………………………… 439

后　记 ………………………………………………………………… 443

Contents

Part One   Tianjin in the World Pattern

Chapter 1   The world pattern readjustment and the great
            rejuvenation of the Chinese nation   / 3
  1. Major changes and adjustments of world pattern at the
     beginning of 21st century   / 3
  2. The Chinese nation's position in the world pattern increased rapidly   / 7
  3. The great rejuvenation of the Chinese nation is very promising   / 18

Chapter 2   The party and the country's major strategic
            decision and the rise of the third growth pole   / 21
  1. The major changes of China regional pattern at the
     beginning of the 21 century   / 21
  2. The revitalization of northern China economy and the
     rapid development of Bohai Rim   / 24
  3. The new trend of Bohai Rim development and the
     resurgence of Tianjin   / 28
  4. The new situation of Tianjin development since 2005   / 34

Part Two   The Rising of Tianjin

Chapter 3   Mission and challenges   / 41
  1. The great significance of Tianjin's rise   / 41

2. The major challenges Tianjin's rise faced / 49
   3. Tianjin's rise and domestic areas' competitive development / 59

Chapter 4   Blueprint and imagine / 78
   1. Northern economic center / 78
   2. International port city / 89
   3. Ecological livable city / 97

Chapter 5   Layout and planning / 114
   1. The significance of doing well the urban space layout and planning / 114
   2. The city space development strategy of "Double cities and double ports" / 121
   3. The new city development layout of "One axis and two belts" / 128
   4. The new idea of city development of "North-south ecology" / 134

Chapter 6   Engine and leading / 140
   1. The powerful engine gives Tianjin flying wings / 140
   2. The lifting dragon head drives the rapid development of Beijing – Tianjin – Hebei urban group / 150
   3. "Pilot" demonstration effect to boost the coordinated development of the Bohai Rim region / 155

Chapter 7   Amount and speed / 162
   1. Tianjin will be located in the forefront of cities across the country in the economic gross / 162
   2. To maintain a certain growth rate / 168
   3. Standing in the forefront of scientific development / 171

Chapter 8   Quality and level / 176
   1. To achieve sound and rapid development / 177

2. Continuously improve the quality and level of development / 186

3. Scientific and technological progress and industrial structure upgrade / 192

Chapter 9 Finance and service / 197

1. The construction of economic center calls for a financial center revival / 197

2. The improvement of the financial services function is the strong support of the economic center / 207

3. Accelerating financial innovation / 213

4. Modern service industry is booming / 216

Chapter 10 Business and trade / 224

1. Tianjin business circle and Northeast Asia business collection and distribution center / 224

2. The opportunities and challenges faced by the business development / 229

3. Speed up the construction of business facilities and improve the service functions / 233

4. Foreign trade has achieved leapfrog development / 237

Chapter 11 The port and transport / 240

1. A port is an important force to promote urban economic development / 240

2. The new requirements of international port city / 245

3. The constructing world-class modern international hub port / 253

4. Constructing the efficient modern port city transportation system / 265

Chapter 12 Function and radiation / 269

1. The perfect city function is the inherent requirement of the city development / 269

2. The city function construction of Tianjin accelerates continuously / 272
3. The radiation function of the international port city / 277

Chapter 13　Manufacturing and R & D / 282
　1. The foundation and conditions of "high-level modern manufacturing and R & D transformation base" / 282
　2. The existing problems and the facing major opportunities / 289
　3. The rapid development of modern manufacturing and the formation of R & D transformation base / 292

Chapter 14　Tourism creativity and industry innovation / 300
　1. New function and development trend of tourism industry / 300
　2. The new opportunity of development and the new problems faced / 309
　3. Tourism creativity industry and industry innovation / 314

Chapter 15　Ecology and environment / 323
　1. The new demand of modern city development / 323
　2. The overall situation of ecological environment / 325
　3. Accelerate the pace of ecological city construction / 329

Chapter 16　Technology and talent / 333
　1. Science and technology innovation and talent aggregation / 333
　2. The existing gaps and the development opportunities / 340
　3. Innovative Tianjin being formed / 345

Chapter 17　Urban and rural areas / 353
　1. A new pattern of urban and rural development / 353

2. The opportunities and challenges to accelerate the
   development of urban and rural /359
3. The new Tianjin of urban and rural overall development /364

Chapter 18 Reform and opening up /374
1. The great achievement of reform and opening up /374
2. Promoting comprehensive supporting reforms in
   Binhai New Area /376
3. The opening-up economy system improves continuously /379
4. The new situation and problem /381
5. Realize new breakthrough in reform and opening up /383

Part Three   Towards the World's Tianjin

Chapter 19   Beijing-Tianjin-Hebei and Bohai Rim /389
1. The great significance of Beijing-Tianjin-Hebei collaborative
   development /389
2. The path of Beijing-Tianjin-Hebei collaborative
   development /396
3. The road of rejuvenation of Bohai Rim /401

Chapter 20   Relying on north hinterland and facing to Northeast Asia /412
1. Relying on the Bohai Rim and north China /412
2. Northeast Asia regional cooperation has great potential /417
3. The new role of Tianjin in Northeast Asia regional cooperation /420

Part Four   Development Trend

Chapter 21   Seven trends of China's third growth pole development /427
1. The leading role will continuously enhance /428

2. The urban agglomeration effects become more prominent / 430
3. Eco-city construction boosts city's sustainable development / 431
4. Financial reform and innovation will become a strong power of the urban development / 433
5. Integration of urban and rural areas will become a beautiful landscape of urban development / 434
6. An innovative city is growing healthily in the transformation / 435
7. The degree of internationalization and modernization of the city is continuously improving / 437

References / 439

Postscript / 443

第一篇
世界格局中的天津

第一篇

世界末日在哪裡

第一章
世界格局的重新调整与
中华民族的伟大复兴

天津是一座伟大的城市,自1860年开埠以后,天津迅速发展成为中国北方的经济中心,在中国经济发展的历史进程中与上海形成了"南有上海,北有天津"的经济格局。虽然天津一度承受了体制转型所带来的各种社会振荡,经济发展出现徘徊不前的状态,但是天津没有气馁,凭借百折不挠奋力拼搏的精神,奋起直追。2005年10月,以天津滨海新区纳入国家总体发展战略为标志,天津站在一个全新的发展起点上,迎来了千载难逢的历史机遇。"80年代看深圳,90年代看上海,科学发展看天津。"21世纪中国第三经济增长极正在形成。

近年来,随着天津火车站的改建、海河的整治、地铁线路的延长以及地面交通的改善等城市基础设施建设步伐的加快,天津的市容市貌焕然一新;滨海新区的开发开放、滨海综合配套改革试验田的"先行先试"让天津到处充满改革创新的理念、干事创业的热情;空客A320、大乙烯、大炼油、中新生态城等一系列国家级重点项目在天津落户,让天津人民看到了天津重新振兴、成为北方经济中心的希望,更让世人真切地感受到中国第三增长极的快速崛起。

天津的崛起得益于中华民族的伟大复兴。一个城市的兴衰是以民族复兴为背景的,而一个民族的复兴又与世界格局的重大变化与调整息息相关。

一 21世纪初世界格局的重大变化与调整

世界格局即一定时期的国际关系状况及其演变态势[1]。从世界发展历史

---

[1] 肖承罡:《当代世界格局与中华民族凝聚力》,《广东省社会主义学院学报》2007年第10期。

来看，世界格局的转换不确定、不可测的因素很多。世界各国根据对世界形势的重大转折及走向，不断进行各自的战略与政策调整。

（一）21世纪初世界格局演变的历史背景

在第二次世界大战之后的世界格局演变过程中，世界主要发达资本主义国家在一定程度上支配着世界格局的形势，呈现出以下特点：

第一，第二次世界大战后初期，美国在资本主义世界经济中的地位快速提升。在第二次世界大战中，除美国以外，无论是战胜国还是战败国，经济上都遭到严重破坏。在英、法、德等主要资本主义国家经济遭到战争严重破坏或削弱的时候，只有美国因本土远离主战场，不但没有遭到战火的破坏，反而乘战争之机大做军火生意，促进了军事工业的迅速发展，并由此带动了经济的增长和急剧膨胀。这导致战后美国在资本主义世界经济中的地位快速提升，国际经济地位在战后初期达到了历史的顶峰。其不仅在资本主义世界经济中，而且在整个世界经济中逐渐拥有压倒性的优势，成为世界超级大国之一。

第二，20世纪70年代美苏两极对抗。第二次世界大战后，苏联通过实行第四、第五、第六3个五年计划，国民经济得到恢复并迅速发展，经济实力大为增强，同美国的经济差距大大缩小。到20世纪70年代，苏联已经上升为仅次于美国的世界第二经济大国，成为另一个超级大国，美苏两个超级大国在军事、政治、经济等方面展开了全面对抗。世界格局进入美苏两极对抗时期，同时，美国的霸权也开始面临当时欧洲经济共同体的挑战。

第三，20世纪80年代初开始到21世纪初，世界多极格局萌生发展。主要发达资本主义国家经济于70年代初陷入滞胀，在西方发达国家经济滞胀及随后的经济调整时期，世界经济格局开始由美苏两极抗衡向多极化演变。

从20世纪70年代初起，欧共体的实力不仅超过了苏联，而且已经可以与美国相匹敌。20世纪70年代末~80年代初，日本开始崛起成为世界经济大国。到1986年，欧共体因希腊、西班牙和葡萄牙的相继加入而发展为12国，经济实力显著增强。与此同时，美国的国际地位相对下降。80年代末~90年代初，苏联、东欧的社会主义国家发生了历史性的制度剧变。1991年12月，苏联宣布解体，标志着战后形成的"雅尔塔体制"终结，冷战结束。同时，从20世纪80年代开始，社会主义中国开始在改革开放中迅速发展。

（二）21世纪初世界格局的重大变化与调整

进入21世纪以后，世界格局出现重大变化与调整，呈现出以下特点。

1. 以多极广泛协调为主要特征的世界格局形成

进入21世纪，世界格局调整的幅度加大，速度加快，变数也随之增多，世界局势的演变更趋复杂化。受此影响，世界各国都在加速调整其对外政策和相互关系，使21世纪初的国际环境出现了新的发展趋势。

21世纪初，美国利用其在国际社会中的经济和军事优势，追求美国的"绝对安全"，维护已有的单边霸权。海湾战争、科索沃战争、阿富汗战争及伊拉克战争等无不说明美国的霸权主义武力干涉将继续蔓延。伴随着美国霸权成本及外债的日益增加，美国经济发展在一定程度上减缓，国际霸权地位也受到来自多方的挑战。

日本经济也不断趋缓。21世纪的欧盟在欧元作为统一货币的基础上，正逐步实现其安全与防务的一体化，争得在欧洲事务的主导地位。21世纪初的中国正在迅速崛起，其以自身强劲的经济增长态势，积极参与国际事务，维护世界和谐与发展。同时，东盟在谋求亚太一极。

由此判断，21世纪初的世界格局是一个互相牵制、互相制约，既有局部矛盾又在整体上保持和平的世界多极新格局。

世界走向多极化是不可阻挡的历史潮流。世界朝着多极格局的方向发展，是不以人们的意志为转移的。随着各种力量对比发生重大变化，美国虽然在多极中占有一定优势，但是随着其他各极如欧盟以及"金砖四国"（中国、俄罗斯、印度、巴西）等力量的相对增强，美国的影响将趋于减弱，其他各极的发言权将进一步增大。

一个以多极国际力量之间的广泛协调为主要特征的世界政治经济格局的形成，构成了当今世界格局的总体特征与发展趋势。多极的发展，必然是相互制约、广泛协调、共生共长的，这对于继续推进世界和平发展是一个重要因素。这对世界经济的发展是有利的，也给每个国家提供了充分发展自己的机会。但同时，我们也应该看到，多极的存在必然导致竞争日趋激烈，特别是将导致以经济、科技为中心的综合国力竞争的加剧。

2. 经济全球化是世界格局演变的显著特点

经济全球化是生产要素的全球配置与重组，是生产、投资、金融、贸易在全球范围内的大规模流动，是世界各国、各地区的经济融为统一的、相互依存、相互影响的经济体系的过程。2008年爆发的美国金融危机迅速蔓延到全球正是经济全球化的结果。

可见，经济全球化是世界格局演变的显著特点，也是21世纪世界格局形成的决定性因素之一，其核心是工业文明向信息文明的转变。

经济全球化有利于促进资本、技术、知识等生产要素在全球范围内的优化配置，为全球经济和社会发展提供了前所未有的物质技术条件，给各国、各地区提供了新的发展机遇。当然，经济全球化也是一把"双刃剑"，它同时增大了各国、各地区经济的运行风险。世界需要的是各国平等、互惠、共存、共赢的经济全球化。

全球化发展过程中的主要特点是：贸易扩张、资本流动（尤其是直接投资）和新技术浪潮。在全球化发展过程中，必定有一批国家善于抓住发展机遇，采取正确的发展战略，调整经济结构，充分趋利避害，最大限度地取得经济与科技的快速发展，在较短的时间内迅速增强综合国力。

由于经济全球化大大加强了发展不平衡规律的作用，由于大国之间的竞争已经不是在相互孤立的状态下，而是在全球化过程中展开的，大国实力发生相应序列位移的可能性与幅度都较以前增大，一些国家在世界格局中的地位相对下降，另一些国家在世界格局中的影响与作用不断上升。这样，作为全球核心结构的世界格局就会发生力量对比的重大调整。相对上升大国分享相对下降大国原先的影响力，不断创造新的力量空间，造成国际关系和大国地位的不平衡转换。正是这种不平衡发展促进了世界大国的多元化，而世界大国多元化正是世界多极化格局的基础。

2008年美国发生了严重的金融危机，美国华尔街五大投行相继倒台，美国金融业状况迅速恶化，并开始向实体经济领域渗透，导致其失业率大幅增加，经济大幅衰退和萎缩。金融危机对美国经济产生重大影响，使其在全球的实力和地位下降。而受美国金融危机的影响，世界性经济危机不断蔓延与深化，世界各国的经济、金融都不同程度地受到严重影响，这必然导致各国不断调整其发展战略和政策以应对经济危机。全球经济、金融一体化越来越成为当今世界发展的趋势。

3. 和平、发展与合作成为21世纪的世界主题

从第二次世界大战到现在，虽然局部战乱不断，但全球没有发生大规模战争。随着全球化的纵深发展，和平、发展与合作日益成为21世纪世界各国共同的利益诉求。世界要和平，人民要合作，国家要发展，社会要进步，是各国人民的共同愿望，追求和平、谋划发展、强调合作已成为不可阻挡的时代潮流。

一段时期以来，以美国为代表的"华盛顿共识"经济模式受到质疑，世界各国都在努力探索新的符合自身特色的发展模式。美国一直奉行单边主义，追求建立单极世界。谋求建立以自我为中心的世界秩序，实质就是要以自己的理论和价值观重整世界。但全球化背景下的世界不可能只有一种社会制度、一种发展模式和一种价值观念，美国的"单极化"早已成为历史。世界多极化趋势的发展，对维护世界和平和促进人类社会繁荣进步是有益的。它使世界各大力量彼此之间逐渐形成制约与制衡的关系，有利于避免新的世界大战的爆发，有利于遏制霸权主义和强权政治，有利于推动建立公正合理的国际政治经济新秩序，实现各国人民对和平、稳定、繁荣的新世界的美好追求，也有利于包括中国在内的广大发展中国家不断扩大在国际经济政治舞台上的活动空间，抓住机遇，发展自己。在这种任何势力也阻挡不了的世界潮流之下，当前大国之间的关系是既相互借力又相互制约，既相互合作又相互竞争。集中力量发展以高新科技为先导、以经济为基础的综合国力，依然是各大国的政策取向。

中国经过30多年的改革开放，国际地位和作用稳步上升，始终是促进世界和平与发展的坚定力量。发展中的中国特色社会主义模式越走越好，发展很快，也越来越被他国关注和效仿。"中国模式"、"北京共识"受到全球关注和重视，中国特色社会主义模式值得发扬光大。而现在对于中国来说正是千载难逢的重要战略机遇期，也是积极参与到世界格局竞争中来、提升其经济大国地位和拥有更大更多话语权、实现经济社会更好更快发展的最好时期。

总之，21世纪初世界格局的重大变化与调整为中华民族的伟大复兴提供了很好的历史机遇和国际环境。

二 中华民族在世界格局中的地位迅速跃升

（一）正在崛起的中国已成为优化世界经济政治格局的重要力量

从20世纪末到21世纪初，随着中国改革开放的不断深入，中国国际竞争力提高和经济整体实力增强，中国对国际社会的影响和贡献越来越大。中国的国民经济保持了长期、高速、稳定增长，对世界经济平稳增长作出了积极贡献。中国对全球经济增长的贡献主要表现为增量的贡献，并形成了较强的动力。在 21 世纪，中国对世界经济的拉动作用将不断增大，成为促进世界经济增长的重要力量。

中国的发展，从整体上扩大了发展中国家对全球经济的影响，优化了世界经济格局。没有中国的发展，发展中国家在世界生产中的比重是大幅下降的。如果南北经济差距过大，世界战争将不可避免，世界将永无宁日。中国等国家的迅速崛起已成为优化世界政治经济格局的不可或缺的重要力量。

由于"中国制造"的发展采取了高度开放的模式，加之中国在劳动力、工业配套能力、国内市场规模等方面的优势，使中国成为承接国际产业转移最重要的国家之一。同时，在大规模吸收国际产业转移的过程中，中国产业结构作为一个开放系统，与世界各国产业结构的关联性与互动性日益增强，并成为世界产业结构大系统中的重要组成部分。

中国是世界上最大的发展中国家，丰富且素质不断提高的劳动力资源是中国发展劳动密集型产业和部分技术密集型产业的天然优势。中国积极参与国际分工合作有利于全球资源合理有效配置。中国的对外贸易与世界上许多国家的互补性很强。在新的国际分工格局中，中国已经成为全球产业链中不可或缺的重要环节。

根据英国《经济学家》杂志估计，2000 年以来，中国对全球 GDP 增长的贡献相当于印度、巴西、俄罗斯三大新兴经济体总和的 2 倍。《经济学家》对中国的评价是，中国给予世界经济一种"积极的供给冲击"，提高了世界经济增长的潜力，导致劳动力、资本、商品与资产的相对价格发生变化。

诺贝尔经济学奖获得者斯彭斯教授在 2005 年撰文指出，虽然许多亚洲国家和地区过去亦曾经历高速且持续的经济增长，但从未见过像中国这样规模庞大的经济体，在一段长时间内如此强劲增长，其发展规模和重要性之大，影响人口之多，都是空前的。

在 2008 年美国金融危机及其所引发的全球经济危机中，中国经济虽然受到一定程度的影响，但在全球率先回稳和复苏，并比较迅速地走出危机，保持平稳较快发展。在全球经济一片灰暗的时候，中国成为一大亮点。不断发展崛起的中国成为优化世界经济和政治格局的重要力量。

伴随中国改革开放 30 多年来经济的强劲增长，综合国力的不断提高，21 世纪中华民族的崛起是一种不可阻挡的必然趋势。

(二) 中国在当今世界经济发展中的地位不断提升

经过 30 多年的不断探索和实践，中国的经济体制改革走出一条成功的转轨之路。中国特色社会主义市场经济体制逐步建立和完善，各领域的经济建设成果显著，在融入世界经济全球化的进程中，时代赋予中国新的历史机遇，不论从世界经济发展的历史趋势看，还是从中国经济发展的内在要求看，中国在 21 世纪都将会从一个经济大国发展成为经济强国。

经济全球化影响着世界经济的进程，也对中国经济社会产生巨大影响。特别是经过 16 年的漫长谈判，中国在 2001 年加入被称为"经济联合国"的世界贸易组织，这标志着中国经济进一步融入全球经济中，也标志着中国向世界的开放进入了一个全新的阶段，这给 21 世纪的中国经济发展带来新的重大历史机遇。

改革开放 30 多年来，中国的经济发生了巨大的变化，在世界经济发展中的地位日益增强，中华民族在世界格局中的地位迅速跃升（见表 1-1 和表 1-2）。①

表 1-1 中国主要指标占世界的比重

单位：%

年 份	1978	1980	1990	2000	2007	2008	2009
GDP	1.8	1.7	1.6	3.8	6.2	7.1	8.6
进出口贸易总额	0.8	0.9	1.6	3.6	7.7	7.9	8.8
外来直接投资		0.1	1.7	3.0	4.2	6.4	8.5

资料来源：国家统计局网站。

表 1-2 中国主要经济指标居世界的位次

年 份	1978	1980	1990	2000	2007	2008	2009
GDP	10	11	11	6	4	3	3
人均 GDP	175	177	178	141	132	127	124
进出口贸易总额	29	26	15	8	3	3	2
外来直接投资		60	12	9	6	3	2
外汇储备	38	37	7	2	1	1	1

资料来源：国家统计局网站。

① 本章阐述的世界格局以世界经济格局为主。

1. 中国GDP2010年跃居世界第2位

改革开放30多年来，我国经济飞速发展。1978年，我国国内生产总值（GDP）只有3645亿元，到2008年达到300670亿元（见图1－1）。到2010年，我国国内生产总值达到397983亿元，跃居世界第二位。

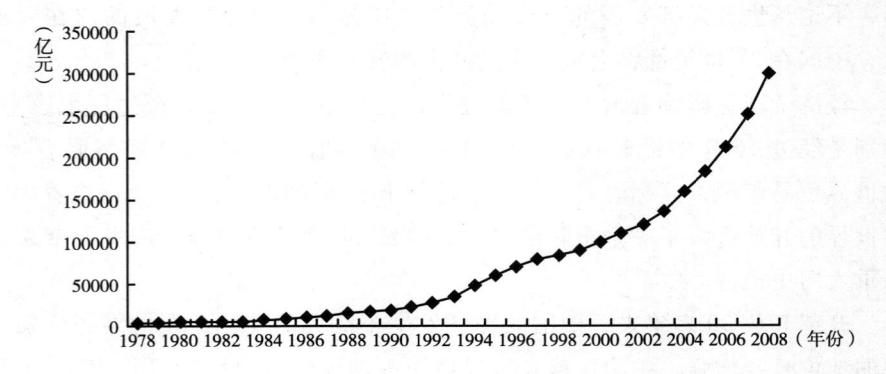

图1－1　1978～2008年中国GDP增长态势

资料来源：国家统计局网站。

我国国内生产总值（GDP）居世界的位次从2005年的第5位提升到2006的第4位、2007年的第3位，2010年首次超过日本，成为世界第二大经济体。中国GDP占世界的比重逐年上升，从2005年的5%提高到2010年的9.5%。同时，中国与美国的差距逐步缩小，中国对美国GDP比重，由2005年的17.9%上升至2010年的40.2%（见表1－3）。

表1－3　2005～2010年中国国内生产总值（GDP）居世界位次变化

年份	位次	国内生产总值（亿美元）	占世界比重（%）	相当美国的比例（%）
2005	5	22569	5.0	17.9
2006	4	27129	5.5	20.3
2007	3	34942	6.3	24.9
2008	3	45200	7.4	31.5
2009	3	49847	8.6	35.3
2010	2	58791	9.5	40.2

资料来源：国家统计局网站。

2. 中国经济保持了平稳较快增长

2008年和2009年,受国际金融危机冲击,世界主要发达国家和地区经济深度衰退,中国经济虽然受到较大冲击,但仍然保持了9%以上的增长率,2010年中国经济增长率达到10.3%(见表1-4)。中国经济平稳较快增长,有力地带动了世界经济的复苏。

表1-4　2006~2010年世界主要国家和地区经济增长率比较

单位:%

国家和地区	2006年	2007年	2008年	2009年	2010年	2006~2010年平均增长率
美　　国	2.7	2.0	0.0	-2.6	2.8	0.9
欧 元 区	3.0	2.9	0.5	-4.1	1.8	0.8
日　　本	2.0	2.4	-1.2	-5.2	4.3	0.4
中　　国	12.7	14.2	9.6	9.2	10.3	11.2
中国香港	7.0	6.4	2.2	-2.8	6.0	3.7
韩　　国	5.2	5.1	2.3	0.2	6.1	3.7
新 加 坡	8.6	8.5	1.8	-1.3	15.0	6.4
南　　非	5.6	5.5	3.7	-1.8	2.8	3.1
印　　度	9.7	9.9	6.4	5.7	9.7	8.2
俄罗斯联邦	8.2	8.5	5.2	-7.9	3.7	3.4
巴　　西	4.0	6.1	5.1	-0.2	7.5	4.5
世界总计	5.2	5.3	2.8	-0.6	5.0	3.5

资料来源:国家统计局网站。

由此可见,面对2008年百年不遇的国际金融危机的巨大冲击和影响,党中央、国务院果断决策,迅速出台并不断丰富完善应对国际金融危机的一揽子计划,不仅使我国经济在世界各国中实现率先回升,而且,在危机中脱颖而出,为世界经济的稳定与发展作出巨大贡献。2009年经济增长9.2%,2010年经济增长进一步回升到10.3%,明显快于世界主要国家的平均增速。2006~2010年,我国国内生产总值年均实际增长11.2%。2010年,我国国内生产总值达到397983亿元,扣除价格因素,比2005年增长69.9%。我国经济总量居世界的位次也实现稳步提升。2008年,我国国内生产总值超过德国,居世界第三位。2010年,我国国内生产总值按平均汇率折算达到58791亿美元,超过日本,成为仅次于美国的世界第二大经济体,为世界经济复苏作出了重大贡献。

3. 主要工农业产品产量稳居世界前列

目前，我国主要工业产品产量稳居世界前列，其中粗钢、硬煤、水泥和化肥产量居世界第1位；发电量保持世界第2位，仅次于美国；原油产量居世界第4位，提高了1位（见表1-5）。[①]

表1-5　2005~2009年我国主要工业产品产量居世界位次

单位：万吨

工业产品	2005年 产量	位次	2006年 产量	位次	2007年 产量	位次	2008年 产量	位次	2009年 产量	位次
粗 钢	34806	1	42145	1	48701	1	49790	1	56640	1
硬 煤	181069	1	205546	1	230675	1	258566	1	298399	1
原 油	18068	5	18472	5	18671	5	19002	5	18960	4
发电量*	23974	2	27494	2	31806	2	33923	2	36213	2
水 泥	106885	1	123677	1	135413	1	138286	1	163726	1
化 肥	4149	1	4590	1	5129	1	5124	1		

* 发电量的单位为亿千瓦时。
资料来源：国家统计局网站。

我国主要农业产品产量也都继续增加，其中谷物、肉类、子棉、花生、茶叶和水果产量均稳居世界第1位；大豆和甘蔗产量分别稳居世界第4位和第3位；油菜子产量居世界第1位（见表1-6）。

表1-6　2005~2009年我国主要农业产品产量居世界位次

单位：万吨

农业产品	2005年 产量	位次	2006年 产量	位次	2007年 产量	位次	2008年 产量	位次	2009年 产量	位次
谷 物	42937	1	45279	1	45781	1	48005	1	48368	1
肉 类	7119	1	7269	1	7042	1	7451	1	7821	1
子 棉	1714	1	2024	1	2287	1	2250	1	2300	1
大 豆	1635	4	1550	4	1273	4	1555	4	1450	4
花 生	1440	1	1281	1	1308	1	1434	1	1334	1
油菜子	1305	1	1097	1	1057	1	1210	2	1350	1
甘 蔗	8758	3	9331	3	11373	3	12492	3	11375	3
茶 叶	95	1	105	1	118	1	128	1	132	1
水 果	9040	1	9677	1	10243	1	10962	1	11414	1

[①] 资料来源：国家统计局网站。

4. 货物进出口贸易快速发展，总量上升到世界第 2 位

改革开放以来，中国货物进出口贸易总额持续快速增长（见图 1-2），使我国在世界贸易中的地位大大提升。

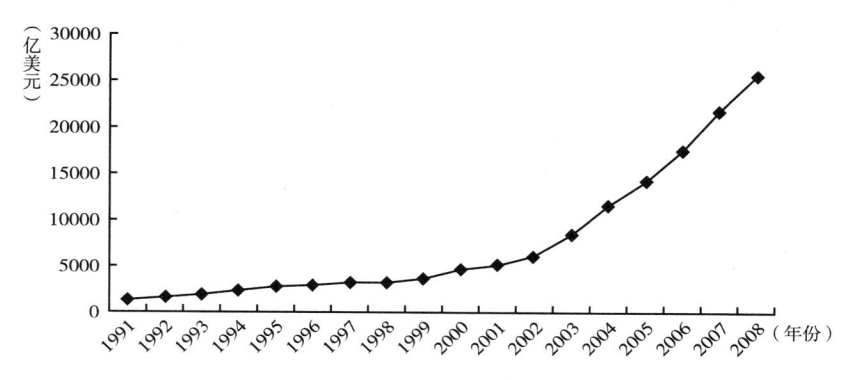

图 1-2　1991~2008 年中国货物进出口贸易的发展

资料来源：国家统计局网站。

中国在全球贸易总量中的份额和排名不断攀升，对全球贸易增量的贡献也更为显著。目前，我国货物进出口总额已上升至世界第 2 位。尽管受国际金融危机的冲击，使得我国货物进出口受到一定影响，但占国际市场份额却持续扩大。2010 年，我国货物进出口总额 29728 亿美元，比 2005 年增加了 1.1 倍。2009 年，我国货物进出口总额超过了德国，跃居世界第 2 位，占世界的比重从 2005 年的 6.7% 提高到 8.8%。其中，货物出口额从世界第 3 位上升至世界第 1 位，占世界的比重从 2005 年的 7.3% 提高到 2009 年的 9.6%；货物进口额从世界第 3 位上升至第 2 位，占世界的比重从 2005 年的 6.1% 提高到 2009 年的 7.9%（见表 1-7）。

表 1-7　2005 年和 2009 年货物进出口总额居世界前十位国家比较

单位：亿美元，%

位次	2005 年 国家和地区	货物进出口总额	占世界比重	2009 年 国家和地区	货物进出口总额	占世界比重
1	美　国	26338	12.3	美　国	26613	10.6
2	德　国	17480	8.2	中　国	22075	8.8
3	中　国	14219	6.7	德　国	20647	8.2
4	日　本	11108	5.2	日　本	11327	4.5

续表

位次	2005 年 国家和地区	货物进出口总额	占世界比重	2009 年 国家和地区	货物进出口总额	占世界比重
5	法 国	9676	4.5	法 国	10445	4.1
6	英 国	8981	4.2	荷 兰	9438	3.7
7	荷 兰	7702	3.6	英 国	8342	3.3
8	意大利	7579	3.6	意大利	8185	3.3
9	加拿大	6829	3.2	比利时	7218	2.9
10	比利时	6531	3.1	韩 国	6866	2.7
	世 界	213420		世 界	251720	

资料来源：国家统计局网站。

5. 中国外商直接投资跃居世界第 2 位

2010 年，中国外商直接投资（FDI）为 1057 亿美元，居世界的位次提高到第 2 位，占世界的比重达到 9.4%，中国已成为世界最具吸引力的外商直接投资国之一（见表 1-8）。

表 1-8 2009~2010 年外商直接投资世界前十位国家（地区）比较

单位：亿美元

位次	2009 年 国家和地区	外商直接投资	2010 年 国家和地区	外商直接投资
1	美 国	1299	美 国	1961
2	中 国	900	中 国	1057
3	法 国	596	香 港	626
4	中国香港	484	法 国	574
5	英 国	457	比利时	505
6	俄罗斯	387	英 国	462
7	德 国	356	俄罗斯	397
8	印 度	346	德 国	374
9	比利时	338	新加坡	344
10	意大利	305	巴 西	302
	世 界	11142	世 界	11220

资料来源：国家统计局网站。

6. 中国外汇储备居世界第 1 位

外汇储备是我国综合国力增强的重要标志。外汇储备的持续增长，保证了我国经济的持续、稳定增长，使我国的国际支付能力和国际收支平衡能力大大提高；同时，维持人民币汇率稳定的力量大大增强，提升了国家经济的抗风险能力，包括应对外来冲击和国内外经济波动的风险。此外，还使我国对国际金融市场的影响力和话语权不断提升（见表1-9）。

表1-9　1978~2008年外汇储备居前十位国家和地区比较

单位：亿美元

位次	1978年 国家和地区	外汇储备	2000年 国家和地区	外汇储备	2008年 国家和地区	外汇储备
1	德国	424	日本	3472	中国	19460
2	日本	289	中国	1656	日本	10037
3	瑞士	174	中国香港	1075	俄罗斯联邦	4115
4	沙特阿拉伯	167	中国台湾	1067	中国台湾	2917
5	英国	155	韩国	959	印度	2466
6	巴西	114	新加坡	797	韩国	2005
7	伊朗	109	德国	497	巴西	1928
8	意大利	105	印度	373	中国香港	1825
9	西班牙	98	墨西哥	351	新加坡	1736
10	法国	83	英国	342	阿尔及利亚	1431
38	中国	16				

资料来源：国家统计局网站。

我国外汇储备2006年突破1万亿美元，达到10663亿美元；2009年突破2万亿美元，达到23992亿美元。2010年年末，我国外汇储备已达到28473亿美元，比2005年增长2.5倍，年均增长28.3%。我国外汇储备规模自2006年超过日本，连续5年稳居世界第1位。

（二）中国对当今世界经济发展中的贡献越来越大

1. 中国对世界经济增长的贡献不断增大

改革开放30多年来，我国的GDP总量翻了近4番，占世界的比重也大幅提升。我国经济对世界经济的贡献率（当年各国GDP增量与世界GDP增量之比）也大幅提升。1978年，我国经济对世界经济的贡献率为2.3%，与美国相差35个百分点，与日本相差15.9个百分点，与欧元区相差13.6个百分点。到2006年，我国经济对世界经济的贡献率已上升到14.5%，仅次于美国（22.8%）居第2位，比欧元区高1.4个百分点，比日本高6.7个百分点，与主要发展中国家相比更是遥遥领先（见表1-10）。①

表1-10　世界主要国家经济对世界经济的贡献率

单位：%

国家和地区	1978年	1990年	2000年	2006年
世界总计	100.0	100.0	100.0	100.0
美　　国	37.3	19.3	27.7	22.8
日　　本	18.2	30.5	10.4	7.8
欧 元 区	15.9	25.8	18.5	13.1
中　　国	2.3	2.4	7.4	14.5
印　　度	1.2	2.1	1.4	4.2
俄 罗 斯	—	-1.8	1.9	1.7
巴　　西	1.6	-3.4	2.1	2.0

资料来源：国家统计局网站。

2. 中国对世界经济的拉动作用不断增强

我国经济对世界经济增长的拉动作用继续增强。1978年，我国经济对世界GDP增长的拉动只有0.1个百分点，而同期美国经济对世界经济增长的拉动达到1.64个百分点，占1/3强。到2006年，我国经济对世界经济增长的拉动已提高到0.55个百分点，仅次于美国（0.86个百分点）居第2位（见表1-11）。

表1-11　世界主要国家经济增长对世界GDP增长的拉动

单位：%

国家和地区	1978年	1990年	2000年	2006年
世界总计	4.40	2.90	4.10	3.80
美　　国	1.64	0.56	1.14	0.86
日　　本	0.80	0.88	0.42	0.30
欧 元 区	0.70	0.75	0.76	0.50
中　　国	0.10	0.07	0.30	0.55
印　　度	0.05	0.06	0.06	0.16
俄 罗 斯	—	-0.05	0.08	0.06
巴　　西	0.07	-0.10	0.09	0.07

资料来源：国家统计局网站。

---

① 资料来源：国家统计局网站。

中国正成为世界经济增长的重要动力，成为全球经济增长的"中国发动机"。2007年7月31日国际货币基金组织（IMF）时任主席拉托在出席菲律宾一个商业论坛会议时曾表示，2007年中国首次超过美国，成为对世界经济增长贡献最大的国家，向前展望，相信中国将成为世界经济增长重要的"发动机"。

（三）中国在国际经济协调中的地位不断提高

在2008年开始的国际金融危机中，中国在致力于做好自己事情的同时，积极参与国际社会应对金融危机的各项行动，有效发挥了建设性的国际经济协调作用。

面对金融危机带来的严峻挑战，中国首先努力做好自己的事情，为贸易伙伴、外国投资者和企业提供发展机遇。中国及时调整了宏观经济政策，果断实施积极的财政政策和适度宽松的货币政策，出台了旨在进一步扩大内需、促进经济增长的一揽子计划。中国推出的经济刺激计划为国际经济作出了贡献。

中国的政策有助于稳定国际金融体系，这对于作为一个整体的世界经济非常重要。中国积极倡导国际合作，提出了国际社会携手应对的理念，这对全球应对金融危机具有积极意义。2008年以来的金融危机是一场真正意义上的全球性危机，不管是发达经济体还是发展中经济体，都面临经济下滑、贸易萎缩、企业经营困难和失业增加等问题。对于这样一场全球性危机，只有各国携手合作才能有效应对。中国高举合作大旗，有助于国际社会凝聚共识，增强企业和民众信心，有助于世界经济早日恢复增长。

面对国际金融危机带来的严峻挑战，中国还积极参与国际社会应对金融危机的各项行动，并在其中扮演了重要角色，发挥了积极作用。中国强烈反对贸易和投资保护主义，增强了国际社会遏制保护主义的力量和共识。中国作为一个发展中大国，在力所能及的范围内，以实际行动支持和协助其他国家特别是发展中国家应对金融危机。在金融危机形势下，中国在全球和区域合作方面发挥了积极作用。

2010年，世界银行发展委员会通过了"发达国家向发展中国家转移投票权"的改革方案，中国在世行的投票权从2.77%提高到4.42%，成为仅次于美国和日本第三大股东国；国际货币基金组织（IMF）理事会也批准了"份额和执行董事会"的改革方案，中国的份额将从目前的3.72%升至6.394%，投票权升至第3位，超越德国、法国和英国，仅排在美国和日本之后。

中国作为一个负责任的大国，在国际社会应对金融危机的过程中发挥积极作用，这不仅对于推动恢复世界经济增长具有积极意义，也将对中国经济发展产生深远影响，同时也使中国在国际经济协调中的地位不断提高。

三 中华民族的伟大复兴大有希望

在历史演进的长河中，在相当长的时期内，中国一直是世界数一数二的国家。唐朝时期的中国是世界的政治经济文化中心。唐朝时中国的经济发展达到了前所未有的鼎盛，它对世界经济发展也作出了巨大的贡献，现在世界上的许多国家依然拥有"唐人街"，纪念中国和唐朝给世界经济文化的进步所作出的贡献。

在宋朝末期，中国也是当时世界上的头号经济大国。同亚洲的其他部分或中世纪的欧洲相比，它有着更为密集的城市化程度和更高的人均国民收入。

从明朝中后期起，明清政府实行闭关锁国政策，拉大了我国经济、科技与西方经济、科技的差距。中国在1949年新中国成立后，实行社会主义经济制度。1978年以前中国经济全部都是国有制，和1949年以前相比，1949年以后中国经济突飞猛进，但是"大跃进"和"文化大革命"使中国经济深受创伤。同时，这一时期中国经济几乎与外部世界隔绝。

1978年以后，经过30多年的改革开放，中国社会主义市场经济体制已经初步建立并日臻完善，市场在资源配置中的基础作用显著增强，宏观调控体系框架也初步形成。

加入WTO后，中国在更大范围、更深层次上融入世界经济，不仅贸易规模不断扩大，也有力地推动了中国经济体制改革和对外开放的全面深入。

在2008年全球金融海啸的冲击下，世界经济形势从此前的高速增长急转直下，开始进入"严重低迷"（IMF报告）时期，其对经济增长的负面影响波及世界各国，无论发达国家还是发展中国家都不同程度受到牵连。

但中国由于其经济增长的良好态势，成为率先走出危机的国家，经济快速复苏，重新走向比较健康的、快速发展的道路。

（一）2020年中国发展预测与展望

1. 体制：2020年中国的社会主义市场经济体制将走向成熟

2020年，中国在不断深化改革、完善社会主义市场经济体制之后，社会主义制度将摈除各种不足，不断走向成熟。

2. 规模：2020 年，中国的经济规模将超过美国，成为世界第一

中国 GDP 的增长速度很快，2008 年，美国 GDP 为 14.2 万亿美元，中国约为 4.4 万亿美元；2010 年，美国 GDP 为 14.6 万亿美元，中国约为 6.04 万亿美元。美国 GDP 两年间增加 0.4 万亿美元，而中国 GDP 两年间增加为 1.6 万亿美元，是美国的 4 倍。

据外电分析，如果照着这个速度增长，再加上增长基数不断增大和人民币升值等因素，2020 年，中国的经济规模可能接近和赶上美国，成为世界第一。

而中国社会科学院的报告表明，从全球经济的增长情况来看，如果中国按照 GDP 8% 左右的增长速度、欧美按 2% 的增速测算，中国大概在 2018 年就超过美国，成为世界第一大经济体。

3. 地位：2020 年中国作为经济规模世界第一的国家和亚太地区的领袖，在世界范围内与美国进行综合国力的抗衡

中国成为世界格局中平衡南北力量和协调国际关系的重要支柱。中国的国际话语权举足轻重，在国际经济组织中居于非常重要的地位。

（二）2050 年中国发展预测与展望

1. 体制：2050 年中国的社会主义市场经济体制将成为世界范本

2050 年，不断成熟的中国社会主义市场经济体制将成为世界范本，中国的社会主义制度和体制改革经验将成为世界各国学习和实践的范本。

2. 规模：2050 年，中国的经济规模继续保持世界首位，综合国力居世界前列

中国只要利用好后发优势，综合协调国内各区域经济发展，继续深化经济体制改革，经济可能再维持几十年的高速增长，2050 年中国经济规模将保持大幅度领先的世界第一的位置。

3. 地位：2050 年中国将成为世界上的头号经济强国，恢复中国在唐宋时期在世界上的鼎盛地位，成为世界的经济、文化、政治中心，实现中华民族的伟大复兴

中国是一个有近 14 亿人口的国家，人口众多，还有很多的边远贫困山区。当前同日本、美国相比，中国的人均 GDP、科技水平、现代化程度还存在一定差距，发展的道路任重而道远。在中国继续保持高速增长水平和继续深化政治经济体制改革的条件下，2020 年中国居民人均生活水平将达到

中等发达国家水平，2050年中国居民人均生活水平将达到发达国家水平，同时，2050年中国的科学技术水平将在若干领域保持领先地位，国民经济全面信息化，生态环境大大改善。

随着我国经济总量的大幅提高，我国人均国民总收入（GNI）水平也大幅提升。据世界银行统计，1962年，我国人均GNI只有70美元，到1978年也只达到190美元。但改革开放后，人均GNI水平大幅提升。2001年突破1000美元，2008年又迈上新的台阶，达到2770美元，比1962年增长了38.6倍。人均GNI水平与世界平均水平的差距逐渐缩小，1978年相当于世界平均水平的10.1%，2008年相当于世界平均水平的32.3%，比1978年提高了22.2个百分点。在世界银行209个国家和地区的排序中，居世界的位次由1997年的145位提升到2008年的130位。

表1-12 1997~2008年中国与世界前十位国家和地区人均国民总收入比较

单位：美元

位次	1997年 国家和地区	人均国民总收入	2008年 国家和地区	人均国民总收入
1	列支敦士登	50000	列支敦士登	113210
2	卢森堡	47740	百慕大	74890
3	瑞士	44440	挪威	87070
4	日本	38420	卢森堡	84890
5	挪威	36920	海峡群岛	68640
6	百慕大	35990	瑞士	65330
7	丹麦	34670	丹麦	59130
8	开曼群岛	32000	卡塔尔*	
9	美国	29910	瑞典	50940
10	新加坡	27180	荷兰	50150
	中国	750（145位）	中国	2770（130位）

*卡塔尔无数据，参考近似排位。
资料来源：国家统计局网站

近年来我国人均国民总收入不断增长，2009年我国人均国民总收入3950美元，2010年中国人均国民总收入4260美元。但是，我国人均国民总收入水平与世界上发达国家相比还有待提高。在人均国民总收入方面，中国应在研发创新、提高劳动力技能、提高产品附加值及提高国际分工层次上下工夫，努力加快前进和发展的步伐。

第二章
党和国家的重大战略决策与第三增长极的崛起

一 21世纪初中国区域格局的重大变化

（一）21世纪初中国区域格局重大变化的背景

新中国成立以来，中国的区域格局经过几次大的调整和变动。

第一次大调整是20世纪50~70年代，主要是限制沿海，发展内地，是区域发展中的均衡主义。此时期，我国区域经济基本布局框架是"沿海"和"内地"。60年代初，中央提出了"三线"建设的任务，沿海的部分企业内迁，促进内地各省、市经济的大发展。内地及"三线"地区成为我国重点开发的地区，在这些地区建立了门类比较齐全的现代工业体系。

第二次大调整是20世纪80年代初中期。1978年年末，中共中央在区域发展上，实施沿海开放战略，将发展重点放在东部沿海地区，是非均衡发展战略，划分依据是地理区位和经济水平兼顾改革因素，鼓励区位优势和开放条件较好的东部先发展。首先在东南沿海建立了5个经济特区，随后又开放了14个沿海城市，在这些城市实行特殊政策。90年代初开发浦东新区，并推进沿江沿边开放，大大促进了中国经济的加速发展和"长三角"、"珠三角"经济区的快速形成与发展。

第三次大调整是20世纪90年代初中期。此期间提出了"七大经济区"的方案，即在全国推进形成长江三角洲及沿海地区、环渤海地区、东南沿海地区、西南和中南部分省、东北地区、中部5省地区、西北地区，共七个跨省市区的经济区域。发展战略是，运用发展规划和政府政策，指导各经济区选择适合本地条件和特点的发展重点和优势产业，促进区域经济协调发展。

第四次大调整是在21世纪初。改革开放后，我国对东、中、西赋予了新的含义，提出了一批重点发展区，如西部提出了"三大经济带"，中部提出了"长江、陇海、京广、京九、京哈等交通干线沿线地区"，东部提出了"环渤海、长江三角洲、闽东南、珠三角等经济区域"。中国的各个经济区都有了较大的发展，其中发展最快的是东部沿海地区。这些地区经过20多年的迅速发展，已进入工业化的起飞阶段，市场经济体制已基本形成，并形成三个中国最发达的经济区："长三角"、"珠三角"和环渤海经济圈。

（二）21世纪初中国区域格局的重大变化

1. 中国初步形成东部发展、西部开发、中部崛起和东北振兴的四大区域经济板块

21世纪初中国区域格局发生了重大变化。随着西部大开发和中部崛起战略的加速推进，中国已初步形成东部发展、西部开发、中部崛起和东北振兴的四大区域经济格局。

2000年以来，我国先后启动实施推进上海浦东新区、天津滨海新区开发开放、西部大开发、振兴东北老工业基地和促进中部地区崛起的区域发展战略，中央政府加大了向这些区域重点领域的投资倾斜，改善了当地的基础设施条件和投资环境，提高了当地的公共服务水平，并在一定程度上增强了这些区域经济增长的动力。同时，东部沿海地区依托自身的经济基础，积极参与国际分工，不断提升综合竞争力，继续保持领先发展势头。

纵观国内各地情况，目前我国已基本形成各具特色的几个大经济区："长三角"经济圈、"珠三角"经济圈（目前正在发展成为包括港澳的"泛珠三角"经济区）、环渤海经济圈、海峡西岸经济圈、东北老工业基地经济区、西部经济区、中部经济区等。在各大经济区内部还形成若干小经济区或城市群，如辽中南城市群、鲁中南城市群、中原城市群、武汉城市圈、长株潭城市群、成渝城市群等。

2. 中国新一轮多元、多点、多极增长的区域新格局正在形成

从2008年12月中国区域增长的数据看，全球金融危机的影响在中国区域之间是不同的，主要表现为东西和南北之间的差异。南部地区，尤其是

"珠三角"和"长三角"地区受到全球金融危机的冲击比较大，经济呈现下降趋势。中国北方地区除北京和内蒙古之外，天津、河北、山西、辽宁和黑龙江都以超过或接近9%的GDP增长速度在全国领先，尤其是天津，2008年12月GDP的增速达到23%，成为中国北方乃至全国经济增长的"亮点"地区。

2008年秋全球金融危机后，中国延续4万亿元投资与十大产业振兴规划陆续推出之势，区域振兴规划纷至沓来。2009年，国务院就先后批准了海西区、横琴岛、江苏沿海经济带、关中—天水经济区、辽宁沿海经济带等诸多区域振兴方案。辅以更早获批的滨海新区、成渝特区、武汉城市圈和长株潭城市圈建设，区域振兴遍地开花。

海西经济区、江苏沿海发展规划，以及山东黄河三角洲发展规划、舟山海洋经济区发展规划，再加上深圳经济特区、上海浦东新区、天津滨海新区，东部沿海列入国家发展战略的重点开发区域由南到北已连成线，东部沿海已基本形成以"长三角"、"珠三角"和环渤海为核心的加快发展的态势。北部湾、成渝、关中—天水三个地区已形成西部大开发战略的"铁三角"。再加上以武汉都市圈、长株潭地区综合配套改革试验区为主体的中部崛起战略的实施，以及以辽宁沿海经济带开发为龙头的东北老工业地区振兴战略的深入推进，目前，从全国整体上看，东中西互动、南北呼应、多级带动的区域协调发展格局已基本形成。全面实施区域发展战略，为全国经济发展拓展了新空间，增加了新活力，为中国应对国际金融危机奠定了坚实的物质和技术基础。

2008年秋全球金融危机后，中国的区域发展格局发生了重大变化，经济发展东高西低、东强西弱、南快北慢、南富北穷的格局正在发生变化。区域经济差距扩大的趋势得到一定遏制，区域之间的互动合作逐渐得到加强。整个中国区域经济发展呈现出多元、多点、多极增长的新格局。

3. 中国区域协调发展政策日益完善

21世纪，我国确立了以科学发展观引领全局，以转变发展模式为主轴，建设资源节约、环境友好、社会和谐的小康社会为目标的发展方向。在这一大目标下，促进区域经济协调发展，显然是一个战略重点。

中央从区域经济发展的整体战略出发，协调发展的政策正在一步步完善。其推进思路是：东部地区在"率先发展"的基础上，继续发挥经济特区、上海浦东新区的作用，推进天津滨海新区开发开放；持续推进西部大开发；振兴东北地区等老工业基地；促进中部地区崛起。此为区域经济"四轮驱动"发展格局下的各分区内主体功能区划分与全国主体功能区划分相结合，促进了区域内优化发展和区际优化发展的融合。

4. "长三角"、"珠三角"和环渤海三大区域将继续引领中国发展

2000 年以来，我国实施区域发展的总体战略部署，各有侧重的发展格局基本形成。经济活动的空间集中度提高，城市群和大都市圈的主导地位凸显。人口和经济活动向城市群和大都市圈集中的趋势增强，不仅形成巨大的城市基础设施建设投资需求和消费需求，还促进了城市群和大都市圈的发展。"长三角"、"珠三角"和环渤海经济圈等沿海三大城市群占全国 GDP 的份额接近 40%，成为经济发展最具活力的地区和增长极。

改革开放 30 多年的实践也证明，我国不同区域发展的快慢，在一定程度上受到政治形势和政策导向的影响。我国沿海地区的发展重心，在国家政策的调控下有过明显的转移。第一次是在 20 世纪 70 年代末到 80 年代初，"珠三角"地区借助国家在深圳等地建立经济特区的政策导向和毗邻港澳的优势，成为当时全国经济增长的重心。第二次是 20 世纪 80 年代末到 90 年代初，"长三角"地区借助中央开发浦东战略的实施，使这一地区成为全国新的经济增长重心。进入 21 世纪，国家加快推进以环渤海地区为中心的北方区域的发展步伐，环渤海地区将成为全国新的经济增长重心。随着天津滨海新区的建成和发展，华北经济区将有一个大发展，成为中国的能源、重化工的重要基地和金融、物流中心。

二 中国北方经济的振兴与环渤海的快速发展

（一）中国北方经济的振兴

中国北方经济的振兴既是国家区域发展战略整体布局的战略部署，也是中国经济可持续发展的必然。中国经济增长重心北移，既是国家宏观发展战略的需要，也是经济结构变迁的结果。

1. 中国北方经济振兴的驱动力

展望经济增长重心北移的前景，首先要看其驱动力。中国经济重心出现北移现象的根源主要包括：

一是成本驱动，"珠三角"、"长三角"随着经济发展成本越来越高，资本流自然会向成本相对较低的北方转移，这是基本的市场规律。在"珠三角"、"长三角"经济圈积极推进圈内一体化进程的同时,劳动力成本的上升以及环境压力的提高,使两大经济圈面临调整产业结构的紧迫压力。而北部区域劳动力价格和要素成本相对较低的优势正好凸显。

二是近几年来,南方煤、电、油、运趋紧,资源、能源等日益紧缺,这种"先天不足"恰好是北方与生俱来的优势,也是北方一些省份对GDP贡献率最大的主导产业。能源、原材料产业对北移的推动最明显。要素成本的提高和能源的约束,是一些投资者选择北上的两个直接驱动力。

三是北方的投资环境近年来已有改观,刺激了资本进入。

四是国有企业改革已经破题和民营经济开始发力,客观上为北方经济发展提供了更大空间。

五是我国的经济增长结构发生了变化。20世纪80年代,我国经济发展向轻纺工业、基础产业倾斜,华南地区的产业结构正好以轻工业为主,适应了这个格局,在我国产业政策优惠条件及港澳台的资金、信息、人才、技术等因素的带动下,华南地区的经济增长速度最快。目前中国正进入工业化的加速时期,不可避免地迎来重化工业阶段。中国北部尤其是环渤海地区重化工业基础雄厚,有重化工业腾飞的条件,又毗邻重工业十分发达的日本、韩国,众多的外国资金、技术等因此投向北部地区。在这种经济结构变迁下,中国经济增长重心自然要发生变动。

2. 中国北方经济振兴的推动力

在世界经济版图上,"北强南弱"由来已久,但在中国的经济发展中,经济格局却长期保持"孔雀东南飞"的态势。改革开放之后的二三十年,中国南方借助外资急涌而入和体制改革先发优势,把资源丰富、科技领先的北方渐渐甩在身后。现在,资本流和经济增长曲线双双向北倾斜,国家对西北、东北和天津滨海新区也先后伸出扶持之手,中国经济重心北移的外部条件已然彰显。

中国经济的发展就像"一架多引擎飞机",在"珠三角"和"长三角"全速启动的引擎带动下,中国经济保持了20多年的跨越式增长。然而,经济高速增长也带来了地区差距拉大、区域内部竞争与冲突的问题。而国家的发展远景是,在2000年的基础上到2020年使GDP总量再翻两番,人均GDP水平超过3000美元。这意味着,中国经济还要再保持15年的高速奔跑。要促进中国经济的全面起飞,必须在北部地区构建辐射能力更强的新增长极。国家需要寻找一个新的增长点,以其为引擎和辐射源,推动环渤海乃至我国北方经济的发展，改变中国经济"南快北慢"的局面。

"珠三角"和"长三角"两个地区的进一步发展，必须依靠本地区产业结构的升级，逐步实现由劳动密集型产业结构向高新技术产业结构的过渡，从而在更高水平上形成促进全国经济发展的新的经济增长中心。另一方面，中国是大国，人口众多，客观上要求在经济发展战略上必须多引导和培育一些经济增长极的成长。

启动以天津滨海新区为龙头的环渤海区域振兴战略，在北部地区构建我国经济新的经济增长极，是中国政府具有高瞻远瞩的战略举措。下好环渤海这步棋，满盘皆活：有利于促进北方经济一体化；有利于提升中国与东北亚地区的经济合作，扩大北方地区开放；有利于促进我国东部地区率先实现现代化，辐射和驱动中国北部地区、东北地区的经济发展，解决南北经济发展差距问题，形成东中西互动、优势互补的区域协调发展格局。

国家对滨海新区给予大力政策支持，包括金融政策上的大力支持，例如全国性非上市公众公司股权交易市场落户天津滨海新区，有助于平衡南北金融布局，也有利于助推环渤海经济"第三增长极"的发展。借助国家政策，天津可以通过金融改革，有效提升环渤海地区的经济发展以及对外开放水平，使这里真正成长为内联外向、驱动北方经济增长的引擎。

"20世纪80年代看深圳，90年代看浦东，21世纪看滨海新区"。随着天津滨海新区纳入国家总体战略发展布局，使之成为带动区域经济发展的强大引擎，环渤海的未来令人期待。

（二）环渤海的快速发展

1. 环渤海经济区优势明显、基础良好

环渤海经济圈，是指以辽东半岛、山东半岛、京津冀为主的环渤海滨海经济带，同时延伸辐射到山西、辽宁、山东及内蒙古中东部。环渤海地区是我国北方经济最活跃的地区，属于东北、华北、华东的接合部。改革开放以来，环渤海已经形成了发达便捷的交通优势、雄厚的工业基础优势、科技和教育优势、丰富的自然资源优势、密集的骨干城市群优势五大优势。这些优势同时集中表现为环渤海地区加强东北亚地区国际开发合作的独特优势。

天然的区位优势，广阔的市场腹地，加上良好的资源禀赋，使环渤海地区有着非常好的基础。山东和辽东半岛的石油、煤炭等自然资源丰富，交通、电力等基础设施完善。京津冀城市群中的各大城市特色和优势十分明显，互补作用强：北京具有政治、文化和高科技的优势，天津具有港口和制造业的优势，石家庄具有商贸业的优势。一旦突破行政的藩篱，发展的潜力就会迅速释放出来。同时，这片从辽东经京津冀延伸到胶东的土地肩负着北方复兴的重大使命（见图2-1）。

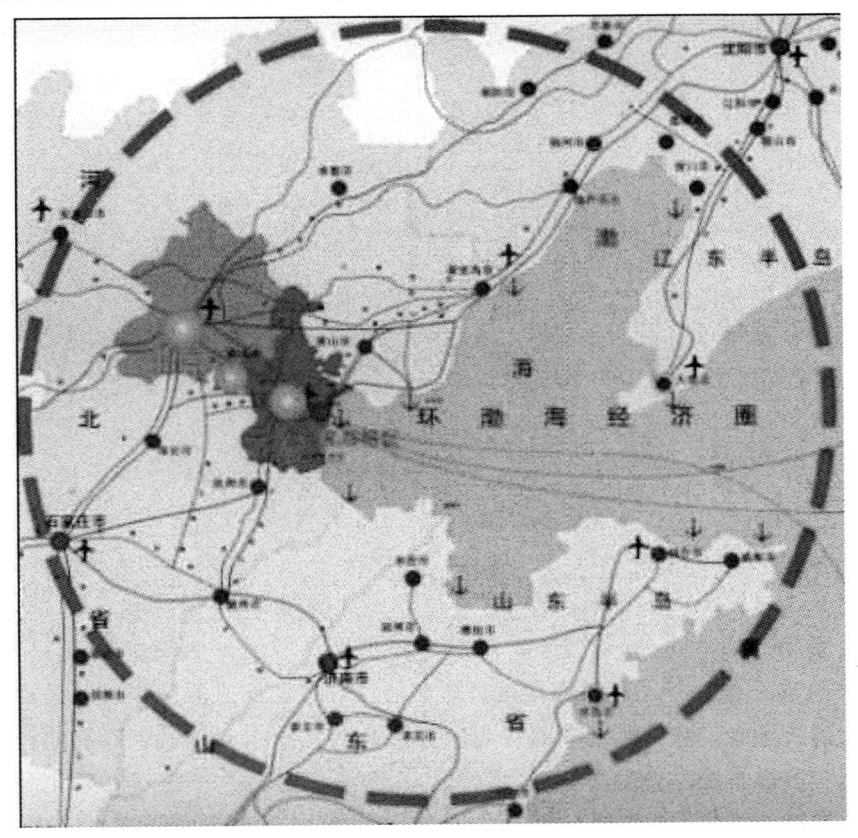

图 2-1 环渤海经济圈

环渤海经济圈是自发形成并呈崛起之势的经济圈，它是经济发展内在要求与自然走向的必然结果，也是保证我国政治和经济稳定的核心地区。

2. 环渤海经济圈将成为中国最具爆发力的增长极

进入21世纪，随着中国区域经济重心向北转移，环渤海经济圈发展更为迅速，重要性更加显现出来。

环渤海经济圈有三大板块，包括辽东半岛、京津冀、山东半岛。这个区域将是未来中国经济发展的重要一极。现在中国的投资走向和经济重心都有一个北上的趋势，整个环渤海地区在"十二五"期间，甚至未来10年间，将进入一个加快发展的战略机遇期。

环渤海区域已经和"长三角"、"珠三角"地区一样成为中国经济的"增长极"，成为中国经济发展中崛起的"第三增长极"，它在中国经济发展中的引领和带动作用已日益显现。它不仅是三北地区发展的引擎，更是东北亚地区国际经济合作的前沿。

近年来，尤其在世界性金融危机影响尚未消除的背景下，环渤海区域经济发展依然显示出蓬勃的活力，成为中国经济持续稳定发展的重要引擎，稳固了继"珠三角"和"长三角"之后中国经济增长"第三极"的地位。

来自环渤海区域合作市长联席会议办公室的统计数字显示，"十一五"期间，环渤海区域发展势头极为强劲。2010年，地区生产总值实现12.07万亿元，是2005年的2.18倍，年均增长16%；地方财政收入实现1.15万亿元，是2005年的3.63倍，年均增长24.1%。

在拉动内需的政策下，环渤海地区的经济社会活力凸显。"十一五"期末，环渤海地区各省（市、区）社会消费品零售总额达到4.3万亿元，是2005年的2.32倍，年均增长14.84%；全社会固定资产投资完成8.93万亿元，是2005年的3.61倍，年均增长25.7%；实际利用外资504亿美元，是2005的2.73倍，年均增长36.4%；出口总额达到2811亿美元，是2005年的2.01倍，年均增长21.2%。环渤海经济圈的投资增长明显高于"长三角"、"珠三角"等东南沿海地区，产业转移"北上西进"效果已经显现。

从长远看，环渤海经济圈将起到连接东北、华东，辐射中西部的作用，将是中国最具爆发力的增长极。

2011年是"十二五"开局之年。在经济全球化和区域经济一体化深入发展的大背景下，国家统筹协调发展战略加速推进，环渤海区域正像一条昂首欲飞的巨龙，站在新的历史起点上。

三 环渤海发展的新趋势与天津的重新崛起

（一）环渤海发展的新趋势

1. 京津冀核心圈、辽东半岛、山东半岛自成体系，奋力拼搏态势凸显

环渤海地区是中国北部沿海的黄金海岸，在中国对外开放的沿海发展战略中占有重要地位。

京津冀城市群中的各大城市特色和优势十分明显，互补作用强。北京具有政治、文化和高科技的优势，天津具有港口和制造业的优势，石家庄具有商贸业的优势。尤其是天津滨海新区的开发开放对城市群发展的影响更大。

山东半岛城市群以济南、青岛为中心，包括烟台、潍坊、淄博、东营、威海、日照等城市。发挥临海和靠近日、韩的区位优势，制造业和农产品加工业发展势头很猛，带动了山东全省的发展。随着城市群对外辐射力的增强，城市群的范围将不断扩大。

辽中南城市群以沈阳、大连为中心，包括鞍山、抚顺、本溪、丹东、辽阳、营口、盘锦、铁岭等城市。该地区城市高度密集，大城市所占比例最高。沈阳是东北和内蒙古东部的经济中心、交通和信息中心，全国最大的综合性重工业基地。大连是东北亚地区重要的国际航运中心，东北地区最大的港口城市和对外贸易口岸。辽中南地区工业化起步已近70年，在工业化推动下形成了中部城市密集圈和沈大城市走廊。

京津冀核心圈、辽东半岛、山东半岛自成体系，奋力拼搏态势凸显。而京津冀一体化、以京津为双核心向辽宁半岛和山东半岛两翼辐射，将是未来环渤海地区的模型和必然趋向。

而今，环渤海地区已成为继"珠三角"、"长三角"之后的中国第三个大规模区域制造中心。依托原有工业基础，环渤海地区不仅保持了钢铁、原油、原盐等资源依托型产品优势，同时新兴的电子信息、生物制药、新材料等高新技术产业也迅猛发展。

普遍的观点认为，环渤海经济区已进入一个跨越式发展期。尤其是通过滨海新区、曹妃甸工业区等增长点的带动，加之京津冀、鲁北地区的沿海经济走廊相互协作的逐步深入，环渤海5省市提速发展的态势会进一步明显。

2. 谋求区域的联动协调与可持续发展成为重要目标

从短期来看，发展京津冀城市群已达成共识，环渤海仍呈现三极鼎立的竞争局面；而从长期看，随着科学发展观的贯彻落实，区域协调政策的深入人心以及环渤海经济的振兴，三极鼎立格局将发生重大变化。谋求区域的联动协调与可持续发展将成为重要目标。

环渤海地区以京津冀为中心，以辽东半岛、山东半岛为两翼，区域市场要素齐全，高中低端产业基础雄厚，但与"长三角"、"珠三角"相比，环渤海较之更为广泛，既包括中国的政治、文化、经济中心，现代服务业发达的首都北京市；又有天津、山东和辽宁等在全国位居前列的制造业大省大市，同时也有河北这样的农业大省。区域内部产业结构差距很大。

在"十一五"发展规划中，环渤海区域内省市都根据本地区的产业优势、区域布局及发展远景，对本地区的产业结构发展做出了相应的调整，产业的分工与合作已经初见成效。比如，北京市以首钢搬迁为标志，彻底告别了重工业，潜心塑造首都经济和国际文化名城。

谋求区域的协调发展与可持续发展将成为今后环渤海发展的第一目标。减弱行政区域利益主体意识，避免条块分割。转变地方政府职能，政府职能主要变为创造良好的投资环境和发展环境。加强各省内部及跨省市的经济合作，打造具有大批强大发展能力、创新能力和合作能力的城市群的经济一体化城市圈。

环渤海区域的要素流动将进一步加强。"长三角"、"珠三角"人才流动非常快，区域内可以相互补充新鲜血液，但环渤海经济圈中的人才特别是高科技人才和高级管理人才，集中在北京比较多，向周边省市的流动和对它们的服务非常少。今后环渤海区域内的要素流动不断加强将是一种趋势。环渤海区域将进一步协调发展。

3. 天津将充分发挥"北方经济中心"的重要作用

2006年7月27日国务院《关于天津市城市总体规划的批复》（国函［2006］62号），总共有10个方面，内容包括同意修编后的天津城市总体规划、天津城市定位、天津城市规划区范围、人口和用地规模、区域统筹与城乡统筹发展、滨海区发展、节水节能与环保、建立健全基础设施体系、改善城市人居环境、保护历史文化遗产。这些要点最为引人注意的是国务院把天津定位为"环渤海地区的经济中心"，并"以滨海新区的发展为重点，将天津市逐步建设成为经济繁荣、社会文明、科教发达、设施完善、环境优美的国际港口城市，北方经济中心和生态城市"。

从整个环渤海区域来说，过去由于定位不明确，大家都在各自的地域内埋头"耕地"，没有把有效的资源优化组合。

天津定位为"北方经济中心"，为环渤海区域发展增添了新的活力。天津在今后将充分发挥"北方经济中心"的重要作用，为环渤海以及北方地区服务。天津将与京冀地区、环渤海区域实现优势互补、协调发展，并不断提高天津作为经济引擎和龙头的作用。

(二) 天津的重新崛起

1. 历史上起伏的天津

天津城市的形成过程与北京建都密不可分。早在元朝，天津只是一个滨海小镇，名海津镇；明永乐二年（1404年），为保证南方的漕粮顺利运往北京，中央政府在天津设立卫城，次年（1405年）筑天津城，并全线疏通京杭大运河；明末，天津已成为北京在经济上首要的辅助城市。

1860年，清政府在西方列强的武力威逼下将天津辟为通商口岸，这与京津距离相近有直接关系。凭借优越的地理位置和港口条件，天津迅速成为商品集散地，其政治经济地位得到大幅度提高，成为河北、山西、山东、河南以及内蒙古部分地区的经济中心。1850年，天津有经商铺户万余家，1925年天津的商店总数增加到15456户，1928年中外商店和公司为25448家，1936年前后达到31600余户。天津成为商贾云集的工商业中心。

由于和西方国家接触较早，天津的市场经营中现代化程度也相对较高，出现了专业化经营，广泛采用抵押和契约等交易方式，交易和检验制度化和规范化，基本完成了市场机制的转型，对外开放程度并不逊于当时的上海。

在20世纪30年代，天津市的对外贸易量相当于当时中国的1/4，这个比例是相当大的。另外天津当时的金融业很发达，在天津解放路有一条金融街，号称中国的华尔街，有40多家银行，其中外国银行就有17家，当时天津整个的金融资本相当于中国的17%左右。从这些可以看出当时天津的重要性，它是中国北方的重要经济中心。[1]

新中国成立至20世纪70年代后期，国家在北京兴建了大量的工业项目，伴随着北京大规模的工业化，北京的工业迅速发展，资源要素向北京集中，削弱了天津传统工业优势的发挥，反过来又导致北京一系列的资源和环境问题，京津之间的共生关系被扭曲。随着计划经济体制向市场经济体制转轨，八九十年代京津的地方政府均从各自利益出发，以自己的行政辖区为界

---

[1] http://finance.people.com.cn/GB/1037/4245663.html.

限进行资源配置和生产力布局,由此形成了两个地方市场、两个经济中心并存的格局。为保护地方短期收益,地方政府设置了种种市场壁垒,逐步向封闭经济体系发展。

1981年前后,天津提出"三环14线"的规划方案。以内、中、外三条环线和14条放射线组成的主干道系统,曾经开创了城市规划的一个新篇章,掀起了一股"全国学天津"的热潮。但随着以广东深圳、上海浦东为代表的东南部沿海地区的迅猛发展,天津又一次失去了它再次崛起的时机。[1]

从20世纪五六十年代开始,天津就不断受到"沿海不建"、"天津划归河北省"以及"唐山大地震"等因素的影响。这使得"七五"、"八五"时期的10年间,天津的经济增长速度平均每年低于全国2个百分点。1979~1992年,天津市平均GDP增长率仅为6.5%,而同期全国平均增速达9.1%。[2]

历史上的天津一度地位相对下降,功能相对萎缩,天津应恢复昔日作为华北地区经济中心的地位,与北京形成分工明确的产业互动。

2. 天津的重新崛起

改革开放以后,党中央、国务院就在谋略天津的改革发展。天津经济技术开发区(TEDA)于1984年12月6日经中华人民共和国国务院批准建立,为中国首批国家级开发区之一。天津港于1984年进行港口管理体制改革,实行了"双重领导,地方为主"的管理体制和"以收抵支,以港养港"的经济政策。实践证明"养港"政策是成功的。

天津有2000多平方公里的闲置土地,这也是其他地区所没有的资源。20世纪90年代,天津市加快规划和建设滨海地区,实施了工业东移战略。1991年5月12日国务院批准设立天津保税区,邓小平、江泽民等党和国家领导人多次视察。

滨海新区的发展,党中央、国务院早有谋略,在中共中央支持下,1994年,天津市委、市政府正式作出了发展滨海新区的决定,它被定义为"将成为中国北方最有增长力的经济重心和高度开放的标志性区域"。当年《政

---

[1] 以上关于天津经济历史资料主要参考 http://gov.finance.sina.com.cn/zsyz/2005-10-13/71019.html。

[2] http://lzcb.dzwww.com/lzxw/200609/t20060911_1753022.htm。

府工作报告》提出了建设滨海新区总体构想：用 10 年左右时间基本建成滨海新区的奋斗目标，使滨海新区 GDP 达到天津的 40%，外贸达到天津的 50%。从此滨海新区作为天津地方性战略进入发展"快车道"。1998 年开始，天津市人大代表和政协委员就多次在全国人大和政协会议上提出，建议把滨海新区作为国家级新区。党中央、国务院对滨海新区开发开放也一直十分重视，1999～2005 年，江泽民、胡锦涛、温家宝等党和国家领导人先后多次视察滨海新区，并对滨海新区发展提出了新的希望和支持。2005 年 10 月，十六届五中全会审议了《中共中央关于制定国民经济和社会发展第十一个五年规划的建议》，提出："继续发挥经济特区、上海浦东新区的作用，推进天津滨海新区等条件较好地区的开发开放，带动区域经济发展。"这是国家从最高决策、中长期发展规划层面正式做出的推进天津滨海新区开发开放这一具有全局性和战略性意义的重大决策，标志着国家首次把推进天津滨海新区的开发开放放在与上海浦东新区同等重要的位置，把推进天津滨海新区的发展由天津地方发展战略上升到国家发展战略的高度，确立了天津滨海新区作为新时期带动区域发展和全局发展的核心力量的地位。这也标志着天津滨海新区作为"第三个发展极"正式步入中华民族伟大复兴的历史舞台。

2006 年，国家明确宣布：作为环渤海地区经济中心的天津市，要以滨海新区的发展为重点，逐步建设成为国际港口城市、北方经济中心和生态城市。国家首次确定天津建设北方经济中心，是解决中国经济南高北低、推动经济平衡发展、区域经济协调共进的重要战略"支点"。随后发展滨海新区被写入十七大报告。

2008 年 3 月，国务院批复了《天津滨海新区综合配套改革试验方案》。目前，金融改革创新、土地管理体制改革、行政管理体制改革、涉外经济体制改革、农村体制改革等一系列综合配套改革方案正在滨海新区这块土地上实施，如今的滨海新区，俨然已经正成为继深圳经济特区、浦东新区之后，又一带动区域经济发展的新增长极。

同时，京津城市定位不清晰问题也开始明晰起来。北京市"十一五"规划明确坚持"国家首都、国际城市、文化名城、宜居城市"的发展定位；天津市的角色定位则明确为"现代化国际港口大都市、我国北方重要的经济中心"。

现在把天津定位为北方经济中心，是国家发展战略的需要，同时也是对历史的尊重。北京与天津在历史上本来就是一个首都，一个经济中心，但由于历史的原因，北京也由一个历史上的消费城市变成了生产城市，许多生产项目都上马，与周边城市发展造成一系列重复建设，相邻的地区发展不协调甚至有些畸形。但现在中央从国家发展战略的角度考虑，明晰各自的定位，让京、津发挥各自应有的作用。

1993~2005 年的 12 年时间，天津市的经济增长率年平均为 12.9%。2000~2005 年，平均每年增长率是 13.9%；2002~2005 年，平均每年增长率是 15%。2000~2005 年，城乡居民收入每年平均增长都在 10% 以上。由此可见，天津市的发展是逐步加快的。[①] 天津作为北方最大的沿海城市，经济总量不断上升，科技水平也迅速上升，天津的发展呈现突飞猛进的态势。

四　2005 年以来天津发展的新局面

（一）经济持续快速发展，综合实力跃上新台阶

"十一五"时期，天津经受了国际金融危机的严峻考验，积极扩大内需保增长，调整优化经济结构，努力提高发展水平，经济发展保持了强劲势头（见图 2-1 和图 2-2）。2010 年全市生产总值突破 9000 亿元，是"十五"末的 2.3 倍，年均增长 16%，人均超过 1 万美元。地方财政收入突破 1000 亿元，是"十五"末的 3.2 倍，年均增长 26.4%。全社会固定资产投资累计完成 1.92 万亿元，是"十五"时期的 3.6 倍。社会消费品零售总额 2903 亿元，年均增长 18.6%。外贸进出口总额 822 亿美元，是"十五"末的 1.5 倍。万元生产总值能耗下降 21%，节能减排超额完成国家下达的任务。固定资产投资完成 6511.42 亿元，增量连续 3 年超千亿元，比上年增长 30.1%。其中城镇投资 6114.34 亿元，增长 30.1%；农村投资 397.08 亿元，增长 29.7%。在城镇固定资产投资中，第一产业完成投资 45.74 亿元，同比下降 2.7%；第二产业完成投资 2704.04 亿元，增长 32.8%，其中工业八大优势产业投资增长 38.0%，快于全市 7.9 个百分点，拉动城镇投资增长 13.9 个百分点；第三产业完成投资 3364.56 亿元，增长 28.5%。三次产业

---

① http://finance.people.com.cn/GB/1037/4245663.html.

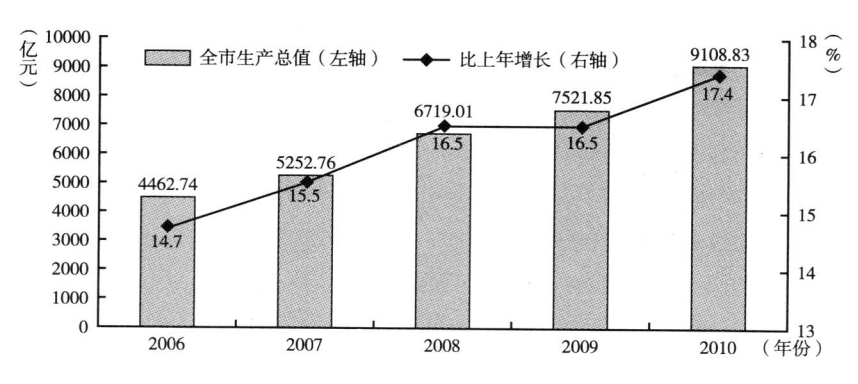

图 2-1 "十一五"时期天津生产总值及增长速度

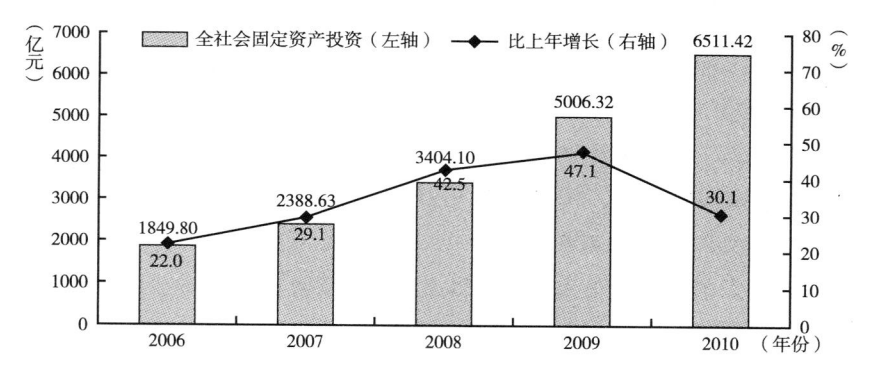

图 2-2 "十一五"时期天津全社会固定资产投资及增长速度

完成投资占城镇投资的比重为 0.8∶44.2∶55.0。

同时,天津的重大项目及新开工大项目带动作用明显增强。截至 2010 年末,全市 940 项重大项目中 450 项建成或基本建成,有力地带动了全市经济的平稳较快增长。新开工亿元以上施工项目 374 个,比上年增加 136 个,完成投资 1418.04 亿元,增长 60.5%,拉动城镇投资增长 11.3 个百分点。

(二) 滨海新区开发开放势头强劲

近年来,在国家战略推动下,天津滨海新区首先实现"点"上的强力突破。"十一五"期间,天津滨海新区综合经济实力显著增强(见图 2-3)。生产总值年均增长 22.5%,经济总量接连跨越 2000 亿元、3000 亿元和 5000 亿元几个大台阶;地方财政收入年均增长 37.6%;累计完成固定资产投资9500亿元，近400个重大项目竣工投产。2010年，天津滨海新区GDP总量突破5000亿元，超越浦东新区，实现历史性突破。

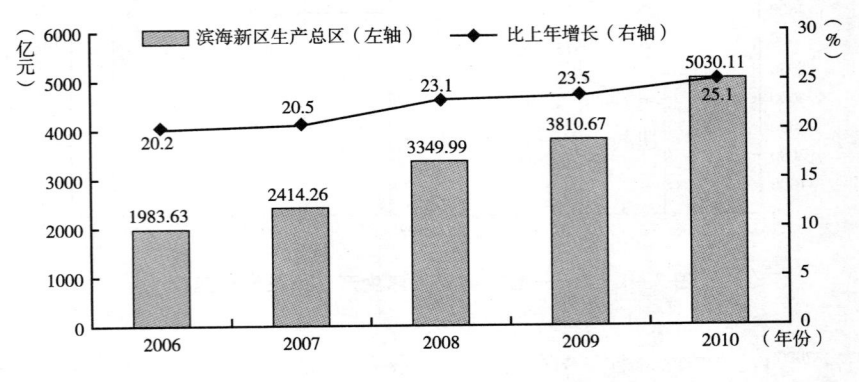

图2-3 "十一五"时期滨海新区生产总值及增长速度

滨海新区对全市经济增长的贡献进一步加大。2010年，滨海新区生产总值完成5030.11亿元，按可比价格计算，比上年增长25.1%；占全市的比重达到55.2%，提高4.4个百分点。滨海新区主要经济指标保持快速增长。2010年，工业总产值完成10653.55亿元，增长33.2%。全社会固定资产投资3352.71亿元，增长34.0%。社会消费品零售总额567.42亿元，增长23.8%。实际直接利用外资70.42亿美元，增长22.2%。

同时，滨海新区各功能区建设全面展开。南港重化基地、临港重装基地建设进展顺利，中新生态城示范效应开始显现，邮轮母港投入运营，响螺湾商务区48栋楼宇全部开工，浙商大厦建成，于家堡金融区起步区启动建设，开发区西区、空港经济区、北塘经济区、轻纺经济区、中心渔港经济区开发全面推进。天津经济技术开发区连续13年在国家级开发区投资环境综合评价中名列第一位。

（三）天津的城市功能不断完善

天津近年来建设了一大批大型基础设施建设项目，使天津城市载体功能不断完善。在海港建设方面，东疆保税港区一期4平方公里封关运作，一批大型专业化码头投入使用，临港产业区建设进展顺利。在空港建设方面，完成了天津机场改扩建工程，新航站楼建成投入使用，提高了机场规模等级，增开了航线航班，机场客货吞吐量大幅度提升。在铁路建设方面，建成了京津城际轨道交通，完成了天津站改扩建工程，蓟平高速公路竣工通车，天津大道、京沪高铁（天津段）、津保铁路、津秦铁路（客运专线）、天津西站改造等重点工程开工。在高速公路建设方面，建成京津、蓟平等高速公路。在市内交通方面，新增快速路，改造市内主要道路，新建和改造跨海河桥梁，建成亲水休闲堤岸等。天津的生态城市建设取得重大进展。"十一五"期间，实施生态市建设三年行动计划，植树造林96万亩，治理河道40条，新建改造污水处理厂60座，全部达到国家一级排放标准，污水集中处理率达到85%，生活垃圾无害化处理率达到91%，完成燃煤设施烟气脱硫工程。

近些年来，天津市每年都重点实施20项"民心工程"，以此作为中心城区全面提升载体功能的切入点。快速路网建设、危陋平房与旧楼区改造、历史风貌建筑保护等加快进行，而"海河综合开发改造"项目最使人印象深刻：如今的海河两岸，一大批风格迥异的建筑群拔地而起，服务型经济带、文化带、景观带次第排列，服务、文化、观光、消费、休闲功能凸显。

（四）天津的城市形象进一步提升

天津正在飞速向前发展，发生着日新月异的变化，京津城际、津秦客专、滨海深水港、滨海特大型机场、保税区、滨海新区高新区、滨海新区金融改革示范区、城乡改革统筹区等项目的实施，使得天津的城市形象独特性正日益凸显出来，并带动京津冀和环渤海地区快速向前发展。

近年来天津的城市形象不断提升，天津在科学规划、整合资源、提升品位、完善功能、突出特色中，城市发展有了飞速的进步。天津的城市形象建设日新月异，不仅为天津经济的持续快速发展提供了强有力的支撑，也为今后的更大发展奠定了良好的基础，拓展了更大的空间。

天津的市容环境综合整治成效显著。颁布实施了《天津市城市管理规定》，大规模综合整治市容环境。"十一五"期间，天津整修改造道路719条，管线入地650公里，整修建筑1.8万栋，整治居民社区460个，完成2500栋建筑夜景灯光建设，新建改造绿地1.2亿平方米。初步形成了大气洋气、清新靓丽、中西合璧、古今交融的城市风格。这几年，天津城市面貌发生了重大变化，广大群众比较满意，中外宾客给予好评，天津的大地变绿了，环境变好了，城市更美了。

天津火车站的改建、海河的整治、地铁线路的扩充以及地面交通的改善等让天津市的市容市貌焕然一新；空客A320、大火箭、百万吨乙烯等一系列国家级重点项目在天津落户；滨海金融试验田的先行先试特别是滨海新区的开发开放等，让1000多万天津市民看到了天津重新成为北方经济中心的希望，深刻感受到中国经济"第三增长极"崛起的力量。

第二篇
正在崛起的天津

第三章
使命与挑战

一 天津崛起的重大意义

北移，正在成为统筹中国区域协调发展新的关键词。与"珠三角"、"长三角"的区域经济发展风生水起相比，一直显得多少有些沉寂的以环渤海区域为中心的北方，近年来以猛烈的加速度突然启动，不断增加在中国经济版图中的权重，正在重塑中国区域经济增长和协调发展的新格局。

中共中央把天津作为21世纪中国新一轮改革的策源地和战略启动点，确实是眼光独具、颇具匠心。以地缘而论，滨海新区地处连"三北"（华北、西北和东北）要津，真可谓执北方改革之牛耳。意义更为重大的是，其与作为中国政治文化中心的首都北京相邻，可谓牵一发而动全身，其在政治上的影响，可能要远远地超过其对"三北"的经济影响；其在政治上的意义，要远远大于经济上的幅射作用。

新世纪新阶段，党中央、国务院从中国经济社会发展大局出发，作出了推进天津滨海新区开发开放的重要战略部署，赋予推动京津冀和环渤海区域经济振兴、促进东中西互动和全国经济协调发展的历史重任。时代使命催生天津人民更大的奋进动力，焕发科学发展、和谐发展、率先发展的巨大热情。特别是天津市第九次党代会以来，全市上下深入贯彻落实科学发展观，认真落实胡锦涛总书记"两个走在全国前列"和"一个排头兵"的重要要求，大力实施市委确定的"一二三四五六"的奋斗目标和工作思路，吸引了空客A320飞机总装线、新一代大推力运载火箭等一批大项目好项目落户。面对席卷全球的国际金融危机，天津经济更是逆势而上，保持了强劲的发展态势，主要经济指标增幅居全国前列，实现了又好又快发展。2008年，全市实现地区生产总值6354.38亿元，突破了6000亿元大关，且当年经济增量首次超过1000亿元；2009年，在全球经济危机的严峻形势下，天津全年完成生产总值7500亿元；2010年达到9108.83亿元，增长幅度达到17.4%，是自1985年以来GDP增速最快的一年。

天津的异军突起，引发了人们对城市发展道路的重新思考。"路遥知马力，日久见人心。"天津在21世纪之初近乎神话般地重新崛起，揭示了在我国改革开放过程中城市发展凤凰涅槃的真正奥秘。当我们用一种全新的视角，重新审视天津的崛起之路，我们深刻地认识到，追求科学发展、和谐发展、率先发展确实是一场任重道远的接力赛。如果说目前中国机会最多、潜力最大的是环渤海地区，那么天津就是中国城市追求科学发展、和谐发展、率先发展最理想的试验田。

（一）天津崛起有利于产生带动环渤海经济腾飞的龙头

打开中国经济版图，以京津唐为核心，以辽东半岛、山东半岛为两翼，以河北、山西、内蒙古为腹地的渤海湾经济区，以全国1/6的人口，创造1/4强的经济总量，继"珠三角"、"长三角"之后，成为中国经济的"第三增长极"。北方的发展关键看环渤海地区，而环渤海地区的发展关键看北京和天津。区域发展呼唤龙头带动，天津滨海新区重任在肩。而天津滨海新区已成为带动区域经济增长的强力引擎。由于天津毗邻首都北京，而且作为我国北方重要的工业基地，地处环渤海中心地域，具有较强的综合实力，尤其是工业实力雄厚，在周边地区具有较强的辐射力和带动力。与开发深圳、浦东相比，开发天津滨海新区所处的发展环境已大不同。当今世界，经济全球化和世界经济区域一体化趋势日益加剧，天津滨海新区开发战略是在中国融入经济全球化新形势下启动的，其开发将成为中国经济发展的新引擎，必将推动一个更为迅猛的发展。经过近10年的建设，天津滨海新区作为中国北方高度开放的标志性区域和经济发展的龙头，已经成为面向世界，辐射华北、西北的国际贸易窗口和国际物流中心。天津滨海新区的崛起与上海浦东新区南北呼应，使中国对外开放形成新格局。

首先，滨海新区将成为环渤海地区的经济中心。就行政辖区来说，环渤海地区包括3省2市，即辽宁省、山东省、河北省和天津市、北京市。该区域总面积为51.64万平方公里，人口2.1亿人，分别占全国的5.1%和

17.8%。该区域具有独特的区位优势和经济优势,是中国经济最发达的地区之一。天津滨海新区作为环渤海经济的核心地带和龙头,正在与整个中国北方经济紧密地连接在一起。滨海新区开发将会"激活"环渤海地区,辐射和驱动中国北部地区的经济发展。

其次,滨海新区可以发挥承东启西的作用。滨海新区地处我国北方,是辐射东北经济板块和西部经济板块的枢纽,对内、对外开放"两个扇面"的轴心;滨海新区是西北地区最近的出海口,是西北与东北交流的必经之地,将有力辐射带动西北部开放,加快西北部地区融入经济全球化进程;滨海新区是东北连接华东、华南的咽喉,是世界走向中国北方的门户。

最后,滨海新区一方面贯通南北,另一方面连接内外。近年来,天津滨海新区的开发和建设,带动环渤海区域以及北方地区参加国际经济循环的窗口、通道和枢纽作用更加突出,天津口岸出口的商品中有2/3是为华北和西北地区服务的。环渤海地区和中国北方可以通过天津滨海新区走向东北亚、走向世界;世界通过天津滨海新区可以走向中国(见图3-1)。

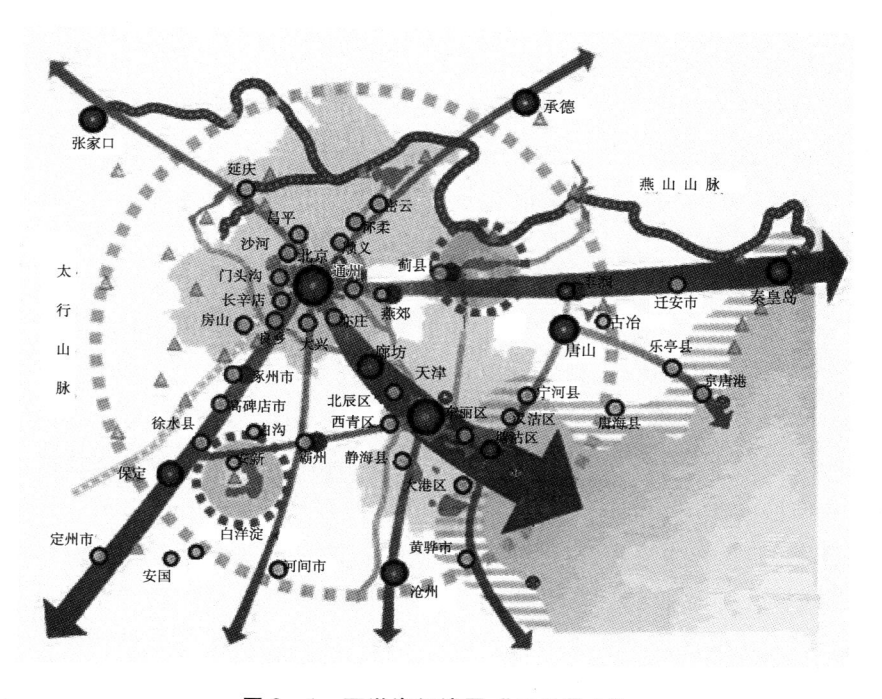

图 3-1 环渤海经济圈"三足鼎立"

早在2006年制定的滨海新区发展纲要中，天津市就明确提出：服务环渤海，辐射"三北"，面向东北亚，建设高水平的现代化制造、研发基地，北方国际航运中心和国际物流中心。用5年时间，使滨海新区GDP达到3000亿元，在经济总量上再造一个天津。龙头壮大了，才能拉着渤海湾区域跑得更快。

（二）天津崛起可以形成中国区域经济发展的"第三增长极"

20世纪80年代，中国选择开发深圳，带动珠江三角洲区域经济发展，开创了中国改革开放的崭新局面；90年代，中国选择开发上海浦东，浦东成为带动长江三角洲区域经济发展的龙头，中国进入了政治、经济的繁荣盛世。有人把中国经济的发展比喻为"一架多引擎飞机"，在"珠三角"和"长三角"全速启动的引擎带动下，中国经济保持了20多年的跨越式增长。然而，经济高速增长也带来了地区差距拉大、区域内部竞争与冲突的问题。而国家的发展远景是，在2000年的基础上到2020年使GDP总量再翻两番，人均GDP水平超过3000美元。这意味着，中国经济还要再保持15年的高速奔跑。要促进中国经济的全面起飞，必须在北部地区构建辐射能力更强的新增长极。

继"珠三角"、"长三角"之后，环渤海区域凸现其"承南启北"带动北方地区经济发展的地位。这一地区集聚的优质资源和巨大发展潜能给人以热望和期待，然而要使这种潜能充分释放并真正带动区域经济发展，还需要一个"引爆点"和"增长极"。天津崛起赋予天津成为这一"引爆点"和"增长极"。2006年，"国际港口城市、北方经济中心和生态城市"成为天津市"新城规"后，不少人将这座北方滨海城市视为中国经济发展的"第三极"。特别是，天津滨海新区成为启东开西、承外接内、辐射全国的战略区域，将带动和支撑全国的经济增长。2006年3月，全国人大《国民经济和社会发展第十一个五年规划纲要》中明确提出："继续发挥经济特区、上海浦东新区的作用，推进天津滨海新区等条件较好地区的开发开放，带动区域经济发展。"作为一项区域发展规划被纳入国家发展战略，凸现滨海新区的全局意义和战略地位。滨海新区是继深圳经济特区、浦东新区之后，又一带动区域发展的经济增长极，它旨在促进我国东部地区率先实现现代化，进而带动中西部地区发展，以构建"十一五"期间东中西地区良性互动、互补互促、共同发展的区域协调发展格局（见图3-2）。

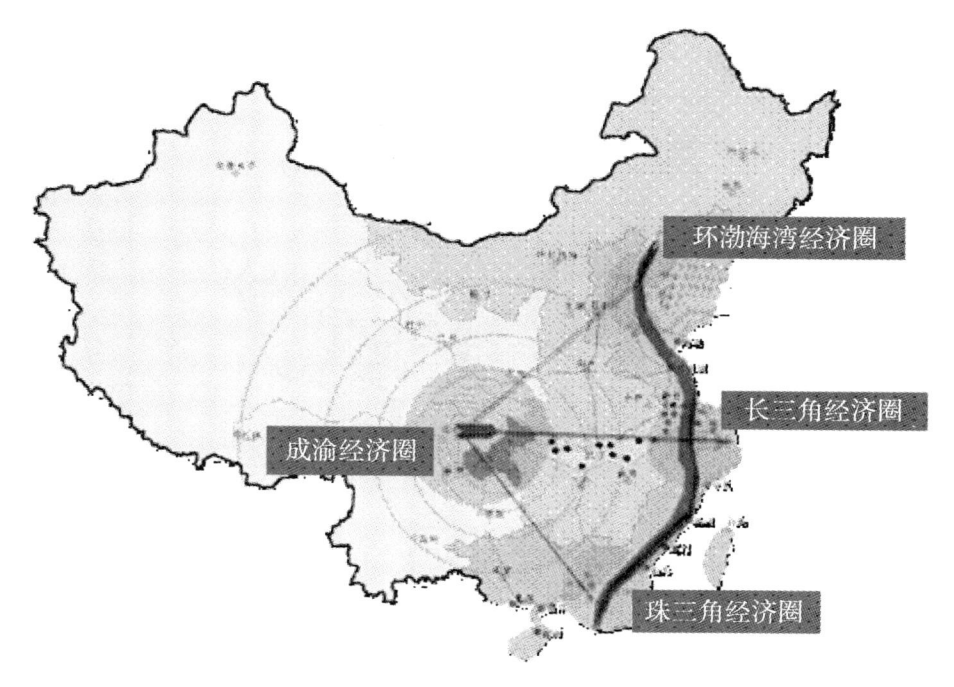

图 3-2 环渤海经济圈成为中国区域经济增长"第三极"

（三）天津崛起可以推动京津冀都市圈的融合发展

在当下中国经济发展中，关于三大经济圈的形象比喻有很多，其中一个把中国比喻成一个巨人，巨人的头是京津冀地区，两条腿分别是"长三角"和"珠三角"。京津冀都市圈由北京、天津以及周边河北省的石家庄、唐山、秦皇岛、保定、张家口、承德、廊坊、沧州 8 个城市组成（见图 3-3）。

京津冀是我国具有首都地区战略地位的重要城镇密集地区，建立京津冀城乡规划协调机制对促进这个地区城乡空间协调发展，统筹区域人口、资源、环境以及重大基础设施布局，统筹沿海开放开发重点地区的空间发展，增强京津冀城镇群的综合承载能力和辐射带动作用具有重要意义。

在国家打造环渤海"中国经济第三极"的战略背景下，京津冀都市圈的一体化进程也进入关键时刻。继北京定位"和谐中国首善之区"、天津定位"中国北方经济中心"之后，河北提出打造"沿海强省"的战略定位，一场城市快速发展的序幕已经拉开。作为区域核心城市，北京的经济实力雄

图 3-3 京津冀都市圈

厚，排在全国前列。产业结构经过多年调整不断优化，丰富的智力资源和独特的政治资源也为经济发展提供了保证。天津作为另一核心，具有良好的经济基础，人才、科技竞争力也较强。京津冀城市群所在的环渤海地区地处中国东北、华北、西北、华东四大经济区的交汇处，是中国北方通向全世界最直接、最便捷的海上要冲，还是中国经济由东向西扩展，由南向北推移的重要纽带。这一地区西连俄、蒙，东通日、韩，具有城市群发展的得天独厚的腹地基础和通往世界的海上通道。

北京与天津相互影响形成了临港双核城市群，天津港在该双核城市群乃至发展京津冀经济中具有重要作用。从空间区位、贸易地位、经济基础、市场载体等多方面来分析，天津具有足够优势成为依托港口带动京津冀经济发展的龙头。随着天津的崛起，天津在环渤海城市群中的功能定位也将日益明确，构造以天津为核心乃至以河北省临港地区为依托的京津冀港城互动的临港带动型区域经济发展模式也自然成为情理之中的事。

特别是天津滨海新区具有优良的天津港口和较强的国家级开发区经济，现在已经成为天津经济新的增长极，在承接日韩产业转移和北京的产业转移方面已经出现成效。滨海新区是京津冀区域的新区、重要的城市空间，应作为这一城市群对外开放的门户、出海口以及产业承接口。同时要打通滨海新区与三北地区的交通、信息和物流通道，使其成为三北地区的出海口和物品集散地。

2008年11月28日，天津市人民政府与河北省人民政府联合召开了经济与社会发展合作座谈会，签署了《天津市人民政府河北省人民政府关于加强经济与社会发展合作备忘录》，该备忘录共涉及加强产业转移和对接、建设现代化综合交通运输体系、水资源和生态环境保护、金融、旅游、科技和人才合作等12个方面的内容。备忘录的签署，标志着津冀合作又迈上了一个新的台阶。2009年5月18日，北京、天津、河北规划部门在廊坊签订《关于建立京津冀两市一省城乡规划协调机制框架协议》，力争实现区域规划"一张图"。2009年6月17日，北京市建设委员会、天津市城乡建设和交通委员会及河北省住房和城乡建设厅在承德签署了《京津冀地区共同建筑市场合作协议》。三方明确表示，将根据"市场互容、联合共管、信息互通、高效便捷"的原则，利用三年左右时间，实现三地企业在区域内建筑市场的自由流动，真正实现建筑市场一体化。目前，有关部门正在加快推进各方面的合作，共同打造以京津为核心的京津冀都市圈科技创新体系和区域流通一体化体系。

滨海新区发展带动的不仅仅是天津。从国外成功经验看，一个新区要发展，必须在其周边形成若干个差不多的"伙伴"，城市群间可以互相促进。滨海新区正作为杠杆撬动京津冀都市圈的向心力。随着京津冀10座城市之间合作与交流的日益密切，一个总人口约8000万人、地区经济总量约30000亿元、占全国经济总量9.7%的京津冀都市圈正在逐渐形成。

（四）天津崛起是有利于协调全国区域发展的重大战略举措

我国政府一直谋划以区域经济体为单位，进而带动整个经济发展的战略由来已久，金融危机无疑加速了这一战略的快速实施。近几年来，升级为国家战略的沿海地区，前有北部湾、"珠三角"、江苏沿海、天津滨海，近有海西经济区、辽宁沿海经济带，以及山东沿海、海南等。这些举动被解读为中国相隔25年后再一次启动了沿海大开发战略。不过，与1986年以城市为单位的做法不同的是，此次大开发升格为区域层面，南至广西北部湾，北达辽宁沿海，在沿海首次形成了错位发展的统筹安排。

从《关于推进天津滨海新区开发开放有关问题的意见》、《广西北部湾经济区发展规划》、《关于进一步推进长江三角洲地区改革开放和经济社会发展的指导意见》、《珠江三角洲地区改革发展规划纲要》、《关于支持福建省加快建设海峡西岸经济区的若干意见》，到《江苏沿海地区发展规划》等一系列发展规划获得国务院通过并上升到国家战略，再到《辽宁沿海经济带发展规划》的通过，我国沿海地区的经济发展和开发开放已形成了"三大四小"格局。"三大"是指"珠三角"、"长三角"和京津冀地区，"四小"是指北部湾、海峡西岸、江苏沿海和辽宁沿海。"三大"在改革开放后率先发展起来，是中国经济最发达的地区，接下去还要扮演中国经济领头羊和体制改革探索者的角色（见图3－4）。

图3－4 沿海经济"三大四小"的发展格局

沿海地区由于拥有港口、海洋、腹地等优势，又能发挥对内通道功能，影响、辐射和带动国内区域均衡发展，也是国内西部大开发、中部崛起、东北振兴战略顺利实施的必要条件。从南往北看，"珠三角"、广西北部湾经济区开发开放，能发挥服务"三南"（西南、华南和中南）的功能，推动中部崛起，深化西部大开发。构建海峡西岸经济区能将台湾的优势辐射到海峡西岸地区，继而推动中部崛起。"长三角"开发开放能进一步拉动长江经济带的发展。江苏沿海地区开发开放，将为处于相近纬度的淮河流域和陇海—兰新一线经济带开辟一处更便捷、更宽阔的出海通道。天津滨海新区、辽宁沿海经济带开发开放将有利于辐射带动"三北"（西北、华北、东北）地区发展。

20世纪80年代，中国在东部沿海地区最先实施改革开放，首先是从"珠三角"到"长三角"，再到环渤海。然而，随着市场化改革的不断深入，东部沿海地区与其他地区的经济发展差距开始不断加大。21世纪初，中央政府提出了区域协调发展的重大战略。这标志着中国经济由"单极增长"进入更加强调互动协调发展的"多轮驱动"，中国区域经济从此进入协同发展新时期。

先行经济区与其他各大区域的互动与合作亦日趋密切，并以其强劲的辐射带动能力，将改革开放的大潮由南向北、由东向西扩延，使得率先发展的内涵得到提升。纳入国家发展战略的滨海新区改革与发展的步伐明显加快，呈现出迅猛发展的态势。天津滨海新区的发展，则预示着一个新型的国际制造业基地正在崛起。其作为我国21世纪区域发展总体战略的重要组成部分，是推动京津冀、环渤海乃至中国北方加快发展的重要战略的一步棋。

二　天津崛起面临的重大挑战

（一）普遍存在的保守观念与习惯成为提高效率的拦路虎

这里的观念既指官，也指民。在近现代，天津在洋务运动时曾有过领先中国的荣光，在近现代中国工业发展中曾有过先行者的地位。但在随后而来的经济长期滞后发展中，天津人的观念也变得落后和保守了。在计划经济体制下，地区发展的资金、项目和资源都主要靠国家提供，尤其天津又是当时的三大直辖市之一，比京、沪以外的国内其他城市地位都要突出和显赫，能够拿到的发展资源更多也更容易，因而长期以来，在天津从上到下都形成了一种相当浓厚的"高人一等"和"等、靠、要"的观念,这就导致天津长期以来缺少与周边地区的相互交流和学习,不重视与周边地区的合作,更不重视为周边地区服务。许多人认为天津是直辖市,是"北方的经济中心",怎么可能为河北省去服务、去配套?甚至有人认为天津与北京一样都是直辖市,为什么要为北京服务、给北京当"配角"?于是乎,天津具有那么好的港口和交通枢纽的地缘条件,那么好的产业基础条件,那么大的经济发展空间,却长期以来缺乏主动创造条件汇聚周边地区的巨大资源,甚至出现了北京、河北各自建设自己的产业基地、出海港口、物流基地和贸易渠道,不但造成这个地区严重的重复建设、基础设施和产业同构,而且也造成天津原有的区位优势因严重空置和巨大浪费而几乎丧失殆尽。看不到差距是最大的差距,看不到人家的发展、进步,满足于现状是最大的思想障碍。

天津人比较懒散,小富即安,缺乏闯劲。以"卫嘴子"出名的天津老百姓,习惯于躺在天子脚下自得其乐,又想改变现状,又懒得动、嫌麻烦。多年来,天津的干部队伍观念普遍落后,也一直没有扭转过来,而且已经形成根深蒂固的习惯势力。这么多年来,我们在天津经常会听到当地官员、百姓甚至学者发出一种抱怨,认为长期以来中央已不重视天津了,不给天津大项目了,把许多大项目及好的机会和条件都给上海、北京了,等等。这些都是"高人一等"和"等、靠、要"观念的典型表现。加之天津没有经过市场经济激烈竞争和艰苦奋斗的洗礼(不像那些条件没有这么好的城市,必须通过改革开放和市场竞争才能获得更多发展机会和空间),因而导致错过了许多大发展的"黄金时期"。

因此,这次中央把综合配套改革试点这一特殊政策赋予天津滨海新区,只是为天津在新时期的大发展给予更为重要的机遇和条件,也可以说是赋予天津改革开放和带动区域经济发展的更为重要的历史任务和使命,至于这一特殊政策是否能成为天津未来发展的"新引擎",能否推动天津成为名副其实的"北方经济中心",能否使天津成为拉动区域经济发展的"龙头型城市",还要靠天津自己的努力和拼搏奋斗。否则,天津再次错过改革开放以来最大最好的一次"黄金机遇",也不是不可能的。

(二) 资源和环境的约束,给天津崛起带来较大的压力

1. 水资源严重短缺,成为城市发展的瓶颈

作为中国北方最大的沿海开放城市,天津水资源短缺形势十分严峻,水

资源供需矛盾突出。天津市既是资源性缺水,又是人口压力型缺水。目前,全市平均水资源总量为15.69亿立方米①,人均水资源占有量为160立方米,仅是北京的1/2、全国平均水平的1/15和世界人均水资源占有量的1/55,远低于人均1000立方米的国际缺水警戒线(见图3-5),包括汉沽区这样人口资源比相对宽松的地区,也都面临严重的缺水问题。天津是中国缺水最严重的城市之一。滔滔黄河水八次被引入津门,却始终难解天津的城市之"渴",全市日用水量由220万立方米下降为150多万立方米。长期以来,天津市是一直依靠从境外调水解决城市用水的。虽然采取了提高水价、计划用水、定额管理、中水利用和海水淡化等种种措施,但供水危机依然凸显,供水缺口继续加大。水资源短缺已经成为制约天津城市经济社会持续发展的首要问题。

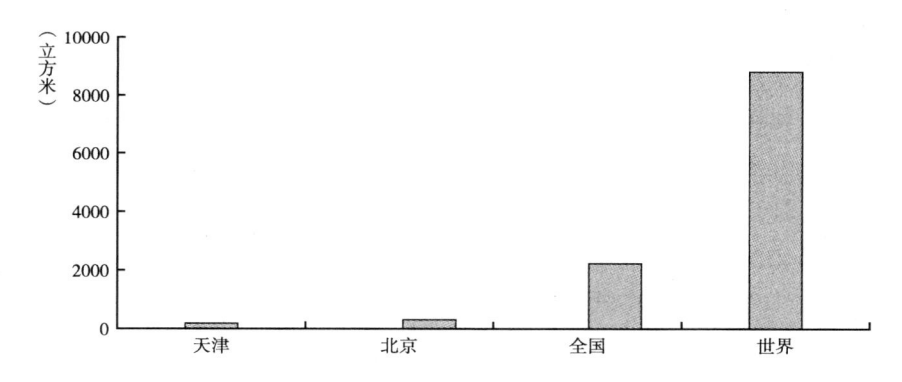

图3-5 天津人均水资源占有量与全国及世界的比较

天津虽然水资源短缺,但九河下梢的历史演变使天津河道密集,河湖成网,加之近几年对市区河道大规模的整治,使天津这个北方最典型的缺水城市逐渐形成了利用水的特点创造生态环境优势的典型。所以,天津的城市建设要尽可能考虑水的因素,利用好水,依水兴市,依水造势,用水打造城市,要把水资源劣势转化成生态环境优势。

2. 城市的快速发展使土地资源相对短缺

土地资源短缺是天津崛起中遇到的一个瓶颈,这涉及天津市经济社会的可持续发展问题。天津市人均耕地仅有0.72亩,不足全国的一半,同时地力衰退,土壤盐渍化严重;天然湿地功能下降,生态环境保护的矛盾较为突

---

① 《实施最严格水资源管理制度》,2011年5月20日《每日新报》。

出。近年来，随着天津城市建设用地的急剧扩张，城市发展与土地资源配置的矛盾日益突出，原有规划确定的城市建设范围不断被突破，挤占非建设用地现象时有发生。滨海新区虽有一定的土地资源可供利用，但存在工业用地同农业用地、生态用地之间的矛盾。据统计，2006年滨海新区土地利用结构中，湿地占55.07%，耕地占20.79%，城乡工矿居民点用地占12.97%。由于滨海新区属生态系统多样、生物资源多样的区域，大面积、大力度的生产性开发对生态系统影响较大。另外，滨海新区辖区传统上是天津化工业比较集中的地区，至少在中短期内，化工业带给滨海新区的环境压力依旧存在。诸如盐碱土地整治、主要河流治理甚至生活垃圾的处理，都是新区发展面临的环境难题。同时，滨海新区环境容量有限，大气和水环境污染负荷较重，区域生态环境脆弱的问题也很突出。

3. 城市环境污染严重，已成为实现科学发展的障碍

城市环境是指城市居民生存和城市发展的空间，它既是一种客观存在，又是一种主观创造。天津市是人口高度集中的大城市，经济活动十分频繁，城市对自然环境的破坏也就更为强烈，导致城市发展超过环境的承载能力，由此引起城市基础设施的拥挤和环境质量的下降，这些环境问题给居民的健康、经济发展、生态价值都带来不利的影响，成为制约经济和社会发展的关键因素。主要表现为：一是大气环境污染严重。天津市的大气污染主要是由燃煤造成的，加上建设工程增多，道路清扫方式落后，绿化水平低，工业粉尘及城市管理较差等原因，使城市大气环境污染加剧，总悬浮颗粒物、二氧化硫、一氧化碳等指标均达不到国家规定的二级标准。城市中心区污染最为严重，郊县次之。同时，由于生态破坏加剧，风沙尘、沙尘暴也日益严重，更加重了污染程度。二是城市垃圾处理利用率低。城市垃圾主要包括工业垃圾和城区生活垃圾，天津市城市垃圾的无害化处理率较低，大量的城市工业垃圾和生活垃圾堆积在城市周围，破坏城市景观和生态环境，这对土地资源是一种浪费，对于环境的第二次污染威胁极大。三是水环境恶化。在面临天津市水资源短缺的同时，更面临水环境污染严重的问题，水体污染主要来自工业废水、城市生活废水的排放，污染最重的是有毒化学废水和重金属，天津市经过处理的污水不到45%，大量的污水未得到任何处理，或经过一定处理，但仍不符合国家排放标准就直接排入河流湖海，造成绝大多数的河段、水库及沿海不同程度的污染。加上上游水质恶化，许多河段常年污染严重，形成水资源短缺与水污染交互影响的状态。

（三）产业结构调整难度大，服务业比重提高难题多，弱化了天津崛起的力度

近年来，尽管天津市经济增长速度快、增幅大，三次产业结构也有了明显的改善，但由于基础条件的制约，三次产业结构仍与经济发达地区存在较大的差距。

1. 农业产业化进程相对缓慢

天津市农业和农村经济结构性矛盾仍然比较突出，集中表现是：农业产业化滞后。从客观上看，主要是天津市自然资源禀赋不足，基础设施比较薄弱，再加上农业产业化起步较晚和农产品初加工多、精深加工少等，导致龙头企业成长缓慢、实力不强和带动能力较弱。从主观上看，主要是农业产业化组织和农户对推进农业产业化经营的重要性认识还不够；对发挥各自优势，实现"互利共赢"的体会还不深。同时也有我们观念和工作上的不适应，特别是对市场经济条件下，如何以科学发展观为统领，综合运用经济、法律以及必要的行政手段推进农业产业化工作的招法还不多。由于缺乏具有很强的开拓市场、组织生产、综合服务功能的大型龙头企业，造成了多数龙头企业没有与农民之间建立起相对稳定的利益连接机制，农户的利益不能得到充分有效的保证，影响农户参与农业产业化的积极性，制约着农业产业化和农业现代化的进程。

2. 第二产业面临诸多结构性矛盾和问题

第一，内资企业技术开发能力弱。目前，制造业生产技术，特别是关键技术主要依靠国外的状况未从根本上改变。一方面自主开发能力薄弱，缺少具有自主知识产权的高新技术；另一方面对国外先进技术的消化、吸收、创新不足，基本上没有掌握新产品开发的主动权。作为研究开发主体的大型企业或大型企业集团，科研开发能力与国外先进水平有较大的差距。

第二，高新技术产业尚未形成优势。总的来说，天津市高新技术产业发展的政策环境、运营机制、产业整体布局与规模等方面都有了质的飞跃；高新技术产业的发展极大地促进了天津这一老工业城市的产业结构升级，以高新技术产业为主导的产业布局正在形成。但是，在工业结构中，高新技术产业占工业总产值的比重过低，截至2008年，高新技术产业占工业总产值的比重只占30%左右，且高新技术产业对外依存度高，外资技术溢出效果不明显，产学研结合尚未形成良性的互动机制，研发资金投入偏低，科技资源

多集中于高新区和开发区，缺乏有效的整合，制约了整体优势的发挥。同时，高新技术产业自主发展能力比较弱，以企业为主体的技术创新体系尚未真正建立起来。以天津高新区为例，天津高新区内缺乏具有重大突破的技术成果和国际影响力的产品与企业，离世界一流园区还有较大差距；除新能源和软件在全国具有竞争优势外，其他产业缺乏竞争力，且集中在低端环节；高新区基础设施和软环境建设还需要提升和完善；各功能产业发展缺乏规划性，导致功能定位不清晰、产业雷同、布局分散。

第三，主导产业的辐射、带动作用不够明显。世界经济发展的一般经验表明，在工业化的中期阶段，发达国家与地区大都出现了带动区域发展的标志性的项目与产业，以此达到优化生产力布局、加速工业化进程的目的；它们往往被誉为一个国家或地区经济的"脊梁"。天津市目前尚未形成众多强有力的主导产业群，缺乏从根本上多方面、宽领域地带动区域腾飞的产业链，这是天津市与我国沿海发达地区发展存在较大差距的原因之一。

第四，产学研结合不紧密，支持产业发展的专业孵化平台不足。长期以来，企业和科研机构被行政体系分割成条条块块，其利益和发展依赖于上级而不是市场。企业、大学、研究所各自为战，使技术、成果、人才、设备等创新因素不能有效地向产业集成，导致产学研脱钩，先进的科技成果得不到及时转化和应用。特别是研究开发面向产业链不够，对于产业链的成长和发展中遇到的问题不能及时响应，使技术向产业的集成针对性和配套性不强，企业、科研机构还没有彼此形成有效的结合点，制约了产业的持续发展。

第五，产业关联度不高，配套能力较弱。以高新技术产业为例，从产业结构看，天津市开发区、产业园区等高新技术聚集区发展的重点大都是以电子信息、生物技术、新材料和机电一体化为主，产业结构趋同现象比较严重，没有形成地区产业特色和互补性；就关联产业的集合而言，以电子信息产业为例，这是天津市的优势产业，目前产品单一，许多关键零部件仍需进口，产业内相互配套能力弱，不能形成一个各具特色和优势互补的产业群体。

3. 第三产业特别是生产性服务业发展明显滞后

第三产业占生产总值比重是一个区域经济发达程度的重要标志之一。世界经济发展的基本趋势是：第一产业的比重不断下降，第二和第三产业比重不断提高，最后第三产业的增长速度大大超过第二产业，在经济中占有绝对的比重。美国、日本及我国香港地区的产业结构在人均 GDP3000 美元左右阶段，明显呈现出一产比重持续下降、二产比重稳中趋降、三产比重持续上升的趋势，第三产业的比重均超过50%，居三次产业之首。与一般经济发展规律相比，目前天津市第三产业发展相对滞后。2006~2009年，天津市第三产业占地区生产总值的比重始终在50%以下，所占比重明显偏低，对地区经济增长的贡献度相对有限（见表3-1）。2009年，在北京、上海、天津和重庆四大直辖市中，天津市第三产业所占比重仅高于重庆，与北京和上海有很大差距（见表3-2）。

表3-1　天津市三次产业贡献率

单位：%

年份	地区生产总值	第一产业	第二产业	第三产业
2006	100	0.7	67.5	31.8
2007	100	0.3	61.9	37.8
2008	100	0.4	64.0	35.6
2009	100	1.71	53.02	45.27
2010	100	1.58	52.47	45.95

注：①产业贡献率指各产业增加值增量与GDP增量之比。②本表数据按可比价格计算。

表3-2　2009年天津、北京、上海、重庆市三次产业构成比例

单位：%

	天津	北京	上海	重庆
第一产业	1.58	0.88	0.67	8.65
第二产业	52.47	24.01	42.05	55.00
第三产业	45.95	75.11	57.28	36.35

制造业的快速发展必然会带动与之相适应的服务业的大发展，特别是生产性服务业的发展。生产性服务业是增强制造业竞争力的重要途径。天津市制造业与生产性服务业的融合不够，生产性服务业发展严重滞后于以制造业为主体工业经济发展。特别是与深圳、上海相比，天津市生产性服务业发展显得更加滞后，特别是金融引领带动作用不强。在资源约束和资金需求约束的双重压力下，不利于对制造业能级的改造和提升，也会进一步制约高新技术产业的发展和新的经济增长点的培育。生产性服务业发展滞后已经成为制约天津跨越式发展的"瓶颈"。

第三产业发展滞后，使一、二产业结构调整的劳动力转移产生困难，增加社会就业压力，从而影响着一、二产业优化升级的进程。同时，现代服务业发展滞后，使得高素质的知识型人力资源外流，从而制约了技术创新能力的提高，制约了市场的有效开拓，影响投资环境和经营环境的改善，对天津市国民经济发展带来一定影响。

产业结构调整中的一个难题在天津解决起来难度较大，即服务业发展问题。从理论上看，大家都以经济学家钱纳里的发展模型来考察经济结构的合理性，以发展到工业化后期，服务业比重应超过工业为合理结果，但实际上这本身就值得讨论。一是这一结论是以国家为考证单位的，是以要素流动限制为前提的，是否适合于城市有待研究；二是工业比重超过服务业是否就不合理，特别是处于 5000 美元至 10000 美元之间时，也需要考虑。因此，天津经济发展速度主要来源于制造业，服务业比重上升慢无法避免，加上传统服务业受制于流动人口少，发展不快也是必然。虽然目前天津第三产业比重已经达到 45.27%，但相比先进地区仍然有很大差距，"十二五"期间，天津服务业发展问题解决起来仍然难度很大。

（四）在 R&D 投入方面还存在诸多不足，企业自主创新能力不强

1. 从 R&D 活动类型上看，原始创新能力十分薄弱

R&D 活动由基础研究、应用研究和试验发展三部分组成。近年来天津市 R&D 经费增长较快的主要原因是企业的试验发展增加迅速，而基础研究和应用研究增长缓慢。2006 年，天津市基础研究、应用研究、试验发展所占比重分别为 3.7%、18.0% 和 78.3%。

2. 从 R&D 经费来源结构看，政府投入强度不高

近年来随着天津市 R&D 经费总量的稳步增长，尽管政府资金也在不断增加，从 2000 年的 6.29 亿元增加到 2009 年的 178.5 亿元[①]，9 年间增长了 28 倍。但是，政府 R&D 资金的增长速度（19.4%）低于全社会 R&D 经费的增速（24.5%）5.1 个百分点。在 R&D 经费中政府资金所占比重也从"九五"末的 25.5% 减少到 2007 年的 18.9%。

3. 企业自主创新能力远不适应经济快速发展的需要

从企业自主创新能力看，R&D 投入强度低于全国平均水平，高新技术

---

① 《天津研发投入强度全国第三 2009 年 R&D 经费投入 178.5 亿》。http://www.tianjinwe.com/tianjin/tjwy/201011/t20101124_ 2598188.html。

企业更低，企业 R&D 经费支出占产品销售收入的比重是衡量企业自主创新能力的重要指标。发达国家经验表明，这一比例低于 2%，企业创新将难以维持，只有高于 6%，企业创新才能形成良性循环。全国"科技进步监测标准"将这一指标定为 6%。2000~2007 年，天津市这一比重始终低于全国的平均水平。

4. 从 R&D 活动产出看，论文和专利数量不多，质量不高

全国科技进步监测将万名 R&D 活动人员科技论文数和获得国家级科技成果奖励情况作为考核各省市科技活动产出的重要指标。这两项指标 2006 年天津市在国内 20 个城市中分别排在第 15 位和第 13 位，不仅低于北京、上海，甚至低于重庆、大连、济南、沈阳、长春等城市。

5. 人力资源投入不足

从 R&D 人力资源投入看，规模较小，企业投入尤显不足。2000~2007 年，天津市 R&D 活动人员从 2.32 万人年增长到 4.50 万人年，年均增长速度只有 9.9%，与同期天津市 R&D 经费 24.5% 的增长速度相比，人才增幅低了 2.5 倍。

（五）民营经济发展相对缓慢，天津经济社会发展继推器储备不足

近年来，天津市民营经济发展为劳动者创造更多的就业岗位、吸纳大量的社会劳动力就业作出了重要贡献。但是总体而言，天津市民营经济发展还不够快，规模还不够大，实力还不够强。天津市大项目带动效益明显，但这类投资主要集中于国企、外企，集中在城市基础设施建设和公共服务项目上，涉及中小企业和民营企业相对较少。以国有经济为主的电子信息、冶金、化工、汽车、新能源等优势产业，销售收入和利润占天津市工业的 70% 以上。工业企业国有资产中，分布在优势和支柱产业的比重达到 80%，分布在高新技术产业的比重达到 40%。天津市属国有及国有控股企业国有资产分布在全市重要行业和关键领域的比重达到 70%，并以年均提高 2 个百分点的速度不断发展壮大。而民营经济发展明显滞后，在"长三角"、"珠三角"，民营经济已占很大比重。而在环渤海经济圈，民营经济仍处于劣势。天津市的民营经济在环渤海区域算是中上水平，但其占生产总值的比重仍低于 25%，滨海新区的民营经济成分更是不到 10%，这就使得融资渠道多集中于国家信贷的投入和市财政投入，这不仅使得融资渠道单一，也影响了资金的使用效率和企业的竞争活力。另外，天津市民营经济发展行业过于集中。民营企业集团主要集中于制造业、房地产业和批发零售业，三个行

业中民营企业集团数量占92.1%，高度集中于三个行业从另一个侧面反映出民营企业集团可进入的行业面过窄或其他行业的准入门槛过高等问题。

从全国改革开放情况看，哪个地区民营经济发展得好，哪个地区的经济增长就快，而且成本低、效益高。从各地发展经验看，下一阶段天津市必须要继续抓住民营经济这个继推器，天津经济发展才会保持持续稳定发展。

（六）人口老龄化疾步到来将明显影响天津经济社会发展

人口老龄化是工业化和城市化过程中普遍出现的问题。特别是在人均GDP达到2万美元之后，一些经济发达国家此类问题比较明显。人口老龄化是个社会问题，国际上的标准是：60岁以上人口占社会总人口比重达到10%以上，或者65岁以上人口达到7%以上即视为进入老龄化社会。

天津是全国进入老龄化社会较早的城市之一，近年来，天津老年人口规模不断增加，人口老龄化程度继续深化，人口老龄化问题日趋严峻。天津2009年6月份的普查资料显示，老龄人口达到11.88%，已经提前2年进入老龄化社会。根据2010年全国第六次人口普查，全国65岁以上的人口已经达到1.19亿人，占全国人口的8.81%，增长有加速现象（见图3-6）。人口老龄化对天津的影响在于：发达国家是"先富后老"，一般发生在人均GDP2万美元之后，社会有能力负担和解决社会保障支出；天津市是"未富先老"，老龄化带来的社会福利及保障压力会直接摊薄经济增长带来的效益，同时导致户籍人口中的劳动力供给减少，社会福利及保障支出增加，老年问题增多。

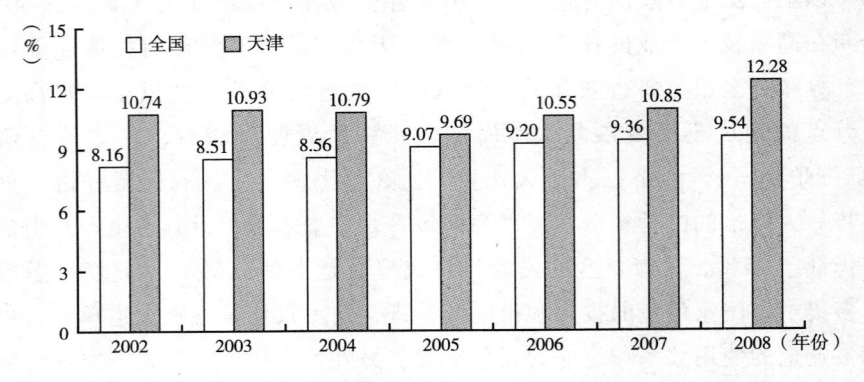

图3-6 天津及全国65岁以上人口占总人口比重变动

三 天津崛起与国内各区域的竞相发展

进入 21 世纪以来，随着中国经济的快速发展，特别是伴随以直辖市和中心城市为核心的综合配套改革试验区的相继批复，全国各个区域及城市发展形势逼人，各大区域板块蓄势待发格局正在形成，天津崛起的步伐必须加快。

（一）振兴东北步伐加快，政策频出

党的十六大提出："采取有力措施，支持东北地区等老工业基地加快调整改造，支持以资源开采为主的城市和地区发展接续产业。"这是党中央、国务院继实施沿海开放、西部大开发战略之后，从全面建设小康社会和区域经济协调发展大局出发作出的重大战略决策。2003 年 8 月 1～3 日，国务院总理温家宝在长春主持召开振兴东北老工业基地座谈会，他将"振兴东北"作为国策的高度提出，再次把这个被称为"共和国长子"的区域推到了国民经济发展的前沿。这是中央为振兴东北作出的重大战略部署，预示着东北有望成为中国经济的第四个增长极。2003 年 10 月 5 日，中共中央、国务院下发《关于实施东北地区等老工业基地振兴战略的若干意见》（中发〔2003〕11 号），标志着实施振兴东北地区等老工业基地战略正式启动。2003 年 12 月 2 日，国务院作出成立振兴东北地区等老工业基地领导小组的决定（国发〔2003〕28 号），并确定下设办公室，具体承担领导小组的日常工作。2004 年 4 月 2 日，国务院下发振兴东北办的"三定"方案，国务院振兴东北办正式成立。2004 年 2 月 4 日，国务院国有资产监督管理委员会发布了《关于印发加快东北地区中央企业调整改造指导意见的通知》（国资发规划〔2004〕172 号）。2005 年 6 月 15 日，为了合理、高效利用东北地区土地、矿产资源，更好地为振兴东北地区老工业基地服务，国土资源部、国务院振兴东北办发布关于印发《关于东北地区老工业基地土地和矿产资源若干政策措施》的通知（国土资发〔2005〕91 号）。2005 年 6 月 30 日，国务院第 93 次常务会议审议并原则通过了《关于促进东北老工业基地进一步扩大对外开放的实施意见》（国办发〔2005〕36 号）。实施意见提出了鼓励外资参与国有企业改组改造、推进技术进步、扩大开放领域、促进区域经济合作发展和营造良好发展环境等 29 条措施，吸引外资特别是国外战略投资者参与东北地区老工业基地调整改造，积极对接境外及沿海地区的产

业转移。2007年8月20日，国务院振兴东北办公室公布《东北地区振兴规划》，我国将经过10~15年的努力，实现东北地区的全面振兴。根据规划，我国将把东北地区建设成为体制机制较为完善，产业结构比较合理，城乡、区域发展相对协调，资源型城市良性发展，社会和谐，综合经济发展水平较高的重要经济增长区域；形成具有国际竞争力的装备制造业基地，国家新型原材料和能源保障基地，国家重要商品粮和农牧业生产基地，国家重要的技术研发与创新基地，国家生态安全的重要保障区，实现东北地区的全面振兴。继国务院2009年4月21日正式批准在黑龙江省对俄口岸绥芬河设立综合保税区以后，一系列针对东北老工业基地振兴的新政策即将陆续出台。

2009年5月，国家发改委东北振兴司已经提出了促进东北地区等老工业基地经济平稳较快发展和全面振兴的政策措施。国家陆续投放的200亿元企业技术改造资金有很大一部分投向了东北，300多亿元重大技术装备专项资金也有很多投向了东北。国家发展和改革委员会还正在推动《中国东北地区老工业基地与俄罗斯远东地区合作规划纲要》的签署。

2009年7月1日，国务院常务会议原则通过《辽宁沿海经济带发展规划》，为东北振兴增添了新动力，标志着辽宁沿海经济带的开发开放正式提升到了国家层面。辽宁沿海经济带陆域面积5.65万平方公里，海岸线长2920公里，海域面积约6.8万平方公里，包括大连、丹东、锦州、营口、盘锦、葫芦岛等沿海城市，地处环渤海地区重要位置和东北亚经济圈关键地带，资源禀赋优良，工业实力较强，交通体系发达。辽宁沿海经济带开发开放将推动东北成为新的增长极（见图3-7）。

东北振兴不仅是为了解决工业和国有企业的问题，而是要实现各产业协调发展，实现可持续发展，提高人民生活水平和质量，促进社会全面进步。目前东北老工业基地建设已经进入新阶段，还会有新的振兴举措。而新举措不仅要使东北地区能够积极应对金融危机，避免大的损伤，而且要帮助东北化"危"为"机"，实现工业、农业、社会、生态、第三产业以及旅游业等的全面振兴。振兴东北老工业基地的工作进入了推进全面振兴的新阶段。

（二）中部崛起相关政策已经实施

作为承东启西的节点区域，中部山西、河南、安徽、江西、湖北、湖南六省的人口和经济总量分别占全国的28%和20%以上，是中国重要的粮食

辽宁省沿海重点发展区域
"五点一线"所处位置标注

① 大连长兴岛临港工业区
规划面积129.7平方公里，起步区50平方公里
② 辽宁（营口）沿海产业基地
规划面积120平方公里，起步区20平方公里
③ 辽西锦州湾沿海经济区
1.锦州沿海工业区 规划面积22.76平方公里，起步区22.76平方公里
2.葫芦岛北港工业区 规划面积21.87平方公里，起步区16.87平方公里
④ 辽宁丹东产业园区
规划面积30平方公里，起步区18.6平方公里
⑤ 大连花园口工业园区
规划面积50平方公里，起步区15平方公里

图3-7 辽宁沿海经济带

主产区，又是国家综合运输网络的中心区域和重要的能源、原材料基地，但却一度在中国区域发展的版图上呈现"塌陷"之势。

2004年3月，温家宝总理在政府工作报告中，首次明确提出促进中部地区崛起，引起中部省份极大关注。2004年12月，中央经济工作会议再次提到促进中部地区崛起。2005年3月，温家宝总理在政府工作报告中再次提出：抓紧研究制定促进中部地区崛起的规划和措施，充分发挥中部地区的区位优势和综合经济优势，加强现代农业特别是粮食主产区建设；加强综合交通运输体系和能源、重要原材料基地建设；加快发展有竞争力的制造业和高新技术产业；开拓中部地区大市场，发展大流通。

随着区域协调发展战略在中国的日趋清晰，"中部崛起"最终被列入政府议事日程。促进中部地区崛起列入了2006年全国人大审议通过的"十一五"规划纲要，规划明确提出要增强中部地区粮食生产能力、支持该地区煤炭基地建设、加快产业结构调整、建设精品原材料基地、构建综合交通体系等内容。中共中央总书记胡锦涛2006年3月27日主持召开中共中央政治局会议,专门研究促进中部地区崛起工作。会议指出,促进中部地区崛起,是中国促进区域协调发展总体战略的重大任务,事关中国"经济社会发展全局,事关全面建设小康社会全局"。"中原定,天下安",中国高层决策者决意高调推进"中部崛起"这一区域发展战略,在中国整体发展布局中走出了关键之棋。2006年4月,中共中央、国务院发布了《关于促进中部地区崛起的若干意见》。这一纲领性文件为促进中部六省的经济发展提出了36条政策措施,提出要把中部建成全国重要的粮食生产基地、能源原材料基地、现代装备制造及高技术产业基地以及综合交通运输枢纽。中部崛起成为继东部沿海开放、西部大开发和振兴东北等老工业基地之后的又一重要的国家经济发展战略。2007年1月1日,国务院下发了《关于中部六省比照实施振兴东北地区等老工业基地和西部大开发有关政策范围的通知》(国办函[2007]2号),根据这一政策,中部六省将享受历史欠税豁免、税收优惠等多项优惠政策。2007年4月13日,国务院批准设立国家促进中部地区崛起工作办公室,负责研究中部地区发展战略、规划和政策措施,协调和落实促进中部崛起的有关工作。至此,中部崛起进入了更具操作性的实施阶段。

中部崛起战略的提出和逐步实施,让"不东不西"的湖南、湖北、河南、山西、安徽、江西走到了时代舞台的聚光灯下。国家"中部崛起"战略的提出,激发了中部各省领跑中部、率先崛起的热情。"中部崛起"的机遇中也潜藏着"逐鹿中原"的竞争。在竞争中逐步达成共识:中部崛起,需要六省改各自为战为携手共赢。中部必须作为一个整体经济板块,在资源开发、基础设施对接、产业发展、统一市场建设等领域密切配合,更好地发挥中部地区的综合优势,形成整体合力,增强综合竞争力。随之而来的是,中部六省间频繁互访,经济、文化交流活动不断。中部六省间多条高速公路、水运航线开工,在合作中迈出了第一步(见图3-8)。

中部崛起战略实施后,国家政策密集出台,加速对中部地区实施政策回填、产业回填:国家发展改革委成立国家促进中部地区崛起工作办公室;中部地区部分城市参照执行东北老工业基地改造政策,部分县市参照执行西部大开发政策;商务部和海关总署启动加工贸易新政,促进东部地区加工贸易企业向中西部地区转移;中央和地方财政相继投入巨资,使中部六省交通、通信、能源及口岸等基础设施建设呈现方兴未艾之势。

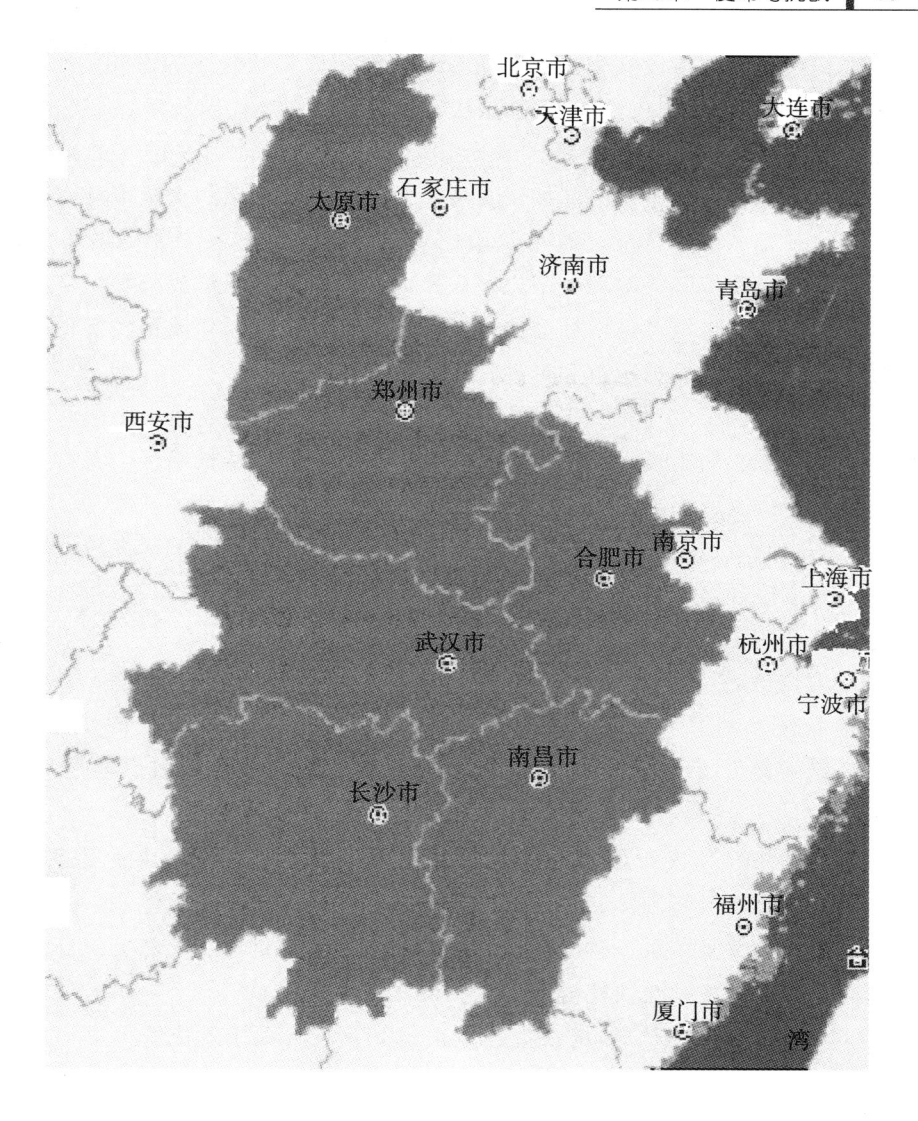

图 3-8 中部六省地区

(三) 全国各"新区"(综合配套改革试验区) 发展热情高涨,竞争激烈

1. 国务院正式批准重庆市和成都市设立全国统筹城乡综合配套改革试验区

2007 年 6 月 7 日,国家发展和改革委员会下发《国家发展改革委关于

批准重庆市和成都市设立全国统筹城乡综合配套改革试验区的通知》（发改经体〔2007〕1248号），正式批准重庆市和成都市设立国家统筹城乡综合配套改革试验区，着重城乡统筹，继续探索"大城市带动大农村"的城乡均衡发展模式，并促使中国西部加快发展。通知要求成都市和重庆市从实际出发，根据统筹城乡综合配套改革试验的要求，全面推进各个领域的体制改革，并在重点领域和关键环节率先突破，大胆创新，尽快形成统筹城乡发展的体制机制，促进城乡经济社会协调发展，为推动全国深化改革，实现科学发展与和谐发展，发挥示范和带动作用。

中西部地区是中国相对不发达地区，在中西部选择具有重大影响和带动作用的特大中心城市设立国家统筹城乡发展综合配套改革试验区，对重大政策措施先行试点，突显了国家在新的历史时期加快中西部发展、推动区域协调发展的决心。这是中国在新的历史时期加快中西部发展、推动区域协调发展的重大战略部署。自此，一场统筹城乡差别、平衡城乡利益、重建社会结构的变革开始了破冰之旅。

作为全国首个省级城乡统筹改革试验区，重庆将在一些重点领域和关键环节改革上有所突破，把改革农民工制度作为统筹城乡的结合点，逐步推进户籍、社会保障、土地使用以及财政、金融、行政管理等制度改革。

成都将在统筹城乡规划、建立城乡统一的行政管理体制、建立覆盖城乡的基础设施建设及管理体制、建立城乡均等化的公共服务保障体制、建立覆盖城乡的社会保障体系、建立城乡统一的户籍制度等重点领域和关键环节率先突破，加快经济社会快速健康协调发展。

2009年4月28日，国务院办公厅正式下发了《关于重庆统筹城乡综合配套改革试验总体方案的复函》（国办函〔2009〕47号），正式批复了重庆市上报的《重庆市统筹城乡综合配套改革试验总体方案》。总体方案要求重庆到2012年，在重点领域和关键环节改革取得重大进展，统筹城乡发展的制度框架基本形成，经济实力、人民生活和城乡统筹发展水平迈上新台阶。到2020年，各项改革全面深化，形成统筹城乡发展的制度体系，统筹城乡发展水平在西部领先，长江上游地区经济中心、西部地区重要增长极功能形成，在西部率先实现全面建设小康社会的目标。

2009年5月20日，国务院发布了《国务院关于成都市统筹城乡综合配套改革试验总体方案的批复》（国函〔2009〕55号），批复指出，要根据统筹城乡综合配套改革试验的要求,加强重点领域和关键环节的先行先试,加快建立统筹城乡发展的体制机制,尽快在城乡规划、产业布局、基础设施建设、公共服务一体化等方面取得突破,促进公共资源在城乡之间均衡配置,生产要素在城乡之间自由流动,推动城乡经济社会发展融合,为全国深化体制改革、推动科学发展和促进社会和谐提供经验和示范。成都市统筹城乡综合配套改革驶入快车道。

2. 湖北的武汉城市圈获国务院批准

"武汉城市圈"由"1+8"9座城市组成,是指在以武汉市为中心的100公里半径内,整合黄石、鄂州、黄冈、孝感、天门、潜江、仙桃、咸宁8个中小城市,形成湖北乃至长江中游最大、最密集的城市群。武汉"1+8"城市群地处中国东西、南北两大发展轴线——长江经济带及由京广铁路、京珠高速组成的"十"字形一级发展轴线的交会处。在中国东中部经济发展格局中,武汉"1+8"城市圈地处"中部之中"的经济腹地,同时在中国城市群结构体系中处于国家二级城市群前列,将成为中国区域经济增长的重要引擎。武汉"1+8"城市圈将领跑中部崛起(见图3-9)。

2007年12月14日,国家发展改革委下发了《关于批准武汉城市圈和长株潭城市群为全国资源节约型和环境友好型社会建设综合配套改革试验区的通知》(发改经体[2007]3428号),正式批准武汉城市圈设立全国资源节约型和环境友好型社会(简称"两型社会")建设综合配套改革试验区。2008年9月10日,《武汉城市圈资源节约型和环境友好型社会建设综合配套改革试验总体方案》获得国务院正式批复。这是国内第一个启动综改试点的城市圈(群)。在批复中,国务院批准了"武汉城市圈"两型社会("资源节约型和环境友好型社会")试点的多项内容,在金融和财政方面给予多项支持政策,包括开展非上市股份公司股份报价转让试点、资源税试点,争取组建光谷科技银行,在区域内发行市政债、节能债及水专项债券等。国务院批复要求,国务院有关部门要按照职责分工,积极支持武汉城市圈开展有关专项改革,与建设资源节约型、环境友好型相关的改革事项,要优先放在武汉城市圈先行先试;并希望武汉城市圈为全国深化体制改革、推动科学发展和促进社会和谐提供经验和示范。国务院并要求"武汉城市圈"内建立政府间高效的协调机制,建立多层级联系会议协调机制,打破行政壁垒,统筹区域规划。

图 3 – 9　武汉城市圈

3. 正在崛起的长株潭城市群

2007 年 12 月 14 日，国家发展改革委下发了《关于批准武汉城市圈和长株潭城市群为全国资源节约型和环境友好型社会建设综合配套改革试验区的通知》（发改经体 [2007] 3428 号），正式批准长株潭城市群设立全国资源节约型和环境友好型社会（简称"两型社会"）建设综合配套改革试验区。长株潭城市群获批"全国资源节约型和环境友好型社会建设综合配套改革试验区"，这是国家对改革试验区的重要部署，同时也是对城市群发展的战略布局。

根据湖南省政府公布的《长株潭城市群区域规划》，整个长株潭三市的城镇结构，以京广铁路、京珠高速为南北轴，以 319 国道、320 国道和上瑞高速公路为东西次轴，以湘乡—韶山公路和 106 国道为南北辅轴，形成一个"冉"字形结构。核心区为"一主两次环绿心"的结构，"一主"为长沙城区，"两次"分别为湘潭城区和株洲城区，中间为生态绿心（见图 3 – 10）。

2008 年 12 月 22 日，国务院印发了《关于长株潭城市群资源节约型和环境友好型社会建设综合配套改革试验总体方案的批复》（国函 [2008] 123 号），原则同意长株潭城市群综合配套改革总体方案及附件《长株潭城市群区域规划（2008~2020年）》。批复要求湖南省加强对总体方案及规划实施的组织领导，国务院有关部门要按照职责分工，积极支持在长株潭城市群开展有关专项改革，并先行试验一些重大改革开放措施，与建设资源节约型和环境友好型社会相关的改革事项，要优先在长株潭城市群等试验区先行先试。

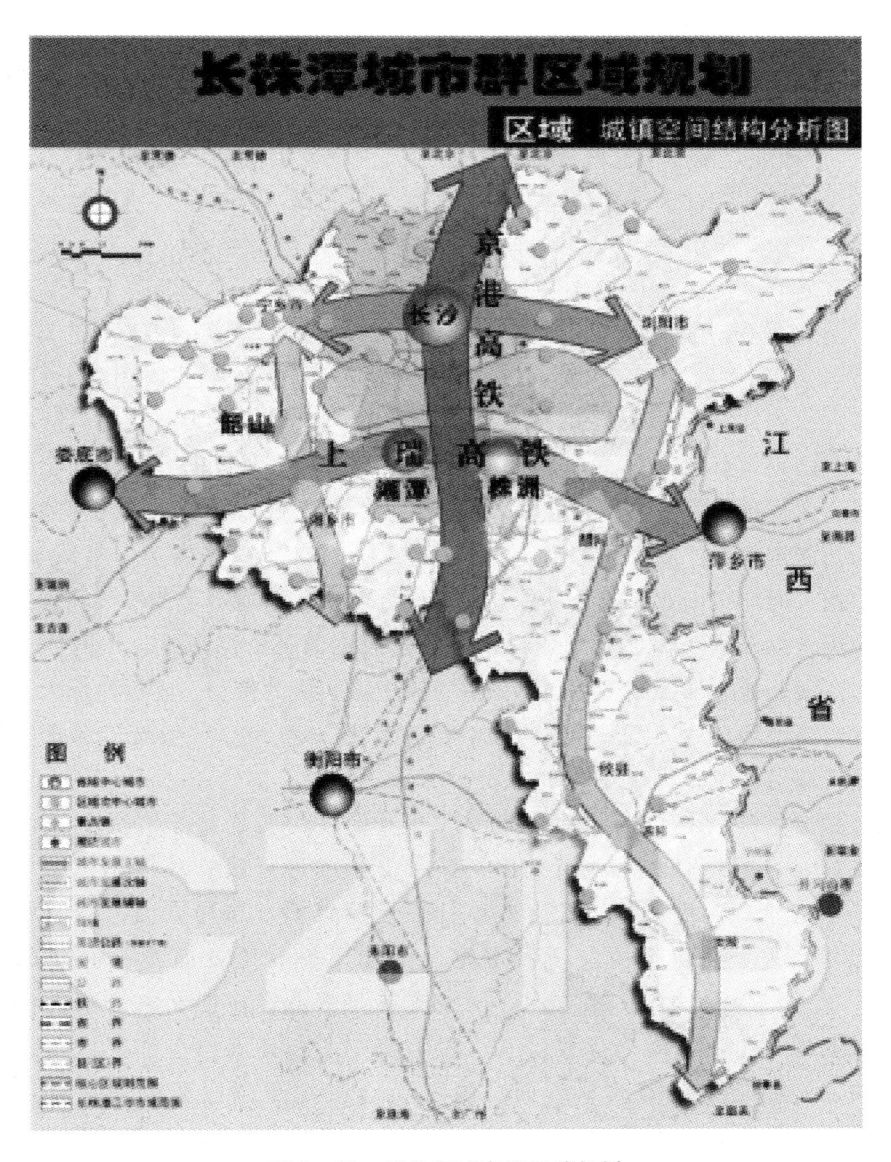

图3-10　长株潭城市群区域规划

长株潭城市群无论从加快"两型社会"建设，还是推进城市群发展的角度来看，都是潜力巨大的改革承载者，其在湖南省的核心增长极的作用将进一步显现。到2020年，长株潭区域城镇化水平达到60%~62%，4500平方公里的核心地区人口规模为700万~750万人，人均GDP达到8万元以上，发展成为在华中经济圈中具有举足轻重地位、在国内具有很强竞争力的组群式的特大型城市化地域之一。

4.《广西北部湾经济区发展规划》正式获国务院批准实施

2008年2月21日，国务院正式批准实施《广西北部湾经济区发展规划》，广西北部湾经济区开放开发正式纳入国家发展战略。这是党中央、国务院深入实施西部大开发战略、完善区域经济布局、促进区域协调发展、深化对外开放作出的重大战略决策。这标志着广西经济发展进入了一个新时代。广西北部湾经济区是中国西部唯一沿海的地区。处于中国—东盟自贸区、泛北部湾经济合作区、大湄公河次区域、中越"两廊一圈"、泛珠三角经济区、西南六省（区、市）协作等多个区域合作的交会点，南拥北部湾，背靠大西南，东连"珠三角"，面向东南亚，西南与越南接壤。是中国沿海与东盟国家进行陆上交往的枢纽，是促进中国与东盟全面合作的重要桥梁和基地，区位优越，战略地位突出，发展潜力巨大。政府给予广西北部湾经济区的功能定位是：立足北部湾、服务"三南"（西南、华南和中南）、沟通东中西、面向东南亚，充分发挥连接多区域的重要通道、交流桥梁和合作平台作用，以开放合作促开发建设，努力建成中国—东盟开放合作的物流基地、商贸基地、加工制造基地和信息交流中心，成为带动、支撑西部大开发的战略高地和开放度高、辐射力强、经济繁荣、社会和谐、生态良好的重要国际区域经济合作区（见图3-11）。

国家大力支持广西北部湾经济区开放发展，明确给予五大方面的政策支持：一是综合配套改革方面，国家支持推进行政管理体制、市场体系、土地管理制度等综合配套改革；二是重大项目布局方面，国家在有关规划、重大项目布局及项目审批、核准、备案等方面给予必要的支持；三是在保税物流体系方面，国家支持北部湾经济区在符合条件的地区设立保税港区、综合保税区和保税物流中心，拓展出口加工区保税物流功能；四是在金融改革方面，国家支持在北部湾地区设立地方性银行，探索设立产业投资基金和创业投资企业，扩大企业债券发行规模，支持符合条件的企业发行债券；五是在开放合作方面，国家支持北部湾

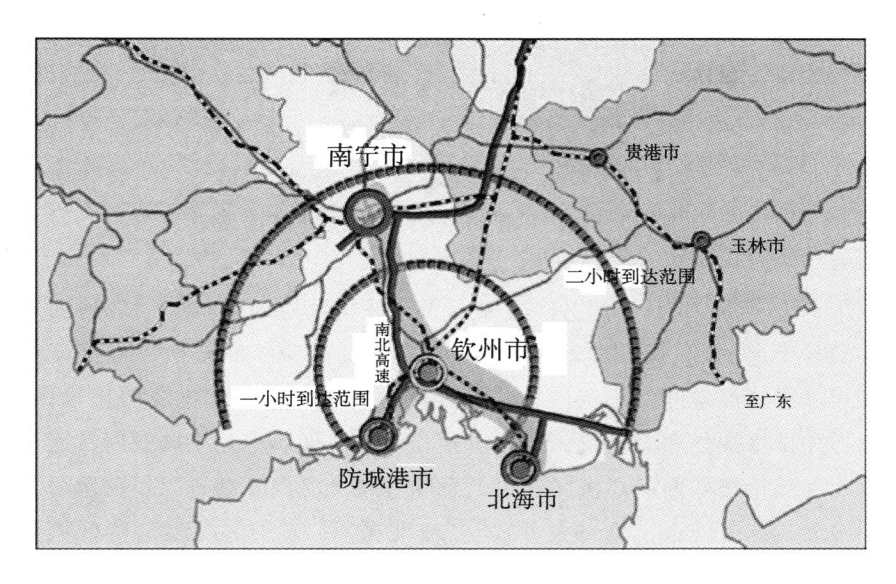

图 3–11　广西北部湾经济区

经济区发挥开放合作示范作用，推动泛北部湾经济合作成为中国—东盟合作框架下新的次区域合作，建立和完善开放合作机制，加快实施合作项目。

广西北部湾经济区有望开启区域经济一体化的新里程，逐步成为带动支撑西部大开发的战略高地和中国沿海发展新一极。

5. 海峡西岸经济区：从地方政策到国家决策

海峡西岸经济区，是指台湾海峡西岸，以福建为主体包括周边地区，南北与"珠三角"、"长三角"两个经济区衔接，东与台湾岛，西与江西的广大内陆腹地贯通，具有对台工作、统一祖国，并进一步带动全国经济走向世界的特点和独特优势的地域经济综合体。是我国沿海经济带的重要组成部分，在全国区域经济发展布局中处于重要位置。

2004年1月，时任福建省省长的卢展工在省十届人大二次会议所作的《政府工作报告》中，正式提出"建设对外开放、协调发展、全面繁荣的海峡西岸经济区"的战略思路。为推进海峡西岸经济区建设，2004年8月，中共福建省委七届七次全会批准实施《海峡西岸经济区建设纲要（试行）》，2005年1月，福建省十届人大三次会议作出了《促进海峡西岸经济区建设的决定》。2007年1月，住房和城乡建设部与福建省政府共同启动海峡西岸城市群协调发展规划编制工作。2007年2月16日，福建省人民政府正式公布了《福建省建设海峡西岸经济区纲要》。党的十七大报告提出，支持海峡西岸和其他台商投资相对集中地区经济发展。这是海峡西岸经济区建设首次被写入中共党代会报告。2008年4月，建设部正式批复《海峡西岸城市群协调发展规划》。这是继京津冀城市群之后，国家批复的又一区域城市群协调发展规划。作为中国沿海城市群的重要一环，海峡西岸城市群有了科学规划的引领，将展现出新的风采。

2009年5月14日，国务院发布《关于支持福建省加快建设海峡西岸经济区的若干意见》（国发〔2009〕24号），意见明确了海峡西岸经济区在国家区域发展格局中的战略定位和功能定位，强调注重发挥福建的比较优势，在先行先试中加强两岸交流，合作双赢，和谐发展。这是中国政府首次出台政策明确支持海峡西岸经济区建设，意味着整个海西发展进入新的阶段。这是党中央、国务院继"西部大开发""东北振兴""中部崛起"等区域发展决策后的又一重大举措。

随着海峡西岸经济区发展战略从区域战略上升为国家战略，海峡西岸经济区站在一个新的起点上，将再出发。建设海峡西岸经济区已经从福建自身的探索实践变成国家的战略，国家赋予的历史任务和重大责任。海峡西岸，作为中国区域经济发展版图上的新板块和经济发展的新增长极已然呈现。建设海峡西岸经济区有了改革开放30年特别是5年海西战略实践的厚实积淀。福建经济总量到2008年已达10863亿元人民币，继北京之后成为中国"万亿元GDP俱乐部"的新成员。建设海峡西岸经济区的效应逐步显现并扩张。60多个国家部委、中央企事业单位，相继从规划布局、项目建设、口岸通关、金融服务等方面支持和促进海西发展；台商在闽掀起了新一轮投资热潮，台湾石化、机械、电子、食品等行业企业纷纷迁移海西。海峡西岸经济区的战略定位日益明晰：两岸人员交流合作先行先试区域，服务周边地区发展新的对外开放综合通道，东部沿海地区先进制造业的重要基地，中国重要的自然和文化旅游中心。福建各地积极捕捉国务院若干意见颁布实施带来的"重大战略机遇期"，主动融入海西发展大局（见图3-12）。

在福建的"先行先试"与"有所作为"中，加速西岸与东岸的融合，不管是经济的还是文化的，无疑是最为外界关切的。事实是，闽台经贸合作不断扩大，金融危机下两地贸易2009年上半年持续攀升，福建实际利用台资已占大陆的1/4强；直接"三通"不断拓展，福建已成为两岸交往交流

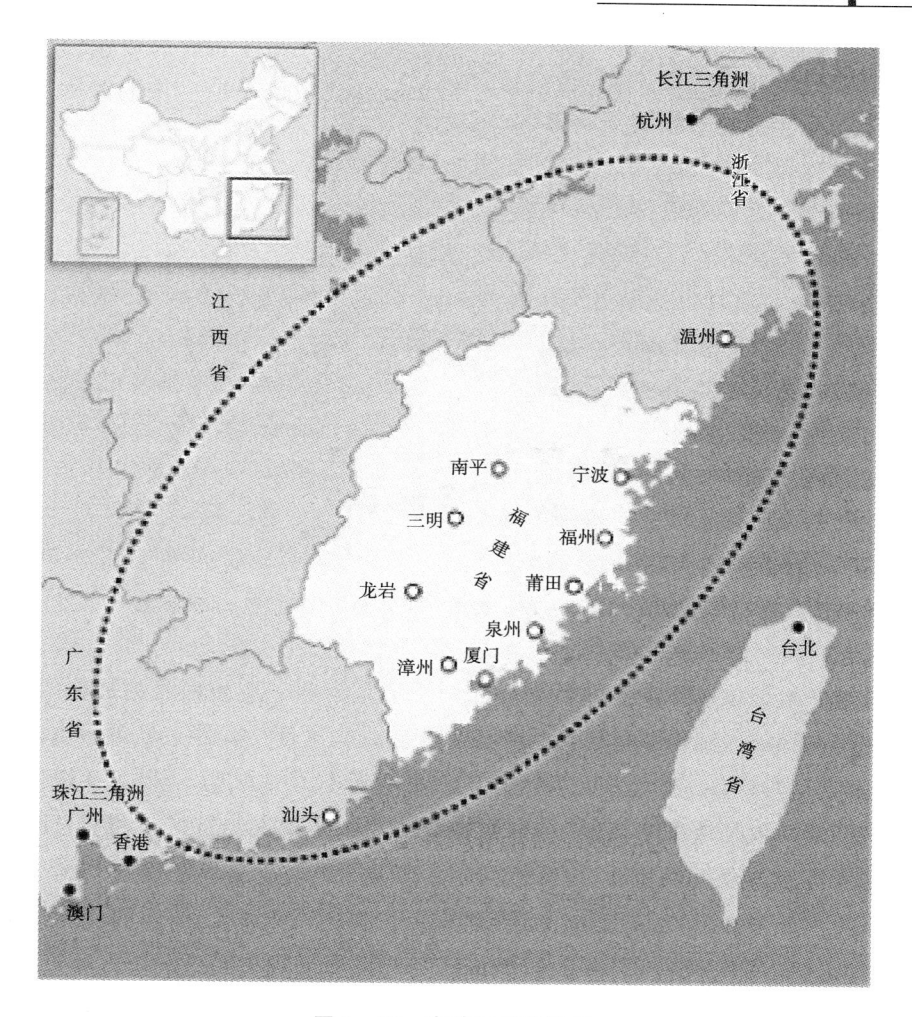

图 3-12 海峡西岸经济区

的重要通道。闽台经济总量差距也逐步缩小，福建 GDP 已从 1981 年相当于台湾的 12.9% 提升到 2010 年的 47.5%。

6. 关中—天水经济区昂起大西北进取的龙头

2009 年 6 月 25 日，国务院新闻办举行发布会，正式发布《关中—天水经济区发展规划》。发展规划提出，将把关中—天水经济区打造成为"全国内陆型经济开发开放的战略高地"。关中—天水经济区是《国家西部大开发"十一五"规划》中确定的西部大开发三大重点经济区之一。规划范围包括陕西省西安、铜川、宝鸡、咸阳、渭南、杨凌、商洛部分县和甘肃省天水所辖行政区域，面积 7.98 万平方公里。直接辐射区域包括陕西省陕南的汉中、安康，陕北的延安、榆林，甘肃省的平凉、庆阳和陇南地区（见图 3-13）。

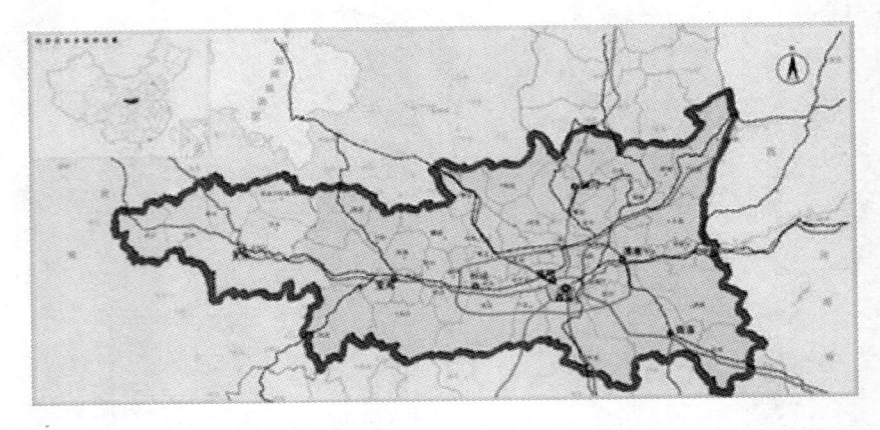

图 3-13 关中—天水经济区

这一地区位于亚欧大陆桥中心，处于承东启西、连接南北的战略要地，是中国西部地区经济基础好、自然条件优越、人文历史深厚、发展潜力较大的地区。2008 年，这一地区生产总值占西北地区的 1/4 强。除了"全国内陆型经济开发开放战略高地"，根据规划，关中—天水经济区还将打造成为全国先进制造业重要基地、全国现代农业高技术产业基地和彰显华夏文明的历史文化基地。规划提出，到 2020 年，关中—天水经济区的经济总量占西北地区的比重超过 1/3，人均地区生产总值翻两番。《关中—天水经济区发展规划》将"关中"和"天水"两个地区的命运紧紧联系在一起，将成为西部地区新的增长极。建设关中—天水经济区将带动整个大西北的发展。今天，地处大西北的关中—天水经济区正在成为我国内陆地区新的热点区域。

7. 国家级海洋综合开发试验区：舟山群岛亚洲引擎的新定位

从地理位置上看，舟山群岛是一颗镶嵌于亚洲中央的海上明珠，它与周边的亚洲国家隔海相望，是亚洲各国运输的大通道；舟山群岛不只是一个岛，而是亚洲的"海上丝路"，是一个可会聚亚洲各国资源的强力"磁场地"。

2010 年，宁波—舟山港全年货物吞吐量已达到 6.27 亿吨，其中大宗商品约 2.21 亿吨，占了近三成的比例。舟山群岛目前已经成为国家石油的重要战略储备基地、全国最大商业原油储运基地和矿砂中转基地以及浙江省最大的煤炭中转基地。目前在舟山码头装卸的大宗商品主要包括：石油、煤炭、矿砂、粮食、化工品、集装箱运输。2010 年，舟山港域完成油品吞吐量 4500 万吨，矿砂 7500 万吨，煤炭 2115 万吨，粮食 539 万吨。同时舟山的油品仓储能力也已达到 1150 万立方米，中转吞吐能力接近 6600 多万吨。

按照"十二五"规划，舟山港口将向综合物流贸易港口转变，建设我国重要的大宗散货国际性、综合型枢纽港基地。预计"十二五"内舟山群岛将新增仓储能力 1900 万立方米，吞吐能力将达到 1.2 亿吨，成为全国油品仓储和中转吞吐能力最大的港口区域。金属矿石年吞吐能力也将在目前约 7500 万吨基础上增至 1.4 亿吨。

（四）21 世纪初叶中国新一轮区域经济发展大趋势

1. 区域内部合作加强，区域间的竞争会更加激烈

中央从区域经济发展的整体战略出发，协调发展的政策正在一步步完善。其推进思路是：东部地区在"率先发展"基础上，继续发挥经济特区、上海浦东新区的作用，推进天津滨海新区开发开放；持续推进西部大开发；振兴东北地区等老工业基地；促进中部地区崛起。此为区域经济"四轮驱动"发展格局下的各分区内主体功能区划分与全国主体功能区划分相结合，促进了区域内优化发展和区际优化发展的融合。

近年来，在区域协调发展战略的指引下，我国区域经济发展态势良好，区域特色与优势得到有效发挥。京津冀都市圈机遇比较好，发展值得期待；"长三角"地区经济仍将保持稳步较快增长的态势；中部地区经济仍处上升阶段；东北地区经济发展的内在动力在增强；广东经济有望沿其内在惯性延续发展；西部开发将继续加强社会事业发展、基础设施建设、生态环境保护与建设和人才开发等薄弱环节，促进特色优势产业发展。随着区域政策的逐步细化，区域协调发展的良好势头将得以延续，增长极的扩散效应将有所增强。但是同时，不同区域之间的竞争也明显加剧。中央为了平衡全国的发展水平，不断出台新的区域发展政策，目前，从地域上说，所有省份都被纳入区域发展统一规划的格局中，使区域外的进入与区域内的要素流动有了政策性差异，而且这种差距今后还会加大。

2. 体制创新成为区域协调发展之先导

区域协调发展一个重大的制约因素就是体制障碍,积极的体制创新有利于促进区域的协调发展。中央针对区域经济协调发展提出了西部大开发、东北老工业基地振兴、中部崛起等战略,并从政策和财政角度给予充分支持。其中,西部大开发、东北老工业基地振兴和中部崛起,均设置了相应的国务院工作协调机构。可是东部地区,尽管发展迅速,却一直没有一个宏观上的协调机构来统筹其发展,仅有各个城市协商组成的长江三角洲城市经济协调会来联系各个城市,从而使得东部地区尚没有形成合作有序、凝聚力强的整体环境。在西部地区,尽管各个省(自治区、直辖市)均组建了对应的西部开发工作领导机构,但这些机构一般挂靠在其发展改革委员会,这样的格局往往使得该机构难以充分发挥统筹规划该省(自治区、直辖市)参与西部开发的职能,而且随着西部大开发工作的推进,有些地方这类机构的职能反而在弱化。

这就要求在整个区域层面为区域协调发展建立专事政策协调的机构,从组织上保障区域协调发展的落实,以制度化的形式确立区域协调的地位与作用,对整个区域的发展制定统一规划方案,围绕单一省(自治区、直辖市)难以解决的重大问题,提出统筹发展的思路和布局策略,以保障区域协调发展的真正实现。同时,各具体地区也要组建独立的区域经济发展协调机构,统筹规划一个地方参与区域经济协调发展的各项工作,充分调动地区发展积极因素,融合区域有利资源,既有效促进本地区经济发展,也通过整个区域内的合作,取得良好的外部经济效应。

3. 松散型经济合作区将成为区域协调发展的重要取向

目前,人们对"泛珠三角"区域合作的战略概念正逐步达成广泛共识。"泛珠三角"区域合作的结果应是形成"泛珠三角"经济合作区。"泛珠三角"经济合作区的概念是松散型结构、紧密型合作的典型范例。从广东"珠三角"扩大到粤港澳"大珠三角",再扩展到包含粤、桂、湘、闽、赣、琼、川、滇、黔9省区和港、澳特区在内的"泛珠三角"。从目前的运行来看,"泛珠三角"联盟中内地诸省区市与沿海省市之间的合作还相对较少,但随着这种松散型合作向纵深发展,各地之间的合作也必然进一步加强,区域内经济协调发展也将逐渐打开有利局面(见图3-14)。

同时,"长三角"地区长期以来保持跨越两省一市、包含16市的城市

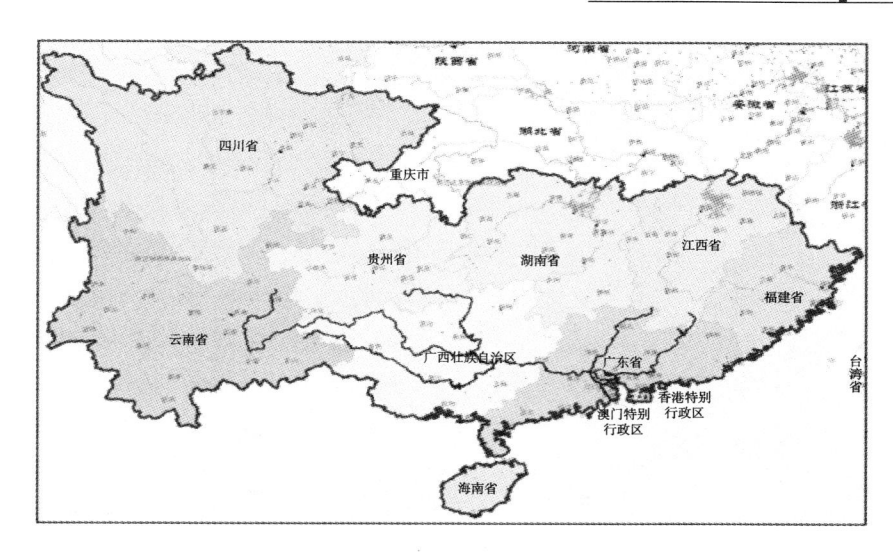

图 3-14 "泛珠三角"区域

圈格局,这种格局的结果之一是使得经济发展的马太效应愈加明显,即区域内部与临近的区外地区之间的差距扩大(见图3-15)。

2008年8月6日出台的《国务院关于进一步推进长江三角洲地区改革开放和经济社会发展的指导意见》,正式提出了基于区域合作的"泛长三角"概念。今后,"长三角"经济一体化将不再只停留在"15+1"的城市范畴,将会考虑"3+2",即把苏、浙、沪三省市和属于长江中下游也属于中部地区的安徽、江西全部纳入"泛长三角"通盘考虑。"泛长三角"的构建是我国区域经济合作与发展到一定阶段的必然规律。随着世界范围内的经济全球化和区域经济一体化,我国区域合作与发展的战略必然从以城市为中心的极化发展转向以城市群为重心的泛化发展(见图3-16)。

同样,国内一些其他联系较为紧密的经济合作区域,比如环渤海经济圈、成渝经济圈以及武汉经济圈等,也将逐步拓展合作范围,增强城市群的辐射面,从而在一个更宽广的区域内形成相对松散的合作经济圈,促进更广泛的区域协调发展。

4. 着眼于增强国际竞争力统筹区域发展是大势所趋

在经济全球化的浪潮下,城市的竞争力不再仅仅是城市个体之间的比拼,更重要的是取决于城市所在区域的整体实力,区域经济一体化的水平显得至关重要。从目前我国区域经济圈的发展现状来看,相对于世界其他著名

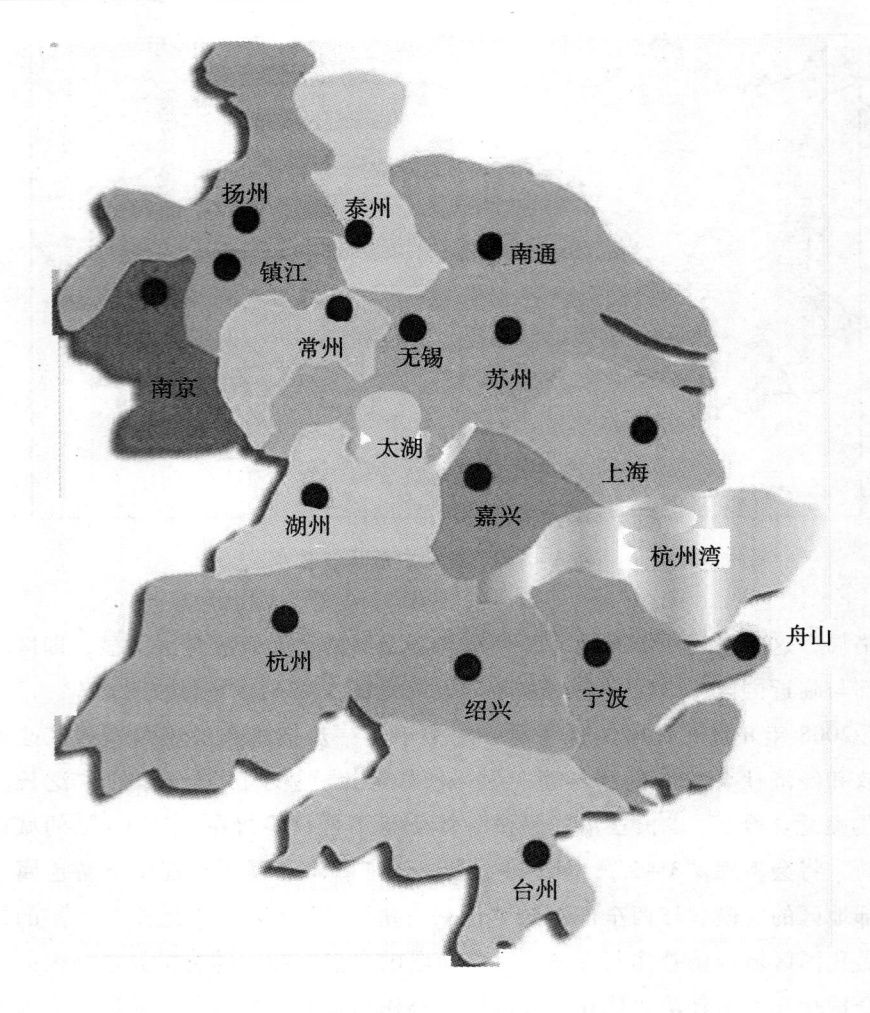

图 3-15 "长三角"区域

经济圈，我国三大经济区（"长三角"、"珠三角"、环渤海）无论是总量还是产业结构方面都相差甚远。

在全球经济一体化的条件下，只有把区域作为整体放在国际环境中参与竞争与合作，才能逐渐提高区域竞争力。而若不能与国际经济衔接起来，则将在全球竞争中始终落于下风。在此背景下，就需要加强我国区域经济的国际竞争力，把区域经济发展融入全球化体系之中，参与全球经济分工，积极与国际产业转移的步伐对接。对于我国沿海发达区域，全方位的开放格局已经初步形成，下一步应推动内陆区域的对外开放，如中西部地区可在加强与

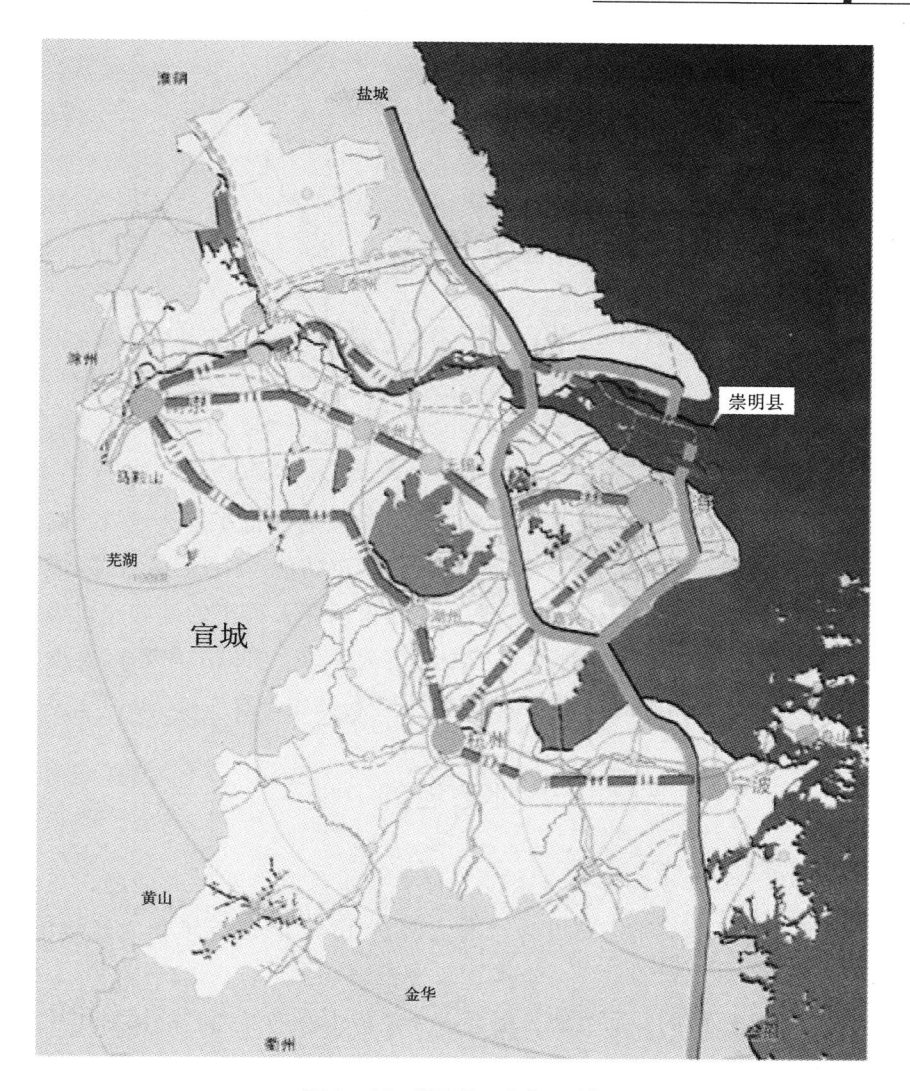

图 3-16 "泛长三角"区域

东部沿海地区的合作中，优化经济环境，承接东部产业转移，逐步扩大对外开放。加强与周边国家和地区合作，将为我国各地区进一步发挥地缘优势、带动地区经济发展提供更多的机会。

第四章
蓝图与设想

新中国成立60年来，天津经济建设和社会发展取得了巨大成就。随着天津市的不断发展，其城市化水平不断提高，城市功能越来越强，已经成为在世界上赢得声誉的中心城市，并且具备了建设国际大都市的基础。在天津未来的十多年内，作为环渤海地区经济中心的天津市，将以滨海新区发展为重点，逐步建设成为国际港口城市、北方经济中心和生态宜居城市。

一 北方经济中心

2006年，对于中国经济界来说，有一个非常值得关注的话题，那就是中央明确提出要把天津建设成为"北方经济中心"。把天津作为经济中心，是中央总体战略规划的重要一步棋，因为天津有这样的基础设施，这是任何其他城市不能匹敌的。而且北方需要一个经济中心来发挥它的辐射作用，带动周边经济的发展，乃至整个华北、东北地区的发展，北方需要有这样一个经济中心发挥龙头作用，这与中央提出的均衡发展、缩小南北方的贫富差距、"五个统筹"的思想是一致的。

（一）现代制造业和研发转化基地："天津制造"正走向"天津创造"

国际经验表明，制造业的发展是实现经济振兴的最佳切入点和突破口，抓住了制造业，尤其是现代制造业，就抓住了发展的关键。天津是传统的制造业基地。天津作为北方老工业基地，制造业在城市经济发展过程中一直扮演了重要的角色。天津曾创造出中国首台电视机、首部电话、首架照相机、首台汽车发动机、首台模拟电子计算机、首只手表等无数辉煌。天津具备发展制造业的良好条件,拥有港口、物流、产业和政策等优势。世界500强制造业企业中有60多家在天津设立了上百家外商投资企业。随着国家开发开放滨海新区战略的实施,一些投资规模大、影响力大的大型装备制造项目开始向天津聚集。在近两年内,天津市吸引了超过550亿元的装备制造业投资。

滨海高新区作为滨海新区的重要功能区,将建设世界一流的高新技术研发与转化基地,成为国内外高技术研发转化机构的聚集地、高素质人才的聚集地和最具创新活力机制的区域。目前,滨海高新区已完成20平方公里基础开发,建成了综合服务大楼。国家生物医药国际创新园天津国际生物医药联合研究院建成了7万平方米的研发大楼和综合楼,被列为国家新药创制重大专项综合性大平台,中意中医药联合实验室被列入首批国家级国际联合研究中心,美国亚历山大公司合作投资建设的一期3万平方米国际生物医药孵化器即将建成。17个新药创制平台和基地建设项目进入国家新药创制重大专项,获得国家经费3亿元。中科院天津工业生物技术研发中心4万平方米研发大楼建设进展顺利,被认定为工业酶国家工程实验室。9万平方米的民用航空航天科技产业孵化器基本建成。在国家生物医药国际创新园建设中,积极探索体制机制创新和政策创新。引进公共技术平台专业管理团队3个,吸引了1亿元企业资金用于平台建设运营;研究出台了《京津冀生物医药产业化示范区优惠政策》,明确了创业领军人才标准和遴选办法,首批4名生物医药创业领军人才通过遴选获得批准,吸引了一批国内外高层次人才和项目落户滨海新区。滨海新区已成为国内外关注的高层次科技人才、科技成果、科技平台聚集区,在带动自主创新上的作用日益突出。

大项目作为突破口,滨海新区成为主战场,天津这座老工业城市的"蝶变"速度和力度令人惊叹。进入21世纪,追求高水平、低成本成为天津经济工作着力点,在滨海新区龙头带动作用下,天津秉承高端化、高质化、高新化的理念,全力构筑产业高地。天津市第九次党代会之后,天津工业围绕建设现代制造业基地的目标,大力推进大项目好项目的组织、策划和实施,相继推出五批共100项重大项目,总投资达到5000多亿元。随着一个个大项目好项目落户天津滨海新区,航空航天、石油化工、装备制造、电子信息、生物制药、新能源新材料、轻工纺织、国防科技等具有"三高"特点的优势支柱产业正在迅速崛起。

大火箭、大飞机、千万吨炼油、百万吨乙烯、300万吨造船、无人驾驶飞机、中芯国际、中兴通信、大族激光、中粮集团基地……严格筛选一个个具有重大影响力的产业项目，加快了天津滨海新区现代制造业和研发转化基地建设的步伐，推动现代新型产业体系在滨海新区展开。截至2010年6月底，940项重大项目累计完成投资7290亿元，占总投资的42.9%。滨海新区除建设之中的航空航天产业外，七大优势产业总产值占滨海新区工业总产值的75%。天津航空航天产业发展迅速，空客A320系列飞机交付26架，首架总装直升机试飞。航空航天、新一代大推力火箭、无人驾驶飞机、直升机、卫星、空间站6项高水平研发和产业化基地项目落户天津，标志着天津市成为三大国内航空航天巨头重要的研发转化和产业化基地。以渤化集团为代表的石油化工产业占全市工业的16.8%，PVC生产能力超过百万吨，已成为我国最大的PVC生产基地之一，随着乙烯炼化一体化、1000万吨炼油、渤海化工园、化工新材料基地等一批龙头项目的建成，天津将形成从石油勘探开发到炼油、乙烯、化工的完整产业链条，建成具有3500万吨原油开采、3500万吨炼油、300万吨乙烯和一批百万吨石化产品生产能力的国家级石油化工基地。以中环集团为代表的电子信息产业占全市工业的17.6%，产值规模居全国第五位，手机生产能力达到1.5亿部，片式元器件全国领先，产量突破1400亿只，集成电路形成从软件设计、半导体材料生产到集成电路制造及封装较为完整的产业链。以天津医药集团为代表的生物技术与现代医药产业技术创新能力显著提高，中药现代化水平全国领先。天津正加快打造生物医药这一高新技术产业，服务全人类健康。新能源、新材料产业是天津重点发展的战略产业和高新技术产业。以绿色电池、太阳能电池和风力发电为代表的天津新能源产业快速发展，形成了门类齐全、技术水平高的产业集群，主要产品生产规模、市场占有率处于国内领先地位，产业综合实力居全国第一位。以天津汽车集团为代表的天津汽车工业发展突飞猛进，经济型轿车市场占有率居全国第一位，电动汽车研发能力达到全国领先水平，年产能达70万辆，成为拉动天津工业快速增长的支柱产业之一，占全市工业的比重达10%，成为国内重要的轿车生产基地。2010年，全市装备制造业完成产值6923亿元，占规模以上工业的比重达41.6%。[①] 风电成套、海上石油

---

① 《天津装备制造业明年产值将破万亿》，http://www.people.com.cn/h/2011/0716/c25408-1230389731.html。

钻探成套、超大型轮胎成套、采矿成套、港机成套等全市多项重大工业项目，将大大提升天津大型成套装备的制造能力和技术水平，加快振兴天津装备制造业，使天津成为我国装备制造业主力军。

以冶金集团、钢管集团等为代表的天津冶金产业成为天津工业的主打。人们熟知的"大无缝"，即天津钢管公司单厂规模居世界第一位。随着滨海新区开发开放不断深入，高新纺织工业园将凸现我国北方现代化纺织服装工业基地的区域性功能。

国家启动推进天津滨海新区开发开放战略，使这块热土成为我国自主创新基地具备了"天时、地利、人和"之优势。建设高水平的现代制造业和研发转化基地是天津滨海新区重要的功能定位。现代制造业不单纯是生产基地，还要求具有研发的转化能力。这种禀赋决定了滨海新区需要加快自身产业的升级，尤其是加快自主知识产权、自主创新技术、自主品牌的研发。天津滨海新区将一如既往地坚持把提高自主创新能力作为增强核心竞争力的根本途径，聚焦高水平研发机构，聚焦高新技术企业，聚焦高端人才，抢占制高点，加快自主知识产权的品牌和技术的建设，全力打造现代制造业基地和研发转化基地。

（二）金融中心：重燃的梦想

金融是现代经济的核心，是贯通生产、流通、分配和消费各个环节的桥梁，对拉动经济增长、促进社会发展起着十分重要的作用。而金融中心则是金融活动的聚集之地，金融中心已成为现代经济体系的重要标志。现代社会的金融中心，主要是指那些在市场经济高度发达的基础上建立起来的、金融机构密集、金融市场完善、资金交易活跃、金融工具齐全、金融信息灵敏、辐射能力强、金融设施先进、金融服务高效的地区。一个城市一旦成为金融中心，可以大大提高城市的知名度，带动城市的发展，好处显而易见。

提到金融中心这个词，很多人都会联想到纽约华尔街。毕竟，华尔街的一举一动都确实足以撼动世界。而谈到华尔街给美国带来的变化，美国著名作家和经济历史学家约翰·S.戈登曾说，1929年时，全美国只有2%的美国人拥有纽交所的股票，今天有超过50%的美国人拥有股票或共同基金。所以，在这个国家，过去几十年中发生的最大变化，是更多的人成为资本家。因此，金融中心的巨大能量可见一斑。

天津是中国金融业对外开放较早的城市。金融中心对天津来说是个久违了的词汇。在近代中国，天津曾与上海分享这一地位。20世纪初，本土和外资金融机构云集，曾铸造了天津作为"中国北方金融中心"的辉煌。20世纪40年代，解放北路金融街上设有49家国内外银行，其中12家国内银行的总行设在天津；有270多家国内外保险机构，还有功能完备的证券交易所。到了计划经济时代，天津的经济中心地位和金融功能逐渐被弱化。在市场经济发展过程中，金融服务与区域发展就像是一枚硬币的两面——相辅相成、缺一不可。天津一直梦寐以求并努力重铸金融中心功能。

作为港口、航运中心城市，就要有保险、进出口、信贷等一系列金融性业务作为配套支持，国际上很多的航运中心城市都逐渐演变成为金融中心。香港如此，伦敦如此，天津也应如此。天津是我国重要的经济中心之一，是全国第三增长极、环渤海经济圈的核心，是我国最大的综合改革开放试验区，是金融改革开放的先行先试之地，是国家金融综合试验基地。要成为经济中心，必须要有与之相配套的金融中心。

重燃金融中心的梦想，天津不乏自己的优势和条件，包括天津的经济区位优势、综合经济实力以及金融资源等。天津不乏丰富的金融资源。天津是央行天津大区行所在地；四大国有商业银行和交通银行在天津拥有分支机构；大部分股份制银行也都进入了天津；摩根大通、汇丰、东京三菱、法国兴业等外资银行在天津设立了分行。2004年2月15日，我国首家中外合资的住房储蓄银行——中德住房储蓄银行在天津正式开始营业。2004年2月，北方产权交易中心落户天津。2005年，我国创业投资历史上第一个"非法人制"外商投资创业投资基金——赛富成长创业基金在天津开发区注册成立。全国第一家省级农村合作银行——天津农村合作银行正式成立。首家全国性股份制商业银行总部设于天津的渤海银行也已于2006年2月16日正式对外营业。目前，天津已经初步形成以国有银行为主体、多层次金融机构并存的竞争性金融组织体系，货币市场、证券市场、保险市场相互促进的金融市场体系，以及银行、证券、保险协调配合的金融监管体系，金融中心的基础条件良好。

进入2006年后，国家政策大幅向天津倾斜，2006年3月，天津市被定位为"北方经济中心"；4月，国务院批准天津滨海新区进行综合配套改革试点。2006年6月，《国务院关于推进天津滨海新区开发开放有关问题的意见》下发，滨海新区将成为继深圳经济特区、浦东新区之后又一带动区域发展新的经济增长极；8月，中央批复《2004～2020年天津远景规划》，表示要将天津市定位为国际港口城市、北方经济中心和生态城市，首次提出将北方经济中心从北京转向天津。在政策的大力推动下，天津的区域价值将得到大幅提升。众多招商引资优惠政策的推行有望使其成为新的资本洼地。

2006年8月29日，渤海银行第一家分行——天津滨海新区分行对外营业，这家分行将成为渤海银行试点金融业综合经营的先锋。全国第一家第三方保理商——瀛寰东润国际保理公司在天津注册，为国际保理协会唯一的中国会员。2006年9月11日，我国第一只天使投资基金——天津滨海天使创业投资基金在天津滨海新区设立。2006年12月9日，由天津港集团、中国光大控股有限公司等单位共同出资组建的天津港财务有限公司正式开业。这是国家批准滨海新区开发开放政策以来首家落户滨海新区的法人非银行金融机构，也是全国第一家港口企业集团财务公司。2006年12月30日，我国第一只经国家批准设立的契约型产业投资基金——渤海产业投资基金成立，同日基金管理公司挂牌。2007年1月16日，天津中小企业金融服务有限责任公司正式开业，这家由中国长城资产管理公司与天津市财政投资管理中心合资成立的公司，是目前全国唯一一家以中小企业融资为业务重点的金融服务公司。2007年9月，发起设立我国第一家股权投资基金协会——天津股权投资基金协会。2007年11月9日，摩托罗拉（中国）财务有限公司在滨海新区正式成立，这是天津市首家由外资投资性公司设立的财务公司。2007年11月28日，中国工商银行金融租赁公司在滨海新区开业，成为全国第一家银行金融租赁公司。2007年12月，天津滨海新区设立注册资本为20亿元的中国最大创业风险投资政府引导基金——滨海新区创业风险投资引导基金，引导基金采取"母基金"方式运作，采用公司制方式管理，重点吸引国内外投资业绩突出、基金募集能力强、管理经验成熟、网络资源丰富的品牌创业投资机构进入滨海新区，形成国内外优质资金、技术、人才向滨海新区的聚集效应。2007年12月29日，滨海新区内第一家具有独立法人资格的商业银行——天津滨海农村商业银行股份有限公司（简称"滨海银行"）正式成立。2008年的3月13日，国务院批准了《天津滨海新区综合改革配套实验的总体方案》，金融改革创新是配套改革方案的亮点之一。滨海新区金融改革将在资本市场、传统金融、现代金融三个方面力图有所作为。按照总体方案，天津滨海新区将重点推进六项金融改革创新，其中之一就是设立OTC市场（亦称柜台交易市场）。OTC市场落户天津滨海新区，是中国多层次资本市场体系建设的重要战略环节，对于天津21世纪的经济发展意义重大。2008年5月28日，天津国际经济金融仲裁中心在滨海新区正式挂牌。该仲裁中心具有独立仲裁权，由中国国际经济贸易仲裁委员会设立，也是中国目前唯一的金融仲裁中心。天津国际经济金融仲裁中心的设立，将会方便天津乃至华北、东北及更广泛地区的中外金融机构、企业和投资者就近解决经济金融争议，使天津滨海新区及环渤海地区的投资服务环境因此得到进一步优化。2008年9月，我国首家全国性排放权交易市场在滨海新区挂牌，其定位是利用市场化手段和金融创新方式促进节能减排的国际化交易平台。2008年10月，中国首家以出让企业股权进行直接融资的专业信息交易场所——滨海国际股权交易所开始试运营。2008年12月26日，天津股权交易所迎来了首批3家挂牌企业，这意味着作为天津市政府批准设立、唯一被准许从事"两高两非"公司股权和私募基金份额交易的天津股权交易所正式开业。2009年4月，总规模为200亿元的船舶产业投资基金获批设立。此外，天津还成功举办了三届中国企业国际融资洽谈会，已经成为国内外规模最大、层次最高的私募股权基金盛会之一。中国企业国际融资洽谈会今后将固定在天津举办。假如能设立离岸金融市场，可以吸引国际大银行和跨国公司在天津发展，聚拢金融人才，活跃当地的资金流、物流与信息流，无疑将为北方金融中心的建设注入一剂强心针。

  天津正按照国家有关部门的要求积极推进金融改革创新，在金融企业、金融业务、金融市场、金融开放等方面先行先试，落实综合配套改革的各项措施，努力建设与中国北方经济中心相适应的现代金融服务体系。在加快金融机构和后台服务集聚区的建设方面，天津市正加快建设解放路金融城、友谊路金融街、滨海新区金融街、滨海新区服务外包基地和于家堡金融服务区，努力打造具有国际化水准的金融机构集聚区，创造有利于金融企业发展和高端人才聚集的环境，将天津建设成为金融机构、金融市场、金融人才的集聚区和金融创新中心、金融信息中心，以及金融配套服务中心。

  天津"北方金融中心"的建设任重道远，从激情到理性，再到政策或制度的形成，还需要走过一段艰苦的改革之路。虽然困难重重、竞争激烈，但已蓄势待发，且前景无限。

（三）会展业：彰显大都市风采

随着经济发展水平的提高，会展业作为服务业的一枝独秀，在21世纪得到迅速发展。它高效、无污染、带动力极强，对旅游业、餐饮业、酒店业和交通运输业等相关服务行业具有1:9的巨大联动效应。虽然我国会展业起步较晚，但国内这一比例目前也达到了1:6。会展经济不仅是一个带动旅游、商业、物流、通信、餐饮、住宿等多方受益的产业，而且能够发展成为带动区域产业聚集的"动力引擎"，提升区域产业的品牌价值。产业关联系数高使得会展业能全面带动城市资源运行，这也是它被看好的重要原因之一。同时，会展业也是提升区域形象和培育区域竞争优势的重要途径，是区域在建设同质化、产业雷同化的激烈竞争中脱颖而出的重要选择。如今，我国许多城市的会展经济已形成规模。从规模上看，北京是全国之最；从数量上说，上海位居首位。而天津的会展经济虽起步晚，但近年来，也以其迅猛的发展速度和显著的产业带动作用逐渐形成了自身特色。目前天津市已将会展经济列为重点发展产业之一，其对经济发展的"助推器"作用日渐显现。

纵览国际上大型会展城市，特别是德国这个以展览著称的国家，国际知名的几个会展城市，几乎都有一个显著的特点——交通便利。现代展会的发源地——德国莱比锡市地处中欧通商要道，100多家银行已在这里设立分行，目前莱比锡已成为德国第二大金融中心，也是集古典与现代于一体的旅游城市。杜塞尔多夫是交通枢纽和钢铁工业中心。慕尼黑是德国南部巴伐利亚州的文化中心兼首府，以其文化重镇的地位，吸引艺术家群集而至。慕尼黑还是德国人心目中最适合居住的地区。科隆的兴盛得益于优越的地理位置，它地处南北水路和东西大道的要冲，又是朝圣要道。法兰克福驰名世界的绝不只是它的盛大展览，它的现代化工业也遐迩闻名。汉诺威是下萨克森林首府，北德重要的经济文化中心，是水陆辐辏的交通枢纽。汉诺威是工业高度发达的城市……与这些城市相比，天津具备了发展会展业的基础。

天津地处我国北方黄金海岸的中部，是北方对内对外开放两个扇面的轴心，是以港口为中心的海陆空结合、立体式的综合性现代化经济中心。而被纳入国家"十一五"整体发展规划的滨海新区，更是独揽区位、交通、资源、工业基础和体制创新五大优势。可以说，天津完全具备了成为一个会展城市的条件。从天津社会、经济等宏观环境和天津会展业的微观状况两个层面考察，再考虑到天津地处渤海湾，毗邻首都，辐射环渤海，是中国北方对内对外开放两个扇面的轴心，是欧亚大陆桥中国境内距离最短的东部起点，国家推进滨海新区开发开放将进一步推动天津成为中国北方的重要港口城市和区域中心，对天津会展业发展提供了新的机遇，天津发展成为区域性（辐射大华北和环渤海）的会展中心城市，是完全有可能的。

国际经验告诉我们，市场发育是城市会展经济发展的重要基础，发展会展经济不能仅仅把其作为带动其他产业发展的活动平台和促进手段，而是要真正作为一个服务产业来培育。天津会展业将在市场经济基础上，作为重要的服务业产业来发展，将具有鲜活的生命力。

从商贸会展业本身的内涵看，它有国际性和都市性两大特征。天津是一个有着巨大潜力的会展城市。近年来，天津城市经济发展迅速，发展速度连续十余年高于全国平均水平。城市基础设施完善，工业基础雄厚，制造业门类比较齐全，物流设施完备，经济的活跃程度逐年提高，正在进入一个快速发展的阶段。天津的会展业依托环渤海经济中心区的有利区位，完备的海陆空交通体系和具有较强区域辐射功能的优势，也赢得了快速发展。2009年，天津举办的国际性、全国性和全市性大型展会达180多项，举办大型展会比上年增加15%。

滨海新区提出将会展业作为新的支柱产业来发展。京津冀区域合作和环渤海地区经济整合和振兴为天津未来发展提供了巨大空间，现有产业提升和新产业开发的互动要求更多优质的会展服务。目前会展业在滨海新区的发展中起到了越来越明显的作用。借助世界经济论坛——夏季达沃斯论坛在天津的举办，滨海新区正在成为新的中国会展业重镇。滨海国际会展中心是一座大型现代化会议展览中心，其硬件设施具有国际标准，已经成为滨海新区的标志性建筑以及环渤海地区具有代表性的展览场地之一。

一个城市的会展业水平与当地的经济发展状况是密切相关的。随着近年来天津经济的迅猛发展，天津的会展业正提速前进。目前天津市可供展览的场地有天津梅江会展中心、天津滨海国际会展中心、天津体育展览中心、天津国际展览中心，展馆面积在100000平方米以上，注册会展公司80余家，加上会展物品租赁、展位特装搭建、广告等会展服务企业100多家。随着北方国际自行车展、津洽会、手机配套展览会、中国汽车产业发展国际论坛、国际汽车展、泰达生物论坛、亚欧财长会议、中国企业国际融资洽谈会（简称"融洽会"）、夏季达沃斯论坛、中国国际口腔医学大会暨设备器材展览会、中国国际塑料橡胶注射成型工业展览会、中国国际油气勘探开发技术及石油上下游产业展、中国国际太阳能光伏产业博览会等相继在津成功召开,特别是成功协办2008年北京奥运会和主办2008年、2010年夏季达沃斯论坛,给天津会展业的硬件设施和软件服务水平带来了质的飞跃。天津正以事实说明——会展,将成为天津另一张向世人展示的绚丽名片。

面对未来的发展,天津的战略目标已经敲定:天津市委九届九次全会和"十二五"规划指出,天津要"大力发展高端服务业,会展经济取得重大进展。要加快梅江会展中心二期建设,办好夏季达沃斯论坛、国际矿业大会、中国旅游产业节和津洽会、融洽会等一批国内外有影响力的商贸展会活动"。

这一切都表明,会展经济作为天津市重点发展的产业之一,正孕育着广阔的发展前景,已然显示出强劲的发展态势。天津成为名副其实的会展大都市为时不远。

(四) 现代化的城市基础设施:提振天津经济发展

城市基础设施是一个城市的命脉,是整个城市经济活动的基础。建设一流的城市基础设施,是促进城市经济和社会可持续发展的基础性条件,是增强城市综合竞争力的重要因素,也是提高居民生活质量的需要。

只有实现了城市基础设施的现代化,才能实现城市现代化。城市基础设施现代化是城市现代化的基本支撑及重要组成部分。城市基础设施现代化是指运用现代科学技术手段,全面提高城市基础设施质量,从而在数量上与服务上充分满足城市需要的过程。要求在城市基础设施现代化的发展与建设中,不断吸收国内外的新技术、新手段、新材料、新观念,采用新的现代化管理技术与方法,提高城市基础设施的装备水平,提高服务水平,促使城市基础设施达到技术先进、结构完善、服务高效、生态平衡,以充分满足城市经济、社会发展和人民生活提高的要求。

城市基础设施是支撑经济发展的骨架,是社会和人民生活的载体。天津作为现代化港口城市和我国北方的重要经济中心,近年来城市建设快速发展。伴随着城市人口的急聚而迅速发展的城市化,面临的主要问题是城市基础设施的承受能力问题。城市经济越发展,科技越发达,居民生活越改善,对城市基础设施服务质量的要求就越高。天津市将加快城市基础设施建设,改善城市环境,促进天津市经济实现跨越式发展。

在城市基础设施现代化建设方面,天津未来将重点抓好六个方面:

一是建设现代化的综合交通运输网络。着眼于发展大交通、建立大网络，大力发展城际快速交通运输。加强与跨区域交通运输主干网和主枢纽的协调衔接，搞好城市对外交通与内部道路的沟通。加快建设以港口为依托，完善以港口、公路和铁路、机场为重要支撑的综合交通规划，构建与城市定位相适应的综合交通体系。重点加强与北京、环渤海地区和北方地区的协调，促进现代综合交通体系建设和区域资源优化配置，发挥连接国内外、联系南北方、协调东中西的枢纽功能。

天津滨海新区未来的交通系统规划由公路、铁路、航运等立体交通网络组成，将建设成为拥有海、陆、空立体交通网络的工业基地，建成比较完善的基础设施框架，形成现代交通网络体系，从而进一步发挥连接国内外、联系南北方、沟通东中西部的枢纽功能，使滨海新区人流、物流、资金流往来不断增加，并带动经济快速发展。

二是建设完善的水、电、气、热供应系统。城市供水系统与供电、供气、供热等系统同属城市重要基础设施。天津市供水现代化主要在以下五个方面努力：供水能力适度超前；供水质量达到国际先进水平；供水生产安全可靠、先进高效；供水管网配套齐全、管理科学；供水企业管理实现信息化，服务达到全方位满意。天津市要建成与城市规划相协调的"主网坚强、配网灵活、安全可靠、技术先进"的现代化电网。中心城区要稳步发展管道燃气，城镇以液化气为主。远期逐步以天然气取代煤制气和液化石油气。大力发展城市供热，鼓励支持热电联产，建设集中供热系统。在满足城市工业和公用建筑用热的同时，注重发展居民用热，以适应城市居民提高生活质量的要求。

三是建设适应时代发展需要的信息网络系统。现代化的信息通信网络是一切信息系统建立的基础，是实现城市信息化的前提条件。天津要按照"统筹规划、统一标准、联合建设、互连互通、资源共享"的方针，高起点规划，高标准建设，大力发展城域网，中心城市要加快推进以数字化城市为目标的城市信息化建设，充分发挥城市的信息集聚和辐射效应。要高度重视全市信息基础设施建设，加快建立一个联结国际国内、覆盖全市的宽带化、智能化、个人化、现代化的信息网络，逐步形成以公用网为主干、与专用网互联、地面网与空中网互为备份、三网（电话、有线电视、数据通信）合一、步入千家万户的区域性信息高速公路。到2020年，全市信息网络系统在技术、性能、规模和可靠性、实用性上要全面进入国内先进行列，主要城市达到或接近发达国家水平。

四是建设现代化的环保环卫系统。加强以污染治理为目的的城市污水处理、垃圾处理设施建设。建设完善的城市排水系统，要逐步实行雨污分流，各级城镇均应配套建设污水处理设施，提高污水集中处理率。加强城市垃圾集中分类处理设施建设，进一步完善城市环境监测系统。

五是建设优美舒适和谐的城市生态环境系统。良好的城市生态环境是城市社会长期稳定发展的前提条件。结合天津建设"生态城市"的总体规划，加强以资源保护为重点的风景名胜区建设、城市生态环境建设和以生物多样性保护为内容的生态基础设施建设。加强城市污染综合治理和生态环境系统建设，全面实施"蓝天、碧水、绿色"工程。在尊重自然规律的前提下，创造自然与人工相结合的美好环境，将整个城市作为一个生态系统来发展、来培育，从而达到建设绿色城市、优化人居环境的目标。

六是建设安全高效的城市防灾减灾系统。要高标准、高质量建设城市防灾减灾体系，全市各区县都要达到国家规定的相应等级城市设防标准要求。重视城市地质灾害防治，城市重要设施、重点工程要严格按照抗震标准设计建设。加强城市公共消防设施和人民防空设施建设。建立完善的城市防灾抗灾监测预警机制和急救应急系统。

城市基础设施，是区域经济发展的重要物质基础。现代化的城市基础设施是天津建设经济中心的重要保障。加快城市基础设施建设，是完善天津城市功能、加快天津经济发展、建设现代化国际大都市的需要。天津市将按照"保增长、渡难关、上水平"的总体要求，全面推进城市基础设施现代化建设，为区域经济发展注入强劲动力。

"十二五"时期，天津将进一步完善提升新区规划，增强基础设施承载能力，加强市容环境综合整治，提高现代化管理水平，全面提升城区的综合服务能力。天津城市功能显著提升，生态环境质量大为改善，城乡面貌发生根本变化，独具特色的国际性、现代化宜居城市格局基本形成。

二 国际港口城市

国际港口城市是指在国际上开放度高，在政治、经济、文化等方面对世界有较大辐射力，在某些领域成为世界或一个地区的中心的港口城市。根据国内外专家学者对现代化城市标准的数量分析指标，结合国际港口城市特点，量的目标界定如表 4-1。与国际港口城市标准相比，天津市尚有较大差距。

表 4-1　国际港口城市指标体系

序号	指　　标	单位	标准值	权值
1	经济实力			0.30
1.1	全市生产总值	亿美元	2000	0.06
1.2	第三产业增加值占 GDP 比重	%	45	0.04
1.3	资本外向依存度	%	30	0.03
1.4	外贸依存度	%	100	0.03
1.5	高新技术产业占工业比重	%	50	0.04
1.6	R&D 投资与 GDP 之比	%	5	0.04
1.7	外汇市场交易量	亿美元	600	0.03
1.8	非农业劳动力比例	%	85	0.04
2	文化与社会			0.18
2.1	人文发展指数(HDI)	/	85	0.04
2.2	高等教育毛入学率	%	60	0.03
2.3	社会保障综合参保率	%	95	0.04
2.4	城市人均住房使用面积	平方米	30	0.02
2.5	每千人医生数	人	5	0.02
2.6	信息化综合指数(ISI)	/	80	0.03
3	城市基础设施			0.20
3.1	人均道路面积	平方米	15	0.02
3.2	每万人公交车拥有量	标台	20	0.02
3.3	轨道交通运营里程	公里	400	0.03
3.4	港口货物吞吐量	万吨	20000	0.04
3.5	港口集装箱运输量	万标箱	600	0.03
3.6	航空港年旅客吞吐量	万人次	2500	0.04
3.7	航空港货邮吞吐量	万吨	200	0.02
4	国际开放与交流			0.17
4.1	世界 500 强公司进驻率	%	50	0.03
4.2	外国金融机构数量	个	200	0.04
4.3	国际组织拥有量	个	200	0.02
4.4	年举办国际会议次数	次	85	0.02
4.5	入境旅游人数占总人口比重	%	40	0.03
4.6	外籍人口占城市人口比重	%	2	0.03
5	生态环境			0.15
5.1	城市人均公共绿地面积	平方米	20	0.04
5.2	危险固体废物处理率	%	100	0.03
5.3	空气综合污染指数(API)	/	100	0.04
5.4	节约指数	/	0.4	0.04

如果从城市的功能和特征来考察，天津先后经历了封闭的内贸型城市、开放型的贸易城市、中国北方最大的近代工商业城市、综合性的工业基地和全方位开放的综合性港口城市等发展阶段，因而发展现代国际港口大都市是天津城市发展的历史必然；从国际大都市的发展浪潮来看，天津也具有中国第一批发展成国际港口大都市的潜力和综合实力。天津将按照港口型国际化大都市的客观要求和未来发展趋势，从港口城市的规模化发展向港口城市功能的现代化发展转变，努力实现体制规范化、经济外向化、城市功能化、金融国际化、交通网络化、城建现代化、产业高级化，使各种功能互相配套、相互促进。

（一）海港与空港：国际化城市的"车之两轮、鸟之双翼"

海港和空港是国民经济和社会发展的重要基础设施。在经济全球化、区域经济一体化深入发展的形势下，海港和空港在提升地区竞争力、推进国际经济交流合作中的地位和作用越来越突出。海港和空港是天津迈向国际化城市的"车之两轮、鸟之双翼"。

随着天津滨海新区被纳入国家发展战略，天津港的规划开始纳入滨海新区的框架中。天津港是天津最大的比较优势和核心战略资源，是滨海新区建设北方国际航运中心和国际物流中心的核心载体，是滨海新区建设高水平现代制造业和研发转化基地的重要支撑，是滨海新区对外开放的门户。作为滨海新区的重要组成部分，天津港正以强劲的发展势头赢得世界的目光。目前，天津港已基本形成了"南散北集、两翼齐飞"的产业布局，并着力发展港口装卸业、国际物流业、港口地产业、港口综合服务业四大产业，实现由"四大货类"向"四大产业"的历史性转变，使天津港成为港口开发商、国际物流供应链综合服务提供商、港口行业和运输行业的投资商以及国际港口运营商。随着经济全球化和港口经济的迅猛发展，"十一五"时期，天津港累计投资550亿元，"十一五"期间累计完成货物吞吐量17亿吨，是"十五"期间的2倍，年均增长10.7%；累计完成集装箱吞吐量4026万标箱，是"十五"期间的2.5倍，年均增长15.8%。2010年，天津港货物吞吐量超过4亿吨，集装箱吞吐量1000万标箱。

天津港是我国北方第一个亿吨大港，目前，天津港已同世界上180多个国家和地区的400多个港口建立了贸易往来，并发展成为集装箱、件杂货与大宗散货并重，货物门类齐全的综合性国际大港，对内对外的辐射力和影响力不断增强。30万吨级油轮"扬子之星"号和"环球女王"号相继靠泊，标志着天津港向国际化大港目标迈进了坚实的一步。

2012年天津港的总体发展目标是：世界一流大港建设取得重大阶段性进展，充分体现作为京津冀和中西部地区参与国际经济合作与竞争的门户作用，成为中国北方地区的国际资源配置中心，充分体现作为北方国际航运中心和国际物流中心的核心载体作用；成为面向东北亚、辐射中西亚的国际集装箱枢纽港和我国北方最大的散货港，在国际物流供应链中具有较强的话语权；成为和谐港口和生态港口，为构建和谐社会和天津建设生态城市作出重要贡献。天津港集团要建设成为中国港口行业的领军者，成为跨地区、跨行业经营的企业集团，并逐步建设成为跨国经营的国际一流的港口运营商和开发商。

"十二五"期间，天津港将重点发展港口装卸业、国际物流业、港口地产业和港口综合服务业，推进以四大产业为核心的适度多元化产业发展格局。预计到"十二五"末时，天津港集团资产规模有望达到1100亿元，集团营业收入超过300亿元，形成2~3个营业收入超百亿元的产业板块，实现固定资产投资740亿元，金融业务投资60亿元，招商引资规划项目投资300亿元。

天津空港地处承接开发区、天津、北京的枢纽之地，是滨海新区迅速发展并成熟的国际化区域之一，区域经济迅猛发展。空港在整个天津城市中占有重要地位，随着2006年6月6日国务院发布滨海新区开发开放建议、天津市新"十一五"规划、新城市总体规划的出台等政策利好频出，天津滨海作为中国经济发展的第三极，提出"海陆空全面发展"的三大飞跃，而"空"就是空港。2008年4月，国家接连发布对滨海新区新的激励政策——综合保税区概念，以及相关政策优惠，还有空客A320等世界500强企业的大量进驻等。空港的发展顺应了国家总体发展的大势，作为滨海新区唯一以临空经济定位的核心区域，空港乘势天津航空城建设，成为最具发展潜力的投资热土。空港的率先发展是天津经济起飞的重要契机。作为天津的新兴区域，天津空港具有很大的发展潜力。空港发展有四点优势：一是位置好——拥有机场、科研基地及相关国家重点发展项目，紧邻天津市区，临近港口，还临近研究机构云集的北京，并拥有滨海新区战略资源优势；二是机遇好——中国经济高速发展带动航空运输业崛起，国家战略加大滨海新区开发开放，吸引大量国际化实力企业进驻空港；三是产业发展预期好——拥有国家级龙头项目"空客 A320";四是空港临近发展快速的天津机场,连通国际经济。

作为滨海新区、环渤海区域、北方经济中心发展的巨大航空引擎,滨海新区建设国际物流中心的核心节点之一,天津机场将建成中国北方国际航空物流中心、大型门户枢纽机场。空港作为一个城市的窗口,从经济、政治、生活多个维度展现浓郁的国际化色彩,空港是天津的,更是世界的,在一体化的世界里,空港正在重新探索自己的位置,从容先行。

(二) 国际航运中心:长风破浪会有时

国际航运中心一般是指以国际贸易货物大量集散的多功能枢纽港或组合港为基础,以国际贸易、物流、航路和金融活动为基本功能,拥有现代化空运、陆运相连接和配套的航运枢纽和港口所在城市硬件设施与软件服务的广泛功能。

摊开一张中国地图,沿着海岸线一路向北,不难发现地处环渤海中心的天津的重要性——华北、东北、西北三大区域的主要出海口,连接欧亚大陆桥的重要起点港,处于京津冀都市圈的核心区,与日本、韩国隔海相望,既拥有国际化的海港和空港,路陆交通又十分便捷。天津市海、陆、空立体交通网络发达,天津具备构筑北方国际航运中心发挥辐射作用的基础。

国际航运中心是一个运动的概念,其地域运动的轨迹与世界经济发展重心转移的轨迹是基本一致的,并逐步形成了几个"板块"。从 19 世纪末到 21 世纪初,世界经济增长中心经历了三次大的转移,即从地中海转向大西洋、从大西洋转向太平洋东岸、从太平洋东岸转向亚太区域(第三次转移至今仍在进行之中)。与此同时,国际航运中心也形成了由"西欧板块"向"西欧板块"+"北美板块",再向"东亚板块"+"西欧板块"+"北美板块"的递进。建设天津北方国际航运中心是主动适应"中国因素"+"东亚板块"崛起大趋势的正确抉择。

国际航运中心功能是一个递进的概念,其功能发展的轨迹随着世界经济和技术的进步与变化而发生相应的进步与变化。当代国际航运中心一般认为是指具有航线稠密的集装箱枢纽港、深水航道、集疏运网络等硬件设施和为航运业服务的金融、贸易、信息等软件功能的港口城市,它是成为国际经济、国际金融、国际贸易中心的重要前提,也是这些中心赖以存在的一个重要载体。在经济全球化的大背景下,依托港口打造国际航运中心,已经成为提高地区竞争力和实现区域经济发展战略的重要途径。天津北方国际航运中心应立足于高起点，按照参与全球资源配置、实行自由贸易港政策与管理体制的第三代区域性国际航运中心进行建设，具备主动参与资源和生产要素在全球范围内流动与配置的核心功能。通过创建国际贸易、国际航运和国际物流聚集区，实现货流、资金流、信息流在天津的会聚，带动中国北方地区经济发展和产业结构升级。

天津市将依托海、空两港和欧亚大陆桥桥头堡的优势，加大海港、空港和内河航运三方面的建设，打造北方国际航运中心。

——在港口建设方面。天津港是中国沿海城市中唯一同时具有三条通往欧洲陆桥线路的港口。作为世界港口十强之一，天津港在中国北方居第一位，是目前北方唯一的 2 亿吨大港，拥有我国最大的集装箱码头群、散粮专用码头和焦炭专用码头。天津港经过 50 多年的建设，完善的配套设施为其发展提供了基础，已基本形成初具规模的海、陆、公、铁、管配套的综合集疏运体系。天津港将通过"一港多区"布局，逐步形成东疆、北疆、南疆、海河等主要港区，重点建设北疆港集装箱物流中心、东疆港区（含东疆保税港区），扩建南疆散货物流中心；建设深水泊位，加快 25 万吨级深水航道和 30 万吨级原油码头的建设；结合填海造陆工程，建设国际客运码头；加快京津冀区域口岸一体化进程，实现与内地重点城市口岸的直通。另外，通过完善区域干线交通运输网络，形成以高速公路直接进港为核心的多方式、多层次的综合集疏运网络，实施港城分离措施，缓解港城交通的相互干扰，提高集疏港效率。加强天津港与环渤海各港口之间的分工与合作，将天津港建成现代化国际深水大港。"十二五"时期，天津要大力推进港口航道等级，完善集疏运体系，加快南港区开发，推动东疆保税港区建立自由贸易港区的改革探索，拓展内陆无水港，发展大陆桥运输，把天津港建设成为面向东北亚、辐射中西亚的国际集装箱枢纽港和我国北方最大的散货主干港。

——在空港建设方面。扩建滨海国际机场，提高天津滨海国际机场的客货运吞吐能力，同时，在京津城市发展主轴上预留首都第二机场用地；通过将中心城区地铁线延伸至滨海国际机场，建设贯通航站区的快速路联络线，改善机场的集散交通环境；同时，将京津城际铁路引入机场，以加强与首都机场的联系。此外，以机场为依托，大力发展与航空港相适应的综合产业，建设特色航空城，推进航空经济的发展。预计到 2015 年，天津滨海国际机场将实现年旅客吞吐量1500万～2000万人次；货邮吞吐量50万～60万吨。[①]

——在内河航运方面。保持海河下游段通航功能，发展海河特色旅游客运和潮白新河、北运河、海河发展京津之间的旅游通航。

国际航运中心是区域经济发展的核心动力。根据联合国贸易与发展会议报告，国际航运中心不仅是货物水陆空运输的中转地，而且提供了发展转口贸易、自由港和自由贸易区的机会，在现代国际生产、贸易和运输系统中处于十分重要的战略地位，在建设国际航运中心过程中，所在城市在国际贸易和国际物流方面的作用不断突出，港口商业化的趋势进一步在增强，区域经济将迎来重大发展机会。

建设天津北方国际航运中心是一项复杂的系统工程，应以实现国家对滨海新区定位为出发点，以创建自由贸易港为突破口，以交通基础设施建设为基础，以提升航运服务功能和国际影响力的航运市场为核心，全面加快天津北方国际航运中心建设。

天津市政府为了推动区域国际航运中心建设，使天津港能够有效满足滨海新区和整个环渤海区域经济发展的需要，为港口发展制定了一系列优惠政策，积极推动港口管理体制改革，加快港口经营市场化建设，促使其向现代化、多功能、信息化港口转变，争取建设国际一流大港。天津北方国际航运中心的经济管理体制与运作方式正与国际基本接轨，商贸物流、金融保险及信息服务业为主导的产业支撑体系和集疏运体系已基本完善，东北亚地区重要的集装箱干线港和大宗散货集散中心基本形成。天津北方国际航运中心完全建成，成为东北亚重要的商贸中心、物流中心、结算中心和航运服务中心之梦并不遥远。

（三）国际物流中心：直挂云帆济沧海

国际物流是为进出口货物实现国际流动所提供的物流服务活动。国际物流中心，是提供国际物流服务，且具有一定集散功能的物流活动空间场所。作为国际贸易供应链中的重要节点，国际物流中心关系到整个国际贸易供应链的效率，对促进贸易与经济的发展、改善投资环境具有十分重要的作用，

[①] 《天津滨海国际机场二期扩建工程开工》，http://www.chinadaily.com.cn/micro-reading/dzh/2011－06－01/content_ 2778732. html。

因而成为各级政府外向型经济建设领域重点关注的对象。

从天津滨海新区的区位优势来看,具备创建北方国际物流中心的条件。滨海新区位于京津城市带和环渤海湾城市带的交会点,拥有"三北"辽阔的辐射空间,地处东北亚中心,是亚欧大陆桥最近的起点,也是中国与蒙古共和国签约的出海口岸,还是哈萨克斯坦等内陆国家可利用的出海口,拥有世界吞吐量第五的综合性港口。这里是全国唯一聚集了港口、开发区、保税区、海洋高新技术开发区和大型工业基地的地区,又拥有京津、西北和华北12个省、自治区、直辖市的腹地,服务2亿多人口。滨海新区是华北、西北地区通向世界各地最短最好的出海口,也是国外客商进入中西部市场的最佳通道,加上拥有的保税区在贸易服务领域的特殊优势,这里正成为中西部地区进入国际市场的"绿色通道"。滨海新区还聚集了国家开发区、保税区、高新区、出口加工区、综合保税区、保税物流园区和目前面积最大、政策最优惠的保税港区。随着天津经济的快速发展,国外跨国企业纷纷落户天津。这些为天津发展物流业创造了客观环境。

天津港海向和陆向腹地辐射面较大,海上航线通达世界180多个国家和地区的300多个港口;陆向直接腹地包括天津、北京、河北、山西两市两省,以及间接腹地陕西、甘肃、宁夏、青海、新疆、内蒙古、四川、西藏等地区。直接腹地土地面积37.3万平方公里,人口1.24亿人,分别占全国的3.9%和9.8%。目前,天津市约有80%、北京市约有30%、河北省和山西省各约有50%以上的外贸货物经由天津港进出,西北地区如宁夏、甘肃等省区外贸进出口额的40%~60%,是通过天津港实现的。特别是建设东疆保税港区,将进一步发挥天津港的枢纽作用,增强天津对内对外的集聚和辐射能力,从而提高环渤海地区在整个东北亚地区的国际竞争力。东疆保税港区规划中的大型集装箱码头区、现代物流加工区、综合配套服务区与预留发展区及其具有的港口装卸、国际中转、国际贸易、出口轻加工和现代物流等主要功能,将在更高标准、更高起点上完善天津港的港口功能。建成后的东疆保税港区将成为滨海新区的标志性功能区,成为天津港作为世界一流大港的标志性区域和现代化港口的功能示范区,并将向全世界展现一个高度开放的现代化国际港口的风貌。

国务院物流业调整振兴规划发布后,地处环渤海区域龙头地位的天津市,正在加速产业布局调整,建设现代立体物流网络,抢占国际物流中心的"桥头堡"。近年来,天津现代物流业在基础设施建设、物流经济运行、企业经营管理等方面都有了长足发展。目前,天津市物流及相关企业总数已达到2万多家,其中跨国物流企业60多家。天津港保税区是物流企业的集中地。经过10多年的开发建设,天津港保税区已由单一的海港保税区,发展成为拥有海港保税区、空港保税区、空港物流加工区、空港国际物流区和保税物流园区联动发展的综合物流区域。

"十二五"时期,天津将充分发挥资源优势和区位优势,依托海、空两港,发挥区位、政策和功能优势,强化区域综合交通枢纽功能,着眼于把天津建设成为我国和东北亚地区重要的国际物流中心城市,积极推进环渤海港口之间的联合与协作,建立枢纽港的物流链,形成功能互补的港口群,构筑与腹地城市之间的快速货运集散网,建立以港口为中心,海、陆、空一体的物流运输体系。加快建设现代物流集聚区,继续加快天津港散货物流中心、集装箱物流中心、保税区国际物流运作区、保税物流园区、开发区制造业物流加工区、空港国际物流区、海河下游商贸物流区、空港货运物流中心和邮政物流中心9大物流园区的建设,同时建成航运综合服务中心,为国际物流提供便捷服务。加快发展以天津港集装箱物流中心、散货物流中心、保税区国际物流分拨中心和开发区工业物流中心为重点的国际物流体系建设,并进一步发展成为世界一流的国际物流中心,为全国作出更大贡献。

三　生态宜居城市

古希腊哲学家亚里士多德曾经这样描述城市的功能:"人们为了活着,聚集于城市;为了活得更好,而居留于城市。"然而在经济飞速发展的过程中,许多城市的管理者往往更多关注物质的极大丰富而忽略了城市的主体——人,或者只注重城市精英的生活质量,而忽略了占城市人口大多数的普通市民。近年来,越来越多的人已经意识到人居环境在城市发展中的重要作用,城市正在向它的本义回归。随着城市化的不断发展和居民生活水平的提高,人们对物质生活和精神生活质量的要求不断提高,对城市的"生态性"和"宜居性"产生了迫切的需要。生态宜居城市是现代城市发展的必然趋势,是新的城市理想。建设生态宜居的城市,是天津发展的战略目标(参见表4-2)。

表4-2 生态城市指标体系

序号	指标	单位	标准值
1	经济生态		
1.1	全市生产总值	亿美元	2000
1.2	环境保护投资指数	%	75
1.3	农民年人均纯收入	元	20000
1.4	城镇居民人均可支配收入	元	40000
1.5	第三产业增加值占GDP比重	%	75
1.6	万元生产总值能耗	吨标准煤	1.4
1.7	万元生产总值水耗	立方米	20
1.8	工业用水重复使用率	%	90
1.9	二硫化碳排放强度	千克/万元	5
1.10	COD排放强度	千克/万元	5
1.11	应当实施清洁生产企业的比例	%	100
2	自然生态		
2.1	山区森林覆盖率	%	70
2.2	平原地区林地和湿地比重	%	40
2.3	受保护地区占国土面积比例	%	17
2.4	旅游区环境达标率	%	100
2.5	集中式饮用水源水质达标率	%	100
2.6	近岸海域功能区水质达标率	%	100
2.7	城市水功能区水质达标率	%	100
2.8	城市人均公共绿地面积	平方米	15
2.9	城市生活污水集中处理率	%	85
2.10	危险固体废物处理率	%	100
2.11	工业固体废弃物综合利用率	%	97
2.12	空气综合污染指数(API)	%	100
2.13	环境噪声达标区覆盖率	%	95
2.14	生活垃圾无害化处理率	%	100
3	社会与文化生态		
3.1	人文发展指数(HDI)	/	85
3.2	高等教育毛入学率	%	60
3.3	社会保障综合参保率	%	95
3.4	城市人均住房使用面积	平方米	30
3.5	公共交通占城市客运交通比重	%	60
3.6	每千人医生数	人	5
3.7	城市居民恩格尔系数	%	40
3.8	基尼系数	/	0.3
3.9	城市居民气化率	%	95
3.10	城市集中供热普及率	%	80
3.11	信息化综合指数(ISI)	/	80
3.12	节约指数	/	0.4
3.12	城市化水平	%	80
3.14	环境保护宣传教育普及率	%	95
3.15	公众对环境满意度	%	95

（一）全国性的生态城样板区——中新天津生态城

在天津滨海新区的一片土地盐渍、淡水匮乏的荒滩上，未来将崛起一座生态之城。2008年9月28日，"中新天津生态城"这个中国和新加坡两国政府选择的战略性合作项目正式开工建设，这个将可持续发展理念贯穿其中的未来之城有望使两国共享收益。

中新天津生态城坐落在滨海新区内，距滨海新区核心区15公里，距中心城区45公里。中新生态城规划面积约30平方公里，起步区规划面积3平方公里，规划3~5年建成，全部30平方公里规划用10~15年时间建成。2020年生态城常住人口规模控制在35万人左右，同时能够容纳外部就业人口6万人和内部暂住性消费人口3万人。

中新天津生态城是世界上第一个国家间合作开发建设的生态城市，是当今世界上最大的生态宜居的示范新城，也是中国和新加坡两国政府继苏州工业园之后第二个合作建设项目。中新生态城不仅是宜居的生态之城，更是实现生态经济的创新之城。根据《中新天津生态城总体规划（2008~2020年）》，中新天津生态城建设指标如表4-3所示。绿色GDP将成为拉动生态城发展的主要动力。因此生态城积极探索低碳城市建设模式，重点发展节能环保、科技研发、绿色金融、总部经济、服务外包、文化创意、教育培训、会展旅游等楼宇经济和都市型产业，形成节能环保型产业集聚区，努力构筑低投入、高产出、低消耗、少排放、能循环、可持续的产业体系，为生态城发展提供有力的经济支撑。

表4-3 中新天津生态城建设指标

控制性指标					
指标层	序号	二级指标	单位	指标值	时限
生态环境健康	1	区内环境空气质量	天数	好于等于二级标准的天数≥310天/年（相当于全年的85%）	即日开始
自然环境良好			天数	SO_2和NO_X好于等于一级标准的天数≥155天/年（相当于达到二级标准天数的50%）	即日开始

续表

			控制性指标			
	指标层	序号	二级指标	单位	指标值	时限
生态环境健康	人工环境协调	2	区内地表水环境质量		达到《地表水环境质量标准》（GB 3838）现行标准Ⅳ类水体水质要求	2020年之前
		3	饮用水达标率	%	100	即日开始
		4	功能区噪声达标率	%	100	即日开始
		5	单位GDP碳排放强度	吨/百万美元	150	即日开始
		6	自然湿地净损失		0	即日开始
		7	绿色建筑比例	%	100	即日开始
		8	本地植物指数		≥0.7	即日开始
		9	人均公共绿地	平方米	≥12	2013年之前
社会和谐进步	生活模式健康	10	日人均生活耗水量	升	≤120	2013年之前
		11	日人均垃圾产生量	千克	≤0.8	2013年之前
		12	绿色出行所占比例	%	≥30	2013年之前
				%	≥90	2020年之前
	基础设施完善	13	垃圾回收利用率	%	≥60	2013年之前
		14	步行500米范围内有免费文体设施的居住区比例	%	100	2013年之前
		15	危废与生活垃圾（无害化）处理率	%	100	即日开始
		16	无障碍设施率	%	100	即日开始
	管理机制健全	17	市政管网普及率	%	100	2013年之前
		18	经济适用房、廉租房占本区住宅总量的比例	%	≥20	2013年之前
经济蓬勃高效	经济发展持续	19	可再生能源使用率	%	≥15	2020年之前
		20	非传统水资源利用率	%	≥50	2020年之前
	科技创新活跃	21	每万名劳动力中R&D科学家和工程师全时当量	人年	≥50	2020年之前
	就业综合平衡	22	就业住房平衡指数	%	≥50	2013年之前

续表

引 导 性 指 标				
指标层		序号	二级指标	指标描述
区域协调融合	自然生态协调	1	生态安全健康、绿色消费、低碳运行	考虑区域环境承载力,并从资源、能源的合理利用角度出发,保持区域生态一体化格局,强化生态安全,建立健全区域生态保障体系
	区域政策协调	2	创新政策先行、联合治污政策到位	积极参与并推动区域合作,贯彻公共服务均等化原则;实行分类管理的区域政策,保障区域政策的协调一致。建立区域性政策制度,保证周边区域的环境改善
	社会文化协调	3	河口文化特征突出	城市规划和建筑设计延续历史,传承文化,突出特色,保护民族、文化遗产和风景名胜资源;安全生产和社会治安均有保障
	区域经济协调	4	循环产业互补	健全市场机制,打破行政区划的局限,带动周边地区合理发展,促进区域职能分工合理、市场有序,经济发展水平相对均衡,职住比平衡

注：①时限分为三大组别：一是从即日开始（从生态城动工之日起）；二是 2013 年之前（一期 3 平方公里起步区的竣工预期）；三是 2020 年之前（生态城的竣工预期）。②区内地表水环境质量达标时间为 2020 年之前,是指除污水库以外的所有地表水体达到上述指标要求。

生态城的绿化覆盖率达到 50%；建立城市直饮水系统,打开水龙头就能饮用直饮水；中水回用、雨水收集、海水淡化所占的比例超过总供水的 50%；可再生能源利用率达到 20%；积极使用地热、太阳能、风能等可再生能源,清洁能源使用比例为 100%；实施废弃物分类收集、综合处理和回收利用,生活垃圾无害化处理率达到 100%,垃圾回收利用率达到 60%；区内发展轨道交通、清洁能源公交、慢行体系相结合的绿色交通系统,绿色出行比例达到 90%；入住的首批 8 万居民,将首先享受"出门不堵车"、"净菜送到家"等生活便利。这些标准已接近或超过世界先进水平。

生态城市建设显示了中新两国政府应对全球气候变化、加强环境保护、节约资源和能源的决心,为资源节约型、环境友好型社会的建设提供积极的探讨和典型示范。按照中新双方的合作协议,生态城将实现"人与人和谐共存、人与环境和谐共存、人与经济活动和谐共存",建设方式要"能实行、能推广、能复制",探索资源约束条件下城市可持续发展的模式,将为中国乃至世界其他城市可持续发展提供样板。

生态城在规划设计中借鉴了新加坡"邻里单元"的理念,形成多层次、多元化的住房供应体系,全部采用无障碍设计,构成包括生态细胞、生态社区、生态片区3级的"生态社区模式"。未来在生态城,居民在500米范围内可获得各类日常服务。而以解决现代城市交通拥堵弊病为目标的绿色交通体系,则可实现"人车分离、机非分离",尽量减少人们对小汽车的依赖,80%的各类出行可在3公里范围内完成。

生态城以节水为核心,将建设污水处理、中水回用、雨水收集系统,多渠道开发利用再生水和淡化海水等非常规水源,实行分质供水,非传统水源使用率要达到50%。还将开发应用风能、太阳能、地热、生物质能等可再生能源,"十二五"期间,将加快建设中心天津生态城,完成起步区开发建设,大力发展生态产业。推进国家循环经济示范区和低碳试点城市标志区建设。加强生态功能区、生态走廊和生态组团建设。积极发展海洋经济,合理开发利用海洋资源,加强海洋生态环境保护。到2020年,生态城要全部采用清洁能源,100%为绿色建筑。可再生能源利用率要达到20%,达到世界先进国家的同期水平。

生态城还将构建安全健康的生态环境体系,坚持生态保护与修复相结合,充分尊重自然,划定生态保育区及候鸟栖息地为限制建设区,对蓟运河沿岸和永定河口湿地实施严格保护,确保自然湿地净损失为零。

中新生态城不仅是宜居的生态之城,更是实现生态经济的创新之城。根据《中新天津生态城规划》,绿色GDP将成为拉动生态城发展的主要动力。因此生态城积极探索低碳城市建设模式,重点发展节能环保、科技研发、总部经济、服务外包、文化创意、教育培训、会展旅游等现代服务业,形成节能环保型产业集聚区,努力构筑低投入、高产出、低消耗、少排放、能循环、可持续的产业体系,为生态城发展提供有力的经济支撑。

(二) 循环经济发展方兴未艾

2005年以来,天津市将循环经济纳入经济和社会发展"十一五"规划纲要和滨海新区经济和社会发展"十一五"规划纲要,指导天津市经济社会发展向循环经济转型。2006年,天津市成立了"天津市发展循环经济建设节约型社会领导小组",成员包括发改委、经委、环保局等部门的负责人,办公室设在市发改委,具体负责发展循环经济、建设节约型社会工作。同时,市政府还相继下发了《关于发展循环经济建设节约型社会近期重点工作实施意见》、《天津市发展循环经济工作部门分工意见》,明确了天津发展循环经济、建设节约型社会的指导思想、工作目标、发展重点、部门分工和监督检查制度，形成了层层有责任、逐级抓落实的工作机制，确保了全市循环经济工作的扎实推进。2007年5月7日，天津市市长黄兴国和日本北九州市市长北桥健治交换了天津市与北九州市开展中日循环型城市合作备忘录。此外，我国与新加坡共建的中新生态城落户天津滨海新区，这种按照循环经济发展理念高水平规划、高标准建设、可复制的城市建设模式，将对天津循环经济发展和生态城市的建设起到重要作用。2007年12月，国家发改委等六部委将天津市确定为国家循环经济示范试点城市，这标志着天津市的循环经济发展已进入了崭新的阶段。

从2008年起，天津市将在以下几个方面重点推动循环经济：全面推进生态市建设。按照建设国际港口城市、北方经济中心和生态城市的定位要求及《天津市生态市建设规划纲要》确定的目标，围绕发展生态产业、改善生态环境、建设生态人居、推进生态文化4大重点领域，努力建成国家级循环经济试点城市；加快滨海新区循环经济建设。根据规划，天津将以提高资源利用效率为目标，加强规划指导、财税和金融等政策支持，完善相关法规制度，推进生产、流通、消费等循环发展。发展资源循环利用产业，完善循环经济产业链条。完善再生资源回收利用体系和垃圾分类回收制度。开发应用源头减量、循环利用、零排放和产业链接技术。深化循环经济的国际合作。到2015年左右，基本建立促进循环经济发展的政策法规保障体系，形成适应循环经济发展的体制机制，建立发展循环经济的资金筹措和社会资金参与渠道，逐步把天津市建设成为资源节约型和环境友好型城市（见图4-2）。

2008年10月，天津市有关部门确定了发展天津循环经济的5大主要任务和5大发展模式，并将成为进一步发展现代化城市循环经济新的突破口。

按照循环经济示范试点城市建设目标，天津市循环经济建设的5项主要任务包括：一是以资源节约为重点，建立资源节约型先导城市。把资源节约放在更加突出的战略位置，提高本市资源利用效率。如建立完善的水资源利用体系，保持全国节水领先水平。合理利用地上地下空间，提高土地利用综合效率。二是以工业为核心，构建三次产业互动的循环经济产业发展格局。围绕电子信息、汽车、石油化工、冶金、医药等优势产业的升级，通过政策引导、资金扶持和技术突破，启动一批循环经济示范试点园区和企业建设。三是以泰达、子牙国家级示范试点园区为重点，创立动静结合的循环经济产业体系。如实现以"原料—产品—废物"为特征的动脉产业，与以"废

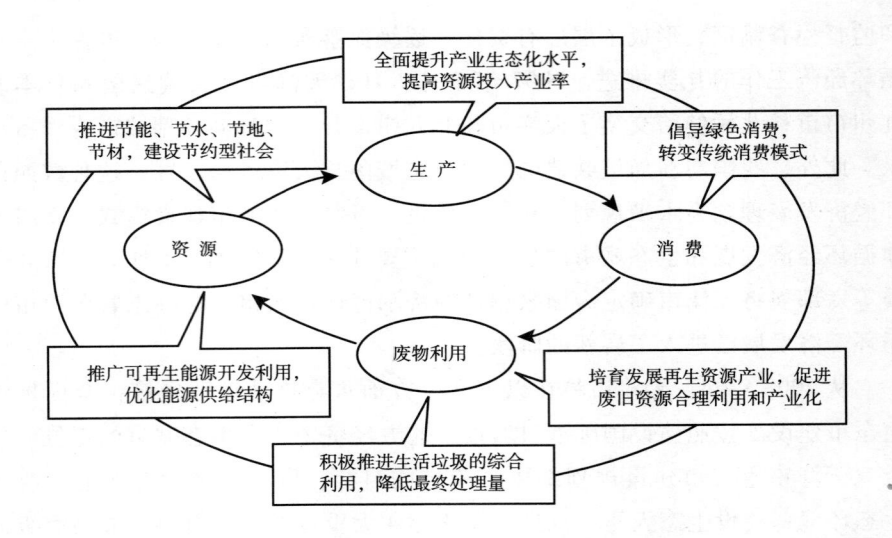

图 4-2 循环经济发展示意图

物—再生—产品"为特征的静脉产业高效对接，使静脉产业上水平、上规模。四是以中新生态城、华明示范镇建设为标志，建设全国一流的生态宜居示范区。五是以制度创新、科技创新为重点，构建循环经济支撑体系。如积极培养和引进循环经济人才，突破重点领域循环经济发展所需的关键技术、建设资源信息交流和资讯服务平台，建立循环经济人才科技保障体系。

结合天津市产业优势，天津市还确定进一步探索完善循环经济的 5 大发展模式：

——泰达模式。以区域水循环系统为基础，围绕现代制造业，建立企业类型多样化、产品链接紧密、资源闭合流动的开放型产业共生网络。创新水资源循环利用模式，将企业水循环、同质水循环、区域水资源大循环进行一体化设计，形成供水—节水—再生水综合利用水循环体系。

——子牙模式。即对废旧物资进行集中拆解和深加工，实现再生资源循环利用，形成"静脉"与"动脉"产业相结合的发展模式。如重点开发白色家电、报废汽车、废旧手机拆解加工和再制造项目等。

——临港模式。利用本市港口和滩涂优势，通过围海造陆，开发建设石化港区、仓储物流区与石化产业园区，突出石油化工与盐化工、精细化工相结合的产业特色，实现海洋石油产业上中下游企业间的资源优化配置、产品有机衔接。

——北疆模式。将发电、海水淡化、浓海水制盐、化学品提取、电厂粉煤灰制砖和土地节约整理等项目有效链接，实现能量、物料的梯级循环综合利用的经济发展模式。

——华明模式。以"宅基地换房"的方式建设示范小城镇，形成集约利用土地、农民生态型集中居住、发展循环型产业的城镇发展模式。如以科学绿化、水土保持、水源储备、多源供水、森林调节为特征的生态环保体系，以工为主、工农结合的循环型产业体系等，为其他小城镇发展提供经验。

在"十二五"期间，天津将加快国家循环经济示范试点城市建设，推广泰达、子牙、临港、北疆、华明等特色循环经济发展模式，建设一批循环经济示范园区。

未来5年是天津市循环经济示范试点城市建设的关键时期，天津市这一时期的阶段目标是：大力实施循环经济"11253"工程，即建设100个国家级、市级循环经济试点（企业、园区、小城镇、社区等），建成1个覆盖全市、辐射周边、连通国际的再生资源回收网络，搭建20条具有较大规模、较高水平、特色鲜明的循环经济产业链骨架，培育完善发展循环经济的5种模式，建立和完善人才技术、政策法规、生态保障3大循环经济支撑体系，进而带动天津市循环经济的深入发展。

今后，天津市将按照企业小循环、园区中循环、城市与区域大循环、国际超循环有机结合的总体发展思路，根据国际港口城市、经济中心城市和生态城市的建设目标，采取政府大力建设、市场有效调节、企业自觉行动、公众积极参与的方式，力争到2020年率先把天津市建设成为资源高效利用、三次产业互动、动静脉产业结合、生活方式文明、生态环境优良的国家循环经济示范城市。

（三）山水林田路相宜的生态系统为天津森林城市添绿

一辆奥迪轿车一年排放的二氧化碳，14亩人工林就能全部吸收，一座20万千瓦的燃煤发电厂一年排放的二氧化碳，48万亩人工林就能全部吸收。一个城市经济的增长空间有多大，从根本上取决于一个城市的生态容量有多大。现代化城市不仅要有发达的产业支撑和完善的基础设施，而且要具备良好的园林绿化、宜居的生态环境。

城市森林作为城市生态系统的主体，不仅是城市生态文明建设的重要基础，也是构建和谐城市、实现城市科学发展的重要内容。城市森林是实现城市生态良好的基础。森林是生态产品的最大生产者，发展城市森林是城市解决污染、噪声、粉尘、热岛效应等问题最直接、最有效的手段。城市森林是城市有生命的基础设施建设，也是增加城市绿色GDP的有效途径。随着中国城市化的发展，在未来中国人居环境生态建设中，城市森林将具有首要的战略地位。

建设城市森林一是让人民享受健康的空气。城市森林具有释放负离子、有效减少城市空气污染物和空中悬浮物浓度的作用。负离子能调节人体的生理机能，改善呼吸和血液循环，减缓人体器官衰竭，对多种疾病有辅助治疗作用。二是让人民享受健康的水。森林具有涵养水源、净化水质的作用。森林不仅能增加降水，而且能提高饮用水的纯净度。三是让人民享受健康的宜居环境。森林具有美化环境、调节小气候、抵御自然灾害、减少噪声和热岛效应的作用，为市民提供安全舒适的生活空间。

天津市生态资源丰富，是我国北方少有的山、河、湖、海、湿地、平原等地形地貌兼备的大都市。天津市在生态城市建设中赋予林业以首要地位，形成点、线、面相连相通，以多种生态服务功能为主导，形成局域高度开放性的城市森林生态系统，为此实施六大林业建设工程：在市域范围以公路、铁路、河流为骨架，实施绿色通道建设；在平原农业区实施农田林网和用材林、经济林建设；在北部山区实施水源涵养林建设；在西北部实施防风固沙林建设；在东部实施沿海防护林体系建设；在各类风景区、小城镇及村庄等实施片林建设。

天津市还非常重视森林公园的建设。从1987年开始启动森林公园建设，经过多年建设，天津市已在盐碱地、沙荒地等困难地建设多处森林公园。目前，天津市国家、市、区级森林公园总面积已达1.8万公顷，众多森林公园、保护区不仅在防风固沙、涵养水源、净化空气、降低噪声等方面发挥了积极作用，也成为人们休闲观光的重要场所。

重点完善提高官港森林公园、塘沽滨海森林公园等已经建成和即将完工的森林公园，建设大港湿地森林公园、东丽湖森林公园等森林休闲工程。预计到2015年，以国家级森林公园为龙头，市级森林公园、生态风景区为骨架，基本形成布局合理、类型齐全、特色突出、富有活力的森林公园（生态风景区）体系；同时以市场为导向，加强森林公园景区景点和基础设施建设，建成具有区域示范性、在国内享有较大影响的重点森林公园（生态风景区）3处。

根据规划，天津市城区绿化采取乔木为主、灌木为辅、花草点缀的绿化模式，建设清晰完整的都市绿化系统。主城区所有道路、节点、街头、空地和党政机关、事业单位、企业、社区、居民楼前等，实行见缝插绿、退硬变绿、拆墙透绿，全部进行绿化。在堤顶、背水坡的河道专属地域营造护岸林，11个新城绿化外围建设不低于50米的环城林带，大批乡镇营造500亩以上集中连片的片林。2012年，建设中心市区和新城环城绿化带2000公顷，完成文明村镇绿化面积2733公顷。

为构筑"城市森林"生态系统，从2007年开始到2010年，天津市已重点修复北大港、七里海、青甸洼、大黄堡洼、黄庄洼湿地面积689平方公里。清淤农村排水河道1000公里，使湿地水环境质量达到相关水功能区划目标。初步恢复七里海、北大港等湖泊湿地生态功能。按照《天津市河湖水系连通总体规划》，天津市将加大水环境保护、水污染防治力度，优化水生态环境资源。重点建设以北部蓟县山地、中部"七里海—大黄堡洼"湿地和南部"团泊洼水库—北大港水库"湿地水生态环境保护区为主体，以海河生态廊道和滨海生态廊道为骨架，以主要河流综合治理为脉络的水生态环境保护体系，逐步实现全市河湖水系沟通，展现"水系相连、水绕城转、水清船行"的北方水城风貌。

为加快生态天津建设步伐，2007年天津市出台了林业生态建设规划，将进一步完善"三网、四区、三带、多点"生态网络体系，构筑五大生态屏障，使天津真正成为山、水、城、田、海协调共生、适宜人类居住的生态型城市。三网"即水系林网、道路林网、农田林网；"四区"即山区水源涵养林生态区、土地沙化区防风固沙林生态区、污水灌溉区用材林生态区、滨海盐碱区防护林生态区；"三带"即海河风景林带、外环线绿化带、津西北防风固沙林带；"多点"即全市范围内的各类自然保护区、片状林地、森林公园、风景区及各单位绿化等点状分布的森林绿地。"五大生态屏障"：一是生态环境屏障，启动蓟北山区森林生态功能区、引滦和南水北调水源保护区、水源涵养地生态功能区、海岸带和盐滩生态功能区等生态功能区建设；二是湿地生态连绵带，在中心城市南北区域各形成一片湿地生态连绵带；三是人工生态防护廊道，在主要河流、道路及其绿化隔离带建设以人工生态林为主的生态防护廊道，特别强化海河都市生态廊道建设，形成由农田、园地、湿地等组成的有足够敞开空间的发展格局；四是滨海生态防护带，依托陆域与海域交界地带，整合盐田、滩涂、湖泊、河口、近岸浅海等要素和不同类型的湿地，形成滨海生态防护带；五是中心城区生态格局，将海河两岸开发成连接市区与滨海新区的生态大动脉，以刘园苗圃为基础建设城市森林公园，利用城市西南部大片湿地构建开放式城市湿地公园，强化城市生态调节功能。

2008年，天津市委、市政府出台了《关于加快林业发展，建设绿色天津的意见》，编制完成了《2009~2012年林业建设规划》。坚持高起点、高标准、高水平、高效能，以规划为先导全面推动天津市生态城市建设，积极打造"城市森林"，形成高度开放性的城市森林生态系统，预计到2012年，本市林木覆盖率将达到22%，基本实现有路皆绿、有水皆绿、有城皆绿、有村皆绿，让天更蓝、水更清、地更绿。到2015年，通过新建和改造森林公园等生态休闲场所，新增生态休闲森林面积300公顷，新增林地面积7000公顷，林木覆盖率达到12%，加快构建人与自然和谐发展的宜居生态区。①

（四）绿色建筑持续发展，将进入一个全新时代

"大力推广绿色建筑，建设可持续发展的绿色城市"是当前世界建筑业的共同话题。绿色建筑作为一种能够显著提高能源效率和减少能源消耗的方法，是解决中国能源短缺的一个重要方案。我国关于《绿色建筑评价标准》GB/T50378-2006中对绿色建筑做出了如下定义：在建筑的全寿命周期内，最大限度地节约资源（节能、节地、节水、节材），保护环境和减少污染，为人们提供健康、适用和高效的使用空间，与自然和谐共生的建筑。从概念上来讲，绿色建筑主要包含了三点含义：一是节能，这个节能是广义上的，包含了上面所提到的"四节"，主要是强调减少各种资源的浪费；二是保护环境，强调的是减少环境污染，减少二氧化碳排放；三是满足人们使用上的要求，为人们提供"健康"、"适用"和"高效"的使用空间。绿色建筑的目标是追求人（生产和生活）、建筑和自然三者的协调平衡。

为充分发挥绿色、节能的建筑示范效应，推动天津市建设领域节约资源、保护环境和建设事业的可持续发展，2007年6月11日，天津市出台了《天津市绿色建筑试点建设项目管理办法》，该办法适用于全市公共建筑和

---

① 《滨海新区"十二五"将造林7000公顷把森林搬进城市》，http://news.enorth.com.cn/system/2011/06/22/006791386.shtml。

住宅建筑新建、扩建和改建项目实施绿色建筑建设标准的工程。在试点工程的实施中,通过规划、设计、施工和工程实践等,推广先进适用成套绿色、节能技术与产品,促进建筑节能产业进步,推动建筑节能工作的发展。

2008年12月6日,天津市首座绿色示范建筑——天津市建筑节能示范楼落成。该建筑会聚了各项国内领先的节能建筑技术,对节能、节地、节水、节材和推动本市绿色建筑的建设和发展具有示范作用。

随着天津城市定位目标的渐进,城市必将面临着人口、资源、环境与社会经济如何协调发展的挑战,而天津作为我国城市发展的龙头,其形势更为严峻。走可持续发展之路,倡导绿色建筑理念,实施建筑工程节能降耗是天津城市发展的必然之路。这与天津目前已开展的项目设计理念不谋而合,也与国家将天津建设成为"生态城市"的定位十分契合。

作为城市开发开放标志区的天津滨海新区CBD,从规划伊始就践行着绿色建筑设计理念。滨海新区CBD总面积为23.5平方公里,规划开发建设定于2014年基本完成近期目标,并用15~20年时间全面达到规划设计要求和功能定位目标,这些建筑将全部采用国家最先进的节能环保标准进行建设。

实施绿色建筑理念,创建资源节约、环境友好型城市,将是天津发展的必然之路,而已开建的中新天津生态城就具有重要的示范意义:在建项目将全部采用国家最先进的节能环保标准进行建设,绿色建筑比例将达到100%,即在未来10~15年中生态城将开发建设超过2000万平方米的绿色建筑,有望成为天津乃至全国城市开发的范本。这些都成为规划中天津实现"绿色跨越"的坚实基础。

2008年9月2日,中新天津生态城服务中心正式投入使用。该中心是中新生态城内建成的首个绿色建筑,严格按照国家绿色建筑标准建造。中新生态城服务中心建筑设计遵循节地、节水、节能的环保理念,在水资源方面实现污水零排放,生活污水以及雨水将被收集后进行二次利用。同时,该中心还充分考虑节能的要求,中心内全部使用节能灯、光伏电源、地源热泵,并且充分利用太阳能等其他能源。作为首个绿色建筑,服务中心绿化面积达到建筑面积的一半以上,屋顶庭院均有绿化带。服务中心的许多先进设备在中新生态城中都有示范作用。例如,中心使用具备制冷、制暖、二氧化碳检测、除尘、除菌等五项功能于一体的空调设备。

天津市建设生态城市,滨海新区建设生态城区,以及中新天津生态城的建设，使发展以"节能、节地、节水、节材和环保"为主要特征的绿色建筑意义更加重大，既是经济发展与社会进步的必然选择，又是天津发展的客观要求。按照中国、新加坡两国建设行政主管部门的要求，受建设部和新加坡国家建设局的委托，天津市建设管理委员会负责组织编写的《中新天津生态城绿色建筑评价标准》已经发布实施。根据该标准的规定，中新生态城内的所有永久性建筑都必须是绿色建筑。在如此大面积范围内建设"绿色建筑"，这在我国城市建设中尚属首创。该标准具有以下特色：一是吸取了国内外特别是新加坡绿色建筑的实践经验，并结合近年来绿色建筑新发展，深化评价内容，改进体例及评分方法，创新性强；二是以我国国家标准为依据，结合本市气候、资源、文化等方面的地域特点编制的地方标准，适应性强；三是结合工程实际试做评价，在试评价中进一步完善评价标准，可操作性强。

目前，全国建筑中95%以上为高能耗建筑，单位建筑面积能耗是发达国家的2~3倍。实施绿色建筑理念，不但节能降耗效果显著，而且更有利于提升城市的综合竞争力，促进天津城市、建筑、人与环境的和谐发展。照明约占建筑能耗的35%，其可供提升的空间很大，而节能照明技术具有成熟性和易于执行等特点，为天津的生态城市建设指明了方向。可以预见，在未来10年间，天津将通过全新的可持续方式引领环渤海地区经济增长，绿色建筑将成为其中的重要因素，而先进的照明设计将全面提升"未来天津"的绿色动力。

天津要走上可持续发展的道路，建设宜居之城，发展绿色建筑刻不容缓。天津理应结合当前天津市经济社会发展水平，架构起一套可行的制度框架，使我们这一代的即时利益与整个人类的长远利益结合起来，将一个地区的局部利益与整个世界的整体利益结合起来，最大限度地杜绝资源浪费和环境污染，做好这项功在当代利在千秋的"绿色工程"，为后人留下一片静谧而丰腴的乐土！

《天津市滨海新区环境保护与生态建设"十二五"规划》指出，到2015年，力争水体消除黑臭，实现水清，主要河流水质达到功能区标准，近海岸水环境质量保持稳定，集中式饮用水源水质达标率达到100%，城市空气质量好于或等于二级标准的天数占全年监测天数的比例达到85%，城市生活垃圾无害化处理率达到94%，林木覆盖率达到10%，城镇居民人均公园绿地面积达到12平方米，湿地覆盖率力争达到22%，环境保护投资占

GDP 的比重达到 3.5%；城市化水平达到 93%，采暖地区集中供热普及率达到 92%。

随着社会经济的发展、科技的进步、人们生活水平的提高，资源将进一步短缺。从可持续发展的方针出发，绿色建筑愈来愈受到世人的青睐，它势必成为 21 世纪建筑的弄潮儿，发展前景十分广阔。在中国进入城市建设新时期的大背景下，天津作为我国城市建设的龙头，注重质量和城市建设与环境协调发展已是大势所趋。未来天津必将因其"绿"意盎然而令世人瞩目。

（五）沿海都市型现代农业蓬勃发展

"都市型现代农业"是经济社会发展的必然，是科学技术发展的结果，是人类生态系统发展的重要内容，它标志着人类文明的城市发展到了新的历史阶段。当今，城市的"荒漠化"，使城市怀念农业的绿色田园，生物多样性的和谐，这是人们对生活质量的进一步追求，对生存观、生活观、发展观的一种本质的升华。这是大城市发展"都市型现代农业"的根本动力，成为一种城市发展的必然。都市型现代农业是国民经济新的增长点，是大城市经济社会发展到新阶段形成的高投入、高产出、高效益的新的农业发展形态。

改革开放以来，天津市委、市政府历来关注农业，重视"三农"，结合天津沿海大都市、北方经济中心和生态宜居城市的地位，根据天津市自身的资源禀赋和发展条件，把发展沿海都市型现代农业作为社会主义新农村建设的首要任务。1999 年，天津市政府制定实施《天津市率先基本实现农业现代化实施规划，明确提出了天津发展沿海都市型农业的思路。其中提及"从现在起至 2010 年，是天津农业由城郊型迈向都市型的重要发展时期"。天津沿海都市型现代农业，是指处在沿海开放地区，依托都市、服务都市，以高科技为支撑，以设施化、工厂化、园区化为标志，以产业一体化经营为手段，以提供安全健康农产品和生态服务为主要目标，融生产、生活、生态于一体，具有服务辐射带动作用的区域性现代农业。2003 年，天津市委在八届二次全会上，根据天津市自身的自然资源和农业特色提出了沿海都市型农业发展战略。2006 年，天津市制定了《关于加快发展沿海都市型现代农业的意见》，明确了天津沿海都市型现代农业的发展方向。2007 年，中共天津市委、天津市人民政府《关于推进城乡一体化发展战略加快社会主义新农村建设的实施意见》指出，按照高产、优质、高效、生态、安全的要求，坚持沿海都市型农业发展方向，坚持以市场为导向，坚持因地制宜，加大扶持力度，调整优化农业结构，拓展农业功能。

张高丽书记在天津市委九届九次代表大会上提出："天津要大力发展高效设施农业、绿色生态农业、休闲观光农业，新建设施农业10万亩，不断提高农业综合生产力。"天津"十二五"规划指出，天津要坚持沿海都市型农业发展方向，加快转变农业发展方式，提高农业综合生产能力、抗风险能力、市场竞争力。完善现代农业产业体系，发展高产、优质、高效、生态、安全农业。

根据天津市城市定位与自然资源的特点，发展沿海都市型现代农业的重点包括种源农业、绿色生态农业、设施农业、加工农业、海洋农业、口岸农业和休闲观光农业。从2007年开始，天津市大力发展种源、设施、农产品加工、安全健康、观光、外向六大农业产业，重点扶持和发展优质高效蔬菜良种、杂交粳稻良种、奶牛良种等十大种源产业，作为本市沿海都市型农业的重点和突出标志，有效提高了天津市优势种业在全国的市场占有率，都市型现代农业正在本市城郊蓬勃发展。

发展都市型现代农业，是对大城市地区农业发展的一般规律的积极探索，是实现天津农业又好又快发展的主要途径。在工业化、城市化高速发展的进程中，农业不可替代的地位不仅没有降低，而且愈发重要和明显。从天津经济发展的角度看，城乡产业依存度增强，城市对农产品的数量要求越来越大，品种要求越来越多，质量要求越来越高，农业承担的食品供给、健康营养和安全保障等任务越来越重；城市休闲产业正在向农业转移，农业观光、农村度假已经成为全市旅游业的重要组成部分，所占比重正在逐步提高。从城市功能的角度看，宜居城市是天津的重要定位，宜居离不开生态，都市型现代农业正是以保护生态为前提，与构建宜居城市的要求是一致的。从以人为本的角度看，发展都市型农业既能满足生产者的增收愿望，又能满足消费者的各种需求，沟通了城乡，促进了和谐。

（六）生态消费将成为时尚

党的十七大报告提出，要"建设生态文明，基本形成节约能源资源和保护生态环境的产业结构、增长方式、消费模式"。建设生态文明，既需要产业结构的调整、增长方式的转变，也需要消费模式的转变。在生态环境剧烈恶化的今天，生态消费已经成为人们一种新的消费模式，它有助于降低城市环境的污染，改进人们的消费结构，保护城市的生态环境。生态消费模式就是对传统消费模式的改变，是未来建设生态文明的终极支撑。

生态消费模式，是指以维护自然生态环境的平衡为前提，在满足人的基本生存和发展需要基础上的一种可持续的消费模式。现代社会过度追求高消费的行为，导致当今全球资源短缺与生态危机，出于对传统消费的理性反思，生态消费提出的是一种全新的生活理念和消费方式，它把人类的消费纳入生态系统之中，接受生态系统对人类消费的约束，使之与生态系统协调发展，是一种高层次的理性消费。与绿色消费、可持续消费等消费模式比较，建立在人、自然和社会和谐统一基础上的生态消费模式有着更多的科学性和合理性。生态消费模式的核心是消费的"生态性"，具体表现在：消费品本身是生态型的，即通常所说的绿色环保型商品；消费品的来源是生态型的，即生产用的原材料和生产工艺、生产过程对环境无害；消费过程是生态型的，即在消费品的使用过程中不会对其他社会成员和周围环境造成伤害；消费结果是生态型的，即消费品使用后，不会产生过量的垃圾、噪声、废水、污气等难以处理的、对环境造成破坏的消费残存物。

构建生态城市，不仅是天津可持续发展的需要，也是天津市自身发展的需要，适应现代化的需要。而生态消费则是构建生态城市的出发点。倡导生态消费，是天津市实现人与自然和谐共生和共同繁荣发展的需求。生态消费不仅是解决能源、资源短缺的有效手段，也是实现天津及天津滨海新区和谐发展的有效途径。生态消费不仅体现天津生态宜居城市建设的内涵与本质，而且还是促进天津生态宜居城市建设的内在动力。

生态消费模式对天津市生态宜居城市建设具有积极的作用。其一，生态消费追求绿色、环保、低耗消费，崇尚适度消费，反对过度消费，因此会直接减少对自然资源的消耗和对生态环境的压力。其二，生态消费通过对生产的引导作用，能间接地减少资源消耗、保护生态环境。把我们手中的钞票就变成一张"绿色选票"——哪种产品符合环保要求，我们就选购它，让它在市场上占有越来越多的份额；哪种产品不符合环保要求，我们就不买它，同时也动员别人不买它，这样它就会逐渐被淘汰，或被迫转产为符合环保要求的绿色产品。

选择生态消费，不仅选择了一种生活方式，追寻一种精神品质，更是确立了一条走向未来的可持续发展道路。既是一种时尚，又是一种责任。

第五章
布局与规划

一 做好城市空间布局与规划的意义

战略决定未来。战略是制高点，可以控制事物发展的方向。一个城市要取得长足的发展，必须有明确的发展战略。天津市空间发展的总体战略是：以落实国务院确定的"国际港口城市、北方经济中心和生态城市"的城市定位为目标，依托京津冀，服务环渤海，面向东北亚，着力优化空间布局，提升城市功能，以区域和国际视野，实现"双城双港、相向拓展、一轴两带、南北生态"的空间战略布局（见图5-1）。

（一）做好空间布局与规划是当代城市发展的重要理念

城市空间布局与规划是关系一个城市能否实现可持续发展需要做出的具有地域性、战略性和综合性的城市发展的总体计划与安排。

一个区域的发展战略规划，其内容包含着三层含义：一是总体部署。因为区域规划是为实现一定地区范围的建设目标而进行的，是对地区社会经济发展进行的总体部署。二是全面布局。区域规划要对整个地区国民经济与社会发展中的建设布局问题作出战略决策，把同区域开发建设与调整治理有关的各项重大方案落实到具体地域，进行各部门综合协调的全面布局。三是区内外兼顾。区域规划不仅要部署本地区社会经济发展，还要兼顾区域之间的社会经济发展的相互关系，而且更要符合国家社会经济发展的总体战略。规划是确定发展的目标，目标是发展的导向，是区域发展战略中的核心，只有明确了目标，才能研究发展的方针，组织合理的结构，提出实现目标的对策

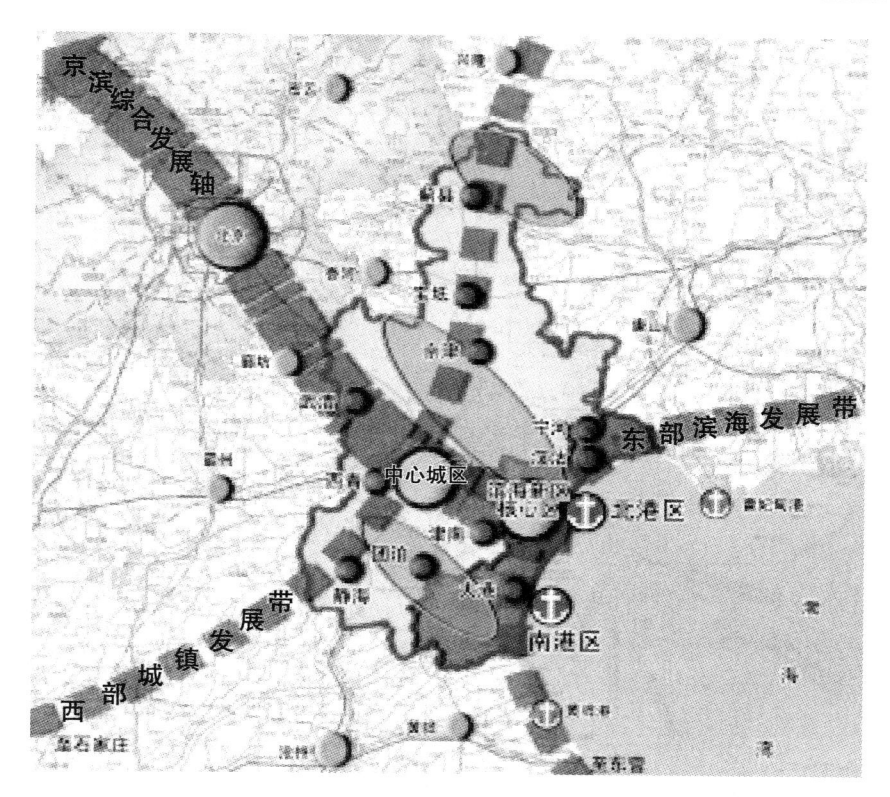

图 5-1 "双城双港、相向拓展、一轴两带、南北生态"

和建设的方案。

城市作为一个区域的中心,通过极化效应集中了大量的人口和产业,随着城市规模的扩大,实力的增强,通过对周边区域产生的辐射效应,进而带动整个区域经济增长。城市规划是对城市的发展在空间上进行的预先考虑,涉及城市产业布局、交通安排、设施建设以及公共空间的开拓等一系列相互联系、相互制约、相互促进的统一计划安排。可见,城市空间布局与规划在城市发展中具有极其重要的战略地位,对城市经济社会的全面发展发挥着非常重要的推动作用,体现了当代城市发展的核心思想。

(二) 天津城市空间布局与规划的时代特点

1. 清晰描绘了天津现代化前景的空间轮廓

天津的城市定位就是国务院确定的"国际港口城市、北方经济中心和生态城市"。"国际港口城市"不仅指天津城市的国际化程度,而且要求天津在经济全球化背景下具有一定的国际竞争地位和国际影响力。另外，作为国际港口城市，首要条件是要有国际性大港，即要把天津港建设成具有国际中转和集散功能的现代化港口。"北方经济中心"要求天津应该成为承担中国北方金融、贸易以及生产性服务等多种功能，具有强大吸引、辐射和综合服务能力，能够渗透和带动周边区域经济发展的中心城市。"生态城市"要求天津成为以高新技术、清洁生产、循环经济为主导的生态产业体系；合理配置、高效利用的资源保障体系；喝上干净的水、呼吸上清洁的空气、山川秀美的生态环境体系；以人为本、人与自然、人与社会和谐的生态宜居体系；先进文明的生态文化体系等为一体的资源节约型和环境友好型的现代文明城市。

2. 突出了天津市空间布局与规划的时代特征

（1）社会经济发展在地域分布上的综合协调性。根据国家的城市发展和建设方针、经济技术政策、国民经济和社会发展长远计划，布置天津市的城市体系，确定城市性质、规模和布局，力争天津市的社会经济发展在地域分布上综合协调。因地制宜地发展区域经济，有效地利用资源，合理配置生产力和城镇居民点，使各项建设在地域分布上综合协调，提高社会经济效益，保持良好的生态环境，顺利地进行地区开发和建设。

（2）城市优势在发展空间上的延展性。天津市空间布局与规划，体现天津在发展规划上，注重发挥优势，明确天津市社会经济的空间发展方向和地域开发方向。"双城双港、相向拓展、一轴两带、南北生态"是天津市社会经济在空间上的具体落实。

（3）经济效益、社会效益和生态环境的高度统一性。天津市空间布局与规划把提高社会经济效益，保持良好的社会效益和生态环境作为其发展目标。天津市空间发展的总体战略综合部署天津市的城市经济、文化、基础设施等各项建设，保证城市有秩序地、协调地发展，使城市的发展建设获得良好的经济效益、社会效益和环境效益。

（4）传统工业与新兴工业布局的协调性。天津作为一个老工业基地，正确处理工业布点的集中与分散矛盾，既要改善传统工业布局，包括对老基地的调整和改造，也要对新建骨干企业的选址定点；同时，还要与时俱进正确处理好传统工业与新兴工业的协调发展，使新老企业在一定地域范围得到协调组合。

（5）新老城区及其与周边区域之间的产业分工协作的协同发展性。天津市空间发展的总体战略的"京滨综合发展轴"实现与北京的战略对接；"东部滨海发展带"向南辐射河北南部及山东半岛沿海地区，向北与曹妃甸和辽东半岛沿海地区呼应互动;"西部城镇发展带"向北对接北京并向河北北部、内蒙古延伸,向西南辐射河北中南部,并向中西部地区拓展。这不仅有效地解决了天津市与其他区域之间的分工协作问题,同时也增强天津参与经济全球化和区域经济一体化的能力。

3. 体现了天津市空间布局与规划蕴涵着科学发展的思想

(1) 经济性。天津市空间布局与规划重在形成合理的功能与布局结构。因为土地是城市的载体,是不可再生资源,天津市空间布局与规划把集约建设放在首位,防止城市在发展过程中,资源占用与能源消耗过大,建设行为过于分散。

(2) 整合性。天津市作为我国的老工业城市,城市建设存在着错综复杂的各方面矛盾,这些矛盾只有通过科学地规划整合予以消弭。天津市空间布局与规划整合了远期发展和近期建设的矛盾,整合了整体发展和局部建设的矛盾,整合了发展规模和建设标准的矛盾,整合了经济发展和环境保护的矛盾,使天津市的城市各个组成部分在空间布局上做到职能明确,主次分明,互相衔接,科学合理安排城市的功能区,形成了统一协调的有机整体。

(3) 社会性。在天津市空间布局与规划的内容中,积极贯彻有利生产、方便生活、促进流通、繁荣经济、促进科学技术文化教育事业发展的原则,坚持树立为全体市民服务的指导思想,注重人与环境的和谐。

(4) 前瞻性。城市是综合的动态的系统,天津市空间布局与规划不是平面上土地的利用划分,也不局限于三维布局,而是时间与空间的融合。城市永远在发展,城市问题也总是相伴而生,天津市在城市发展中伴生的问题也只有在发展中解决,通过规划的前瞻性达到经济与社会的统一。

(三) 天津市空间布局与规划的战略意义

1. 在国家发展战略层面上,天津城市空间布局与规划有助于构筑中国北方具有国际竞争力的城市群

20世纪90年代末,我国区域发展"南快北慢"的现象愈发突出,引发了一系列严重的社会问题。要改变我国经济南北失衡的状况,着力点在于打造能够全面提升区域经济整体优势的城市群。进入21世纪,城市群的发展已成为衡量一个国家或地区经济发展水平的重要标准之一,不仅体现了世界城市化发展的新趋势,而且体现了实现区域发展动力、区域发展质量和区域发展公平三者在内涵上的统一,是国民经济快速发展、现代化水平不断提高的标志之一。

面对全球经济一体化浪潮，我国区域经济的振兴与发展，必须把城市发展和区域发展结合起来，必须加快以大城市为核心的城市群的发展，这不仅有利于社会生产力水平的不断提高，强化市场机制配制资源的基础性作用，完善产业链条，通过分工协作构成城市群产业错位发展，更有利于形成规模经济，有利于提升产业等级，使产业结构不断合理化、高级化和国际化，从而有利于提高我国在世界经济格局中的竞争优势。

在我国东部沿海有"珠三角"、"长三角"和环渤海三个经济区，支撑三个经济区的分别有三个城市群。2007年，三大城市群实现了全国GDP的46.5%。[①] 其中，以北京、天津为核心城市的环渤海城市群，经济总量占全国的11.3%。[②] 与"波士华"[③] 城市群的核心城市相比较，天津的经济规模相对偏小，核心城市的功能不强，再加上区域内城市分工格局不完善，交通体系不健全，使得核心城市的带动作用不突出，整合作用不明显。

20世纪90年代末，天津迎来了改革开放以来最大的发展机遇。特别是2006年7月27日，国务院明确了：天津是环渤海地区的经济中心，要逐步建设成为经济繁荣、社会文明、科教发达、设施完善、环境优美的国际港口城市、北方经济中心和生态城市。至此天津肩负起完善社会主义市场经济、探索区域科学发展、协调发展的时代使命。作为"经济中心"天津不仅要承担区域金融、贸易以及生产性服务等多种功能，产生强大吸引、辐射和综合服务能力，而且要能够带动周边区域经济的发展。天津的经济发展与跨越，不只是提升天津的竞争力，而是通过天津经济的崛起，带动环渤海及整个北方经济的振兴，特别是通过与北京合理界定功能定位，实现产业错位发展，共同构筑中国北方具有国际竞争力的城市群。

2. 在天津发展战略层面上，其空间布局与规划有助于促进天津实现经济社会持续发展、科学发展

城市是一个开放的系统，城市的发展与更新永无完结，因此城市规划不

[①] 《长三角、珠三角、环渤海三大城市群领跑中国经济》，中央政府门户网站，2008年11月27日《人民日报海外版》。

[②] 《长三角、珠三角、环渤海三大城市群领跑中国经济》，中央政府门户网站，2008年11月27日《人民日报海外版》。

[③] 波士华（Boswah）是以纽约为核心城市，由波士顿、费城、巴尔的摩、华盛顿及其周边40多个中小城市组成的美国东北部大西洋沿岸城市群，是世界上第一个被认可的，也是目前实力最强的城市群。

是城市"未来终极状态",实际是一种动态的平衡,城市经济的发展需要不断调整城市空间布局。随着天津市经济的快速发展和城市规模的迅速扩大,城市空间布局不合理等矛盾日益突出起来,严重制约了天津市经济持续快速发展。合理调整天津市空间布局,使之与经济发展相协调,增强经济的发展后劲,成为天津市急待解决的问题。在分析了天津市空间布局与经济发展之间的矛盾后,提出适应天津市经济发展的空间发展战略,以期通过规划天津市空间布局来促进天津市经济持续发展。天津市空间布局与规划的内容体现了天津市经济社会发展的速度与质量的统一和效益与价值的统一。

(1) 速度与质量的统一。经济社会的发展在一定历史条件下,特别是竞争激烈的时代,速度往往能够赢得先机、赢得声誉、赢得投资。改革开放初期,天津市在推动经济发展时,自觉或不自觉地把速度看得更重,更多地追求总量的增长。改革开放30多年后,天津的经济社会经历了快速的发展,已经具备了一定的物质基础,这就要求天津市不仅要继续保持经济发展的速度,更要注重经济发展的质量,即坚持"好"字当头,好中求快,努力实现经济发展速度与质量的统一。

经济发展的速度更多地强调数字的量度,更强调量的扩展。速度的提升主要是依靠要素的投入,它对社会经济的发展既可以产生正向作用又可以产生负向作用。经济发展的质量,更强调经济发展对社会的正向作用和影响,体现了经济发展的关联性和人文性的统一,是一种"自然—经济—社会"复杂系统和谐发展的战略。速度与质量的统一不意味着会舍弃速度,天津市不仅要继续保持国民经济快速发展,而且要更加注重推进经济结构战略性调整,努力提高经济发展的质量。对于目前的天津来说,速度已经不是规划考虑的关键问题。天津市空间布局与规划的根本目的在于是否有能力选择更加稳健的、高质量的发展道路。

(2) 效益与价值的统一。规划是有价值的,高远地讲应该从推动人类社会发展的高度去审视,现实地谈要以保障基本生存与发展的意义为追求。天津市作为中国北方的老工业城市,由于历史的原因,工业布局混乱,但同时天津市也拥有深厚的现代工业文明的底蕴,有"近代工业看天津"之说。改革开放以来,天津与全国城市一样在普遍的快速发展之后,发现城市发展不仅缺失了个性,而且城市生态愈发脆弱,痛定思痛,必须强化规划引导,努力做到经济发展效益与价值的统一。

一般来说,经济发展可以用效益进行评估,效益一个明确的可度量的标准，可以换算成经济上投入与产出进行效益分析。在许多情况下，我们都会重点关注效益问题，但效益在衡量经济发展状况时也存在一定的局限性，不能反映经济发展对资源环境所造成的负面影响；不能反映某些重要的非市场经济活动；不能全面反映居民的福利状况，不能反映经济的可持续发展。随着城市生态脆弱显性愈发突出，不得不转变我们经济发展的观念，重点关注经济发展的价值问题。效益不等于价值，持续增长的效益与合理的持久的均衡发展才是价值。价值包含效益，还包含国民的平均生活质量，如教育水平、健康卫生标准等，和整个经济结构、社会结构等的总体进步以及经济的可持续发展。因此，目前天津市的经济发展价值比效益更为重要，在天津市空间布局与规划中不仅充分体现了整体与局部、远期与近期、公平与效率的价值观念，也体现了环保优先、维护生态环境、可持续发展的价值内涵。

3. 天津市空间布局与规划重在解决空间结构支撑经济发展的问题

任何空间结构都是运动的、发展的、变化的，没有哪一种空间结构能够满足任何时期经济社会发展的需要。随着天津市经济社会的全面发展，天津市空间结构所累积的不适应性问题逐渐暴露出来。特别是明确了天津市的性质为"国际港口城市、北方经济中心和生态城市"，天津市的城市定位上升为国家战略后，使得天津市站在一个新的历史起点重新思考新形势下的空间发展问题。

这种不适应主要体现在两个方面：一是空间组织主体的单一；二是发展轴线的单一。

第一，天津市空间的主体单一性，即中心城区一直是天津市城市功能发展的核心地区。改革开放以来，中心城区土地结构不断优化的结果，使服务职能和吸引力不断增强。再加上"环状+放射"的路网格局，更使中心城区要素集聚能力不断强化。与此同时滨海新区发展一直定位于港口工业地区，尽管其 GDP 占全市 GDP 的比重已超过一半，但服务职能滞后。既造成了滨海新区对于中心城区的高度依赖，也难以真正成为具有辐射和带动作用的空间主体。这不仅造成了中心城区发展压力过大，也造成了滨海新区吸引力和辐射带动能力严重不足，无法实现国家赋予滨海新区的"依托京津冀、服务环渤海、辐射三北"的重任。

第二，天津市发展的轴线单一性，即各种要素集中布局于中心城区—滨海新区的发展轴线上。改革开放以来，这种要素集聚的结果不仅使津滨走廊这一单一的发展轴被迅速消耗，大量低端产业的发展造成了稀缺空间资源的低效使用，而且经济发展要素没有能够真正实现天津市区域的优化配置，外围地区缺乏应有的带动，因此，没有促成津滨发展轴的升级和发挥带动市域其他地区发展的作用。

天津市空间发展的总体战略重新思考了天津新形势下的空间结构，分析了天津空间积累存在的问题，提出了"双城双港、相向拓展、一轴两带、南北生态"的总体战略。天津市空间发展的总体战略是在天津的发展定位和目标已经明确的新形势下，着力解决空间结构能否支撑经济发展的问题。

二 "双城双港"的城市空间发展战略

（一）"双城双港"的含义与布局

1. "双城"的含义与布局

"双城"的一城是中心城区，中心城区是传统意义上的天津城区，是天津市的行政文化中心；另一城是滨海新区核心区，是天津市初具规模的新兴城区。

在《天津市2005～2020年的城市发展规划》（见图5-2）中确立的城市发展布局是"主副中心"城市发展结构，将中心城区作为城市发展的主中心，重点发展现代服务业，完善相应功能，而滨海新区作为天津市的副中心，则以发展工业为主。"国际港口城市、北方经济中心和生态城市"这一内容，对天津的城市定位是极大的提升。国家的支持与天津市的呼应，客观的现实与政策的使然，强化了滨海新区核心区"城"的定位。一方面，国家战略要求滨海新区发挥先行先试的功能，成为国家经济发展的增长极；另一方面不论是从环渤海地区的角度来看，还是从京津冀区域关系来分析，使得滨海新区在经济发展上具有一定的区域依托。随着滨海新区经济总量的高速增长，使得滨海新区有条件成为天津市空间的另一个组织主体，起到带动全市、引领区域的作用。滨海新区核心区"城"的定位，实际上意味着天津市空间系统性的结构转换，意味着滨海新区核心区的发展在重点发展港口和工业的同时，注重转向城市和生活服务，意味着在区域辐射带动的层面上滨海新区核心区的"城"所起到的作用甚至将超过天津中心城区。

天津市空间发展的总体战略是围绕贯彻落实国家对天津发展、推进滨海新区开发开放的国家战略，将过去"主副中心"的结构调整为"双城"，这

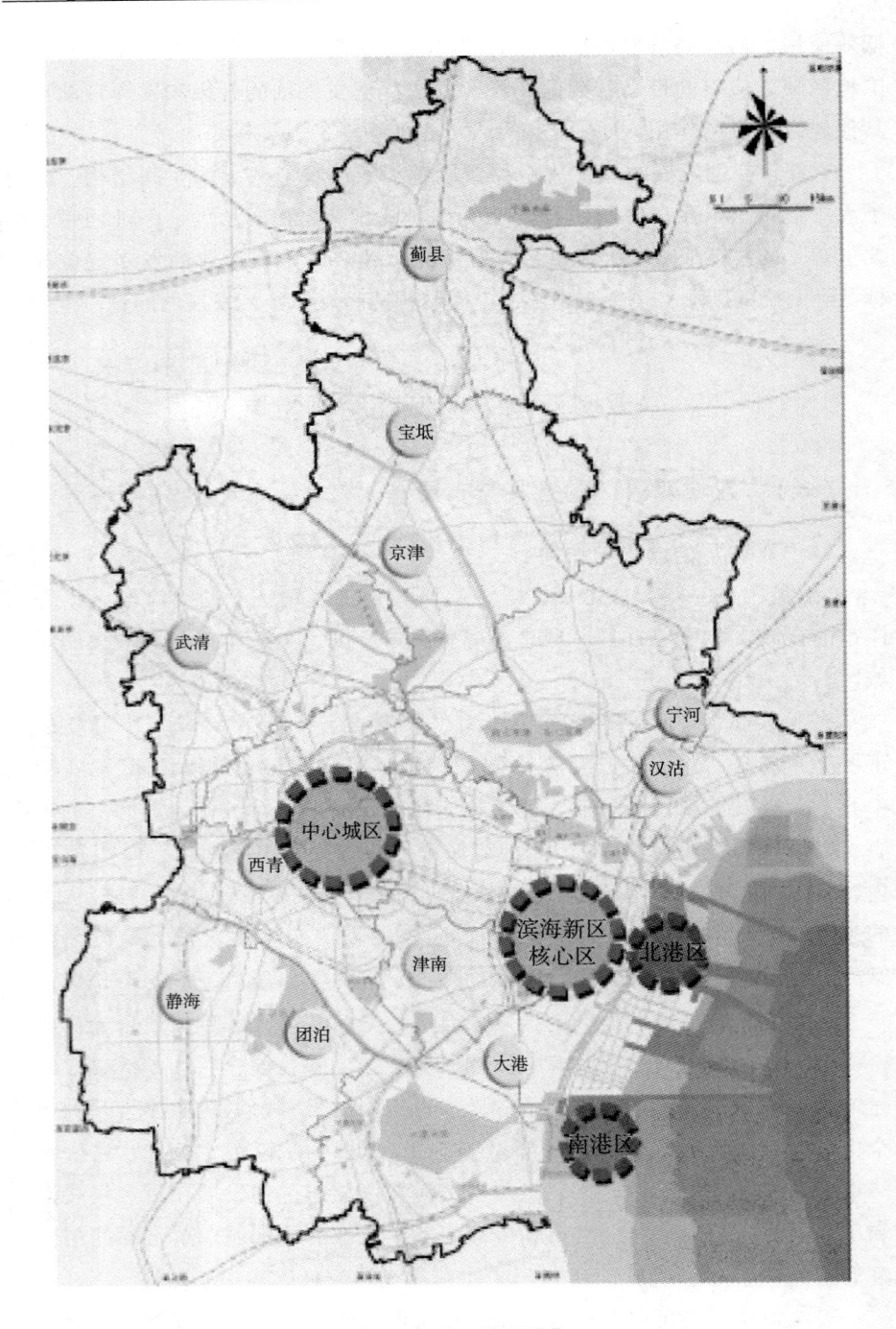

图 5-2 "双城双港"

种调整对天津整体发展、整体空间格局产生重要影响。

"双城"是天津城市功能的核心载体。中心城区通过有机更新，优化空间结构，发展现代服务业，传承历史文脉，提升城市功能和品质；滨海新区核心区通过集聚先进生产要素，实现城市功能的跨越，成为服务和带动区域发展新的经济增长极。将中心城区和滨海新区核心区共同作为天津市发展的两个中心，共同发展，改变过去"一主一副"发展结构，实际上是突出了滨海新区的战略地位，符合国家对滨海新区的发展定位，有利于滨海新区发挥对区域经济、社会发展的服务、辐射和带动作用。

2. "双港"的含义与布局

"双港"是指天津港的北港区和在建的南港区。在距离天津港现有港区20公里的城市东南沿海建设新的港区（南港），形成两大主力港区带动天津港口发展的格局。

在改革开放30年的发展过程中，天津港也在进行新港区的建设，尽管天津新港从原来的单一港区扩展到现在包括北疆、南疆和东疆港区的"一港多区"的布局模式，但港区建设始终在相对紧凑的原位扩张。天津港要发展，疏港交通需要穿越城区，这就形成了交通的瓶颈，同时随着港口规模的扩大，天津港发展空间的问题愈发突出。为了使天津港有更广阔的延展空间，加快把天津建设成为我国北方国际航运中心和国际物流中心，"双港"战略中的南港区建设，对于拓展天津港发展空间，优化铁路、公路集疏运体系，促进港城协调发展，进一步密切与"三北"腹地和中西亚地区的交通联系，增强港口对城市和区域的辐射带动功能，具有重要的战略意义。

港口是天津发展的核心战略资源。由于港口发展和交通运输、基础设施、工业体系的关联性，港口不仅是经济发展的要素，同样也是产业布局和空间结构塑造的关键性要素。港口发展和港城互动的空间模式在相当程度上造就了天津现在的空间格局。从一定意义上讲，天津滨海新区的发展是在依托天津港的条件下而发展起来的。从天津经济技术开发区和保税区依托天津港建立，到在天津港的带动下，开发区和保税区快速发展，形成了港市联动，引发工业东移的空间结构调整，但从目前看，港口周边的空间已经不能满足未来天津市经济发展的要求，港口和城市的空间关系更多地表现为港城的冲突和矛盾。一方面工业布局开始跨过塘沽城区，向海河中游地区扩展；另一方面城市的发展造成了港口集疏运瓶颈的产生，导致港口的运行效率下降，制约了港口的进一步发展。其原因就在于，天津港并没有实现码头的专业化分工和港口布局的调整，而是一直固化在海河河口进行相对紧凑的原位扩张。从天津港自身来讲，这种凭借较小的自然岸线支撑不了一个世界级大港。从原来的单一港区扩展到现在包括北疆、南疆和东疆港区的"一港多区"的布局模式；内部功能配置合理，各港区彼此分工明确发展的空间轨迹是极为成功的。但天津港建设始终在天津港自身的尺度上进行。如果从港城关系看，必须通过更大尺度上空间关系的调整来优化港城关系。

天津市空间发展战略规划中天津港的北港区包括北疆港区、南疆港区、东疆保税港区以及临港工业区（含临港产业区），重点发展集装箱运输、旅游和客运等综合功能以及重型装备制造业。南港区是指独流减河以南规划建设的新港区，近期主要依托石化、冶金等重化工，建设工业港区，远期将建设成为现代化的综合性港区。这一空间布局，跳开了津滨轴线端点天津港现在的位置，在南部海域建设新的港区，即南港区。南港区的建设将对天津的空间发展乃至区域格局产生重大影响。

因此，"双港"战略的目的是要实现产业空间和城市生活空间的重组。

（二）"双城双港"进行"相向拓展"的意义

1. "相向拓展"的含义

"双城双港"是对天津市的经济发展在空间的优化支撑。"相向拓展"是指"双城"与"双港"相向发展，作为天津市发展的主导方向（见图5-3）。

（1）"双城"的"相向拓展"。"双城"的"相向拓展"是指中心城区沿海河向下游区域主动对接，为滨海新区提供智力支持和服务保障。滨海新区核心区沿海河向上游区域扩展，放大对中心城区的辐射带动效应，实现优势互补，联动发展。

处于"双城"相向拓展方向的海河中游地带，是天津极具增长潜力的发展空间。通过重点开发，使之成为承接"双城"产业及功能外溢的重要载体，逐步发展成为天津市的行政文化中心和我国北方重要国际交流中心。

（2）"双港"的"相向拓展"。"双港"的"相向拓展"是指统筹推进"双港"开发建设，相向发展，实现"双港"分工协作，临港产业集聚，南北功能互补，做大做强天津的港口优势。"双港"进行"相向拓展"的重点在于南港区的建设。南港区建设的重大意义在于：一是通过新航道和码头的

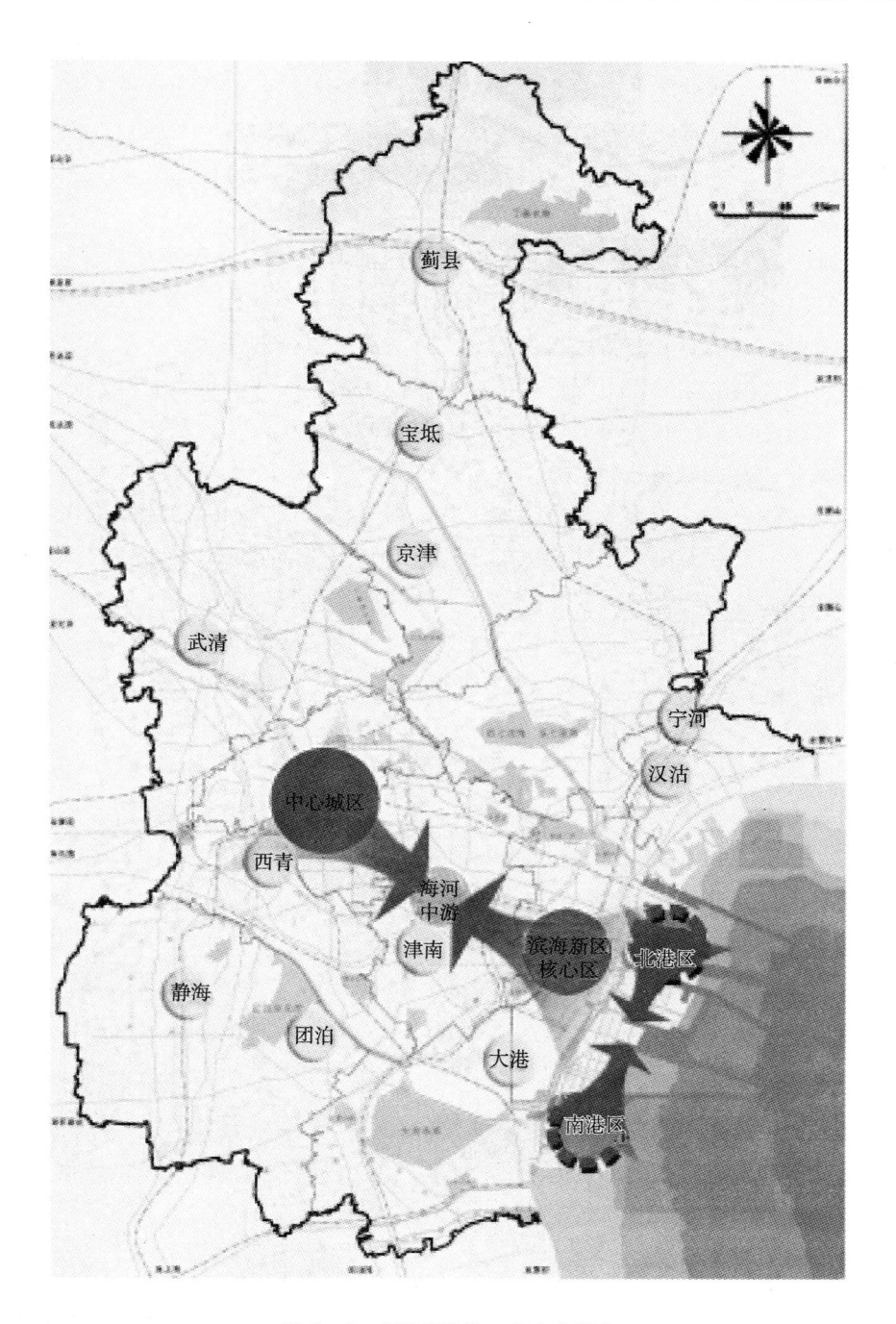

图 5-3 "双城双港、相向拓展"

建设支撑整个天津港口做大；二是疏解现有港区的发展压力，减轻港城矛盾；三是通过新港区带动临港工业的发展，整合天津的石化和钢铁产业，优化城市产业空间布局；四是以南港区为端点将形成新的产业发展轴，带动整个天津南部，进而带动冀中南，并辐射更广大的中西部地区。

2. "相向拓展"的意义

第一，"相向拓展"是要在一个比较短的时间内完成天津统筹、协调、全面发展的任务，进而节省宝贵的时间资源。如果不确定"双城双港"，单就发挥中心城区向滨海新区提供智力支持和服务保障的作用，或单就发挥天津港北港区的扩散作用，都不可能在短时间内实现天津的城市定位，时不我待，时间资源是极其稀缺的，结合天津自身的特点和改革开放以来的发展成就，确定"双城双港"，实施"相向拓展"，这就在发展战略层面进行了空间上的突破，不仅能够放大中心城区的辐射带动效应，而且也能够优化其效果，还能够发挥滨海新区核心区的示范效应与效果，同时有助于做大做强天津的港口优势，进而对天津实现高速发展在时间上提供保障。

第二，"相向拓展"是要在运动中主动寻找发展的良机。任何事物都是运动的，只有运动才能发展，但怎样确定运动的内涵，不仅是一个战略问题，也是一个智慧问题。确定"相向拓展"的运动方式的根本目的，是要充分发挥"双城双港"在天津经济综合发展过程中的主动性和能动性，在运动之中主动发现天津经济发展的新问题，主动创造加速天津经济发展的新方法，主动寻找天津经济发展的有利时机，从而调动多方积极性，为天津经济发展提供充分的能量。

第三，通过"双城"及"双港""相向拓展"，有利于引导城市轴向组团式发展，在海河两岸集聚会展、教育、旅游、研发、商贸等现代服务业和高新技术产业。形成老区支持新区率先发展，新区带动老区加快发展，海河上、中、下游区域协调发展，良性互动、多极增长的新格局。

第四，"相向拓展"对于进一步提升天津的整体竞争力，促进城乡一体化，实现三个层面联动，统筹区域协调发展，有着重大实践意义。天津各区域内部存在区域经济发展的差异性问题是不容回避的事实，这在一定程度上制约了天津经济平衡、健康、高效运行，影响天津整体竞争力的发挥。从理论上讲，统筹天津区域协调发展是实践科学发展观的重要内容之一，是促进天津国民经济持续快速健康发展和社会全面进步，实现全面建设小康社会目标的重要保证，也是实现中央对天津市的新定位及其对天津滨海新区的新要求的前提。从实践上讲，实施"双城双港、相向拓展"的空间发展战略是一条重要途径，这不仅有利于中心城区在构建和谐社会进程中发挥重要的基础性作用和连接、带动、辐射区县的桥梁作用，更有利于区县经济的不断发展，不断优化天津的发展空间，不断提高天津的整体竞争力。

第五，通过"双城"及"双港""相向拓展"，有利于天津成为陆海联动开发开放的先行者。目前，开发海洋资源和依赖海洋空间而进行的生产活动及其相关服务性产业活动，成为世界经济发展的重要亮点之一，也成为众多沿海国家和地区经济发展的新的增长点。在此背景下，海洋和陆地的依存关系也越来越密切。开发海洋资源和依赖海洋空间必须有陆地的支撑，这种支撑，不仅有陆地与海洋的自然属性的支撑，更有产业上的支撑、经济上的支撑、能量上的支撑；同时，这种支撑是双向的、相辅相成、相互促进的。天津的"双城双港、相向拓展"空间发展战略的实施，是对陆海联动开发开放有益的实践，有利于天津形成从传统海洋产业向海洋高新技术产业的发展，有助于天津形成陆海联动开发开放的先发优势，进而在"双城双港"的发展中，占领制高点，发挥影响力，不断夯实天津整体实力。

（三）"双城双港"是天津市空间发展战略规划的核心

天津市空间发展战略提出的"双城双港"是该战略的核心内容，其不仅设定了天津市城市结构调整的目标，而且扩充了滨海新区核心区的城市规模，提升了城市的综合服务职能，为天津市发展成为辐射"三北"、面向东北亚的现代制造业和研发转化基地与对外开放的基地门户拓展了空间，也铺垫了基础。具体表现为：

第一，完善天津市的城市功能，有利于促进经济发展和社会进步。城市功能是城市所发挥的作用，是由城市的各种结构性因素决定的城市的机能或能力，是城市在一定区域范围内的政治、经济、文化、社会活动所具有的能力和所起的作用。天津市空间布局与规划围绕贯彻落实国家对天津发展、推进滨海新区开发开放的国家战略，改变了曾经确立的"主副中心"城市发展结构，将中心城区和滨海新区核心区共同作为城市发展的两个中心，共同发展，这种调整对天津整体发展、整体空间格局产生重要影响。这实际上是突出了滨海新区的战略地位，也符合国家对滨海新区的发展定位，能更好地发挥滨海新区对区域经济、社会发展的服务、辐射和带动作用。

第二，提升了天津市服务区域发展的职能，有利于积累了经济发展的后劲。天津市空间布局与规划展示中心城区主动服务滨海新区的总体思路。中心城区是发展比较成熟的区域,包括现代服务业功能、生活配套功能都十分完善,而滨海新区发展需要有一个逐渐完善的过程,在这个过程中,滨海新区的服务功能要依托中心城区来实现,包括生活配套、医疗、教育等各个方面。中心城区在主动服务滨海新区的同时,提升了现有优势要素的品质,滨海新区的服务功能在不断完善的同时,积累了经济发展的后劲,进而形成两个经济增长极,带动区域的经济发展。

第三,增强了天津市带动区域发展的职能,有利于集聚经济发展的能量。天津市空间布局与规划的目的在于城市建设,城市建设作为经济发展和社会进步的载体,对发挥中心城市的功能、体现中心城市的作用,具有十分重要的影响。搞好基础设施建设,优化城市环境,有利于吸引更多的人流、物流、资金流和信息流,有利于聚集更多的生产要素,有利于城市的发展繁荣。必须加大建设力度,为增强城市的吸引力和辐射力打下坚实基础。

三 "一轴两带"的城市发展新布局

(一)"一轴两带"的新格局

1. "轴"和"带"的关系

(1) 区域发展战略的"轴"。一个区域发展战略的"轴",是支撑区域经济运动发展的一个空间地带,这个空间地带与整个区域一同运动发展,并且能够进行有效引领区域经济发展的过程。一个区域发展战略的"轴",是贯通区域的发展方向,实质是发展的轴线,目的是对要素进行空间组织。

从一般意义上讲,轴是"一种均衡的线性基准"。作为一种基准,轴具有生长性、统一性的特征。线性赋予轴以连续性、开放性特征;均衡则更明确地表明轴的均衡特征。在生长性、统一性、连续性、开放性和均衡性的五个特征中,生长性与开放性特征可以归为轴的动态特征,连续性、统一性、均衡性特征则体现了轴的静态特征。

一个区域发展战略的"轴",其设计必须从研究区域的形态特点和发展趋势出发,找出有发展意义的轴线,同时必须考虑与周围空间形态的连续与对接,必须融入整体环境的发展秩序,这样才能有助于区域结构、形态的有机形成和良性发展。

一个区域发展战略的"轴",其表现为一定功能内容的物质载体,发展的轴线一经确立,就需要对要素进行组织以完善轴的整个形态。要素是运动的、变化的,是整个轴线体系形态的直观表现、组织要素的目的,是创造轴线与要素的和谐的形态,从而体现轴对构建区域形态的积极作用。而轴线是相对稳定的,为要素运动的秩序和变化的方向提供依据和可能性。

(2) 区域发展战略的"带"。一个区域发展战略的"带",也是支撑区域经济运动发展的一个空间地带,这个空间地带具有两个非常重要的作用:一是要保证"轴"对区域经济发展过程的有效引领;二是要保证与区域外的经济进行有机联系并确保区域在开放的同时能获得更多的发展机会和利益,以及来自外部的支持和推动。

"轴"和"带"是孪生的,一个区域发展战略,必须基于区域发展的特点和趋势,全面考虑与周围区域空间形态的连续与连接,因此,其设计伊始必须统筹发展战略的"轴"和"带"。

(3) "轴"和"带"的关系。"轴"和"带"是共生共荣、相辅相成的。从能级上讲,"轴"具有的能量高,"带"具有的能量次之。"轴"和"带"由于具有不同的能量,就会按照各自不同的轨迹运动,并根据能量的大小建立一定的秩序、一定的规范或一定的标准。"轴"和"带"在规划之初处于基态,所具有的能量不高,辐射力和影响力较弱。当对要素进行组织后,由于"轴"和"带"吸收了能量,跃迁到较高能级,处于激发态,具有强劲的辐射力和影响力,既实现了"轴"对区域经济发展的有效引领,又实现了与周围地区的有机和谐联系,同时扩散自己的影响,提高自己的地位。从方向上讲,"轴"和"带"成垂直或交叉关系,其目的是对"面"进行提升,是对区域经济发展的促进。大河水丰小河满,其流域的土地才能被滋润。只有当"轴"的发展卓有成效时,"带"的发展才有基础;同时也只有"带"的发展水平不断提升时,才能给"轴"的发展带来更大的能力、提供更大的空间。

2. "一轴两带"的城市布局

由图5-4可见,"一轴"是指"京滨综合发展轴",依次连接武清区、中心城区、海河中游地区和滨海新区核心区,有效聚集先进生产要素,承载高端生产和服务职能,实现与北京的战略对接。依托"京滨综合发展轴",加强与北京的合作,形成高新技术产业密集带,形成京津冀地区一体化发展的产业群和产业链。

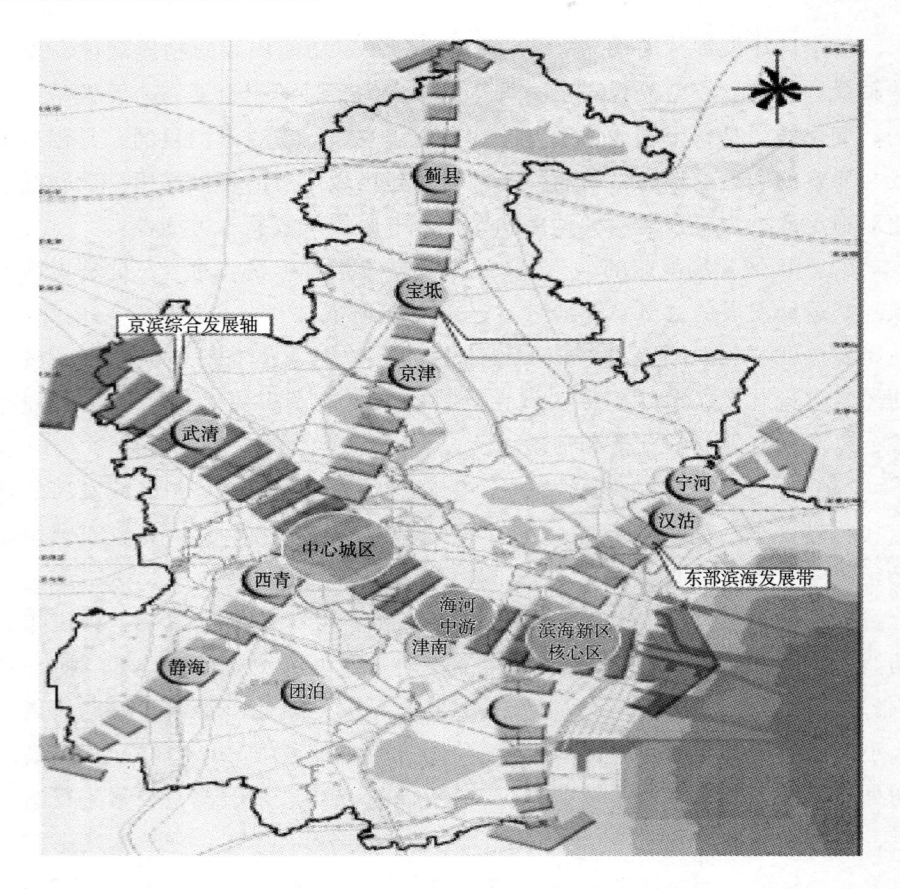

图 5-4 "一轴两带"

"两带"是指"东部滨海发展带"和"西部城镇发展带"。"东部滨海发展带"贯穿宁河、汉沽、滨海新区核心区、大港等区县，向南辐射河北南部及山东半岛沿海地区，向北与曹妃甸和辽东半岛沿海地区呼应互动。"西部城镇发展带"贯穿蓟县、宝坻、中心城区、西青和静海，向北对接北京并向河北北部、内蒙古延伸，向西南辐射河北中南部，并向中西部地区拓展。

通过"一轴两带"，拓展城市发展空间，提升新城和城镇功能，统筹区域和城乡发展；进一步加强与北京的战略对接，扩大同城效应；强化天津服务带动作用，促进和扩大与环渤海地区、中西部地区的经济交流与合作，加快形成我国东中西互动、南北协调发展的区域发展格局。坚持开放带动战略，强化滨海新区改革示范效应，增强天津参与经济全球化和区域经济一体化的能力。

(二)"一轴两带"的战略内涵

1. "一轴两带"的布局背景

环渤海区域存在三组中心城市,即京津、沈大、济青,这三组中心城市不仅距离远,关键是它们分别拥有自己的枢纽港口、发展主轴和后方腹地。区域单元的相对独立,加上缺乏一体化的综合交通体系,导致环渤海区域内部经济联系不紧密,要素流动不通畅,产业上自成体系,竞争大于合作。究其原因,是因为环渤海地区缺乏权威的、各方认可的区域空间规划。由于没有区域合作的总体纲领,也就不存在实现区域合作的必要条件,错位发展、优势互补、相互促进只能停留在表面,港口协作、临港产业分工、海岸线综合利用、城镇布局体系、生态环境保护无法操作。

目前,北京市提出"两轴—两带—多中心"的空间发展战略,河北省提出构筑由唐山港、黄骅港和秦皇岛港为支撑的沿海"南北两区带状组群式"空间布局结构,辽宁省提出构建"五点一线"的沿海产业空间格局,山东省提出"一体两翼"、强化由济南、青岛等八城市组成的山东半岛城市群以提高全省综合竞争力的总体空间布局。

天津的城市定位提升的同时也就肩负起贯彻落实国家战略、引领区域经济社会发展的责任。因此天津市空间布局与规划必须要主动对接,积极协调,有效呼应,在国家经济社会的发展战略层面上,促进环渤海区域空间布局的有机结合。

2. "一轴两带"的战略内涵

"一轴两带"的战略内涵是,天津要在京津发展轴和沿海发展带两个方向上,加强与环渤海区域的产业协作和强调带动作用的发挥。

(1) 京津之间。北京市的空间发展战略为"两轴—两带—多中心"。其中"两带"中的京城东部"新城发展带"(即"东部发展带")北起怀柔、密云中部,串联顺义、通州、亦庄新城,东南指向廊坊、天津。"东部发展带"的提出是对北京空间结构的战略性调整,是北京市区域发展的方向,通过把北京市的一些功能从市中心转移出来,让一些新的成长点在东部发展带进行培育,疏导新北京产业发展方向,承接新时期的人口产业需求,通过强化"东部发展带"的建设来实现空间战略性转移。

天津市空间布局与规划的"京滨综合发展轴"实质是与北京市空间发展战略的"东部发展带"进行主动对接,这种对接是战略层面的对接,旨在加强与北京市的经济协作。"京滨综合发展轴"是一条射线,端点是天津港,经滨海新区核心区、海河中游地区、中心城区、武清区与北京相连,将京津塘高速公路走廊作为津京实现产业合作的主要发展方向。

为什么天津与北京要加强经济协作?加强天津与北京的经济协作,其目的是发挥京津整体优势,共同建设世界级城市群,提升环渤海地区的战略地位,进而提升国家的竞争优势。城市群建设的目的,是建设以城市为主体的区域经济组织模式、经济分工的协作体系,实现以城乡互动、区域一体化为特征的高级演进形态,通过不同规模、不同类型、不同结构的城市之间相互联系和不同等级、不同分工、不同功能的城市之间相互补充,使得规模效应、集聚效应、辐射效应和联动效应达到最大化。

城市群是以核心城市向周围辐射所构成的城市集合。城市群建设的重点在于核心城市的发展。作为城市群中的核心城市,应具备以下功能:①具有一定的规模,能够集聚产业。产业集聚的结果有利于减少生产及交易成本,提升区域优势,促进区域经济发展。②是重要的交通枢纽,地理位置优越,交通体系完善发达,特别是港口规模巨大,设备优良。不仅可为当地企业的中间产品和服务提供低廉的运输成本,特别是可以提供由于开放性而带来的发展机会。③服务功能完善,能够提供专业化服务。核心城市有一定的政治影响力,是城市群的智力、技术、文化、金融与工商业的中心。核心城市所提供的服务既包括研发、设计、生产、管理、维修、人力资源、营销等方面的技术服务,也包括基础设施服务、金融服务、法律服务和信息服务,并通过提供专业化服务强化核心城市对区域的影响。④生产方式具有柔性和多样性,能够灵活应对市场变化。柔性和多样性的生产系统可以更灵活地适应市场并满足市场需要,使生产组织积极适应外部环境的变化,以促进区域经济实现可持续发展。⑤处于文化制高点,有独特结合力。文化制高点实质是战略上的最高目标与期望。文化处于制高点,意味着有更多的话语权,即能够控制区域发展方向,具有强劲的辐射力。在市场经济运作中,城市之间存在着相互作用力,然而,通过核心城市的制高点文化,就可以控制这种作用力并使各个城市规则地聚集在一起形成空间点阵,形成区域的竞争优势。

从目前来看,只有天津与北京加强经济协作,通过与北京合理界定功能定位,实现产业错位发展,才能强化核心城市的功能,共同构筑环渤海乃至中国北方具有国际竞争力的城市群。

(2) 京冀、津辽、津鲁之间。河北省努力建设沿海经济社会发展强省,提出以唐山港、黄骅港和秦皇岛港三大港口为支撑，构筑由唐山、秦皇岛、沧州、黄骅为中心的"南北两区带状组群式"空间布局结构。辽宁省提出构建"五点一线"的沿海产业空间格局。"五点"是指：大连长兴岛临港工业区、辽宁（营口）沿海产业基地（含盘锦船舶工业基地）、辽西锦州湾沿海经济区（含锦州西海工业区和葫芦岛北港工业区）、辽宁丹东产业园区和大连花园口工业园区。"一线"是指：从丹东到葫芦岛绥中1443公里的滨海公路。通过"以点连线、以线促带、以带兴面"的空间发展格局，辐射和带动距离海岸线100公里范围内的沿海经济带的发展。山东省提出"一体两翼"的总体空间布局，山东省的沿海和胶济线铁路周围地区，是全省经济发展的"主体"，包括济南、青岛、淄博、烟台、潍坊、泰安、威海、莱芜、德州、聊城10市，其经济总量约占全省的2/3。"两翼"，即北翼和南翼。北翼指黄河三角洲及周边，包括东营、滨州2市及寒亭区、寿光市、昌邑市、乐陵市、庆云县、高青县、莱州市。南翼指鲁南经济带，包括日照、临沂、济宁、枣庄、菏泽5市。山东省积极转换发展思路，在进一步强化"主体"发展的同时，寻找"两翼"纵向发展的突破口。其中正在建设中的滨州万吨大港，就是山东"北翼"发展的一个重要支点，是距天津滨海新区最近的港口，也是省会城市经济圈唯一的出海通道，将成为山东对接天津滨海新区的桥头堡。

天津市空间布局与规划的"东部滨海发展带"以滨海新区核心区为中心，向南北两个方向辐射。向南，通过大港区与以沧州、黄骅为中心的河北南部带状组群相连，吸引山东的"北翼"，进而呼应山东半岛沿海地区。向北，通过汉沽、宁河等区县，与以唐山、秦皇岛为中心的河北北部带状组群相连，经曹妃甸吸引辽西锦州湾沿海经济区与营口沿海产业基地，进而和辽东半岛沿海地区呼应互动。通过这样的空间布局与规划，可以把环渤海湾的港口城市通过便捷的交通有机地联系起来，然后在港口的布局上、产业地位上形成分工，促进整个环渤海区域的协调发展。

天津市空间布局与规划的"西部城镇发展带"以中心城区为端点向南北辐射。向北经宝坻对接河北廊坊进而连接北京，经蓟县直接对接北京"东部发展带"的东端平谷，这样在空间布局与规划上天津市同北京市再一次交会，并继续向北，向河北北部、内蒙古延伸。向南，经西青和静海，辐射河北中南部，并向中西部地区拓展。通过"西部城镇发展带"的建设，不仅进一步加强了与北京的战略对接，强化天津服务带动作用，促进和扩大与中西部地区的经济交流与合作，也为天津市的发展提供广阔的战略腹地。

四 "南北生态"的城市发展新理念

（一）经济发展的新理念

1. 生态文明是城市发展的新理念

党的十七大报告在谈到实现全面建设小康社会目标时明确提出"建设生态文明，基本形成节约能源资源和保护生态环境的产业结构、增长方式、消费模式"；同时还明确"要加快转变经济发展方式"。文明是不是一种可持续的文明形态，关键在于不断完善文明的内涵。生态文明就是对文明的内涵的新的诠释。

实事求是地讲，传统的工业文明所创造的物质财富在很大程度上是以牺牲和破坏生态环境为代价的。把自然作为人类征服的对象，不断加强对自然的支配和控制能力，最终使人类改造自然的力量逐渐被异化为破坏自然的力量。特别是当传统工业文明形态的缺陷暴露在人类面前时，不得不使人们思考一个问题，那就是全球性的生态危机使地球有没有能力支持工业文明的继续发展？

生态文明实质是作为对传统工业文明的一种超越，代表了一种更高级的人类文明形态，代表了一种更美好的社会和谐理想。生态文明高度重视包括自然和人类社会在内的全面而立体的生态建设与生态发展，在对自然的关系上，摆脱了单纯的实用性和功利性，强调人与自然的和谐，以寻求人与自然之间长期稳定的关系为目标，进而消解工业文明中所固有的人与自然等多方面的矛盾和冲突。生态文明的进步意义在于，这种文明形态的建设与形成，有助于人类建设更高层次的物质文明和精神文明。建设生态文明，既是文明形态的一种进步，又是社会发展目标的一种完善；既是文化观念的一种提升，又是经济发展方式的一种转变。

2. 城市发展既要遵循经济规律，更要遵循生态规律

一个区域是不同的自然因素和人文因素组成的空间实体，区域的经济发展是由自然因素、环境因素、社会因素和经济因素等决定的一个复杂的、动态的系统，经济发展应该是该系统的生态效益和经济效益实现的最优化。从表象看，区域生态环境的危机是伴随着区域主体的生产经济活动而产生的，生产力水平不高，政策法规不完善，不确定性因素的影响等，导致在市场利益的驱动下，区域主体的行为时常屈从于短期经济效益的需要，单纯追求经济利益的最大化成了某些主体行为的出发点和最终目标。但从根本上讲，区域生态环境的危机是区域发展战略规划失误造成的。

所以区域经济发展的价值在于，经济发展既要遵循经济规律，也要遵循生态规律，经济与生态协调发展，在制定合理且优化的区域生态环境规划的基础上，因地制宜地发展区域经济。在区域经济系统中，经济规模、增长速度、产业结构、能源结构、资源状况与配置、生产布局、技术水平、投资水平、供求关系等都有着各自的而且是相互作用的规律。在生态环境系统中，污染的产生和排放、迁移转换、环境自净能力、污染物防治等方面也有自身的规律。同时经济系统和环境系统之间也存在相互依存、相互制约的客观规律：生态系统和经济系统相互交识和耦合而成的生态——经济复合系统的运动规律。生态经济系统的运动不单是生态规律或经济规律作用的结果，而是生态规律和经济规律共同作用的结果。经济规律在生态规律作用的基础上发挥作用，生态规律的作用又受经济规律的影响，二者共同促成了复合系统的运动。如果区域主体仅遵循经济规律，忽视生态规律的发展，生态环境危机随之产生，进而势必破坏区域经济的持续发展。反之仅遵循生态规律，忽视区域经济规律及发展，以牺牲经济发展来保护环境，会背离一个民族、一个国家的根本利益，有悖于"代表广大人民群众最根本的利益"。因此，经济的发展必须遵循经济发展的价值，以保障人类社会的基本生存，以推动人类社会的发展与进步。

（二）确立"南北生态"的战略意义

1. "南北生态"的概念

所谓"南生态"是指京滨综合发展轴以南的"团泊洼水库—北大港水库"湿地生态环境建设和保护区，以及正在规划建设的子牙循环经济产业园区等。

所谓"北生态"是指京滨综合发展轴以北的蓟县山地生态环境建设和保护区、"七里海—大黄堡洼"湿地生态环境建设和保护区，以及中新天津生态城、北疆电厂等循环经济产业示范区。

天津市空间发展的总体战略首次将生态环境建设和保护区作为本市空

间布局结构的一部分，协调城市建设与区域生态保护的关系，创造良好的生态环境，把宜居的生态城市作为未来城市发展的重点，划定空间管制区域，妥善处理城市建设与区域生态保护的关系，实现和谐发展。天津市空间发展的总体战略表明，为保障生态环境安全，在生态功能区划的基础上，把具有水源涵养、水土保持、水源保护、防风固沙、生物多样性保护等重要生态服务功能的区域确定为重要生态功能区。通过"南北生态"保护区的建设，形成天津市的城市生态涵养区，完善大生态体系，构建天津发展的生态屏障。

2. "南北生态"目标的实现

天津是一座人口高度集中、土地资源紧缺的城市，必须将生态环境保护提升到前所未有的高度。因此"南北生态"新目标重在实现（见图5-5）。

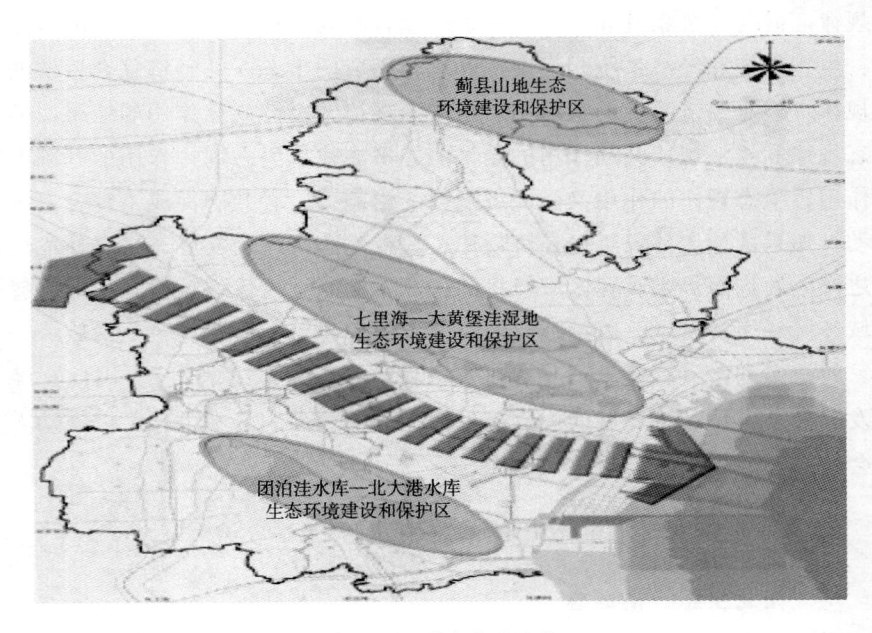

图5-5 "南北生态"

天津子牙循环经济产业园区是在探索循环经济道路上脱颖而出的，是天津市"双城双港、相向拓展、一轴两带、南北生态"战略发展规划的重要产业单元，更是构成天津城市南部生态屏障的重要区域单元。在建的天津子牙循环经济产业园位于天津静海县西南部，距离北京市区120公里、天津市区19公里、天津机场43公里、天津港75公里，地理位置优越。天津子牙循环经济产业园的设计内涵是：通过再利用、再制造和再循环的手段，实现对工业固体废弃物的无害化处理和资源回收，有效降低天津工业生产中重要工业原料对外界的依存度。这就使得产业园成为天津经济发展的资源后盾，并带动和"反哺"天津经济发展，实现两者的良性互动，相互壮大，共同发展，极大地促进天津废弃物资源回收体系建设和价值延伸产业链条的形成，加快天津循环经济模式的形成和健康发展。

"团泊洼水库—北大港水库"湿地生态环境建设和保护区位于独流减河南侧，面积约669平方公里。该系统建有团泊洼鸟类自然保护区和北大港湿地自然保护区两个湿地保护区，其生态服务功能表现为调节气候、调蓄洪涝、净化水体、保护生物多样性。保护措施与发展方向：强化湿地保护区的管护，禁止人为破坏；恢复湿地生态功能，适度发展生态旅游业。

蓟县山地生态环境建设保护区主要建设内容包括：实施蓟县北部山林自然封育，恢复自然植被，保护山区生物多样性；建设连接河北省、北京市的津北及津西北防风固沙林，加快建设海岸盐生林保护带以及工业区与居民区之间的防护林，完善以公路、河道林带为骨干的防护林网；搞好蓟县山区水土流失治理。

"七里海—大黄堡洼"湿地生态环境建设保护区主要建设内容包括：保护好现有水源地，严禁破坏性的开发；针对土地盐碱的情况将大力推广耐盐碱植物的种植，增加植被保护；加强团泊洼水库、北大港水库、官港湖、古海岸等各级湿地自然保护区的生态资源保护，搞好适度开发利用，按照开发与补偿相结合的原则，维护自然保护区的原有功能和完整性；扩种海防林，建设该地区生态走廊。

3. 确立"南北生态"目标的战略意义

一个城市的空间发展总体战略不能只强调经济发展，要同时统筹城乡发展，综合考虑经济、资源、环境之间的关系，实现全面、协调、可持续的发展。天津市空间发展在构建科学发展的总体战略方面，要成为表率，发挥示范作用。

（1）有利于实施"三个层面联动发展"战略，促进城乡统筹协调发展。实现天津奋斗目标，要在贯彻落实科学发展观的前提下，充分体现滨海新区、中心城区、其他区县三个层面联动的发展战略，从天津市域发展看，要实现中央对天津滨海新区的新要求及其天津市的新定位，充分认识和把握整体区域的协调发展具有更重要的现实意义。滨海新区实现创新引领，产业支撑,龙头带动;中心城区实现发展高端,产业融合,全面提升;其他区县培育优势,突出特色,加快发展。三个层面采取不同的发展策略,各有侧重,互相支撑,共同发展。统筹区域协调发展是实践科学发展观的重要内容,要按照科学发展观的要求,合理布局,妥善处理区域发展中各方面的关系,走各地区协调发展、共同富裕之路。

(2) 有利于培育"生态型"增长极和"循环型"增长极。实现区域经济增长,应培育不同特色的增长极。按照科学发展观的要求,结合天津资源分布特征和经济发展实际,天津市空间发展总体战略规划具有天津经济发展特色的生态型增长极和循环型增长极。生态型增长极指在蓟县、宁和、中心生态城、团泊新城等生态环境良好的地区,依托当地特色资源,采用无污染的工艺进行生产加工,成为区县的增长极,以拉动区县经济发展。循环型增长极指依托子牙循环经济产业园、北疆电厂等通过上下游产业链的组织,尽量降低污染的排放并促进资源的综合利用,以循环经济的生产方式成为拉动经济的增长极。通过生态型增长极和循环型增长极的规划、建设及其示范作用的发挥,发展模式的推广充分体现可持续发展在天津产业发展中的应用。

(3) 有利于增强天津的环境承载力和可持续发展的支撑力。随着经济发展和产业规模的扩大,对土地、能源、水的需求也会越来越大,然而这些资源的禀赋是有限的,天津的经济发展必须考虑资源的支撑能力和环境承载能力。通过"南北生态"目标的战略,不仅会促进天津产业结构升级,还会提高产业的产出效率,更能够强化节约资源的意识,优化资源供给结构,在注重经济数量扩展的同时,更注重经济质量的提高;在注重经济指标单项增长的同时,更注重环境、经济、社会的综合协调发展,从而为天津的可持续发展提供有力支撑。

(4) 有利于构筑天津城市生态屏障,完善城市大生态体系。区域经济和区域生态环境和谐发展是区域经济发展必须遵循的最重要的价值原则,必须将生态环保、经济和社会发展作为一个系统工程来合理安排,认真研究和对待区域经济发展对生态环境的影响,以及环境质量对区域经济发展的反馈与制约,不仅要进行区域内综合平衡,还要进行区域外协调合作。天津市"南北生态"目标的战略,一方面兼顾了经济建设和生态环境建设的同步实施、同步发展两个内容,努力做到天津市生态环境和经济发展相一致;另一方面,也兼顾了天津市自身生态建设与北京市和河北省生态建设形成整体的生态格局,使天津市的经济发展与生态建设不是局限在一个封闭的自我上,而是在一个开放的城市大生态体系中不断完善。

（5）有利于进一步落实国务院对天津"生态城市"的定位要求。"生态城市"的内涵和标准之一，就是要改变传统工业城市"高能耗"、"非循环"的运行机制，建立资源节约、环境友好、经济循环、可持续发展的城市发展模式。因此，大力发展循环经济和清洁产业，建设循环经济产业链，促进资源集约利用和循环利用，是天津市实现建设生态城市的发展目标，也是一种肩负历史使命的探索。循环经济是符合可持续发展理念的经济发展模式，它抓住了当前我国资源相对短缺而又大量消耗的症结，对解决我国资源对经济发展的瓶颈制约具有迫切的现实意义。循环经济在中国发展10年来，虽然取得了一定进展，但仍存在诸多问题。我国仍然在探索一条适合国情的循环经济之路。因此，"南北生态"目标的战略，有利于天津积极主动地进行这一探索。

（6）有利于推动天津成为生态文明建设的排头兵。经济发展应该以遵循生态规律为基础，否则经济发展不仅难以稳固，而且也会给经济发展带来严重的负面后果；同时，经济发展也必须合理遵循经济规律，否则生态平衡规律也不可能得到有力的物质保证。随着科学技术和生产力的发展，人类日益成为影响生态规律平衡的主动因素。因此，建设生态文明也是经济发展方式的一种转变，倡导生态文明在目前我国经济发展过程中显得尤为重要。既不能蔑视经济规律，也不能蔑视生态规律，生态文明建设的目的是要建立现代生态经济的大系统，进而积极推动经济发展对社会进步的正向作用，这也是人类经济社会发展的历史趋势。"南北生态"目标的战略，是天津从实践的层面，把生态文明与经济发展作为一个整体进行统筹规划，因为任何意义的追寻都直接体现在人所从事的发展活动之中。"南北生态"目标的战略，包含了天津对选择新的发展观、新的发展战略、新的发展模式、新的发展道路的认真总结与思考，从而有助于天津在生态文明建设的具体实践中，不仅把生态文明建设作为一种观念、一种方向去建设，同时也把它作为一种手段、一种发展方式去推进，这样也就使得生态文明建设有了更明确的立足点和可操作性，进而奠定天津成为生态文明建设排头兵的位置。

第六章
引擎与龙头

一 强大的引擎让天津插上腾飞的翅膀

发展滨海新区由区域发展战略上升到国家战略层次，这既是天津人民奋斗的结果，也是中共中央和国务院审时度势、深思熟虑之后作出的重大战略决策。滨海新区自从纳入国家发展战略后，出现了一个迅速发展的态势，对拉动天津经济的增长起到了巨大的引擎作用。

（一）滨海新区优良的基础优势

滨海新区行政管理体制改革以后，其辖区包括塘沽区、汉沽区、大港区全境。东丽区和津南区的部分区域，不划入滨海新区行政区范围，但是仍为滨海新区产业规划区域。

滨海新区总规划面积 2270 平方公里，海岸线 153 公里，常住人口 202 万人。天津滨海新区具有良好的生态环境和丰富的资源储备，拥有水面、湿地 700 多平方公里；1200 平方公里盐碱荒地可供开发。

从滨海新区的区位发展优势看，滨海新区具有启东开西、承外接内，辐射华北、西北、东北亚、中亚的强大区位优势。从内陆角度看，滨海新区恰好位于以辽东半岛、山东半岛、京津冀为主的环渤海经济圈的中心位置，背靠京津两大直辖市和中西部广阔腹地。从东北亚角度看，滨海新区地处中国东北和华北、日本、韩国、俄罗斯远东部分组成的当今世界经济最活跃的东北亚地区的中心地带，与日本、朝鲜半岛隔海相望，被视为欧亚大陆桥最东端的桥头堡，地处陆桥经济带与东北亚经济圈两大国际经济区域的接合部，是东北亚地区通往欧亚大陆桥距离最近的起点，是从太平洋彼岸到欧亚内陆的主要陆路通道。

从资源优势上看，滨海新区腹地广阔，自然资源丰富，拥有大量的荒地、滩涂、湿地和石油、天然气、原盐、地热、海洋资源等自然资源（如表6-1所示），这些将为滨海新区甚至首都的经济发展提供有力的资源保障。滨海新区有大面积的盐碱荒地、湿地自然保护区和平原水库，其中有相当一部分是不适宜耕种的重度盐碱地，但为工业建设用地提供了广阔的发展空间。滨海新区多为平原地，石油、天然气资源丰富。

表6-1 滨海新区自然资源保有量

资源种类	数量	资源种类	数量
土地资源		海洋资源	
可供开发的荒地、滩涂和盐田	1214平方公里	海岸线长度	153公里
石油天然气资源		原盐年产量	240万吨
石油资源总量	98亿吨	地热资源	
已探明石油地质储量	32亿吨	地热年可开采量	2000万立方米
天然气储量	1937亿立方米		

资料来源：《天津统计年鉴（2005）》。

从港口优势上看，天津港处于京津城市带和环渤海经济圈的交汇点上，是环渤海港口中与华北、西北内陆地区距离最近的港口，是我国北方吞吐量规模最大的综合性港口。目前，全国最大的保税港区——滨海新区东疆保税港区已封关运行。优惠的政策、完备的配套设施、显著的区位优势、高效的通关流程成为天津港吸引投资的热土。大型化、深水化、现代化、信息化以及"十百千"工程、金融创新等将进一步巩固天津港物流聚集效应和人才基地建设。深水码头、深水航道的启动，更让天津港傲视北方港口群雄。作为环渤海港口群的龙头，天津港区位优势将更加明显，发挥更加重要的作用。

（二）发挥滨海新区巨大引擎作用，带动天津经济快速增长

1. 滨海新区带动天津经济快速发展

如表6-2所示，2009年滨海新区生产总值已占天津市的50.8%，外贸进出口占天津市的71.9%，实际利用外资占63.9%，工业总产值占63%，固定资产投资占49.9%。

表6-2 2009年滨海新区在天津市中各项经济指标地位

指标	单位	滨海新区	天津市	滨海新区占全市比重(%)
生产总值	亿元	3810	7500	50.8
外贸进出口	亿美元	459	639	71.9
实际利用外资	亿美元	57.6	90.2	63.9
工业总产值	亿元	8223	13056	63.0
固定资产投资	亿元	2502	5006	49.9
财政收入	亿元	739	1805	40.9

滨海新区的飞速发展将为天津腾飞发挥巨大的引擎作用。滨海新区以不到天津市20%的面积、15%左右的常住人口创造了天津市一半的生产总值，为天津的快速发展中发挥了重大作用。虽然受国际经济危机的影响，但滨海新区仍呈现迅速发展的态势，并带动天津经济快速增长。据专家预测，到2015年天津经济总量将达到2万亿元，滨海新区总量超过1万亿元，比重占60%以上；到2020年天津经济总量将达到5万亿元，滨海新区超过3万亿元，比重达70%以上。

2. "一核双港、九区支撑"功能布局凸显带动作用

2006年5月，国务院在《推进天津滨海新区开发开放有关问题的意见》中指出，天津滨海新区的功能定位是：依托京津冀、服务环渤海、辐射"三北"、面向东北亚，努力建设成为我国北方对外开放的门户、高水平的现代制造业和研发转化基地、北方国际航运中心和国际物流中心，逐步成为经济繁荣、社会和谐、环境优美的宜居生态型新城区。

根据以上对滨海新区的定位和《天津市城市总体规划（2005～2020年）》，目前，滨海新区总体布局发展战略为："一轴、一带、三个城区"（见图6-1），"一核双港、九区支撑、龙头带动"（见图6-2）。

- 一轴：沿京津塘高速公路和海河下游建设"高新技术产业发展轴"；
- 一带：沿海岸线和海滨大道建设"海洋经济发展带"；
- 三个城区：在轴和带的T形结构中，建设以塘沽城区为中心、大港城区和汉沽城区为两翼的宜居海滨新城。
- 一核：滨海新区商务商业核心区；
- 双港：天津港的北港区和南港区；
- 九个功能区：先进制造业产业区、滨海高新区、中心商务区、中新

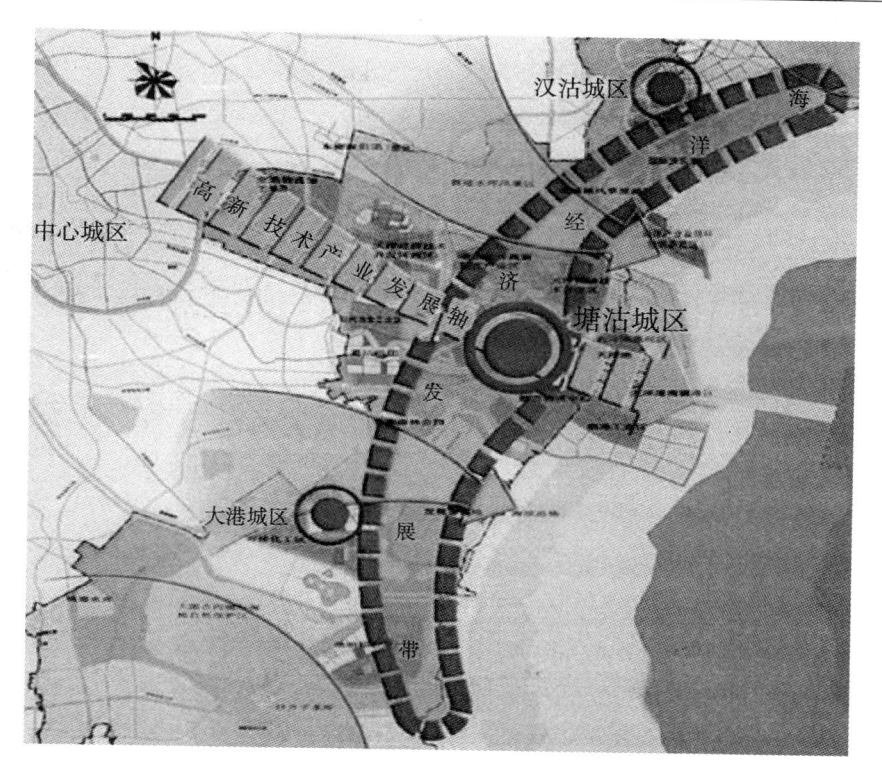

图 6-1　滨海新区城市总体规划："一轴、一带、三个城区"

生态城、海港物流区、临空产业区（航空城）、海滨旅游区、临港工业区、南港工业区。

在九大功能区中，滨海新区中心商务区，主要发展金融、贸易、商务、航运服务产业；临空产业区，主要发展临空产业、航空制造产业；滨海高新区，主要发展航天产业、生物、新能源等新兴产业；先进制造业产业区，主要发展海洋产业、汽车、电子信息产业；中新生态城，主要发展生态环保产业；海滨旅游区，主要发展主题公园、游艇等休闲旅游产业；海港物流区，主要发展港口物流、航运服务产业；临港工业区，主要发展重型装备制造产业及研发、物流等现代服务业；南港工业区，主要发展石化、冶金、装备制造产业。

这些功能区将成为天津市高端化、高质化、高新化的产业发展载体，支撑滨海新区开发开放，发挥对区域的产业引导、技术扩散、功能辐射作用。

滨海新区将通过功能区的开发建设，提升综合服务功能，营造一流发展

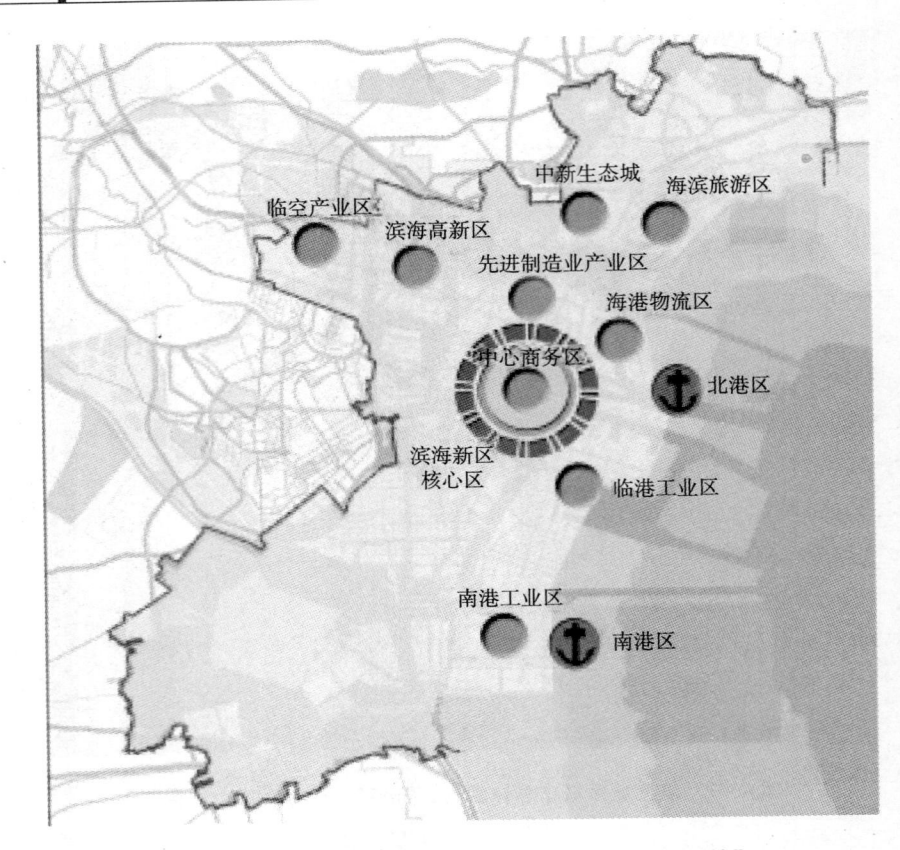

图 6-2　滨海新区发展策略："一核双港、九区支撑"

环境，当好改革开放的排头兵，凸显作为区域经济中新的经济增长极的引擎作用。

"双港"指天津港的北港区和南港区（见图 6-3）。北港区包括北疆港区、南疆港区、东疆保税港区以及临港工业区，将重点发展集装箱运输、旅游和客运等综合功能以及重型装备制造业。其中北疆港区和东疆保税港区重点发展集装箱运输；南疆港区重点发展油气运输，逐步退出对城市影响较大的煤炭和矿石运输。

南港区指独流减河以南规划建设的新港区，近期主要依托石化、冶金等重化工，建设工业港区，远期将建设成为现代化的综合性港区。

"双港"战略规划建设南港区，优化提升北港区，进一步密切天津与"三北"腹地和中西亚地区的交通联系，增强港口对城市和区域的辐射带动功能。

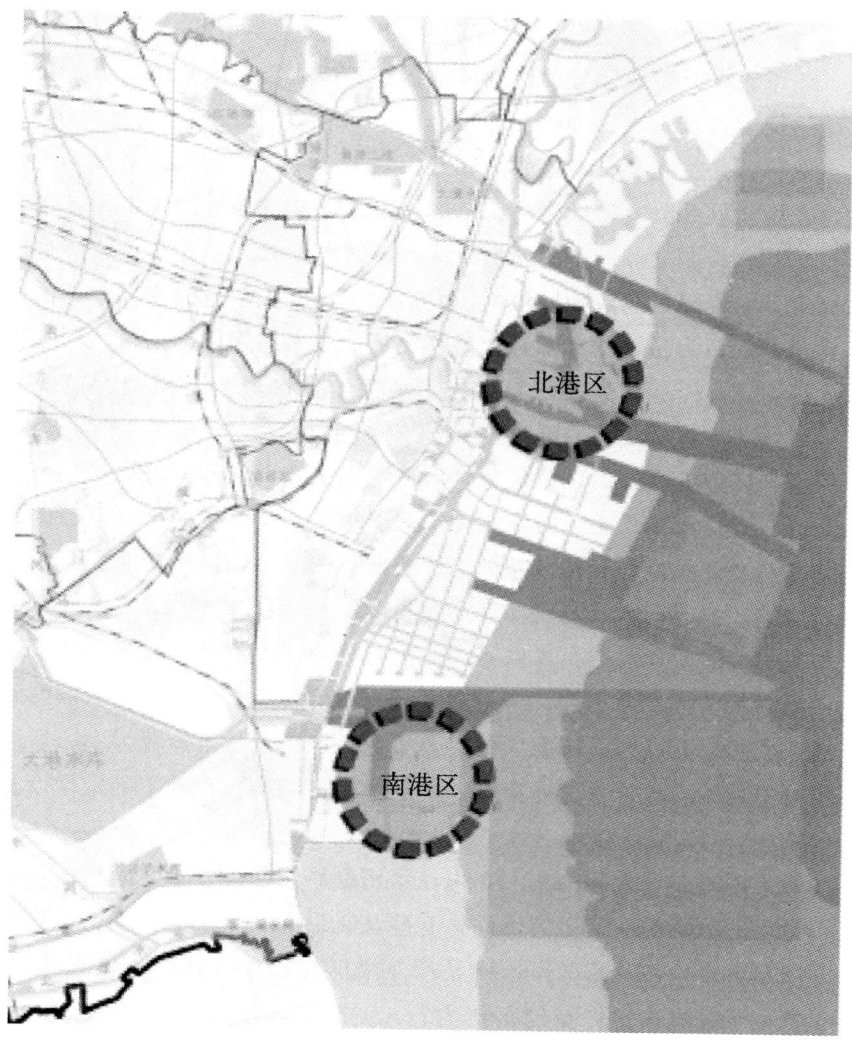

图 6-3　滨海新区发展策略："双港"

3. 八大优势产业集群形成联动优势

从产业优势上看，滨海新区现在已经形成了电子信息、汽车、装备制造、石油化工、现代冶金、生物制药一些支柱型的产业。滨海新区依托良好的区位优势，聚集了以摩托罗拉、通用电器、韩国三星、松下电子等为代表的电子信息产业群，以大港油田、渤海石油、中石化、渤海化工等为代表的石油化工、海洋化工产业群，以钢管公司、荣程钢铁公司等为代表的冶金工业产业群，以丰田汽车等为代表的汽车和机械制造产业群，以霍尼维尔、梅兰日兰、SEW、SMG等为代表的光机电一体化产业群，以诺和诺德、史克必成、施维雅、金耀集团等为代表的生物医药产业群，以统一电池、劲量电池、德达捷能以及丹麦Vestas、西班牙Gamesa等为代表的新能源产业群。

产业集群是指在某一产业领域相互关联的企业及其支撑体系在一定区域内大量集中发展并具有持续竞争优势的经济群落。这种空间集聚体，代表着介于市场和等级制之间的一种新的空间经济组织形式，是当今世界经济发展的新亮点，它不仅可以成为区域经济发展的主导，而且也成为提高一国产业国际竞争力的新力量，构成了当今世界经济的基本空间构架。很多国家的地方政府根据国际经验，通过培育地方产业集群使区域经济得到了很快的发展，区域竞争力得到很大的提高。

滨海新区依托良好的区位优势，形成了以下几大产业集群：一是电子信息产业群；二是石油化工、海洋化工产业群；三是冶金工业产业群；四是汽车和装备制造产业群；五是食品加工产业群；六是生物制药产业群；七是新材料新能源产业群；八是节能环保产业集群。

按照集群的产业性质，可以将产业集群分为三种类型：一是传统产业集群，二是高新技术产业集群，三是资本与技术结合型产业集群。从滨海新区的主导产业可以看出，滨海新区的产业集群是以高新技术产业为主，所以应当属于第二类：高新技术产业集群。一般说来，由于存在着不确定性以及研发与生产的日益分离，高新技术企业比传统产业企业更倾向于集聚。[1]

产业集群中企业之间的集聚和内在紧密联系，使得企业之间形成一种共享的资源。这些资源有些是有形的，有些是无形的。有形的共享资源一般包括公共的基础设施；无形的资源则是产业集群能够发挥其整体价值的核心，通常包括以下几方面：一是创新能力，二是信息平台的共享，三是集群品牌，四是集群文化。[2]

经过十多年的奋斗拼搏，滨海新区已经形成基础良好的现代制造产业。滨海新区在不断巩固现有支柱产业的基础上，从壮大产业规模、推动产业结构升级、促进生产要素集中和资源高效利用几方面着手，加快自主知识产权品牌和技术建设，全力打造现代制造业基地和研发转化基地。具体来说，近几年滨海新区一直着力推进东疆保税港区、空港物流加工区、开发区西区、

---

[1] 侯巧莲：《天津市滨海新区产业集群建设研究》，《环渤海经济瞭望》2007年第2期。
[2] 唐晓华等著《产业集群：辽宁经济增长的路经选择》，经济管理出版社，2006，第48~49页。

滨海高新区、临港工业区、临港产业区的开发建设，加快构成电子信息、汽车及装备制造、航空航天、石油和海洋化工、石油钢管和优质钢材、现代生物医药、新能源新材料等优势产业集群基地（见表6-3）。

表6-3 滨海新区优势产业基地规划

优势产业	产业基地发展规划
电子信息产业	以摩托罗拉、三星、飞思卡尔为代表企业，以无线通信、显示器、基础元器件、集成电路、汽车电子、数字视听、光电子和软件等行业和产品及零部件发展为重点的国家一流电子信息产业基地
汽车装备产业	以整车为龙头，零部件为基础，集销售、物流、贸易、服务为一体我国重要的汽车产业集群，发展中高档轿车和豪华大客车，建设丰田汽车扩能、发动机改扩建等项目，增加整车品种，建设滨海新区汽车产业科技园
石油化工产业	依托大港、渤海两大油田，聚集中石化、中石油、中海油、中化工集团等大型项目，以百万吨乙烯为基础，以生态化工发展为特点，集石油开采、石油化工、海洋化工为一体的国家级石油化工基地和重要的海洋化工基地
现代冶金产业	发展冷轧薄板、镀锌板、彩涂板、中厚板、H型钢、预应力钢绞线等优质钢材和高档金属制品，建成以石油套管为主，油管、钻杆等高附加值产品为辅的国内最大精品钢管生产基地
生物医药产业	以医药中间体、基因工程和生物工程制药、工业酶制剂、新型合成与半合成药物等为主要领域，以抗生素、维生素、激素、氨基酸等为主要优势产品的生物医药产业基地
航空航天产业	以空客A320和新一代大推力火箭项目为龙头，发展飞机零部件、航空材料、航空设备制造及维修，培育和壮大航空航天产业
新能源新材料	以电动汽车用镍氢电池、免维护蓄电池和燃料电池为发展重点的新型能源和以新型金属材料、新型复合材料、高性能涂料、高效催化剂等为主要产品的新型材料基地

资料来源：根据天津滨海新区管理委员会《天津滨海新区发展报告（2007）》和天津滨海新区网（http://www.bh.gov.cn/bh/index.html）相关资料整理。

滨海新区产业集群的形成，有力地带动了天津的经济增长，从滨海新区工业总产值的快速增长上能得到很好的说明，1994年新区工业总产值为346.27亿元，而到2010年，滨海新区的工业总产值为10603.5亿元，为1994年的30.6倍；另一方面，这种强劲发展的工业，通过这些产业集群的关联作用实现产业集群效应和科技带动效应，带动天津全市以及京津冀地区和环渤海区域的经济发展。

4. 科技创新高地引领天津科技发展

近年来滨海新区坚持提高自主创新能力，增强核心竞争力，加快建设高水平的现代制造业和研发转化基地，实现了持续健康快速发展。

2010年滨海新区已累计建成50个国家级和省部级研发中心、6个行业技术中心、109家企业技术中心和61家外商投资企业研发中心。设立了高新技术企业培育资金和知识产权发展资金，高新技术企业达到634家。启动实施科技小巨人成长计划，科技型中小企业达到5275家。

　　天津国际生物医药联合研究院、中科院天津生物技术研发中心、重型装备国家工程中心、工业水处理国家工程中心等12个国家重大科技创新平台项目已基本建成，国家酶工程实验室、国家水处理工程实验室、国家超级计算机、滨海（临港）工业研究院等10个国家重大创新平台已启动建设。这数十个重大研发平台涉及电子信息、新能源、生物医药等多个领域，正在推动滨海新区产业结构向高端化、高质化、高新化方向迈进，必将对提升滨海新区自主创新能力、推动创新型新区建设、培育高层次人才、推进高水平现代制造业和研发转化基地建设发挥重要作用。

　　在天津市2011年重大高新技术产业化项目计划中，滨海新区10个项目被列入其中，市政府给予它们专项资金支持。天津市2011年重大高新技术产业化项目范围主要包括：电子信息、生物技术与现代医药、新能源与节能技术、航空航天及卫星应用、新材料、先进装备制造、现代农业等高新技术产业领域。滨海新区入选的这10个项目中，开发区5个，保税区2个，高新区2个，汉沽1个。这些高新技术产业化项目在建成达产后将取得巨大的经济效益。

　　滨海新区将继续以重大自主创新平台为载体，形成高科技企业的聚集效应，围绕生物医药、航空航天、电子信息、新材料和新能源等高新技术产业，聚集国内外高水平研发机构和科技企业孵化器等科技服务机构，拥有一批关键技术和标志性创新产品，推动产业优化升级。

　　目前滨海新区的高新技术产业规模不断壮大，初步形成了电子信息、生物医药、光机电、新材料等高新技术产业集群。众多的国家级和省部级工程中心、企业技术研发总部、科技企业孵化器等模式新、设施全的产学研合作平台，已成为滨海新区发展的强力引擎。滨海新区正努力建设先进技术的承接和扩散地、跨国公司研发中心的聚集地、高新技术的原创地和产业化基地以及科技人才的创新高地，真正成为创新型新区。

　　滨海新区的科技创新将带动天津整体的科技水平迅速发展，成为天津科技发展的巨大引擎。随着滨海新区自主创新能力的不断提高，必将带动天津整体自主创新浪潮的兴起，推动天津创新型城市建设步伐。天津将充分利用滨海新区研发转化基地优势，进一步加强京津冀间的科技合作与交流，使天津的研发能力处在世界先进水平,建成世界一流的科技创新体系。

5. 滨海新区城市建设呈现飞速变化

2006年7月27日,国务院关于《天津市城市总体规划(2005~2020年)》的批复(国函[2006]62号)把天津定位为"环渤海地区的经济中心",并"以滨海新区的发展为重点,将天津市逐步建设成为经济繁荣、社会文明、科教发达、设施完善、环境优美的国际港口城市,北方经济中心和生态城市"。

近年来,滨海新区在交通、港口、机场、中心区、金融街建设上都有很大变化。现代综合交通体系建设取得重大突破。

区域一体化首先是交通设施一体化和便捷畅达的交通联系。作为国家发展战略,滨海新区的开发开放需要现代化的立体交通体系予以有力支撑。为充分发挥对环渤海和北方地区的服务辐射功能,真正体现人流、物流的高效流通,滨海新区正在围绕建设北方国际航运中心和国际物流中心,加快提升海空两港功能,打通区域铁路、公路大通道,完善城市道路网络主骨架,大力发展公共交通,强化内外交通、多方式交通之间的有效衔接,构筑通达腹地、高效便捷、衔接紧密、客货分离的一体化现代综合交通体系。

"十一五"期间,滨海新区现代综合交通体系已经初步形成。"两港两路"建设取得重大进展,天津港25万吨级深水航道、30万吨级原油码头建成,货物吞吐量突破4亿吨,集装箱吞吐量超过1000万标准箱;滨海国际机场新航站楼和第二跑道投入使用;京津高速公路竣工通车;国内第一条城际高速铁路开通运营并延伸至滨海新区,京津之间的交通条件发生了历史性变化。天津大道建成通车,海滨大道、中央大道、于家堡枢纽站加快建设。滨海新区对外交通更加便捷畅通。

而且,生态环境建设进一步加强。中新天津生态城起步区建设全面展开。国家循环经济试点项目北疆电厂一期工程竣工投产。海水淡化能力达到日产22万吨。500平方公里的生态湿地得到有效保护。大气环境、水环境治理等重点工程全面完成,生态环境明显改善。

滨海新区城市建设的快速发展加快了滨海新区的开发开放,对天津经济社会发展的引擎带动作用不断增强,为天津市逐步建设成为"经济繁荣、社会文明、科教发达、设施完善、环境优美的国际港口城市,北方经济中心和生态城市"奠定了基础。加快城市功能创新,构筑新的发展优势,将成为增强天津城市综合竞争力的必然选择。

二 昂起的龙头带动京津冀都市群快速发展

"珠三角"和"长三角"都市圈是拉动南方、西南、中部经济发展的引擎，而面积广大的西北、东北缺少一个经济引擎，而这个重任只有京津冀都市圈有能力担当。加快京津冀都市圈的发展，是从全国整体格局的战略考虑。

滨海新区将站在一个新的历史起点上，与深圳、浦东在"珠三角"、"长三角"一样，对天津、北京、河北和环渤海经济圈的北方地区经济产生深刻影响。

未来京津冀地区空间发展的大趋势和基本战略（见图6-4）可以包括[①]：

第一，以京、津两大城市为核心的京津走廊为枢轴，以环渤海湾的"大滨海地区"为新兴发展带，以山前城镇密集地区为传统发展带，以环京津燕山和太行山区为生态文化带，共同构筑京津冀地区"一轴三带"（一轴：京津发展轴；三带：滨海新兴发展带、山前传统发展带、山区生态文化带）的空间发展格局。提高首都地区的区域竞争力、资源环境承载力和文化影响力，推动京津冀地区的均衡发展。

第二，以中小城市为核心，推动县域经济发展，扶持中小企业，形成"若干产业集群"，带动社会主义新农村建设，改变"发达的中心城市，落后的腹地"的状况，促进京津冀地区的社会和谐。

一个城市规划必须是一个区域的规划，要从区域的角度研究城市的发展。积极构筑京津冀城市发展带，应该包括以下几个方面。

（一）落实滨海新区发展的战略和规划，充分发挥滨海新区在京津冀的龙头带动作用

国务院关于《天津市城市总体规划（2005~2020年）》的批复确定天津是环渤海地区的经济中心，要逐步建设成为国际港口城市、北方经济中心和生态城市。

一方面，天津发展要落实城市总体规划，特别是注重同周边地区的协调发展。正如国务院对《天津市城市总体规划（2005~2020年）》的批复中

---

① 参考吴良镛课题组《京津冀地区城乡空间发展规划研究（二期报告）》，《中国经济报告》专稿2007年第5期。

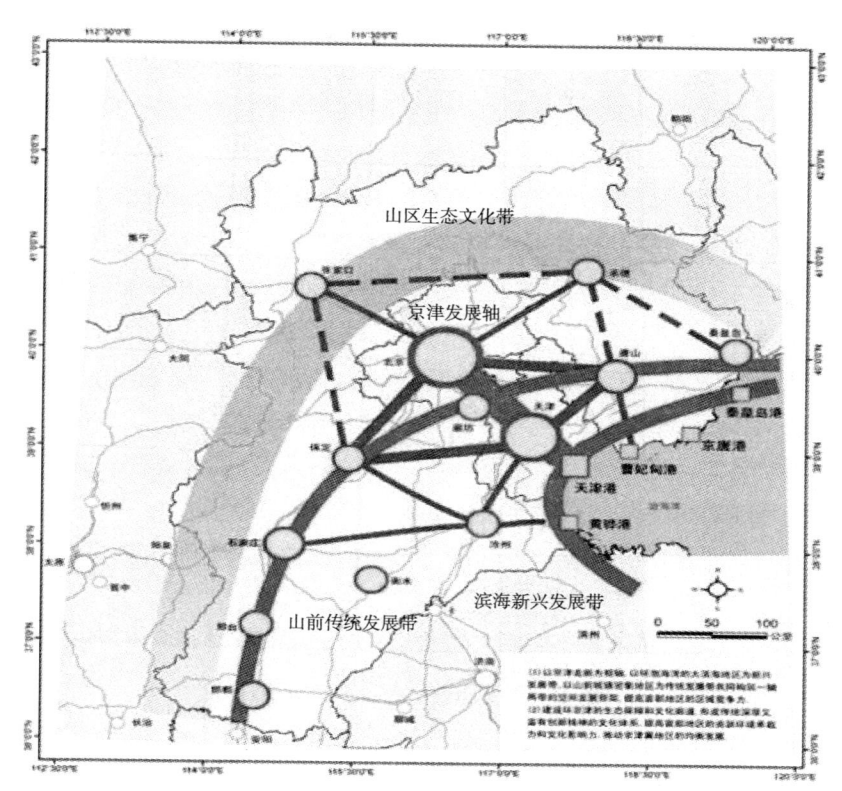

注："一轴三带"包括京津发展轴，滨海新兴发展带，山前传统发展带，以及燕山—太行山山区生态文化带。"发展轴"和"发展带"都以绿色开放空间加以分隔，采取"葡萄串"式空间布局，避免连绵发展。
从有利于京津冀地区整体发展出发，参考河北省的"一线两厢"战略。本空间结构中的"山前传统发展带"经过廊坊市，沟通冀中南地区。

图 6-4 京津冀地区"一轴三带"

所指出的："天津市的规划建设要注意与京津冀地区发展规划的协调，加强区域性基础设施建设，促进产业结构的合理调整和资源优化配置。特别要注意加强与北京市的协调，实现优势互补、协调发展，提高为首都、环渤海以及北方地区服务的功能。"

另一方面，天津滨海新区已经纳入国家战略，并由国务院批准为综合改革试验区。推进天津滨海新区开发开放，是在新世纪新阶段，党中央、国务院从我国经济社会发展全局出发作出的重要战略部署（见图6-5）。天津滨海新区不仅是天津的滨海新区，也是北京、河北的滨海新区。要充分发挥滨海新区在京津冀的龙头带动作用。

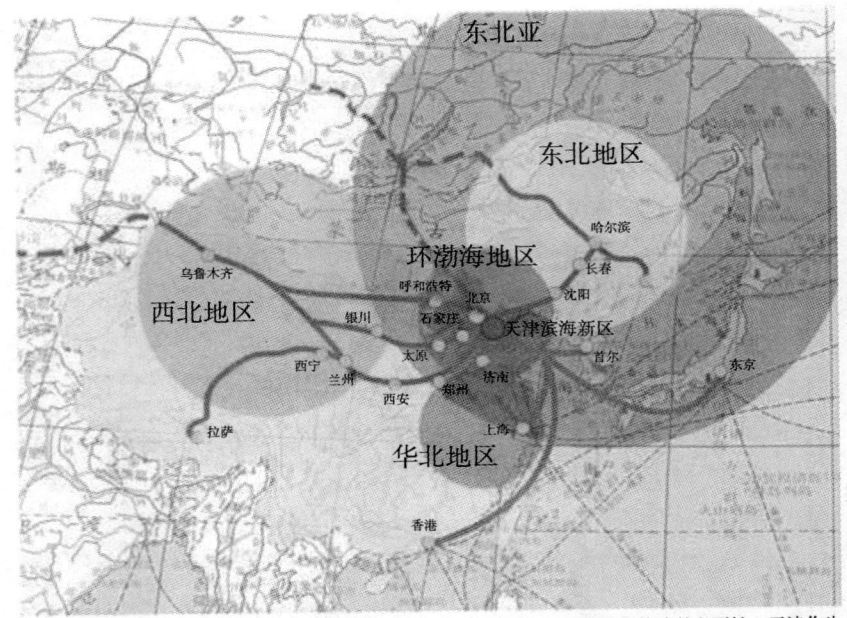

注：从东北亚地区的竞争态势，可以看出国家将天津滨海新区纳入国家发展战略的必要性。天津作为北方经济中心，不仅可以带动华北地区经济发展，而且可以整合华北、东北和西北地区的发展。

图 6-5　天津滨海新区的战略地位

在港口建设方面，要以天津港为龙头，整合秦皇岛港、京唐港和黄骅港，建设成世界一流港口群，依托广大的内陆腹地和京津冀特大城市群，实施多港区布局、海陆双向拓展，建设自由贸易港区。

在现代制造业基地建设方面，以滨海新区为基地，以现代制造业为突破，以高新技术产业为龙头，以现代金融业为纽带，带动物流业、旅游业、商贸业等领域，积极打造六大主导产业板块，联动"北京—首都圈—环渤海—全国—海外"，形成世界著名的集高科技企业总部、研究开发、高科技制造于一体的制造业集聚区。

在建设现代化国际物流中心方面，利用天津的海、陆、空综合运输优势，打造现代国际物流中心，加快构建现代化的高速交通网络，包括高速铁路和城际铁路网络、高速公路网络及航空运输网络，实现建设北方经济中心和航运中心大流通的骨干运输网络，逐步提高天津在京津冀地区的中心地位和辐射功能。

天津要以滨海新区开发为契机推动综合交通的统筹协调，协调与完善滨海新区各功能区的规划；研究天津港自身的功能内涵，推动环渤海地区港口的协作与整合，规划疏理南北向大交通，谋划建设"曹妃甸—天津—黄骅"滨海通道；保持城市南北两大湿地和海河生态景观，确定地域国家公园体系，进行地景设计，避免只注重工业项目，而忽视生活质量的提高；确定滨海新区核心区的空间骨架，进行艺术再创造。对于工业用地、废弃铁路用地和港区用地进行整体设计，探索盐碱地上的景观设计和实践方法，以较少的投资实现较好的效果。①

（二）发挥京津整体优势，共同建设世界城市地区

《京津冀地区城乡空间发展规划研究（一期报告）》提出了建设"世界城市"的目标②，《北京城市总体规划修编（2004～2020年）》将"世界城市"作为城市四大功能定位之一，天津滨海新区在国家战略中也有很高的定位。但必须看到北京、天津两市距离"世界城市"还有很长的路要走，特别是两座城市都具有自身不具备的必要条件（如北京缺乏海港，天津缺乏枢纽机场）。

北京在最新制定的空间发展战略中提出了建设"世界城市"的目标，但其最大的缺憾是没有属于自己的能够与国际接轨的大型港口，同时它的制造业发展空间也相对不理想。环渤海湾地区靠近北京又能够满足大运量、快捷高效的国际运输的唯有天津港，这将成为京津联合的重要契机。此外，天津具备雄厚的制造业基础，有能力成为我国北方重要的制造业基地，能够为北京建设世界城市提供制造业上的支持。与北京强强联合，发挥各自优势，共建世界城市，既满足天津和北京各自发展的需要，也符合城市发展的必然规律。

国家对《北京城市总体规划（2004～2020年）》和《天津市城市总体规划（2005～2020年）》的批复，不仅是对两个城市的定位，也是对京津关系的定位。批复强调了北京的首都职能和天津的区域经济中心职能。

只有发挥北京、天津各自的优势，共同协手，在交通、产业、人才等各个方面形成互补，共同建设"世界城市地区"，才是实现各自发展目标的必

---

① 参考吴良镛课题组《京津冀地区城乡空间发展规划研究（二期报告）》，《中国经济报告》专稿2007年第5期。
② 吴良镛课题组《京津冀地区城乡空间发展规划研究（一期报告）》。

然选择，共筹共建环渤海地区的京津唐大城市群，也才能争取尽早进入世界高端竞争的行列。

（三）完善以北京、天津为核心的京津走廊

根据北京、天津、廊坊三市的《2005年国民经济和社会发展统计公报》计算，由北京、廊坊、天津组成的京津走廊以16.09%的土地面积，集中了京津冀两市一省31.52%的人口和53.95%的经济总量，在京津冀地区占有核心地位，可以称为京津冀地区的"脊梁"。京津走廊的持续发展是提高京津冀地区区域竞争力的重要保证，应切实加以重视。

在高新技术产业方面，京津冀共同建设京津塘高速公路高新技术产业带，形成高科技产业走廊。"京津塘科技新干线"是指以京津塘高速公路为轴线，西起北京市中关村科技园区，经河北省廊坊市向东延伸至天津经济技术开发区的带状区域，其间分布着中关村科技园区、北京经济技术开发区、河北廊坊经济开发区、天津经济技术开发区等8个高科技园区。打造京津塘科技新干线，进一步推动京津冀的经济建设，以辐射和带动华北、东北和西北地区经济的发展。

（四）京津冀优势互补，加强城市产业合作，实现错位发展

在区域产业发展中，京津冀三地的位置各具不同。

北京作为首都，要发挥国家政治文化中心的作用，需要在区域的支持下，使其国家政治、文化、经济管理、科技创新、信息、旅游等高端职能得到强化和提升。

天津是环渤海地区的经济中心，其发展目标是建成我国北方的经济中心。天津滨海新区将要建成我国高水平的制造业、现代物流业、研发转换基地和国际港口城市。

在京津两地经济快速发展、传统产业向外转移的情况下，河北省将承接京津的产业梯度转移，并以高新技术改造传统产业，把环京津卫星城市带建设成为承接京津产业转移的首选地区。唐山在基础原材料工业等领域形成若干支柱产业，廊坊和保定在服务业和制造业领域应当成为京津产业扩散的首选地，而张家口、承德等地在休闲基地与绿色农副产品基地等领域应当成为京津的天然合作体。

京津冀三方在产业空间布局规划方面应加强协作，做到合理分工、统筹

发展、优势互补，促进区域经济协调发展。加强天津滨海新区、唐山曹妃甸工业区、沧州东部滨海地区之间的产业协作，共同打造具有竞争力的城市产业集群和发展带，提高区域经济整体竞争力。

（五）积极培育京津冀城市新兴发展带——"大滨海新区"

京津冀地区有着丰富的滨海资源，但是在资源开发利用等方面落后于"长三角"地区和"珠三角"地区的滨海地带。随着天津港和滨海新区的崛起，以及曹妃甸港和新首钢的建设，未来沿海地区的发展必将成为新的趋势。以天津滨海新区为核心，以秦皇岛、唐山、沧州滨海地区为两翼的"大滨海新区"理应作为京津冀地区乃至华北地区发展的引擎。推动京津冀地区战略重点向滨海地区转移，转向海陆两条线并重的构架，推动渤海湾港口群的形成，建立天津港、曹妃甸港、秦皇岛港和黄骅港组成的渤海湾港口群。

但整体上看，环渤海地区各港口之间还相对缺乏协作，应充分发挥天津港的带动作用，加强与曹妃甸港、黄骅港的战略合作，形成主辅相配、合理分工、有序竞争的港口群。其中天津港应具有强大的远洋集装箱和大宗散货中转及现代物流功能和贸易服务功能，发挥核心作用，黄骅港主要以发展煤炭等能源运输为主，曹妃甸港以发展矿石、原油等大宗散货为主。各港口之间通过整合区域港口资源，实现生产要素的最佳配置和节约成本，避免无序竞争，实现"双赢"、"多赢"。通过开放中转通道，合理设置港口间的外贸中转支线，推动形成互为中转的发展局面。

三 "先行先试"的示范效应助推环渤海地区协调发展

（一）滨海新区综合配套改革示范作用显现

1. 滨海新区综合配套改革稳步推进

2006年4月26日，国务院正式批准天津滨海新区进行综合配套改革试点。《国务院关于推进天津滨海新区开发开放有关问题的意见》对外公布，使滨海新区成为继上海浦东新区之后中国第二个综合配套改革试验区。这一重大决策标志着滨海新区进入一个以制度创新为主要动力进行全面配套改革的新阶段。

"国家综合配套改革试验区"至少需要从三个角度来理解[①]。第一,"国家层面",指综合配套改革试点要对全国的区域经济发展起到"带动和示范"作用;第二,"综合配套改革层面",指改革不再是若干分散的单项改革,而是综合配套改革,是一项系统性的工程,需要处理好方方面面的交互关系,以期实现多层面、立体式协调发展;第三,"试验区层面",指综合配套改革的"先试、先行",特定的经济区在社会经济与生活的各方面进行改革试验,着眼于"制度创新"以"立"为主,以全面制度体制建设的方式推进改革。

滨海新区"国家综合配套改革试验"是一项根源于中国经济发展内在要求的、适应中国新经济发展特点的制度创新。滨海新区综合配套改革的发展强调"内源式"的现代化模式,不能再依赖于长期的特殊优惠政策,其运行的内在逻辑是在国家赋予的先行先试的政策制定权下,通过摸索自主创新的动力寻求经济社会的全面发展。更重要的是,滨海新区自身的发展不是最终目的,它不仅要能够通过自身的经济发展带动周边地区的经济发展,而且还要总结出改革的成功经验,做出"示范效应"为其他地区经济的腾飞提供模式。

滨海新区综合配套改革,主要包括金融改革创新、企业改革、科技体制改革、涉外经济体制改革、土地管理制度改革、农村体制改革、行政管理体制改革、社会公共服务改革、城乡规划管理体制改革、环保循环经济试验十方面的内容。

这些方面的改革和探索将成为滨海新区经济持续健康发展的重要引擎,也将为环渤海乃至全中国下一步的改革起到示范、带头作用。这里选取几方面内容进行简要阐述。

(1) 金融改革和创新取得重大突破。2006年6月,国务院《关于推进天津滨海新区开发开放有关问题的意见》规定,天津滨海新区可以在金融、土地、保税港和财税政策四个方面先行先试,并作为综合配套改革试验区建设的主要内容。国务院把金融改革放在了先行先试的第一位,说明在综合配套改革过程中金融领域改革创新的重要地位。

滨海新区金融改革创新总体目标确定为创建与完善与社会主义市场经济体制相适应的现代金融服务体系和全国金融改革创新基地,并把融资渠道、综合经营、股权交易、外汇管理、机构体系等方面作为改革重点内容。

---

① 见郝寿义、高进田:《试析国家综合改革配套试验区》,《开放导报》2006年第2期。

滨海新区作为金融综合配套改革试验区，金融改革和创新不仅为滨海新区经济发展吸引资金、提高金融资源配置效率等方面产生积极影响，同时对推动环渤海金融发展、经济一体化产生积极影响。首先，由于环渤海其他地区具有临近滨海新区的空间优势，滨海新区试点成功的金融改革和创新的示范效应和牵引作用，将最先推广或溢出到环渤海其他地区；其次，在滨海新区试点建立资本市场将与上海、深圳资本市场形成三足鼎立之势，从而弥补北方资本市场空缺的劣势，对推动环渤海金融机构衍生品交易、企业融资便利化以及区域经济一体化建设均具有积极作用；最后，具体到微观层面，滨海新区金融改革和创新重在城市层次的金融试点，一些新业务、新产品增长点可能在滨海新区率先发展起来，而北京可利用其金融机构总部和科技、人才、信息优势进一步需求新的制高点，同时环渤海其他地区可配合推行农村金融创新改革等形式试点，从而最终形成多层次、多领域金融创新模式推动首都区金融一体化建设。

（2）企业改革取得实质性进展。滨海新区涉及企业改革方案主要包括所有权结构、市场环境、企业重组等内容。

就滨海新区以及环渤海企业所有制结构来说，国有企业比重不仅显著高于"长三角"、"珠三角"地区，而且高于全国平均水平，相对而言，民营经济、混合所有制经济比重偏低。因此，滨海新区企业改革以发展国有经济战略调整为重点，以深化国有企业产权制度改革为出发点，可以说是以立足于本地区企业所有制结构为出发点的，其改革成果将对整个环渤海国有企业改革方向和企业所有制结构优化具有很好的示范效应。

滨海新区要在环渤海经济圈中发挥经济增长引擎的作用，必须将发展混合所有制经济与引进外资、深化国企改革、促进民营经济发展结合起来。并力争在环渤海区域中形成若干优势产业或优势产品的产业集群，从而既为滨海新区自身的产业发展夯实经济基础，通过企业产业链的方式与首都区其他地区形成紧密的经济联系，同时也为环渤海区域的发展提供动力和支撑。

（3）涉外经济体制改革不断深化。滨海新区涉外经济体制改革范围非常广泛，包括保税港区、口岸管理、对外体制、市场体系和区域合作五大方面内容。其综合配套改革具体思路是：以建设东疆保税港区为重点，加快建设北方国际航运中心和国际物流中心，推进国际化市场体系建设，加强与东北亚国际地区的经贸合作，积极参与经济全球化和区域经济一体化，建立符合市场经济和世贸组织规则要求的涉外经济管理体制和运行机制。

滨海新区的涉外经济体制改革，将为滨海新区外向型经济更好更快发展创造条件，为提高滨海新区的辐射力、影响力和带动力，推动环渤海地区经济振兴，促进东、中、西互动和区域经济的协调发展，都具有重要的战略意义。同时，在涉外经济体制改革上先行先试，做出成功的示范效应，对于推进全中国国内市场开放的速度、深度和广度上也将起到十分重要的作用。

（4）土地管理改革和农村体制改革成效显著。滨海新区农村改革主要内容包括土地规划、农户安置、利益分配和统筹城乡发展、农村市场体制、农村机构改革等诸多内容。

滨海新区农村体制改革的目标是加快城市化进程，成为全国城乡一体化发展的示范区。滨海新区争取率先在全国城乡规划、产业布局、基础设施建设、公共服务一体化等方面取得突破。在推进农村市场体系建设方面，滨海新区将积极发展大宗农副产品和深加工企业，完善农产品产业链市场，增加农民收入，消除城乡二元格局，并将城市居民享有的各项社会公共服务扩大到全部乡村，为环渤海地区和全国农村经济体制改革做出示范效应。

（5）行政管理体制改革取得重大进展。2009年10月，国务院正式批复同意天津市调整滨海新区行政区划，标志着滨海新区行政管理体制改革全面启动。同意撤销天津市塘沽区、汉沽区、大港区，设立天津市滨海新区，以原塘沽区、汉沽区、大港区的行政区域为滨海新区的行政区域。调整天津市滨海新区行政区划，是实施国家发展战略、推动滨海新区管理体制改革的重大部署，对于进一步加快滨海新区开发开放有重要意义。滨海新区的行政管理体制改革打破了原有的管理束缚和各自为政的体制障碍，避免了争夺建设项目、争夺区域规划权的问题，建立了统一的行政架构，构建了精简高效的管理机构，实现"新区的事在新区办"，赋予新区更大的自主发展权、自主改革权和自主创新权，给滨海新区的发展注入了强大的活力。滨海新区政府的成立，为其他方面的改革奠定了基础，提供了保障。

2. "先行先试"成效显著

滨海新区综合配套改革实现新突破。按照国务院批复的总体方案，启动了三年实施计划。《滨海新区综合配套改革三年实施计划》自2008年10月正式实施以来，滨海新区积极推进金融改革创新、生态城市建设、土地管理制度等10大领域20个改革项目。目前，绝大多数改革项目已经启动，相当一部分已取得实质性进展，标志着滨海新区综合配套改革取得阶段性成果。

在金融改革创新方面，总规模200亿元的船舶产业投资基金获准筹建，创业风险投资引导基金设立，股权投资基金和风险投资基金达到218家。天津排放权交易所设立。天津国际经济金融仲裁中心、天津股权交易所、滨海国际股权交易所运营。保险改革试验区创新发展加快推进，开展了补充养老保险试点。以东疆保税港区制度创新为重点的涉外经济体制改革步伐加快。综合保税区通过国家验收。

在涉外经济体制改革方面，东疆保税港区项目许可、审批做到了"东疆的事东疆办"，"聚焦东疆，合作共赢"座谈会成功召开，签署了一批改革创新和功能开发的大项目。浦发银行、招商银行在东疆保税港区设立离岸金融机构，一德期货公司设立离岸业务中介服务机构。

在科技体制改革方面，天津高新区的扩区更名积极推进，北大国家高新区发展研究院滨海分院落户滨海高新区。国家生物医药联合研究院、细胞产品国家工程研究中心、重型技术装备国家工程研究中心等6个科技创新平台基本建成，电动车辆研究中心、微纳制造技术工程中心等20个省部级研发转化中心建成运营。发挥创业风险投资引导基金作用，吸引国科瑞华、鼎辉投资等10家知名创投机构在新区注册。实施60余项引智项目和人才全球招聘制度、兼职制度等。

此外，在某些具体改革项目上也取得了显著进展。例如，财政部、环保部批准天津市进行主要污染物排放权交易综合试点，天津排放权交易所完成首单二氧化硫排放指标交易；天津市被列为先进技术型服务企业试点城市，实施了一系列财税优惠政策；国有企业监管体制进一步完善，委托监管的32家企业纳入国资委直接监管；塘沽区实行了社区卫生服务收支分离和药品零差率改革等。

（二）发挥示范作用，实现环渤海协调发展

1. 环渤海区域经济地位举足轻重

环渤海地区有着优良的自然和人文条件。在以京津两市为中心的扇形区域内，海岸线长达5800公里，近20个大中城市遥相呼应，60多个大小港口星罗棋布，辐射面积遍及大半个中国，并且是东北、华北、西北和华东部分地区的主要出海口。东北三省及内蒙古东四盟的粮食、畜产品、石油，西北地区的煤炭、皮毛，华北地区的石油、轻纺产品，渤海的海产品，甚至青海、新疆的货物都要经过这里运往世界各地。

21世纪，亚洲尤其是东北亚地区有着巨大的发展潜力，但是东北亚地

区经济合作的发展速度和程度远未达到应有的水平。目前中、日、韩等国都在为推进东北亚区域经济一体化进行积极磋商。而中国参与东北亚地区经济合作，中心地带就是以京津冀都市圈为核心、以辽东半岛和山东半岛为两翼的环渤海地区。

2. 环渤海经济区发展面临的制约因素

由于历史、体制等方面的原因，目前，环渤海经济圈仍面临一些制约区域经济和社会协调发展的深层次的矛盾和问题，主要包括以下方面。

一是区内产业趋同化，缺乏紧密的分工协作关系，区域产业结构的差异性和互补性不明显，相互之间的贸易需求较弱。

二是行政分割较为严重，缺乏有效的协调机制。各地方政府强势介入经济发展，对资源控制能力强，对企业干预比较大，整个区域经济带有较为浓厚的行政色彩，相互之间的竞争意识远大于合作意识，区域一体化发展的行政阻力较大，区域经济发展缺乏有力的协调机制，高效、务实、多赢的环渤海区域合作协调新机制有待于逐步完善。

三是国有经济比重高，市场配置资源能力不强。环渤海地区国有工业比重不仅远高于东南沿海地区，而且高于全国平均水平。区域内国有企业众多，机制不灵活，在要素合理流动特别是在共同利益基础上的项目开发和跨省市资产重组或共同组建大型企业集团方面进展不大，市场力量决定资源配置还相对较弱。

3. 发挥滨海新区示范带动作用，促进环渤海协调发展

当前，在大力加强滨海新区改革开放和区域建设的背景下，应充分发挥滨海新区改革开放示范作用，发挥环渤海各地区的各自优势，优势互补，扬长避短，实现环渤海地区协调发展。

第一，要进一步加快天津滨海新区综合配套改革，充分发挥滨海新区改革开放示范作用，用新思路、新体制、新机制推动新区不断提高综合实力、创新能力、服务能力和国际竞争力，在带动京津冀和环渤海区域经济快速协调发展中发挥更大的作用。

第二，要统筹规划，合理布局。以京津冀都市圈区域发展规划为基础，启动环渤海区域经济发展规划，对整个环渤海地区进行产业分工和功能定位。要摆脱行政区划对区域合作的影响，重视整合天津、大连、青岛等港口资源，打造北方航运中心，以资源优势为基础，以互补多赢为原则，进行合理的产业分工。建设北京—廊坊—天津—河北、大连—哈尔滨、青岛—济南—威海—烟台三大产业带,打造以北京—天津—滨海新区为发展轴,以滨海新区为改革示范和发展引擎,以京津冀为核心区,以辽东、山东半岛为两翼的环渤海区域经济共同发展大格局,推动区域经济迅速协调发展。[1]

第三,要充分发挥环渤海地区市场配置资源的基础性作用,实现环渤海地区区域经济、文化、教育、科技的全面融合。要逐步消除行政壁垒和市场障碍,共同培育和发展环渤海地区统一、开放、有序的市场体系,使资源、人才、资金、企业资产等生产要素在环渤海区域内顺畅流动。实现环渤海地区由物资交换发展到科技、金融、人才、医疗、环保、旅游等多领域、全方位的合作。

滨海新区有制度试验田作用,如果一个制度在滨海新区试验获得了成功,将对区域经济发展起到带动和示范作用,环渤海地区可以利用地理上的优势优先借鉴,这也会带动整个区域的制度创新,从而促进环渤海区域的快速健康协调发展。

天津也将通过充分发挥滨海新区科学发展"排头兵"和"示范区"作用,在协调区域发展中,按照区域经济一体化的发展要求,带动环渤海区域乃至"三北"地区的整体发展,真正实现"北方经济中心"的历史使命。

---

[1] 孙群力:《促进环渤海经济圈快速协调发展的对策》,《宏观经济研究》2007年第2期。

第七章
总量与速度

改革开放以来，天津发展步伐不断加快，经济总量迅速壮大。从 1994 年开始，天津经济增速已连续 17 年高于全国平均水平，步入全国经济发展较快地区行列，特别是 2006 年被定位为北方经济中心后，天津经济发展进一步提速，连续 4 年经济增速位于全国前列。天津作为中国经济增长的第三极，必将在带动环渤海地区乃至中国北方经济迅速发展、完善全国区域经济发展格局作出重要贡献。

一 经济总量位于全国城市前列

2006 年 7 月 7 日，党中央和国务院对《天津市城市总体规划（2005 ~ 2020 年）》做出批复，确定天津新的城市性质和定位是：天津市是环渤海地区的经济中心，要逐步建设成为国际港口城市、北方经济中心和生态城市。天津被定位为北方经济中心，是机遇更是挑战，必将在我国的经济社会发展中承担更大的责任。作为一个经济中心城市，就应该在特定的区域范围内，承担区域金融、贸易以及生产性服务等多种功能，作为区域经济的控制和决策中心，具有强大吸引能力、辐射能力和综合服务能力，能够渗透和带动周边区域的经济发展。这一切功能的实现都必须有一个前提条件，那就是这个区域经济中心城市必须具有一定的经济总量和规模。

（一）经济总量是中心城市发挥龙头作用的重要前提

区域经济发展理论与实践表明，经济增长并非同时出现在所有的地方，而是以不同程度首先出现在一些增长点或增长极上,然后通过不同渠道向外扩散,并对整个经济空间产生不同的最终影响。这些增长点或增长极,就是我们通常所说的区域经济中心城市。一般来说,经济中心城市具有雄厚的产业基础,聚集了许多优势行业和大量竞争力较强的企业,总体经济实力要明显强于周边其他城市,是区域内先进生产力的典型代表。经济中心城市只有具有一定的经济总量规模,才能凭借其高于周边地区的经济势能,带来巨大的集聚效应和巨大的商业机会,成为带动周边地区经济发展的指挥中心。同时,经济中心城市的基础设施完备,金融、商贸、运输以及中介等服务机构配套完善,综合服务功能极强,对周边地区产生很强的辐射力,通过这种特有的极化与扩散效应,带动区域以及区内其他城市的发展,成为区域和区域内城市群的"火车头"。当一个区域中心城市的经济规模达到一定水平后,经济总量越大,聚集资源的能力越强,龙头带动的能力也就越强。

从国内外中心城市发展的经验看,具有一定的经济规模对发挥区域经济中心城市的龙头带动作用至关重要。例如,以纽约为中心的美国大西洋沿岸"波士华"(Boswash)城市群,北起波士顿,南至华盛顿,包括波士顿、纽约、费城、巴尔的摩和华盛顿5个主要城市以及附近40多个卫星城镇,长约965公里,宽100多公里,面积13.8万平方公里,人口约6500万人,是美国经济的核心地带,也是目前世界上规模最大的城市群。

作为美国最大的金融、商业和文化中心和世界首都,纽约也是通过走城市化道路,其经济规模由小到大不断发展。经过工业化革命以及美国产业政策的引导后,20世纪20年代,纽约已经发展成为集金融、工业及服务业等多功能于一体的综合性城市,并凭借其作为极核的聚集能力,在共同市场的基础上,将生产要素汇集于此,通过合理的调整给周围城市带来了发展契机,完成了区域内各个子城市在职能上的分工,实现了区域的协调发展。同时,我们可以看到的是,纽约市的经济总量占了纽约大都市圈的半壁江山,在整个区域中可以说具有绝对的领先地位,这正是纽约市区域经济中心功能得以发挥的必要保证。

再看看我国以上海为中心的"长三角"地区,自改革开放以来,上海市以浦东新区开发为契机,充分发挥龙头优势,根据"优势互补,互惠互利,联动发展,共同繁荣"的精神,商品流通在注重自身万商云集的同时,积极促进长江沿岸城市的商贸共同发展;工业产业结构在注重内部战略性调整的同时,积极支持和推动长江沿岸城市的经济结构调整;城市基础设施在注意内部建设和改造的同时，加强具有枢纽功能的重大项目的建设。由于上海与外部经济的密切联系，使得通过上海吸引来的外资与项目得以辐射整个"长三角"地区，这体现在上海产业结构的升级直接作用到江苏的苏州、无锡、常州、南通；浙江的杭州、宁波、嘉兴、湖州等距浦东200公里的扇形面内。该区域工业结构正由传统的加工型产业向技术资金密集型产业转换。"长三角"地区近年来之所以迅猛发展，可以说与上海的龙头带动作用息息相关。我们再看看上海的经济总量所处的地位：2010年"长三角"地区实现生产总值69872亿元，总量逼近7万亿元，占全国的比重达到17.6%，而上海经济总量超过1.6万亿元，是该区域内排名第二的城市苏州经济总量的1.84倍，约占整个"长三角"地区经济总量的1/4。可以说，正是有了经济总量上的绝对优势，上海作为"长三角"地区经济发展的龙头带动作用才得以充分发挥。而从目前来看，天津的经济总量规模还不够大，在环渤海地区还比不上北京，约占整个区域经济总量的10%。天津要想发挥对环渤海地区乃至我国北方经济发展的龙头带动作用，迅速做大经济总量将是摆在我们面前的首要任务。

（二）北方经济中心的建设要求天津快速提升经济总量

2005年1月，国务院原则通过《北京城市总体规划（2004～2020年）》，明确指出北京是中华人民共和国的首都，是全国的政治中心、文化中心，是世界著名古都和现代国际城市；北京城市定位为国家首都、国际城市、历史名城、宜居城市。2006年7月，国务院对《天津市城市总体规划（2005～2020年）》作出批复，确定天津新的城市性质和定位是：天津市是环渤海地区的经济中心，要逐步建设成为国际港口城市、北方经济中心和生态城市。至此，我国北方地区最大的两个城市的功能定位明确下来，最为引人注目的就是：北京不再强调经济中心职能，而主要发挥国家首都的功能；天津是环渤海地区的经济中心，要逐步建设成为北方经济中心。一直备受关注的"北方经济中心"之争，终于花落天津。

然而，经济中心毕竟不是靠口号喊出来的，也不能完全依靠行政指定，经济中心更多的是一个国家或地区经济发展过程中各经济主体通过市场竞争自发形成的。一般来说，经济中心是指在一定的区域范围内的可持续发展的经济活动中，集聚比较雄厚的经济基础，具有实力和潜力，周到的迅速的管理服务功能，较为完备的便捷的交通运输和通信网络，有力的技术和智力支撑,并且在其范围内发挥着枢纽、协调、服务、示范作用的城市或城市群。

对于一个区域经济中心来说,经济总量的大小至关重要,它就好比一个池子里面的蓄水量,有了一个大的经济总量,肯定相应会有一个物流量和资金量,池子里的水就会更容易多起来,水多了就会吸引更多的资源。一个中心城市的辐射能力、集聚能力,与经济规模总量是相当的。从目前的现状来看,天津要建设成为北方经济中心,充分发挥滨海新区的龙头带动作用,还存在不小的差距,其中最主要的差距就是经济总量上的差距。

我们不妨看看改革开放后中国经济发展最为迅速的"珠三角"和"长三角"地区的情况。20世纪80年代的改革开放由深圳开始,虽然深圳是一座新的城市,但实际上中央政府确定深圳为经济特区,看中的是其背后的香港。即使目前的深圳还远远不能称之为"珠三角"的经济中心,但港深组成的经济联合体绝对能够称之为"珠三角",乃至"泛珠三角"的经济中心、金融中心、航运中心,而显然港深经济联合体的经济总量在"珠三角"地区占据了绝对的主导地位。上海于19世纪后期就确立了在整个"长三角"乃至长江领域的经济中心地位。目前,以上海为中心,包括江苏、浙江、安徽等省组成的"泛长三角",已成为世界上最大的城市带之一。而作为该区域的经济中心城市,上海的经济总量位居全国城市之首。但是反观天津的经济总量排名,2010年天津经济总量居全国城市第六位,落后于上海、北京、广州、深圳、苏州,与排名前三位的城市相比还存在一定的差距,尤其是明显落后于同处于环渤海地区的北京,这显然与北方经济中心的地位不相符合。经济总量不够强大,就无法发挥龙头带动作用,这使得环渤海地区经济发展始终未形成合力,环渤海地区的经济发展也滞后于"珠三角"、"长三角"地区。

导致天津经济总量一度落后的原因有很多,首先是天津的定位一度模糊不清。新中国成立以后,中央对天津的发展定位曾作过多次变动。新中国成立之初天津被定为中央的直辖市;1958年,天津变为河北省的省会;1966年河北省省会迁回保定市后,天津的定位不明确;直到1968年后,天津才重新回归直辖市的位置。天津在新中国成立前曾是我国北方经济中心,其发达程度仅次于上海,然而新中国成立后定位的摇摆不定,再加上传统计划经济体系下社会资源配置的行政指定,使得天津的发展速度明显慢于北京等其他发展迅速的城市,天津的经济总量在全国 GDP 总量中占比不断下降,并被其他城市赶超。改革开放以来,天津经济得到迅速发展,但此时天津经济总量基数已经小于北京、上海等城市,这使得在保持同样迅速但相差不大的发展速度下,进一步加大了天津与其他城市在经济总量上的差距。天津要在经济总量上赶超排在前面的城市,必须要有比其他城市更快的发展速度。

北方经济中心的定位使我们看到了天津未来的美好前景,滨海新区日新月异的变化让我们看到天津发展的希望。要建设成为中国北方经济中心,天津任重而道远,而摆在我们面前的首要任务,就是迅速做大天津的经济总量。

(三) 天津经济规模在努力奋争中不断扩大

新中国成立60多年来,天津地区生产总值由1949年的4.1亿元,增加到2010年的9108.83亿元,按可比价格计算,增长了近530倍,年均增速约11%。[①] 新中国成立初期,饱受战争苦难的国民经济百废待兴,天津各行各业开展劳动竞赛和生产节约运动,使国民经济迅速得到恢复。"一五"时期,胜利完成了对农业、手工业和私营工商业的社会主义改造,有力地促进了生产力发展。"二五"时期至改革开放以前,国民经济在调整、波动中不断积累,总量规模进一步扩大。1978年,全市GDP达到82.7亿元,比1949年增长了17倍,年均递增10.5%。改革开放以来,天津发展步伐不断加快,经济总量迅速壮大。20世纪80年代,天津全市GDP年均递增7.3%,1980年首次超百亿元;90年代经济增速提高到11.5%,比80年代年均增速高出4.2个百分点,其中1996年迈上千亿元台阶;进入21世纪以来,天津经济年均增长速度达到14.5%,比20世纪90年代增速又提高3个百分点。2008年的经济总量比1978年增长了20.5倍,年均递增10.8%,比改革开放前30年平均增速高0.3个百分点。2009年和2010年,天津在应对全球金融危机的严峻形势下强势崛起,经济总量分别实现了7500亿元和9108亿元的大发展。特别是从1994年开始,天津经济增速已连续17年高于全国平均水平,进入了全国经济发展较快地区行列,为带动环渤海地区发展、改善全国区域经济发展格局作出了重要贡献。

(四) 天津经济总量将跃升全国城市前列

天津市委九届二次全会明确提出:到2020年,实现人均国民生产总值比2000年翻三番以上,全面实现中央对天津的定位要求。这一目标对经济总量的要求是,到2020年,天津市国民生产总值应达到3.7万亿元,据估

---

① 马献林:《把天津建设成为走在全国前列的城市》,《城市》2008年第7期。

算,今后10年天津年均经济增长速度至少要保持在14%以上。

改革开放以来,天津经济发展速度明显加快,1978~2008年可比速度递增10.8%,比全国平均增速9.8%高出1个百分点。2006年国家明确天津北方经济中心的定位后,天津的经济发展进一步加速,地区生产总值得到进一步提升。2005年天津全年实现地区生产总值(GDP)3697.62亿元,2010年天津实现地区生产总值(GDP)9108.83亿元,2006~2010年天津年均GDP增长达到16%以上。特别值得一提的是,2008年,即使是在全球金融危机导致世界经济发生衰退的背景下,天津地区生产总值仍然实现了16.5%的增长速度,比全国平均增长速度9%高出7.5个百分点,增速位居全国前列;2010年天津地区生产总值仍然实现了17.4%的增长速度,位居全国各省市经济增速第一位。从1992年至2010年的19年,天津经济总量基本上连续保持了两位数增长,这是天津经济历史上增长最快的时期。可以预测的是,如果一直保持这样的增长速度,天津毫无疑问可以实现到2020年人均国民生产总值比2000年翻三番以上的目标。

我们不仅要看到天津自身的发展状况,还应该看看天津在全国范围内所处的地位。我们将近2年全国主要城市GDP从大到小进行排序,得到如表7-1的结果。

表7-1 全国主要城市GDP与增速排名

	2009年				2010年		
排名	城市	GDP(亿元)	增长率(%)	排名	城市	GDP(亿元)	增长率(%)
1	上海	14901	8.2	1	上海	16872	9.9
2	北京	11866	10.1	2	北京	13778	10.2
3	广州	9119	11.0	3	广州	10604	13.0
4	深圳	8245	10.5	4	深圳	9511	12.0
5	苏州	7740	11.5	5	苏州	9169	13.2
6	天津	7500	16.5	6	天津	9109	17.4
7	重庆	6527	14.9	7	重庆	7894	17.1

表7-1为中国城市GDP2009年的排名和2010年的排名。从表7-1可以看出,GDP排在天津前面的还有上海、北京、广州、深圳、苏州5个城市,但2010年天津的GDP已经与苏州非常接近,仅仅只差60亿元;而且从GDP增长率来看,天津排在各城市中的第一位。总的来说,

天津的 GDP 与排在前面的几个城市间的差距在不断缩小。如果保持这样的发展势头，天津 GDP 将在 2012 年左右赶超广州，与上海、北京共同排在前三位。

从数据上看，天津 2010 年固定资产投资超过 6511 亿元，比 2009 年增长 30.1%，远远超过广州，发展潜力和后劲都比广州强，而且随着大飞机、大石化、中新生态城等大项目的动工，天津在未来几年里仍将保持高速的发展。更重要的是，天津的城市定位已经摆脱了过去面目不清的状态。国家提出的环渤海经济圈、京津都市圈概念，将京津两地发展定位作了重新调整，对天津很有利。京津两个城市进行错位发展，使得整个环渤海发展理顺了头绪，天津则成为"领头羊"。2008 年金融危机爆发后，国家乘势推出了新一轮区域经济计划和产业振兴计划，新一轮的区域经济竞争也就此展开。天津作为北方经济中心迅速脱颖而出，2008 年、2009 年连续两年 GDP 增长达到 16.5%，2010 年更是达到 17.4%，分别位居全国各省区第一名、第二名、第一名，而广州因为受到全球金融危机的影响，经济增长方式正在经历一场艰难的转型和升级。长期以来依赖出口拉动增长的模式在危机中受创严重，而天津则在此次危机中受影响不大，而且 2006 年滨海新区开发开放上升为国家战略后，诸多大项目落户滨海新区，使天津受益良多，在这种此消彼长的背景下，天津赶超广州，跻身全国城市前列的目标将在不久的将来得以实现。

二 保持一定的发展速度

（一）天津与先进地区的发展差距

虽然国家给予天津重新定位后天津的经济发展取得了重大突破，经济增速连续两年位列全国前列，但由于历史的原因使得天津的经济总量与先进地区相比仍存在不小的差距。

我们先看看在全国城市中经济总量排名居首的上海。上海作为引领长江三角洲发展的龙头城市，其巨大的经济建设成就让全国人民刮目相看。虽然在全球金融危机的影响下，2010 年上海仍然实现地区生产总值 16872 亿元，增速达到 9.9%。而相比之下，天津的经济增速为 17.4%，经济总量却只有 9109 亿元，只是上海经济总量的 54%。从这里我们就可以看出两个城市的较大差距，基数太低，使得天津的经济总量在短期内难以迅速提升。例如

2009年上海仅增长1%就是149亿元,2010年上海增长1%就将近169亿元;而2009年天津增长1%仅为75亿元,2010年增长1%也仅是91亿元。如果天津要赶上上海的水平,年均增速要达到翻番才行,而这是很难做到的。

我们再比较同处环渤海地区的北京和天津两大中心城市。天津与北京同为渤海湾经济圈两大直辖市,且天津被国务院定位为北方和渤海湾经济圈经济中心,但就现实状况而言,天津还不是真正意义上的北方经济中心。尽管同处环渤海经济圈,天津的经济总量与北京还存在不小的差距,表7-2是2006~2010年天津与北京两市的GDP对比情况。

从表7-2可以看出,尽管两个城市的经济总量差距在不断缩小,但要想真正成为环渤海乃至北方经济中心,天津还必须加大发展力度,提高发展速度与质量(见图7-1)。

表7-2 天津与北京两市的GDP对比

单位:亿元,%

	2007年GDP	2008年GDP	2009年GDP	2010年GDP
天津	5050	6354	7500	9109
北京	9353	10488	11866	13778
天津/北京	54	60.6	63.2	66.1

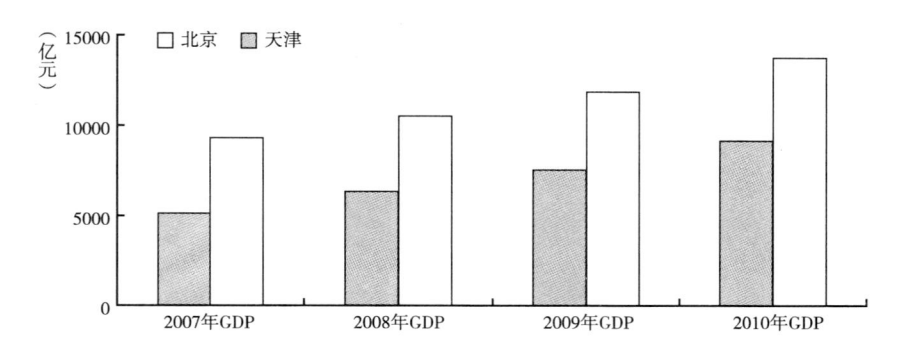

图7-1 天津与北京历年GDP对比情况

最后再看看同处环渤海地区的河北省、山东省和辽宁省。2010年,河北实现地区生产总值20197亿元,在全国各省(区、市)GDP排名第6位,经济增速为12.2%;山东省实现地区生产总值39416亿元,在全国各省(区、市)GDP排名第3位,经济增速为12.5%;辽宁省实现地区生产总值

1.75万亿元，在全国各省（区、市）GDP排名第7位，经济增速为13%。相比之下，天津2010年实现地区生产总值9109亿元，经济增速为17.4%。如果以城市为单位，天津在环渤海地区中经济总量排名第2位，经济总量低于北京；如果以省（区、市）为单位，天津在环渤海地区经济总量最低。所以，快速提升经济总量，是天津经济发展的当务之急。

要想在短期内使经济总量得到快速提升，提高并保持一定的经济发展速度是唯一的选择。目前来看，天津在全国城市经济总量的排名还处于相对落后的位置，把2010年天津GDP与排名前三位的城市GDP做个比较，天津GDP是排名第一位的上海GDP的54%，是排名第二位的北京GDP的66.1%，是排名第三位的广州GDP的85.9%。天津在经济总量的基数上与排位靠前的城市存在不小的差距，要想在短期内迅速提升经济总量，使得经济实力跻身全国城市前列，只能依靠比其他城市更快的发展速度。我们欣喜地看到，2006年以来，天津年均GDP增长达到16%以上，特别是2008年、2009年天津GDP连续两年实现了16.5%的增长，2010年更是达到17.4%，远远高于全国平均增长速度。这正是因为天津抓住了滨海新区纳入国家发展战略的有利时机，大力增加固定资产投资和推进滨海新区的开发开放，快速发展经济的结果。从目前的发展势头来看，天津经济增长的迅猛势头还将保持下去，经济总量会进一步得到提升。

（二）加快天津发展是实现中国经济增长第三极目标的必然要求

2006年5月26日，国务院在《关于推进天津滨海新区开发开放有关问题的意见》中又明确指出：滨海新区是"继深圳经济特区、浦东新区之后，又一带动区域发展的新的经济增长极"。2006年7月27日，国务院在关于天津市城市总体规划的批复中进一步提出：天津的发展建设"以滨海新区的发展为重点"。第三增长极的提出，不是人们主观臆断，而是中国经济社会发展的客观规律，符合时代发展的客观需要。

从实际情况看，中国经济的发展，东高西低不平衡，已是公认的现实；但南快北慢经济发展的不平衡，曾一度没有得到足够的重视。改革开放以来，20世纪80年代深圳带动"珠三角"，90年代浦东带动"长三角"，南方地区在观念、体制上都有很大变化，经济实力飞速增长。相对而言，北方变化则比较缓慢，不能适应市场经济快速发展的需要。国家要解决南北经济差异问题，进而带动整个国家经济发展，就需要在北方找到一个经济增长极的带动区域。综合考察北方各个区域，环渤海经济圈中的天津滨海新区最符合这样的要求。

在天津北方经济中心的新定位确定后，有人形象地将其称为中国经济发展的第三极，而环渤海经济圈亦被认为是国家继"珠三角"、"长三角"之后的第三个经济发动机。显然，要作为第三经济增长极，首先必须有一定的经济实力，其次还要带动周边地区的发展。天津要成为第三极，要克服的第一个制约因素就是经济总量太小：环渤海经济圈由京、津、冀、鲁、辽三省二市构成，2010年天津市实现地区生产总值9109亿元，约占整个环渤海地区的1/10，在环渤海三省二市中最小，仅以城市相比较，天津也远小于北京的13778亿元，天津只有加快经济发展，快速提升经济总量规模，才能真正发挥其龙头带动作用，从而带动整个区域的发展，实现国家赋予的历史使命。

三 站在科学发展的前沿

（一）天津处于起飞期的高速增长阶段

1. 处于起飞期的地区能够实现经济的持续高速增长

一个国家和地区是否有可能在较长的时期内，实现经济的持续高速增长？世界近现代经济发展的历史事实，已经对这一问题做出了肯定的回答。从历史经验看，每一个国家经济起飞阶段，都会经历较长时间的持续高增长期。美国经济起飞赶超英国时间长达43年，第二次世界大战后，继续保持20多年的经济强劲增长，自20世纪90年代以来，随着IT技术的迅速发展，又出现了其历史上最长的经济上升期。

表7-3显示的数据表明，日本和亚洲"四小龙"经济的高速增长期都持续了20年左右。韩国经济以年均8%以上的速度持续高速增长了近30年，人均国民生产总值由1962年的83美元迅速跃升至1995年的1万多美元，用30多年时间走完了西方发达国家200~300年的历程，创造了令人称羡的"汉江奇迹"。60年代日本经济起飞时期，10年间国内生产总值的平均增长速度为10.2%，高于同期世界经济增长平均速度近一倍，70年代亚洲"四小龙"经济起飞时期的经济增长速度也达到10%左右。这些经济后发国家以较短的时间走完先行者走过的路，并后来居上的事例屡见不鲜。上述国家跨越式发展的共性规律是，大家都是追赶先进，由于原来落后而引入

西方的管理、技术等，正所谓"站在巨人的肩上"，可以用更少的时间成本获取发展条件，所以能够比先行者更快地发展。就天津的情况而言，目前仍处于起飞期的高速增长阶段，随着国家确定滨海新区发展战略及国家整体经济的向好，天津完全有条件进入新一轮快速增长期，今后10年保持14%左右的增长速度是完全有可能实现的。①

表7-3 东亚各国和地区经济高速增长比较

国家或地区	高速增长期(年)	高速增长年数	GDP增长率(%)	高速增长后期(年)	GDP增长率(%)
日 本	1955~1973	18	9.22	1973~2000	2.81
韩 国	1962~1991	29	8.48	1991~2000	5.76
新加坡	1965~1984	19	9.86	1984~2000	7.18
中国台湾	1962~1987	25	9.48	1987~2000	6.59
中国香港	1968~1988	20	8.49	1988~2000	4.14

2. 天津目前的发展表明已进入平稳的持续高速增长阶段

20世纪80年代以来，天津市共出现了两次较大的经济波动，分别发生在1984~1989年、1994~1998年。在经历了70年代末的经济调整后，1984年天津市经济快速增长，由1982年的4.3%快速达到19.3%的峰值，之后大幅回落，到1989年落至1.6%的谷底，在5年的时间里落差达17.7个百分点。此次经济大幅波动的主要原因是受到国家宏观政策的影响，加上天津市经济正处于计划经济向市场经济的转轨过程中，又处在经济结构调整期，抗波动能力较差。第二次波动发生在1994~1998年。1989年后，天津市经济增长速度开始逐年回升，1994年经济增长率达到14.3%的峰值，随后的5年间又开始新一轮的回落，至1998年回落到9.3%，落差为5个百分点。造成此次波动的主要原因依然是国家宏观政策的调整，但这一时期天津市的总体经济水平已发生较大变化，经济结构进一步优化，市场经济体制逐步确立，抗波动能力有所增强，加之国家宏观调控方式趋于完善，故此次波动的幅度比上次明显减小。两次经济波动的起因几乎是相同的，但经济波动对经济的影响则有所不同，这不仅表明国家宏观调控能力的不断成熟与完善，也意味着天津市整体经济抗波动能力明显增强。

1999年后，天津市经济步入平稳、快速、持续增长轨道，经济增长落

---

① 黄晓晴：《未来天津经济运行的基本趋势及判断》，《天津经济》2008年第1期。

差变化幅度日趋缩小，1999~2002年落差为2.7个百分点，2004~2006年落差为1.7个百分点，经济运行态势明显呈台阶式发展的走势。未来，随着我国经济的快速发展，国家还可能进行必要的宏观调控，但随着市场经济体制的完善，国家调控体系的形成，所采用的调控手段会更加灵活，宏观调控仍会以保持整体经济的快速发展为前提，国家宏观调控不会对天津市经济运行产生大的波动影响。未来的天津经济将继续呈现高位运行、平稳增长模式的台阶式发展走势。

（二）三大因素助推天津经济高速增长

当前支撑天津未来经济增长的下列三大因素，更让我们对未来的稳定、持续、快速增长充满信心。

1. 滨海新区建设是持续增长的强大引擎

我国改革开放以来的实践表明，每个特区的设立都将带动相关区域经济步入高速增长轨道。20世纪80年代深圳开始开发建设，国民经济保持20年的高速增长，年平均增长率超过30%，是日本和亚洲"四小龙"经济起飞时期经济增长速度的近三倍。深圳用了20年的时间，走完了西方发达国家近百年才能完成的城市演化历程，也走过了日本和亚洲"四小龙"需要40年完成的城市功能升级转化过程。

自1994年建区以来，滨海新区已成为天津经济最大的增长点，对全市经济发展的贡献不断加大，辐射服务功能逐步完善，一个以先进制造业和现代服务业为基础、以外向型经济为主导的现代化经济新区迅速崛起。新区生产总值由1993年的112亿元，增加到2010年的5030亿元，年均递增约21%，高于同期全市平均增速近8个百分点；占全市经济的比重由20.8%上升到55.2%，提高了34.4个百分点。特别是2006年纳入国家总体发展战略布局以来，滨海新区开发开放进入新的发展阶段，在一批高水平大项目好项目的带动下，新的产业集群正加快形成。以丰田汽车为龙头，聚集了90多家汽车企业；以空客A320为龙头，聚集了16家航空配套企业；以百万吨乙烯为龙头，聚集了一批化工新材料企业；以海港空港为龙头，聚集了一批现代物流企业；以响螺湾商务区为龙头，聚集了33个大型服务业项目。在科学发展观的指导下，天津滨海新区不断强化排头兵意识，在带动天津发展、推进京津冀和环渤海区域经济振兴、促进东中西互动和全国经济协调发展中发挥着越来越大的作用。

特区或开发区之所以能够获得远高于其他地区的增长速度，其主要原因是国家给予的特殊政策使这些地区拥有相对的优势发展空间，使资本资源和智力资源得以快速聚集，从而有效地推动经济快速增长。党的十七大进一步强调了天津滨海新区的重要作用，并允许在政策层面上先行先试，因此，充分利用进一步扩大滨海新区开发开放这一难得的历史机遇，借未来中国经济继续向好的大势，完全可以实现在高端平台上的持续高速发展。

2. 产业结构不断优化与升级是持续增长的有力支撑

国际经验和我国改革开放以来的实践都表明，产业结构优化升级与经济的持续增长具有非常强的相关性。发展中的经济体进入起飞阶段后，长时期的较快增长都是以经济结构的快速转换为基础的。可以说，工业化过程既是经济总量不断增长的过程，也是经济结构的调整升级过程。钱纳里等学者通过对第二次世界大战后数十个国家发展经验的实证研究，引申出"发展就是经济结构的成功转变"的论断。这个观点被国内外大多数学者所接受。而作为经济结构升级的微观表现，产业结构升级与经济高速增长更是密不可分。

自第二次世界大战以来，美国、欧洲每20年都会出现一次产业革命，20世纪30~50年代，美欧经济以钢铁、石油、化学工业为主导；50~70年代以铁路建设、汽车产业为主导；70~90年代以航天、航空产业为主导；90年代以后以电子信息产业为主导。一些欧美经济专家预测，未来20年新的主导产业是以纳米技术为先导的电子技术与以基因工程为先导的生物技术的结合。

分析天津市的产业结构，2010年航空航天、石油化工、装备制造、电子信息、生物医药、新能源新材料、轻纺和国防八大优势产业完成工业总产值15268.58亿元，增长30.3%，占天津市规模以上工业的比重为91.6%。按照天津市委九届八次全会确定的发展战略，天津市将进一步加快产业升级步伐，努力构建以高新技术产业为先导，战略性新兴产业为引领，装备制造业为核心，优势支柱产业为支撑的高端化、高质化、高新化的产业结构，到2020年将形成以装备制造业、电子信息产业、海洋石油化工产业、冶金、生物技术与现代医药、环保及资源再生为新的主导产业的现代产业体系，其将占工业增加值的80%。同时，新兴工业的快速发展必将使第三产业由传统产业向现代服务业转变。现代国际物流、金融保险、房地产、信息咨询、国际航运空运、设计策划、国际旅游、会展、律师、文化创意、中介服务等新型产业正方兴未艾、如日中天地加快发展。特别是生产性服务业将会逐渐从制造业中剥离出来，这些都为天津经济持续快速增长提供重要支撑。

3. "三个层面"的联动协调发展为持续增长提供了巨大空间

天津市第九次党代会明确提出，要统筹区域发展，在滨海新区、中心城区、各区县三个层面上全面推进，形成三个层面各具特色、良性互动、协调发展的新格局。这一战略决策不仅体现了又好又快、均衡发展的基本思路，而且抓住了制约天津市经济增长的主要矛盾：区域间经济发展失衡，已成为天津市总体经济发展中的"洼地"。

天津的16个区县由于发展条件不同，其经济发展的差异亦较大：2010年，天津市16个区县中GDP超过500亿元的有5个区县，其中滨海新区达到5030.11亿元，占天津全市GDP比重的55.2%，为各区之首。200亿元以下的区县有两个，红桥区114.68亿元，宁河县169.28亿元。最高与最低相差超过40倍。

即使是不同层面内部也存在着不均衡状况：比如滨海新区内也强弱悬殊。2010年，开发区、保税区、高新区三地GDP 2466亿元，占滨海新区总量的49%，其中开发区1546亿元，占三地GDP总量的62.7%，而高新区仅占11.3%，与开发区相差51.4个百分点。中心城区"南重北轻"。河西、和平经济发展较快，河东、红桥经济发展相对落后。2010年，河西、和平两区GDP占中心六区的49.5%，和平GDP504.49亿元，河西GDP515.05元，而红桥GDP只有114.68亿元，和平、河西GDP为红桥GDP的4.5倍。周边四区三强一弱，农业区县弱中有弱。2010年西青、东丽GDP约是津南的1.9倍，北辰GDP将近津南的1.6倍；2010年五个农业区县GDP1245亿元，仅占全市的13.7%，而其中最弱的宁河GDP只占五区的13.6%，武清GDP是宁河GDP的2倍。显然，区域经济发展的不平衡严重制约了天津市经济的总体发展，而按照市委三个层面全面推进的整体战略，构建三个层面各具特色、良性互动、协调发展的新格局，则可以有效修复"洼地"，实现均衡发展，从而进一步拓展全市整体经济增长空间。

基于对目前区域失衡现象产生原因的分析，我们认为，实现三个层面联动发展，要以大通道建设为先导，把交通布局与产业布局结合起来，构筑通道经济，迅速缩小区域间的差距。目前由市区到东部滨海新区的交通大格局已经形成，下一步要着力拓展以市区为中心向西部延伸、朝两翼发展的交通和经济通道，形成贯穿全市的大通道经济格局。一方面以通道经济加速西部经济"洼地"的发展，另一方面通过通道经济建设，提升天津市对京津冀、环渤海地区的辐射带动功能。

第八章
质量与水平

　　进入 21 世纪的天津，面临着前所未有的机遇，也面临着前所未有的挑战。2006 年，国务院将天津定位为国际港口城市、北方经济中心和生态城市，随后，胡锦涛总书记又对天津提出了"一个排头兵"、"两个走在全国前列"的殷切希望，并先后对天津的工作给予"五个下工夫、见成效"、"四个着力"、"四个注重"的具体指导，这充分表明了国家对天津的战略谋划和明确要求。对于天津来说，总书记的亲切寄语既是神圣的使命，又是历史的重任，在给天津提出了更高、更新的任务的同时，也给天津带来了加快科学发展的机遇和动力。

　　天津是一座现代化的工业城市，目前工业发展仍然是经济增长的主导力量，这种经济增长模式体现了工业化快速发展时期的特征，资源型工业和原材料工业的领军地位也体现了天津市的比较优势，具有一定的必然性，而且在促进天津市社会经济发展方面发挥了重要的作用，在一定时期内仍将支撑天津市经济的增长。但我们也应看到，天津经济发展长期面临着资源与环境的制约：天津淡水资源长期短缺，人均拥有淡水资源量是全国平均水平的 1/15，60% 的用水由外部供给；铁矿石、煤炭等主要原材料、燃料全部需要外购解决；油、电、气等重要能源也都主要靠国家统一调配和外部输入，受全国能源紧张形势影响明显。SO_2、废水化学耗氧量等部分污染物排放量已经接近或超过国家核定的地区控制总量……这种处于产业链前端的主导产业能否支撑天津市实现跨越式发展，能否支撑和谐社会的建设，促使我们思考天津市经济增长方式的转变，经济发展质量和水平的提高。在科学发展观的导向下，转变经济增长方式，提高经济发展的质量和水平,既是中央的政策要求,也是天津市经济社会实现跨越式发展的内在要求和历史选择。

一 实现又好又快发展

(一) 科学发展观是中国经济社会发展的必然选择

党的十七大报告对科学发展观的时代背景、科学内涵和精神实质进行了深刻阐述,对深入贯彻落实科学发展观提出了明确要求。科学发展观立足于社会主义初级阶段的基本国情,总结与借鉴了我国的发展实践和国外的发展经验,适应了新的历史阶段的发展要求,是我国经济社会发展的必然选择。

科学发展观是在客观分析当前我国发展的阶段性特征的基础上所做出的战略选择,是对我国现实国情的具体回应。当前我国经济社会发展中存在的突出矛盾和主要问题表现在以下几方面。

一是经济发展方式粗放,经济增长质量不高。在经济发展方式方面,我国目前还存在高投入、高消耗、高排放、不协调、难循环、低效率的突出问题,经济规模迅速扩大掩盖下的经济质量问题正在成为中国经济安全中的最大隐患。

二是城乡二元经济发展不平衡,"三农"问题严峻。城乡居民收入差距由1980年的2.5∶1扩大到2010年的3.23∶1。农业投入不足,基础脆弱的状况没有改变,粮食增产、农民增收的长效机制没有建立;制约农业和农村发展的深层次矛盾没有消除;农村经济发展明显滞后的局面没有根本改观。

三是区域经济发展不平衡,中西部发展落后。在"十五"末期,我国GDP总量中,东部地区占55.4%,东北地区占8.7%,中部地区占18.8%,西部地区占17.1%。虽然近年来中西部地区经济有了长足发展,但与东部发达地区的差距不是缩小了,而是仍然有扩大的趋势。

四是经济结构不合理,第三产业发展不足。2010年我国一、二、三产业的比重分别为10.1%、46.8%和43.1%,而发达国家第三产业的比重已达60%~70%。总体来看,我国第二产业比例过高和第三产业比例过低的失衡状况还没有得到改善。从第三产业内部结构看,发达国家主要以信息、技术、科技、金融等新兴产业为主,而我国仍以传统的商业、服务业为主,一些基础性第三产业和新兴第三产业仍然发育不足。

五是人与自然不和谐，环境污染和资源破坏严重。现在我国每增加单位GDP的废水排放量比发达国家高出4倍，单位工业产值产生的固体废弃物比发达国家高出十多倍，经济社会发展中资源、环境矛盾的压力越来越大。世界银行指出，中国正处于环境危机之中，而且近年来中国每年的生产有8%~12%因环境危机而流失。

六是发展国内经济与扩大对外开放不均衡，经济对外依存度过高。近年来，中国对外贸易在经济增长占了主力地位，对外贸易依存度现已接近80%。伴随着对外贸易的增长，中国经济的脆弱性也在加剧。

七是积累与消费关系不合理，消费需求不足。研究表明，目前投资每增加1%，可以拉动GDP增长0.2%，而居民消费每增加1%，可以拉动GDP增长0.8%。但是，投资与消费关系不协调长期以来一直困扰着我国经济的发展。2010年全社会消费品零售总额增长了18.4%，比2009年加快了2.9个百分点，但仍然比投资增长速度低约5个百分点。

八是技术创新能力低下，产业竞争力缺乏。当前，我国多数企业尚未建立技术进步的机制，R&D投入明显不足。据统计，拥有核心技术和自主知识产权的中国企业仅占0.03%，全国大中型企业中，科技经费支出占产品销售收入的比重仅为1.52%。自主创新能力不足已经成为我国产业缺乏竞争力的主要因素。

之所以产生上述问题，总体上与我们所处的初级阶段的生产力发展水平参差不齐有关。但根本来讲，与发展观念不科学和我国目前市场经济体制不完善有关。要实现国民经济又好又快发展，就必须树立科学发展观，加快经济发展方式的转变，完善社会主义市场经济体制。

科学发展观是基于目前我国的具体国情提出来的，有相当强的现实针对性。通过研读十七大报告中有关科学发展观的全面、深刻、精辟的阐释，使我们更加清醒地认识到：把发展作为党执政兴国的第一要务来抓，对内实现和谐发展，对外实现和平发展，需要科学发展观；紧紧抓住以人为本这个核心，实现好、维护好、发展好最广大人民的根本利益，需要科学发展观；牢牢把握全面协调可持续这个基本要求，实现速度、结构、质量和效益相统一，经济发展与人口、资源、环境相协调，需要科学发展观；切实运用好统筹兼顾这一根本方法，正确认识和妥善处理各方面的矛盾及其重大关系，搞好"五个统筹"，需要科学发展观。

总之，把握发展规律，创新发展理念，转变发展方式，破解发展难题，提高发展质量和效益,实现又好又快发展,都需要将科学发展观作为我们思想的指导和行动的指南。也只有抓住科学发展观这个纲,我们的各项工作才能够高屋建瓴、势如破竹,才能引导我们排除艰难,不断走向新的胜利。我们有理由认为,在新的历史起点上所追求的发展,不应是孤立、片面、不计代价、竭泽而渔、不能持续的发展,而是在科学发展道路上不断前进的发展,是以人为本、全面协调可持续的科学发展,是各方面事业有机统一、社会成员团结和睦的和谐发展,是既通过维护世界和平发展自己又通过自身发展维护世界和平的和平发展。

(二) 低碳经济已成为时代发展的潮流

当前,全球经济正在走出第二次世界大战以来最严重的危机,但经济增长仍然面临不确定性,经济复苏十分脆弱,不排除二次衰退的可能。回顾历史,每次重大经济危机虽然重创世界经济,但随即又会催生新的机遇。当前世界经济也正处在一个新的关口,发展低碳经济正成为世界许多国家抢占未来经济制高点的重要战略选择。低碳市场的快速发展将对全球产业及金融产生深远影响,进而影响世界经济的发展格局,低碳经济将成为世界经济未来发展的新模式,成为后危机时代新的经济增长点。

低碳经济是以低能耗、低污染、低排放为基础的经济模式,其实质是能源高效利用、清洁能源开发、追求绿色 GDP 的增长,核心是能源技术和减排技术创新、产业结构和制度创新以及人类生存发展观念的根本性转变。

"低碳经济"概念的出现与气候变化和能源安全两大主题密不可分。它是以低能耗、低污染、低排放为基础的经济模式,是人类社会继农业文明、工业文明之后的又一次重大进步。从产业结构看,低碳农业将降低对化石能源的依赖,走有机、生态和高效的新路;低碳工业将减少对能源的依赖,低碳产业如电气、电子等产业将得到更大发展。从社会生活看,低碳城市建设将更受重视,燃气普及率、城市绿化率和废弃物处理率将得以提高;在家居与建筑方面,节能家电、保温住宅和住宅区能源管理系统的研发将受重视。低碳经济正成为世界各国应对气候变化挑战、保障未来能源安全的重要路径。

眼下,美国、日本将能源投资与低碳经济建设作为应对危机的重要手段;而以此为新起点,西方国家将长期把低碳经济作为新的需求增长点,并在国际政治上推动其他国家加入这个市场。例如,美国正在进行全面改革,其中一个重要方面就是将绿色经济作为新的经济增长点。美国发展绿色经济有多重考虑，首先是有助于增加就业，全新的能源产业有望成为可以引领美国经济发展的新领域；其次是有助于确保美国能源安全，通过"绿色新政"，美国将能掌握世界尖端科技的制高点，确保其世界经济领先者的角色。而对于德国来说，尽管当前德国经济仍未摆脱衰退困扰，但德国政府未雨绸缪，从长远考虑制定了新的经济增长战略，计划大力发展绿色经济。德国政府一方面希望将绿色经济作为摆脱经济危机的出路，更重要的是要努力谋求面向未来的经济可持续发展。德国外交部部长加布里尔强调，绿色经济能够刺激经济景气和建立新的经济行业，而且要谋求整体经济的现代化，使当前的工业核心向资源有效利用方向转变，也要努力实现经济长远、合理、低碳型、资源节约型增长。在2009年的哥本哈根气候峰会上，中国政府也首度宣布了中国的低碳目标，到2020年我国单位国内生产总值二氧化碳排放将比2005年下降40%~45%，这一承诺也作为约束性指标写入国民经济和社会发展中长期规划。与此同时，巴西提出大力发展绿色能源；韩国提出"低碳绿色增长"的经济振兴战略；日本政府主导建设低碳社会……发展低碳经济，正成为世界上越来越多国家经济发展的战略选择。在全球化的经济格局中，工业化国家和发展中国家或将会因新的低碳模式而再次拉开差距，中国能否在新的世界经济格局中抢占先机，切实转变经济发展方式，大力发展低碳经济将起到至关重要的作用。

（三）实现经济社会又好又快发展是天津肩负的历史使命

胡锦涛总书记2008年春节在津考察时提出，希望天津在贯彻落实科学发展观、推动经济社会又好又快发展方面走在全国前列，在保障和改善民生、促进社会和谐方面走在全国前列，希望滨海新区成为深入贯彻科学发展观的排头兵。此后，又对天津工作先后提出了"五个下工夫、见成效"、"四个着力"、"四个注重"的具体要求，这充分表明了党中央、国务院对天津工作的重视。"两个前列、一个排头兵"，是中央把天津滨海新区开发开放纳入全国发展战略布局以后，对天津提出的最新要求，是天津光荣而艰巨的历史使命，是中央对天津的无比信任和殷切希望。完成这一使命的核心是全面贯彻落实科学发展观，加快天津经济社会又好又快发展。

科学发展观，第一要义是发展。要把天津建设成为中国北方经济中心，实现党和国家在21世纪对天津的定位和期望，就应该以经济建设为中心，把发展经济放在最为重要的位置上。近年来，天津在全面树立和落实科学发展观方面取得了令人瞩目的巨大成就，经济社会发展已经步入了又好又快发展的轨道，特别是2007年全球金融危机以来，天津以科学发展观为指导，采取多种政策措施"保增长、渡难关、上水平"，经济发展速度一直处于全国前列。在今后，天津仍将以科学发展观为指导，切实转变经济增长方式，实现经济又好又快发展。科学发展观，核心是以人为本。天津在发展经济的同时，始终坚持以人为本，注重改善民生，最大限度地维护广大人民群众的根本利益，每年都为改善城乡人民生活办一批实事。

科学发展观，基本要求是全面协调可持续。在新的历史时期，天津明确提出，深入贯彻落实科学发展观，必须全面贯彻党的十七大精神，按照天津市第九次党代会部署和市委确定的奋斗目标和工作思路，在继续实施"三步走"和"一二三四五六"发展战略的基础上，更好发挥滨海新区在改革开放和先行先试中的重要作用，大力实施富民强市、科教兴市、城乡一体化发展战略，实现科学发展、和谐发展、率先发展，努力把天津建设成为经济繁荣、社会文明、科教发达、设施完善、环境优美、人民富裕的国际港口城市、北方经济中心和生态城市。

科学发展观，根本方法是统筹兼顾。从天津的情况来看，就是要把加快滨海新区开发开放作为全市各项工作的重中之重，努力实施滨海新区龙头带动、中心城区全面提升、各区县加快发展三个层面联动协调发展。我们要充分认识天津在国家发展大局中占有的重要位置，更加自觉地从全局和战略的高度，谋划和推动天津发展，力争在促进区域协调发展中有更大的作为、作出更大的贡献。要牢牢把握国家支持东部地区率先发展、加快推进滨海新区开发开放的重大历史机遇，奋起直追，迎头赶上，向历史交出一份满意的答卷。但更要清醒地看到天津发展中存在的差距和不足，时刻居安思危，增强忧患意识，绝不能满足，绝不能松懈，绝不能畏难，努力开创天津改革开放和现代化建设的新局面。同时，要把加快转变经济发展方式作为刻不容缓的战略任务，集中力量，抓紧工作，务求突破，在"加快"上下工夫、见实效，推动天津真正走上创新驱动、内生增长的发展轨道。要深入开展"解难题、促转变、上水平"活动，在解决主要矛盾和薄弱环节上取得新突破。要加快产业结构调整，在构筑高端产业高地上取得新突破。要加快自主创新步伐，在增强核心竞争力上实现新突破。要加快统筹城乡发展，在壮大区县经济实力上实现新突破。要加快发展低碳经济，在节能减排上实现新突破。要加快扩大对外开放，在提高开放型经济水平上实现新突破。

（四）天津近年的发展体现出高质量与高水平

"十一五"以来，以滨海新区的开发开放为标志，天津再次成为世人瞩目的焦点，"调整"、"提升"、"创新"、"创业"成为天津经济发展的核心关键词。天津，正以应对国际金融危机的冲击为契机，经历一场产业结构与发展方式的质变。

1. 在调整中实现发展，在转型中得到提升

2007年6月天津市第九次党代会以来，天津市委市政府明确把调整优化经济结构、转变发展方式作为经济工作的主线，以高水平的大项目、好项目为载体，构建高端化、高质化、高新化产业结构，投产达标一批，开工建设一批，储备报批一批。至2011年2月，累计推出7批140项重大工业项目，总投资6338亿元，超过1950~2006年57年的总和。空客A320飞机总装线为亚洲第一条、全球第四条民用飞机总装线，也是天津首批重大工业项目之一，15个月建成投产，2009年5月18日首架A320飞机试飞，6月23日交付中国客户。国外媒体称："这是进一步显示中国在全球崛起的一个标志性事件。"继空客A320项目后，我国新一代大推力运载大火箭产业化基地、中航工业直升机以及无人驾驶飞机、卫星有效载荷共"三机一箭一星"也相继落户天津。航空航天产业从无到有，仅用3年即成长为天津第一优势产业，使天津在全国唯一兼有航空航天产业。除航空航天外，石油化工、装备制造、电子信息、生物医药、新能源新材料、国防科技和轻工纺织等，构成关系国家命脉和核心竞争力的天津工业八大优势产业。在国际金融危机冲击造成外贸出口锐减的严峻形势下，天津工业新项目、大项目中流砥柱，弥补了存量下滑1300亿元，净增产出700亿元，对工业增长的贡献率超过60%，八大优势产业占工业比重超过90%，产业结构发生了脱胎换骨的变化。

不仅是第二产业"一花独放"，天津以大项目、好项目作抓手，加快了三次产业结构调整。"十一五"期间，天津市通过深化种植业结构调整，大力发展高效设施农业建设，建成了40万亩高标准设施生产基地，并在12个农业区县规划建设15个现代农业园区，全市发展种植业设施总投入累计超过150亿元。全市新建种植业设施35万亩，实现年总产量268万吨，总产值60亿元，为农民创效益36亿元，带动16万人就业，有效促进了产业升级和农业增收。全市农村新整合了31个示范工业园区，农村居住社区、工业园区、农业产业园区三区统筹联动，产业化经营代表了农业结构调整的方向。同时，80个重大服务业项目拉动了第三产业的发展。2009年天津服务业增加值增长15%，为近年最好水平。津湾广场"不夜城"、意式风情区、1902欧式风情街、和平路滨江道商业街等40个商贸旅游精品项目的建成和一批商业特色街的改造提升，会聚了人气，增添了财气。创意产业、总部经济、楼宇经济日长夜大。2009年商贸旅游业的总量和增速居第三产业之首，对全市第三产业贡献率超过33%。

构筑高端产业高地，是危机后时代推动产业结构优化升级的战略之举。天津探求在调整中发展、在转型中提升，使增长更上水平、更有后劲、更可持续。

2. 自主创新助推经济结构优化升级

提高自主创新能力是推进结构调整的中心环节，结构调整能否成功，关键看科技的发展、应用和自主创新。截至2011年5月，天津市已先后部署实施了5批100项自主创新产业化重大项目，使天津经济加快步入创新驱动、内生增长的科学发展轨道。"十一五"期间，天津市全面加强与国家科研院所合作，累计承担国家重大科技专项、"863"计划、"973"计划、科技支撑计划和国家自然基金项目等近4000项，获得国家科技经费支持40亿元，成为国家重要的研究开发高地和高技术原创地。新兴科技产业化、重大创新产品研制和重大关键技术开发，出现了显著的创新驱动效应。比如，大功率半导体照明产品研制及产业化项目，组建了大学、科研院所、企业合作互动的技术创新联盟，聚集了全市的半导体照明关键材料、器件和终端产品产业化项目，企业群体超过百家，规模近百亿元。"危"中求"新"，天津自主创新领域佳音频传。超百万亿次曙光计算机建成投入使用，使我国成为世界上继美国之后第二个生产高性能服务器的国家；锂离子动力电池关键核心技术重大突破，使天津成为国内最大的动力电池生产基地；随着单机2兆瓦、5兆瓦风力发电机组项目的开工，天津成为全国重要的兆瓦级风力发电成套装备制造基地；赛象科技公司继巨型工程子午线轮胎一次法成型机获国家科技进步一等奖后，直径近5米的特巨型子午线轮胎制造设备又研制成功……天津已在干细胞和修复医学、癌症和艾滋病等重大疾病的药物开发、太阳能电池、膜分离技术与材料、数字装备等方面具有明显的科技优势，建成了现代中药、生物医药、新能源、新材料、环保科技等一批国家级产业化基地。

自主创新离不开资金财力的支持，为有效破解中小企业"融资难"，扶持自主创新，天津科技部门与多家银行建立了投融资平台以及财政性科技资金与商业金融资金的互动机制，吸引银行为多家企业提供无抵押、无担保打包贷款，解决企业的燃眉之急。

自主创新离不开高端人才的支撑，以高水平人才的需求逐渐取代对资源或实物资本的需求，进而成为经济结构优化的推力。近年来，天津吸引了一批国内外的创新团队、技术领军人物和拔尖人才。市委、市政府放眼长远，通过公示规划，广泛听取市民群众的建议，决定在海河中游南岸建立教育园区，包括南开大学、天津大学的新址。首先启动建设高职区，打造成国家级高等职业教育改革试验区，为经济转型输送高素质的技能人才大军。

3. 综合配套改革的推进为经济发展注入强大动力

经济结构调整深层次涉及的是重点领域和关键环节的综合配套改革，结构调整必须与深化改革相契合。2008年3月，国务院批复《天津滨海新区综合配套改革试验总体方案》，涉及企业改革、科技体制改革、涉外经济体制改革、金融改革创新、土地管理制度改革等10项重点内容。

滨海新区是中国经济版图上最耀眼的增长极之一，肩负着探索中国改革新方向、寻求低碳绿色经济发展模式等多重目标。滨海新区体制之"新"，体现在天津市委、市政府在大、中、小三个候选方案中选择了改革"最彻底"的一个。建立统一高效的行政架构，区委、区政府比现有机构和人员精简一半以上，组建两类区委、区政府的派出机构：城区管理机构，主要行使社会管理职能；功能区管理机构，主要行使经济管理职能。同时，赋予新区更大的自主发展权、自主改革权、自主创新权。凡属于天津市权限范围内的，新区可以自行决定的事，原则上都下放给新区；凡新区能办的事，支持先行先试，为改革创新创造必需条件。

2009年10月，天津编制上报的《天津滨海新区综合配套改革试验金融创新专项方案》获得批复，在投融资体制、综合经营、整合及新设金融机构、外汇管理、设立柜台交易市场的前期准备、改善金融发展环境六方面进行改革试点。2009年天津新推金融创新20个大项47个子项。拓展直接融资渠道，累计注册各类股权投资基金和创业风险投资企业355家，成为我国股权投资基金相对集中的城市，渤海产业投资基金成立参股优质项目，又设立船舶产业投资基金和飞机租赁基金。天津股权交易所、滨海国际股权交易所、渤海商品交易所揭牌交易，为基金与企业提供投融资信息服务，搭建与国际接轨的大宗商品交易定价平台。滨海新区金融领域的不断探索，不仅为天津经济转型提供支持，也将对我国金融体系的完善和发展起到先行先试的作用。

建设东疆保税港区是其中涉外经济体制改革的重点。2009年12月18日，东疆保税港区以物流仓储、金融服务、电子商务、国际贸易等八大项目的签约迎来开港二周年。两年中，天津东疆保税港一期4平方公里注册229家中外企业，建成七大类产品交易市场，与蒙古、意大利合作的物流园积极进展，试行船舶特别登记制度，试水离岸金融业务。

4. 生态城市建设成为天津发展的重要目标

国家赋予天津"生态城市"的发展定位。构建生态宜居城市既担负着重大的使命，也是转变经济发展方式的目标所在。2007年，天津市人大常委会通过了《生态市建设规划纲要》；2008年，市政府又制定了生态城市建设三年行动计划。

天津的城市面貌正发生巨大变化，连续两年展开了两个150天的市容环境综合整治，以"突出洋气目标，准确功能定位，体现文脉传承，注重街景创新，彰显天津特色"为宗旨，"不给城市留败笔，不给后代留遗憾"，对每一个项目、每一个部位都精心设计、精雕细琢，2009年整修了201条道路和4127栋楼房，改造提升了八大公园并免费向市民开放，垃圾收集处置网络完善，中心城区整治全覆盖，中西合璧、简约整洁、清新亮丽、大气洋气的城市风格逐步显现。天津建成区绿化覆盖率达38.5%，人均公共绿地8平方米；天津的河水变清了，通过大规模的水环境专项治理，河道水质明显改善，城市集中式饮用水源水质达标率保持100%，193万农民饮用水安全得到保障；天津的天空更蓝了，以煤烟型污染、建筑工地扬尘和汽车尾气治理为重点，开展了烟煤电厂、非电企业高效脱硫改造，中心城区小锅炉全部并网。

规划面积约30平方公里的中新天津生态城坐落滨海新区，是中国与新加坡两国政府间合作的旗舰项目，也是第一个中外合作的生态城项目。自2008年9月奠基以来，已完成起步区25公里道路设施，"主题公园式"的国家动漫产业园以及科技园均已开工，环境治理启动。生态城的落户，刷新了天津城市的概念。

2009年，《天津市空间发展战略规划》等一系列重大规划相继通过新闻媒体向市民公示，引起国内外的广泛关注和赞誉。新的天津空间发展总体战略确定为"双城（中心城区、滨海新区核心区）双港（天津港北港区、南港区），相向拓展，一轴（京滨综合发展轴）两带（东部滨海发展带、西部城镇发展带），南北生态"，展现了天津广阔的未来。

构筑高端产业、自主创新、生态宜居高地。天津，这座国际港口城市的转身和嬗变，正是今天中国科学发展最生动的实践和缩影。

二 不断提升质量与水平

（一）天津经济社会发展质量与水平显著提升

新中国成立60年来，伴随着经济总量的不断增长，天津经济社会发展质量与水平显著提升，经济结构沿着工业化的发展进程由低级向高级逐步演进。

1. 产业结构不断优化升级

在天津60年经济发展过程中，农业与服务业变化明显。农业占全市GDP的比重从1949年的23.1%下降到1978年的6.1%，到2010年仅为1.6%。新中国成立初期，农业产业单一，主要是种植业生产，根据市场需求的变化，天津不断调整农业内部结构，种植业比重由1949年的84.9%下降到2010年的52.4%，养殖业比重由1949年的11.5%提升到2010年的43.9%。新中国成立初期天津服务业增加值占全市GDP比重达到40.5%，但那时候天津的服务业以餐饮、商业、运输等低端服务业为主，服务业层次和水平较低。改革开放以来，天津服务业增长逐步加快，传统产业比重下降，新兴产业加快发展，到20世纪90年代，房地产、保险、广告、证券、信息咨询、旅游等迅速崛起。近年来，天津服务业保持两位数增长，金融、现代物流、商贸流通、科技服务、文化及创意等八大产业成为天津现代服务业重点发展对象。

2008年，空客A320系列飞机、150万吨冷轧薄板等97个5000万元以上项目投产运营；一汽丰田、维斯塔斯风电等163个外资项目增资扩产；同时新引进美国普洛斯物流总部、日本永旺购物中心等258个5000万元以上项目。2009年，滨海新区竣工投产项目包括丰田RAV4运动型多功能车、柳工北部工程机械研发制造基地、新疆特变电工变压器等，成为滨海新区重要的经济增长点。源源不断的大项目和优质项目建设，直接提升了滨海新区产业层次。电子信息、汽车及装备制造、石油和海洋化工、现代冶金、食品加工、生物制药、新材料新能源、节能环保八大产业集群初具规模；航空航天、金融、物流、会展、服务外包等新兴产业蓬勃兴起；先进制造业和现代服务业良性互动的现代产业体系初步形成，高端、高质、高新化的"三高"产业结构产生的聚合能量快速释放。天津滨海新区的"三高"产业发展，既着眼当前，又考虑长远，化危机为机遇，促进了产业结构的优化和升级。最近两年一大批高端产业项目建设，为把天津构筑成为高端产业高地、自主创新高地和生态宜居高地，更好地参与未来国际产业链竞争打下了坚实基础，在未来新一轮竞争中，天津必将占据非常主动的位置。

2. 资源利用效率显著提高

天津工业近年来始终坚持加快发展不以牺牲环境为代价，把节能减排和环境保护放在工业化战略的突出位置，向结构优化要节能，向技术进步要节能，向加强管理要节能，走出了一条"低投入、低消耗、低排放、高效益、高产出"的可持续发展道路，实现了又好又快的发展态势。按照国家要求，天津市单位GDP能耗"十一五"期间累计下降21%。2006～2009年天津市万元GDP能耗下降率分别为3.98%、4.9%和6.85%和6.03%，4年累计下降20.07%，居全国第二位。2009年全市万元GDP能耗达到0.836吨标煤，仅为全国平均水平的77.6%。2010年，在节能降耗面临严峻形势的情况下，各区县、各部门积极采取切实有效的节能措施，加大节能降耗的工作力度，保障了节能降耗工作的发展逐步向好，全市2010年单位GDP能耗同比下降1.17%，顺利完成"十一五"节能降耗的目标任务。

改革开放以来，天津不断转变经济发展方式，探索科学发展途径，走出了一条独具特色的节约型发展道路。20世纪80年代，天津以提高经济效益为中心，努力推行内涵扩大再生产，叫停了一批技术水平低、能耗高、效益差的产品和企业。90年代，天津加快调整，实现经济结构优化升级，能源利用效率稳步提高。2008年，天津排放权交易所正式挂牌，为企业利用市场化手段促进节能减排提供了交易平台。1991～2008年，天津能源消费总量年均递增5.5%，低于同期全国平均水平0.6个百分点，低于同期全市GDP平均增速7.3个百分点，以较低的能源消耗支撑了国民经济的快速增长。

3. 循环经济发展迅速

进入21世纪以来，天津不断强化循环经济理念，完善政策环境，设立专项发展基金，大力推进循环经济试点建设，有力促进了天津市循环经济示范园区和企业建设，特别是在企业、区域和社会三个层面取得了长足发展。北疆发电厂是国家首批循环经济试点项目，也是2007年天津确定的首批20项重大工业项目之一，规划三期建设4×1000兆瓦燃煤发电超超临界机组和40万吨/日海水淡化装置。一期2×1000兆瓦发电机组和20万吨/日海水淡化装置已经竣工，它首创了"发电—海水淡化—浓海水制盐—土地节约整理—废物资源化再利用"的循环经济模式，每一个环节产生的废弃物都被下一个链条吸收利用。天津开发区、子牙工业园、临港工业区、华苑产业区、北疆电厂、大通铜业有限公司、挂月集团和华明示范镇8个单位，已确定为天津市第一批循环经济试点。按照循环经济试点实施方案，8个试点均制定出主要任务和建设重点，部分工程建设完工并投入使用。今后，天津将通过政策引导、资金扶植等措施，使天津市循环经济试点企业、园区和小城镇得到进一步加快发展。

4. 自主创新能力显著提升

自主创新能力是经济结构调整的中心环节。截至2011年5月，天津市已先后部署实施了5批100项自主创新产业化重大项目，使天津经济加快步入创新驱动、内生增长的科学发展轨道。为引导和推动重大科技成果转化和产业化，天津市自2005年设立了科技创新专项资金，当年落实资金1亿元，"十一五"期间每年拿出2亿元。针对科技创新与产业化投资大、风险大而抵押不足导致"融资难"的问题，天津市坚持培育发展创业风险投资事业，专门设立了政府创业风险投资种子资金。2008年在滨海新区设立20亿元的创业风险投资引导资金，共引进国内外创投机构98家，创投注册资本金130亿元。通过政府创业风险种子资金，先后引导境外及民间机构在津设立了赛富成长、滨海天使创业投资基金、天保成长创业投资基金等9家商业性创业投资企业，注册资本总额为5亿元。同时，为促进金融与科技的结合，天津市科委先后与国家开发银行天津分行、农业发展银行天津分行、渤海银行、浦东开发银行等多家金融机构合作，建立了面向科技型中小企业的投融资平台，实现了打包贷款、无抵押贷款、知识产权质押贷款等新型金融工具的实施。天津还将引进高端人才、研发团队作为政府资金使用的重点。通过一系列举措，天津成为创新创业人才集聚之地。如通过科技创新专项资金，引进了来自中科院和海外的17个研发团队。与科技部共建的国家生物医药国际创新园，已引进16位优秀留学生、15个科技项目，创办企业5家。另外，天津先后与科技部、中科院等12个国家部委、科研院所、科技集团建立了部市会商制度和全面科技合作关系。在实施这一系列政策措施的同时，天津还注重科技体制机制创新，探索产学研相结合的新模式，促进科技资源优化配置和科技创新能力的提升。目前，天津已建成国家和部级重点实验室27个、国家级企业技术中心16个、国家级工程技术中心13个、市级重点实验室60个、市级工程中心29个、市级企业技术中心236个，各类科技企业孵化器和生产力促进中心等创业与服务平台72个。

（二）目前天津经济发展质量存在的差距与不足

虽然天津在实现经济又好又快发展方面取得了重大的成绩，但与其他先进地区相比，仍然存在很大差距。

1. 经济增长对投资的依赖性强

长期以来，天津经济的快速增长主要依赖出口和投资的推动，粗放型经济增长特征比较明显。以投资为例，全社会固定资产投资由1978年的20.3亿元提高到2008年的3404亿元，年均增长18.6%，比社会消费品零售额的增幅高2.9个百分点。特别是1990年以来，天津投资率（固定资本形成占支出法GDP比重）平均为52%，并且呈不断走高的趋势。特别是2008年金融危机以后，2008~2010年全社会固定资产投资增量连续三年超过千亿元，其中，2009年固定资产投资首次突破5000亿元，比2008年增长47.1%，为近18年来最快增速，投资率更是达到创纪录的66.7%。

在维持高投资率的同时，投资效果却不断下降。投资效果系数是一定时期内GDP增加额与同期全社会固定资产投资完成额的比值，它反映了单位固定资产投资所带来的GDP增量。自1995年以来，投资效果系数表现出明显的下降趋势。这说明天津市的投资效率下降，经济增长需要依靠更多的投资来驱动。

2. 二产占明显的主导地位，三产比重亟待提高

天津是一座老工业城市，工业发展始终是推动经济增长的主要力量。表8-1和图8-1反映了近年来天津各产业结构的变化情况。

从表8-1和图8-1中可以看出，近年来天津的第一产业、第三产业在整个国民经济中的比重不断下降，而第二产业则处于不断增长的状态，这种趋势在2009年有所改观。虽然天津近年的经济增长十分迅速，2008年、2009年更是连续两年取得经济增速居全国第二位的好成绩，2010年经济增

表 8-1　天津市国内生产总值、产业结构和比例

单位：%

	2006 年	2007 年	2008 年	2009 年	2010 年
第一产业	2.4	2.2	1.9	1.7	1.6
第二产业	57.3	57.3	60.1	54.8	53.1
第三产业	40.3	40.5	38.0	43.5	45.3

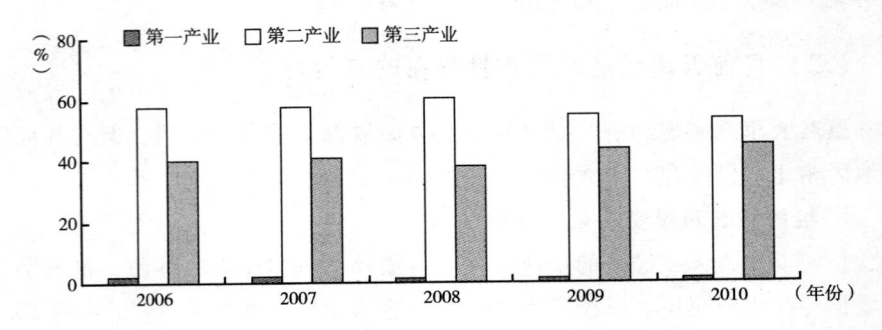

图 8-1　天津市国内生产总值、产业结构和比例

速居全国第一位，但是经济的快速增长却主要是靠第二产业的发展而取得的，产业结构还不够合理和科学。进一步分析，第二产业产值快速增长，主要是天津现代制造业快速发展的结果。但如前所述，这也与国家和天津市政府大力投资的作用分不开，而规模如此巨大的投资能否得以持续，并取得预计效果，仍然需要依靠体制创新、科技进步和管理水平的提高等一系列保障措施的推进。而第三产业，特别是与现代制造业密切相关的生产性服务业的发展，仍然具有很大的提升空间。

3. 单位能源消耗明显下降，但节能减排的任务依然艰巨

当前，天津仍然处于工业化发展的中期阶段，经济发展对能源的需求量越来越大，而可供使用的主要能源却十分稀缺。由于技术进步和产业升级的积极影响，近年来天津能耗强度出现了下降，2009 年每万元 GDP 综合能耗为 0.836 吨标准煤，比上年下降 6.03%，低于全国平均水平，但比北京（0.606 吨标准煤）和上海（0.727 万吨标准煤）分别高出 38% 和 15%。同时，由于经济总量的迅速扩大，能源消费总量还是保持较高增长态势，2009 年全市能源消费量为 5874.09 万吨标准煤，比上年增长 9.5%。虽然近年来在控制能源消费方面已初见成效，但与世界先进水平比较还相差甚远。2008

年天津市每亿美元 GDP 的能源消费量为 5.56 万吨标准煤当量，而 2005 年全世界每亿美元 GDP 能源消费量为 2.22 万吨标准煤当量，OECD 成员国平均仅为 1.61 万吨标准煤当量，由此可见，天津创造 GDP 过程中的能源消费代价较大，这也表明天津节能减排的任务非常艰巨。

4. 工业"三废"排放增加，治理成本加大

资源高消耗的同时，经济增长中付出的环境污染和治理成本也给天津经济社会的发展带来很大压力，废水、废气和工业固体废物的产生和排放对生态环境构成巨大威胁，环境污染与破坏事故带来的直接经济损失和治理污染的费用也在增加。近年来随着环境保护的努力和治理投入加大，环境质量局部改善，但总体形势依然严峻（见表 8-2 和图 8-2）。

表 8-2 天津市废水、废气、固体废弃物排放情况

	2004 年	2005 年	2006 年	2007 年	2008 年	2009 年	2010 年
工业废水排放量(万吨)	22628	30081	22978	21444	20443	19441	19679
工业废气排放量(亿标立方米)	3058	4602	6512	5506	6005	5983	7686
工业固体废物产生量(万吨)	753	1123	1292	1399	1479	1516	1862

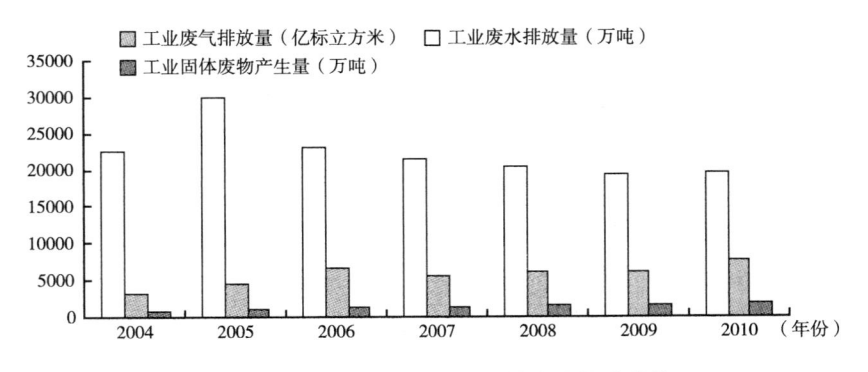

图 8-2 天津市废水、废气、固体废弃物排放情况

经济社会的快速发展，给环境造成巨大的压力也表现在地表水水质不断恶化上。根据海河流域管理管理委员会的监测结果，海河流域水污染情况自 1990 年以来呈恶化趋势。2010 年底海河流域仅有 34.6% 的监测断面水质达到或优于地表水环境质量Ⅲ类标准；61.7% 的水质断面受到不同程度的污染，劣Ⅴ类水所占比重高达 51%。比较近 10 年的水质变化情况，2004 年以前水质达到或优于地表水环境质量Ⅲ类标准的比例基本在 41% 以上，但是

近年来由于废水排放量的增加，水质污染加剧。

5. 自主创新能力还有进一步提升的空间

近年来，天津市通过狠抓企业技术中心创新能力建设，引导企业加大科技投入，打造创新团队，营造创新环境，不断研发关键核心技术，促进产业技术升级，企业自主创新能力显著提高。

但看到发展成绩的同时，更需要看到与先进地区相比存在的差距。作为我国改革开放的窗口城市，深圳市近年来的专利申请增速保持在35%以上。2006年，深圳在国内大城市中获得发明专利申请量、PCT专利申请量两个全国第一；深圳市具有自主知识产权的高新技术产品产值占全部高新技术产品产值的58.92%，全市高新技术产品增加值占GDP的比重达到31.39%。特别是当全球金融危机来袭时，深圳表现出强大的抗冲击能力，成为全国提升自主创新能力、推动产业转型升级的一面旗帜。而2010年天津R&D经费支出占全市生产总值的比重为2.5%，全市大中型企业R&D支出占全市R&D经费支出的比重不足一半，高新技术产业快速发展主要靠外资大企业支撑。对比深圳，天津的自主创新能力还有较大的提升空间。

三 科技进步与产业结构升级

天津始终把转变经济发展方式作为全市工作的重中之重，努力提升科技水平和自主创新能力，以调高调优第一产业、做大做强第二产业、加快发展第三产业为主线，以高水平大项目好项目为抓手，大力发展优势产业，积极培育新兴产业，加快改造传统产业，主动淘汰落后产业，全力构筑高端化、高质化、高新化的产业结构，打造具有科技创新力、市场竞争力、区域带动力和产业聚集力的现代产业集群。

（一）科技优先发展是推动经济又好又快发展的重要支撑

1. 做大做强高新技术产业

天津市高新技术产业在国内具有较高的知名度，是天津经济发展的支柱。首先要进一步做大高新技术产业，在继续招商引资的同时，走区域联合之路，加强与科技部、中科院等国家机关和科研机构的合作，建设一批具有国际水准的产业技术研发机构。充分利用北京的高新技术研发中心，把天津建成北方地区规模最大的高新技术产业化基地。充分利用与京冀的地缘、人缘、业缘优势，联手打造京津塘高新技术产业带，推动京津冀高新技术产业一体化。同时，天津必须创造条件，培育像海尔、华为那样的民族高新技术支柱企业，以规避过分依赖外资跨国大企业的状态。

2. 有效聚集和使用科技人力资源

目前天津市吸引人才的良好环境和氛围远未形成，科技人力投入规模逐年下降的趋势必须引起有关部门的关注。要抓住滨海新区大发展的有利时机，下大力气创造吸引人才的优良环境，集聚、开发、使用和有效整合科技人力资源，扭转天津市科技活动人员流失的状况。要向国内外先进经验学习，切实营造尊重知识、尊重人才的社会氛围，显著激发科技人才的积极性和创造性。

3. 持续加大科技投入力度

一方面要继续增加政府科技财力投入，提高政府投入效率，将有限的政府科技经费投入到对科技和经济发展有明显拉动作用的公共技术平台建设上来；另一方面，必须从薄弱环节入手，大幅度提高企业的科技投入水平。天津的外资企业无论从人均还是总量上看，投资都处在国内前列，但是其研发机构基本不设在本市，所以科技投入寥寥。而本地大中型企业普遍在研究开发、技术改造的投入上较低。因此，天津必须采取有效措施，在提高本地企业科技投入积极性和吸引外资企业在本市建立研发机构方面制定倾斜政策。

4. 制定有突破性的科技政策

良好的创新环境需要配套、系统和创新的科技政策支撑。近几年天津出台的有地方特色和突破力度的科技政策不多，政策总体水平落后于北京、上海、深圳等市，在某些方面甚至落后于西部地区的四川和陕西。要认真学习其他先进省市的经验，在充分借鉴的基础上大单创新。适应天津科技支撑经济社会发展的需要，紧密配合国家创新体系建设，适时制定和调整现有科技政策，形成覆盖全面、功能完善、特色鲜明、有突破力度、操作性强的科技政策支撑体系。

5. 打造科技创新的良好环境

科技创新活动需要一个相对自由、宽松的环境，然而关键问题是一个什么样的环境才能够真正地激发起人们科技创新的热情？目前在提高科技竞争力问题上基础设施的"硬件"不过是技术性设施的组成部分，而服务质量、服务效率、人才素质即"软件"设施才是体现投资环境和竞争实力的关键。而要达到这方面的更高要求，就需要政府创新管理模式和制度来适应新的要求,以新的职能来促进竞争力的提高。

6. 加大知识产权的保护力度,净化科技创新环境

能否保护知识产权事关科技创新环境的优劣。要针对当前科技市场秩序混乱的现象,切实制定相关措施保护科技创新和专利发明人的权益。一要制定科技发明人申请专利的鼓励政策,在职称、技术入股和收入分配方面体现鼓励和倾斜。二是鼓励科技中介服务业的发展,让科技成果尽快投入实际应用。三是逐步发展和完善风险投资机制,让更多的科技企业得到研发资金,产生更多的创新成果。四是对侵犯知识产权的行为加大打击力度,净化科技创新环境。

(二) 产业结构升级是实现经济又好又快发展的根本途径

1. 确定产业结构调整的方向和目标

产业结构优化升级的基本方向和总体目标是:第一产业向集约化、生态化、多功能化发展;第二产业要提高技术水平和集聚度;第三产业要提高比重、提升层次和辐射能力。到2020年,要形成以高新技术产业为主导、先进制造业为支撑、服务业占有优势地位、农业特色鲜明、三次产业全面优化升级、协调发展的现代化产业格局。

2. 选好主导产业

在工业化进程中,每一个阶段都存在着不同的主导产业,带动整个产业结构升级,工业化进程发展阶段的更替表现为主导产业按一定的次序变化。任何区域经济的快速发展,都离不开区域主导产业的正确选择,因此,选好主导产业是加快产业结构升级的关键。

主导产业的选择既要遵循产业演进规律,又要综合考虑发展阶段和发展环境的要求,依据产业的增长效应、规模效应、就业效应、关联带动效应和可持续发展效应,以及外商投资密度和投资趋势,同时考虑天津与北京、河北和环渤海区域产业分工协作关系,可以确定今后10年的主导产业为:

——以电子信息、生物技术和医药、光机电一体化、新能源和新材料为主的高新技术产业;

——以汽车、冶金、化工和机械为主的传统制造业;

——以现代物流、房地产业、金融保险、旅游和社会服务业为主的新兴服务业;

——以工业设计、咨询策划、软件服务、文化展演和动漫制作为主的创意产业。

3. 大力发展生产性服务业，促进二、三产业互动发展

生产性服务业是为产品生产或服务生产的中间投入的服务业，它出现在生产的各个阶段。生产性服务业的发达程度，不仅反映现代服务业的水平，更体现现代制造业的产业能级。同传统服务业相比，现代生产性服务业是一种高智力、高集聚、高成长、高辐射、高就业的服务产业，具有国际性、知识性、创新性、协同性、信用性等特征。未来制造业生产的不仅是物质产品，更是服务产品，产品的增值将主要来自于服务。发展现代生产性服务业是天津产业结构升级的内在要求，也是促进环渤海经济圈产业共同发展、服务全国和与世界经济接轨的需要。今后10年，要重点发展与制造业直接相关的配套服务业，包括专业性服务业和公共性服务业。

4. 统筹市区与郊区产业发展，推进产业结构布局调整

要实现人均GDP的跨越式增长，关键在郊区的发展。郊区有良好的区位优势、环境优势和后发优势，发展空间广阔，资源禀赋良好，发展潜力很大。同时，郊区有良好的产业基础，而市区则集中了更多的智力、资金、资源和巨大的市场需求，拥有丰富的发展资源：人才、资金、技术及教育、文化、卫生等。要用城乡一体化的方法进行整合，统一规划、同步推进，在更高层次上整合城乡资源，优势互补，发挥城市对郊区的带动作用、郊区对城市的促进作用。统筹市区与郊区协调发展，必将有力激活郊区的区位优势、资源优势和发展潜力，推动全市经济社会快速发展和结构升级。

统筹市区与郊区产业发展从以下措施入手：一是建立统筹市区与郊区协调发展的领导机制和推进机制；二是统一规划，进一步优化全市产业结构和空间布局；三是发展都市型现代农业，促进非农产业向园区聚集；四是加大对郊区基础设施建设的投入。

5. 实施产业融合战略，加快传统产业升级换代

产业融合是指高新技术及其产业作用于传统产业，使得两种产业或多种产业融合为一体，从而发展出新的产业或合成产业。产业融合突破了固定化边界的产业分工限制，打破了传统工业化生产方式纵向一体化的市场结构，塑造出新型横向结构，产生交叉作业，促生新的产业领域，形成新的经济增长点。产业融合是高新技术产业和改造提升传统产业相结合的有效途径。

产业融合战略从以下几方面入手：一是推进高新技术产业对传统产业的渗透融合；二是推进产业间的延伸融合；三是推进产业重组融合。

6. 实施产业集群战略，提高产业竞争优势

产业集群是产业发展的客观规律，是一种空间产业组织形态，也是经济发展的一种战略方式。要充分运用这一规律，围绕壮大主导产业，加快建设有国际竞争力的产业集群。

实施产业集群战略从以下几方面着手：一是制定产业集群发展规划；二是把产业链的延伸作为发展产业集群的主脉；三是加强社会网络和中间组织建设；四是推动工业园区向集群化发展。

7. 发展循环经济，实现经济可持续发展

天津是一个制造业占主导、人口密度高、环境脆弱的特大城市，经济发展的资源和环境约束矛盾十分突出，发展循环经济为新型工业化开辟新的途径。循环经济把清洁生产、资源综合利用、可再生资源开发、产品的生态设计和生态消费等融为一体，使所有的原料和能源在不断进行的经济循环中得到合理利用，从而把经济活动对自然环境的影响控制在尽可能小的程度。循环经济的核心是提高生态环境的利用效率，其目标是追求可持续发展。

发展循环经济从以下几方面着手：一是从三个层面推进，企业层面推广清洁生产，区域层面建立工业生态园区，社会层面创建生态都市；二是发展废物处置和再生产业；三是倡导绿色消费；四是建立循环经济的绿色技术支撑体系；五是建立有利于循环经济发展的政策体系。

第九章
金融与服务

金融是现代经济的核心，金融先行是区域振兴的先决条件，以金融业为首的现代服务业发展在区域经济发展中起着至关重要的作用。天津要建成中国北方的经济中心，需要加快金融改革创新，建设与北方经济中心相适应的现代金融服务体系；加快现代物流、科技和信息服务业、旅游业、创意产业、会展业等服务业的发展，为提升天津的经济实力、充分发挥北方经济中心的辐射带动作用创造有利条件。

一 经济中心建设呼唤金融中心的再兴

（一）中国第三经济增长极的快速发展呼唤北方金融中心的再兴

1. 历史经验表明，金融先行是区域振兴的先决条件

金融是现代经济的核心，是经济运行的血脉，它贯通生产、流通、分配和消费的各个环节，对区域经济发展起着至关重要的作用。金融发展不仅有助于促进区域经济的增长，而且在产业结构升级、区域经济均衡增长等方面也发挥着重要作用。同时，随着经济发展，金融成为区域的支柱产业，因而区域中的核心城市通常都是区域性的金融中心，甚至是国际金融中心。历史经验表明，金融先行是区域振兴的先决条件。

（1）纽约城市群发展经验借鉴。以纽约为核心的美国大西洋沿岸城市群是美国经济的核心地带，也是目前世界上规模最大的城市群。第二次世界大战后，随着美国政治、经济势力的扩张，纽约一跃成为美国乃至世界的金融中心。而其中作为世界上最大的货币市场和股票市场,为经济发展提供了源源不断的动力,对纽约经济发展、社会化大生产的顺利进行、现代市场经济体制的构建起到了举足轻重的作用。同时,金融在纽约城市群产业结构调整中发挥了重要的作用。自20世纪50年代以来,纽约从传统的制造业都市转变成以服务业为主的国际都市,与金融的支持密切相关。风险投资、产业投资基金和纳斯达克证券交易所的建立,机构、工具和融资方式的创新为高新技术产业的发展带来了更多的融资渠道,从而带动了城市群产业结构的调整,为纽约的发展注入了新的活力。

(2)"长三角"城市群发展经验借鉴。自1992年浦东开发开放以来,上海乃至"长三角"地区的经济随着金融业的发展而不断壮大。一直以来,金融作为上海的支柱产业,其增加值占上海地区生产总值的比例一直保持在10%左右。"长三角"地区自中国资本市场建立之日起就拉开了利用资本市场促进区域经济发展的帷幕。近20年来,其上市公司的数量、规模不断壮大,从资本市场募集到发展所需的大量资金,而充裕的资金支持使得"长三角"地区的经济发展明显快于全国。同时,金融在"长三角"地区产业结构调整中也发挥着重要的作用。"长三角"地区是中国经济最发达的经济区,高新技术产业和服务业是"长三角"地区经济增长的主要动力。为此,近几年"长三角"地区不断增加对主导产业的投资水平,对重点扶持企业实行低利率或优惠利率贷款政策以促进产业结构的优化和调整。通过加强区域金融合作缩小区域经济差距是"长三角"地区经济发展的又一特点。近几年来,"长三角"区域的金融合作已呈现逐步升温的态势,合作范围也越来越广,包括资金的区域流动以及直接投资、产权交易、货币市场、证券与保险业务等多方面的合作。区域金融合作使得资金向边远地区、经济落后地区扩散,实现区域经济均衡发展。

2. 北方金融中心再兴的重大意义

天津是中国金融业对外开放较早的城市。"金融中心"对天津来说这是个久违了的词汇。在近代中国,天津曾与上海分享这一地位。20世纪初,本土和外资金融机构云集,曾铸造了天津作为"中国北方金融中心"的辉煌。到了计划经济时代,天津的经济中心地位和金融功能逐渐被弱化。在市场经济发展的过程中,金融服务与区域发展就像是一枚硬币的两面——相辅相成、缺一不可,天津一直梦寐以求并努力重铸金融中心功能。

(1)北方金融中心的再兴将助推天津快速发展。金融业作为最重要的现代服务业之一,在一个地区 GDP 的增长中占有越来越大的比重。加快金融服务功能建设,重塑北方金融中心,毫无疑问将加快天津金融业的发展,促进天津经济总量的进一步提升。近年来,天津市的金融改革发展取得了很大成绩,基本建成了与经济社会发展相适应的多层次、多元化金融机构体系、市场体系和服务体系,但与北京、上海等先进地区相比,天津市金融业在规模总量、机构门类、发展质量、管理水平等方面还存在一定的差距。差距也正是发展的前景和努力的方向。北方金融中心的再兴,一是必将大大提升天津金融产业增加值,有利于迅速做大天津的经济总量;二是增加了金融产业在天津 GDP 总量中的比重,有利于优化产业结构,这对于加快天津发展、缩小天津与先进地区的差距无疑会起到十分重要的作用。

金融是现代经济的核心,金融市场日益成为市场机制的主导和枢纽,金融市场的配置功能可以促进资源合理配置,实现社会资源、资金和风险的再分配。天津建设成为机构集中、市场发达、信息通达、设施先进、服务高效的区域性金融中心后,将会大大加强对天津经济社会发展的支持和服务力度,引导资金和社会资源迅速转移到最有效率、需求旺盛的优势产业和重大项目中,实现资源在天津各地区、部门、行业和企业之间的优化配置、保证资源的有效利用。在当前形势下,北方金融中心的再兴,其首要功能就是可以根据国家宏观政策的变化,以重大项目、优势产业的资金需求为重点,沟通信息,主动服务,密切合作,加大信贷支持力度,为天津的进一步发展及时提供必要的资金保障,帮助天津实现跨越式、赶超型的发展。

(2) 北方金融中心的再兴能够促进区域协调发展。金融是区域经济协调发展的"第一推动力",是区域经济合作的重要纽带。要实现区域经济在更大范围、更广领域、更高层次的协调发展,就必须加强金融服务,更好地发挥金融在区域资源流动和产业合作分工中的配置导向和市场调节作用。研究发现,我国现阶段经济发展比较快的地区,基本上形成了比较健全和强有力的金融体系和融资支持系统。如在外资密集的上海、广东形成了特有的外资支持系统;在浙江的温州、台州地区,民间抬会、摇会等非金融体系提供的"风险资本"为创业初期民营企业家的成长提供了有力支持,进而形成东南沿海地区具有自身特色的自发经济演进史和具有强大生命力的内生性区域发展模式。老工业基地环渤海、重工业基地东北地区整体上复苏较慢,在某种程度上与地区金融发展滞后有一定的关系。

在我国的国家发展战略中,天津定位为北方经济中心。经济中心城市需要区域经济的支持，区域经济发展更需要区域金融的支持，随着区域经济的发展必然对中心城市提出新的金融需求。为满足京津冀乃至环渤海地区的经济发展，必须要创建和形成具有区域特点的金融支持体系，在这个金融支持体系中，作为经济中心城市，天津建设成为北方金融中心，无疑会大大加强金融对区域经济协调发展的支持与服务作用，实现金融与区域经济的良性互动。

首先，北方金融中心的再兴，其完善的金融体系将分散的资金市场融为一体，使资金在整个社会实现重置和分配，同时金融体系利用自身信息优势及监督优势将资金引向那些预期收益好发展潜力大的区域、行业和企业，提高资金使用效率，从而起到以金融资源来实现区域经济资源优化配置，推动区域经济科学发展。

其次，金融发展不仅从宏观方面促进资本的转移和集中，推动企业集团化、产业区域化发展，加速区域产业结构调整，而且，金融发展还能从微观层面为企业集团提供内部控制手段，推动区域企业机制转换和组织形式演化，推动企业向集约化、内涵式方向发展，从而推动区域经济增长方式的转变和区域经济转型。

（二）积极推进北方金融中心再兴的战略选择

1. 北方金融中心的再兴需要与北方经济中心相匹配

金融中心的形成和发展与经济活动中心的变迁紧密相关。经济中心和金融中心是一对孪生兄弟，金融中心是经济中心的反映。在我国的国家发展战略中，天津被定位为我国北方经济中心，这对天津的金融建设和发展提出了更高的要求——很难想象一个城市是某区域的经济中心而却不是该区域的金融中心。可以说，北方金融中心的再兴是北方经济中心战略定位的必然要求。那如何才能实现北方金融中心的再兴呢？或者说，北方金融中心再兴对天津的金融建设提出了哪些方面的要求呢？

现代社会的金融中心，主要是指那些在市场经济高度发达的基础上建立起来的金融机构密集、金融市场完善、资金交易活跃、金融工具齐全、金融信息灵敏、辐射能力强、金融设施先进、金融服务高效的地区。金融中心的特征基本上可以概括为"四化三力"，即金融机构多元化、金融业务市场化、融通资金多样化、运营手段现代化，在全世界或全国或某一地区里具有很强的聚合力、辐射力和综合服务能力。"四化"是衡量是否能形成金融中心,或者金融中心机制是否完善的标准,而"三力"的大小,则反映了某一金融中心的功能或作用的程度,表明其影响及地位。

天津要想实现北方金融中心的再兴,首要条件就是需要经济总量的支持。经济总量是金融中心形成的基础,只有经济发达到一定规模,才会产生强大的金融需求,促进金融机构的聚集和金融资产规模的扩张。国际经验表明,一个城市的经济总量在金融中心建设进程中起决定性的作用。天津2010年GDP达到9109亿元,增速位居全国最前列,但其GDP绝对值仅占全国总量的2.29%,而巴黎为27%、伦敦为18%、东京为18%、纽约为8%,差距十分明显。其次,北方金融中心再兴还需要相应的金融聚集程度。金融聚集程度包括金融组织的聚集、金融市场的聚集和金融规模的聚集,通过聚集效应发挥规模优势和聚集的外部效应。反映一国或一个地区金融聚集程度最明显的指标就是金融机构的聚集度。在世界知名的国际金融中心中,纽约华尔街不足一公里长的街道上就集中了几十家世界一流的大银行、保险公司、证券交易所以及上百家国际大公司总部;而整个欧洲80%的国际金融机构的总部都设在伦敦,全世界最大的200家银行中有190多家在伦敦设有分支机构。与这些发达的国际金融中心相比,天津的金融机构集聚度远远不够。再有,北方金融中心的再兴还需要相应的体制和机制支持。金融中心往往是区域经济中心,它必须拥有雄厚的经济实力,对经济腹地有较强的经济集聚能力和金融服务能力,能够带动经济腹地的经济发展。由于我国现存经济体制的束缚和市场发育不成熟,导致天津与经济腹地间的利益冲突,横向经济联合松散,经济结构趋同,产业梯次不明显,这阻碍了资源在区域内的优化配置,不利于地区经济一体化,也不利于经济中心的形成。同时,金融中心还需要稳定优良的制度环境,需要完善的法律法规来保证各种金融合约的履行,金融中心要有很好的金融制度、法律制度、产权制度来保障。

2. 构建与北方经济中心相适应的现代金融服务体系

金融中心的形成从来就不是一蹴而就的,它不是人为选出或行政指定的,应主要依靠金融开放与金融环境以及金融机构和相关企业的自发选择。金融中心是市场长期竞争的结果,那些体制改革和制度创新进展最快的金融市场将是本区域内金融中心最有可能的形成者。如果大家都建设金融中心,不仅中心不成为中心,而且必然加剧地区分割,削弱资金的流动性,使资金不能充分发挥作用。天津被定位为我国北方经济中心,这是北方金融中心再兴难得的历史机遇,但是要发挥天津的比较优势,建设北方金融中心,还必须取得这个地区各地方的认同、支持与参与。如果没有为全区域服务的思想，只想着本地经济发展，不但不能得到这种认同和支持，而且还可能遭到抵制。

如果说北方金融中心是天津发展的前景和目标，那么目前在对金融的改造和建设方面，天津现在要做的是建立一个与经济中心城市相适应的现代化金融服务体系，为环渤海地区服务。从"把天津建成北方金融中心"到"建立与北方经济中心相适应的现代金融服务体系"的转变，是目前天津理性的选择。其实，在不事张扬中渤海银行、渤海财险、渤海产业基金等一系列金融产品已然问世，有的产品"可能是摸着石头过河"，低调、务实地加快金融建设显示天津高层的稳健与远见。构建金融服务体系也好，打造金融中心也罢，总之天津发展金融市场的脚步越走越快。目前，天津正以城市综合经济实力和区域城市化水平为依托，以壮大金融机构实力、完善金融服务功能为重点，大力推进金融体制创新、金融功能创新和金融环境创新，加快建立健全金融组织体系、金融市场体系、金融风险防化体系、金融服务体系和金融宏观调控体系等五大体系，努力实现由城市金融服务向区域性金融服务的全面转变，由货币市场为主的金融服务向货币、资本、保险、信托等综合性金融服务的全面转变，通过经济实力、金融实力的提升，逐步确立天津金融作为我国环渤海地区影响面广、辐射力强、产业实力大的中心地位，为推动天津及环渤海区域经济发展，营造一流的金融生态环境。

3. 加快完善现代服务体系

现代服务业是与传统服务业相对而言的，主要是依托信息技术和现代管理理念发展起来的，是信息技术与服务产业结合的产物。随着经济发展和社会分工的演化变革，为工农业提供中间服务的金融、物流、邮电、通信、仓储、教育、中介等各类现代化的专业服务迅速崛起，这类产业直接影响整个区域经济素质和运行质量，其发展的规模、层次已成为一个区域经济发展水平的重要评价依据。天津要建设成为北方金融中心，除了先进的的金融基础设施外，还必须有高度发达的现代服务体系作为支撑。

金融业也是现代服务业，而且是现代服务业中的高层次的核心产业。北方金融中心的建设需要专业化的金融服务，需要能够为资金流、信息流提供准确、快速、通畅、便捷的的专业化服务体系。这个体系建设包含了多方面的内容，包括市场信息收集披露和共享、风险衡量与管理、市场流动性的提供和维持、保证市场运作的透明度、保证市场运作的规则和市场纪律、市场培育与客户教育、相应配套服务等多方面的内容。这些内容的建设都需要现代化的服务体系支持，尤其是信息系统的支持。信息网络和信息技术的广泛应用促进了金融服务的繁荣发展，金融中心发展程度的一个重要标志就是信息化水平。现代金融中心具有完善的信息服务平台和专业信息服务平台，因而需要大力推进信息化和网络化建设，建立安全便捷的金融电子信息网络和全天候的电子交易系统，为金融机构和客户提供金融活动所必需的及时信息和操作手段。同时，金融产品、金融工具、金融服务的创新，也都离不开信息技术、网络技术等现代服务体系的支持。

金融中心的一个重要功能就是通过价格的指导和资金的流通，以及市场的运作来合理配置社会资源。在社会资源的配置过程中，必然伴随着对物流、通信、邮电、仓储、中介等现代服务业的需求。因而，随着北方金融中心功能的逐步完善和发展，相应的现代服务体系也需要逐步建立。再有，金融服务体系是一种以运用智力资源为主的服务体系，它依赖人力资源的知识水平、创新能力和专业知识的集成，在服务过程中实现增值，并对其他行业具有高度渗透性。与金融中心相适应的金融服务体系需要拥有一大批优秀的企业家队伍、高素质的管理团队、具有各种技术专长的专家群体以及训练有素的员工队伍，同时要拥有专门化的知识库和专家支持系统，这些同样离不开咨询、培训、教育等现代服务体系的支持。

4. 加强与京冀金融合作，共建北方金融中心

金融中心是区域内各金融市场通过为各种金融业务活动提供最大便利的竞争而逐渐形成的。这种竞争优势地位的取得需要金融市场自身进行不断的改革与创新，即需要经常的、阶段性的重新审视和调整原有金融市场的体制和制度缺陷，并建立新的金融市场体制和制度，以解除滞后体制和制度对金融市场发展的制约，并为金融市场的发展注入新的活力和动力。由此，我们必须重新认识北方金融中心的作用，通过各地区的金融功能的划分和优势互补，由市场力量而非行政手段来共建北方金融中心。

从京津冀三方发展来看，北京作为首都，集中了全国 50%～60% 的金融资产，是全国金融管理中心和信息发布中心。作为北方经济中心的天津正在逐步成为中央银行北京大区行所在地，随着滨海金融街、渤海银行以及渤海产业基金的成立，天津正在积极打造北方金融中心。而河北的金融机构设置和集中程度相对较弱，这与区域经济发展、城市化水平、产业结构的限制有关系，同时也受到了京津两地强势经济的挤压，出现了金融业的非均衡发展态势，反过来又有利于实现区域资源的互补。目前，北京的银行是全国最大的存差行，每年银行存款大于放款好几百亿元，而且多年来由于受到银行贷款额度的约束，发放贷款受到一定限制，导致北京的大量银行资金不能用于本地区的经济建设而不断南流，与此同时，河北和天津虽然毗邻北京，但金融机构历来资金紧缺，长期处于银行借差。随着天津滨海新区和唐山曹妃甸的大规模开发，京津冀金融业走向一体化正处在一个最佳时机。

事实上，京津冀金融业的联合初显端倪。最近，北京银行正式进军天津，从一家地方性银行转型为区域性银行，计划在3年内在天津开设10家分支机构，开展个人金融和企业金融业务。这一尝试性举动对京津冀金融走向全面合作提供了经验和样本。从国家政策上来看，区域金融合作的坚冰也已松动。按照国家银监会的要求，只要经营绩效、资产品质和审慎经营这三类指标均达到国有股份制商业银行平均水平以上的城市商业银行都可以走出区域，这给京津冀地区的所有银行带来了难得的历史机遇，也给河北众多为融资困扰的中小民营企业带来了希望。

加快京津冀跨区域金融资源流动的步伐，逐步培养完善的货币市场、证券市场、期货市场、产权市场，实现金融市场的多元化，为区域内中小企业和民营企业提供融资便利。通过信贷项目交流、银团贷款等形式促进跨省际融资活动，实现资金合理流动和优化配置。通过培育和发展金融市场，实现更大范围的金融资源配置。此外，应当考虑建立京津冀地区统一的信息披露制度，主要包括银行信贷登记系统信息、个人综合信用档案系统、企业信用档案系统。信息共享是实现金融区域合作的重要条件，也是防范金融风险、增强金融跨区域服务的重要保障。

5. 北方金融中心前景展望

天津近代金融中心的传统优势和金融业原有的历史积淀，使天津人内心深处涌动着一种金融情结。几十年来，这种情结一直埋在心中。如今，在中央政府鼓励支持滨海新区金融改革创新的大背景下，天津北方金融中心的梦想再次被点燃。天津建设北方金融中心，必须立足于我国现实情况，在注重整合周边省市金融资源的基础上，发展具有天津特色的金融创新之路，领衔区域经济发展。目前，天津滨海新区于家堡金融区作为最耀眼的"明星"，正出现一派建设开发的繁忙景象。据新区政府2011年11月对外发布的《关于推进于家堡金融区金融创新和招商政策体系建设的意见》及《实施方案》。到2013年年底，于家堡金融区计划竣工并投用12栋楼宇，入驻机构力争达到2000家，其中国外机构500家，并打造金融人才宜居区。未来，京津城际高速铁路引入于家堡以后，从北京到于家堡金融区只需50多分钟……这一切，见证着天津致力建设与北方经济中心相适应的现代金融体系和全国金融改革创新基地的雄心。

（1）金融改革创新不断推进。自2006年天津滨海新区获准成为国家综合配套改革试验区，赋予天津"先行先试"权利开始，天津金融改革创新思路日渐清晰，类似于设立全国第一家综合性排放权交易机构——天津排放权交易所这样的金融创新举措，不断在天津上演。2006年12月，渤海产业投资基金开业；2007年9月，全国第一家股权投资基金协会在天津成立；2008年12月，天津股权交易所开业；2009年12月，渤海商品交易所开业，创造了我国掌握大宗商品话语权和定价权的实现方式……另外，在滨海新区开展离岸金融业务、争取筹建总部设在天津的东北亚银行等项目也在紧锣密鼓地准备实施。

2009年10月，国家批复《天津滨海新区综合配套改革试验金融创新专项方案》，要求天津加快金融体制改革和金融创新。天津的金融改革创新路径愈加明晰，着力构筑门类齐全的金融机构体系、结构合理的金融市场体系、创新高效的金融服务体系、功能完善的金融基础设施体系、规范严格的金融风险防范体系、公平安全的金融生态环境体系，放在越来越重要的位置上。作为中国北方最大的沿海开放城市，天津充分抓住滨海新区近年被列为国家综合配套改革试验区的机遇，先行先试，金融改革创新思路日渐清晰，重大突破不断，金融创新力、集聚力、辐射力和贡献力不断提升。金融改革创新，不仅成为天津经济增长方式转变的助推器，也为全国金融改革深水区探路。

（2）探索中国直接融资新路。2006年，我国首只中资产业投资基金——渤海产业投资基金在天津设立时，甚至许多金融业内人士都说不清股权投资基金是什么。2010年，在天津注册的股权投资基金及基金管理企业已达363家，注册资金725亿元，在各行各业中的投资总额已超过400亿元。除了股权投资基金之外，天津还注册了120多家创投企业。天津已成为我国各类基金最集中的城市之一。

充分利用金融改革创新先行先试的政策优势，天津积极推动股权投资基金加快发展。在相继获准设立总额分别为200亿元的渤海、船舶等两大产业投资基金的同时，天津大力推动私募股权基金、风险投资基金等在天津发展。天津率先在国内出台股权投资基金注册登记和备案管理办法，支持各类股权投资基金在天津注册集聚。发起成立全国首家股权投资基金协会，为股权投资基金发展建立了比较完善的服务体系，还设立了滨海国际股权交易所，专门为股权投资基金提供项目信息和咨询服务，为股权投资基金交易及投资退出提供平台。股权投资基金迅猛发展，天津已初步形成股权投资基金聚集的态势。

渤海产业投资基金成立时，有的专家表示："渤海产业投资基金的设立，无疑担负着拓展我国直接融资新渠道的'破冰'重任。作为一个信号，这也意味着国家加快产业投资基金的开始。"通过天津探索，这一推断正迅速成为现实。股权投资基金正在成为推动经济发展的重要力量。目前，在天津注册的股权投资基金在各行业中的投资已超过400亿元，缓解了中小企业发展资金紧缺的局面。天津先行先试的股权投资基金不但正在成为推动经济发展的重要力量，也直接带动了全国以股权投资为特点的直接融资探索。

（3）产业金融助推经济发展方式转变。2010年初，15年前起步于一家校办工厂的赛象公司成功在主板市场上市。以轮胎装备制造为主业的赛象公司，是推动中国橡胶机械由制造迈向创造的主力，也是天津发展产业金融、提升产业基础素质的典范。在政府引导下，天津各类金融机构不断推出促进科技产业发展的金融创新方案。天津设立创业风险投资引导资金，发展了122家创业风险投资机构和255家创业风险基金。投资了曙光高性能计算机服务器产业化基地等20多个高技术产业化项目，一批科技型企业上市发行。

尽管是外向型明显的城市，但天津较早注意到单凭出口拉动经济增长的弊端，并开始探索通过创新金融手段培育内需的途径。2009年，建设银行天津分行牵头组建银团贷款，为当年完成3.4万户居民、167万平方米危陋房屋拆迁提供了资金支持。天津市积极发展个人消费贷款，截至2010年1月底，全市个人消费贷款余额为956亿元。

天津通过金融引导推动现代农业发展和新农村建设，在农村金融发展领域进行了积极探索与实践，基本形成了政府组织协调支持，农业公司、专业合作社和其他融资主体竞相发展的农村投资融资体系。截至2009年底，天津涉农贷款余额达到714亿元，比上年增长27.7%，有力促进了涉农企业和农民专业合作组织的快速发展。

文化产业发展在天津越来越占居重要地位。据天津滨海高新区介绍，该区创造性地推出期权定价的担保方式，为文化创意企业解决融资困难。祥峰动漫制作公司凭借"担保换期权"获得 500 万元贷款,津产 3D 动漫拿下好莱坞影业巨头意向协议总额达 1 亿美元的订单。

天津没有"长三角"那样的产业腹地,加上国家基本没有倾斜性资金投入,使得天津滨海新区开发开放比当年的上海浦东难很多。但是通过探索发展产业金融,天津正在走出资本带实业、实业再产生资本,资本、实体经济互动的滚动发展之路。

总之,北方金融中心的再兴任重道远,从发展前景回归到现实情况,再到政策和制度的形成,天津还需要走过一段艰苦的改革发展之路,虽然面临困难重重,竞争激烈,但天津已蓄势待发,且前景无限。

二 金融服务功能的完善是经济中心强有力的支撑

(一) 目前天津金融业的发展现状和存在的差距

与我国先进地区相比,天津市金融业的总体发展相对滞后,能够辐射到全国和北方地区的金融机构总部少,金融机构数量、融资规模、辐射能力以及金融业经营状况均与经济发达城市有差距。特别是金融功能区建设还显得滞后,信息网络设施还需要完善,而要在这两方面追上北京、上海等其他志在发展金融业的城市,天津市政府应加大力度打造金融功能区。目前,天津市河西区友谊路(金融街)和天津滨海金融街无论在建设规模、硬件设施、服务水平、承载能力上,还是在金融机构的数量上,都与上海的陆家嘴金融贸易区和外滩金融区构成的商务区有一定的差距。天津的金融信息网络建设工作也落后于上海。

金融中心是每个特大城市的梦想。争夺北方金融中心,天津、北京都有条件。北京是全国性金融机构总部最集中的城市,其核心功能是金融决策和金融信息中心。"但是全国近 90% 以上的信贷资金、80% 的金融机构的总部在北京,金融一项对北京 GDP 的贡献率占 15%。天津要成为真正的北方经济中心、金融中心,还有一段路要走。"北京城市发展研究院院长连玉明教授说。确实,天津的金融实力与北京相比,相差太远。北京在金融资源方面拥有很大的优势,例如,北京是全国的金融决策和监管中心、全国的资金调度中心和金融批发中心等。其中的许多优势是国内包括天津在内的其他城市无法比拟的。北京市是中国金融宏观管理部门和监管部门的所在地以及 30

多家国内大型金融机构总部的聚集地，中国人民银行、中国银监会、中国保监会、中国证监会这"一行三会"，包含了金融层面的所有监管机构都集聚在北京，再加上一直设在北京的国库，北京理所当然地成为中央金融决策中心。与此同时，北京还是国内大型金融机构总部的密集地，总部在北京的金融机构占了全国金融资源的绝大部分。四大专业银行的总部都设在北京，它们的业务占据了中国银行业务总量的大半壁江山。此外，国家开发银行、中信集团、光大集团、民生银行、华夏银行的总部都设在北京。在其他金融机构集聚上，中国人寿、中国人保、中国再保险三大保险公司的总部，银河证券、中金公司等大型证券公司的总部，以及中国证券登记结算公司、中国国债登记结算公司都设北京。北京不仅成了中国保险业2/3以上的资金统一运作的场所，还成了中国最大的金融结算中心。北京的金融资源十分丰富。2010年，北京市金融业增加值1838亿元，占地区国内生产总值比重达到13.4%，在全国各城市中列第一位，集中程度高于上海和深圳。北京不仅是最大的跨国公司中国总部基地，也是最大的国内公司总部基地。全球500强企业的中国总部有一半以上都在北京，而且全国500强企业的前100强有将近80家总部在北京。国有资产总量的一半以上，由总部在北京的国有大型企业所控制，中石化、中石油、中移动、联通、网通、华能、中远等，它们所带动的庞大的资金流，同样是北京成为金融中心的有力支撑。

上海是金融活动最活跃的城市，其核心功能是国际和国内金融交易与服务及区域金融辐射。目前，上海已经初显全国资本运作中心、资金运营中心、资金运算中心和外资在华（在沪）金融机构管理中心的地位。全国城市商业银行资金清算中心、黄金交易所以及中国银联都已相继落户上海。其中中国银联落户上海，标志着上海成为全国银行卡资金的清算中心和电子货币流通体系的枢纽。而在此之前，汇丰银行在上海建立了数据中心。中行、建行已经相继将资金运营中心迁移上海，工行的票据中心设在上海，农行的全国性票据业务部也正落户上海。近年来，一些股份制银行，例如兴业银行的资金运营中心等也陆续搬迁到上海。招商银行的信用卡中心也在上海安家落户。再加上上海有北京和天津都无法比拟的完善市场体系，证券市场、期货市场、黄金市场、外汇市场、票据市场等都在上海，使得上海"营运中心"地位已初具规模。而且世界前200位的金融机构大部分在上海设立分支机构和代表处；大多数跨国公司金融机构和投资机构的中国区总部设在上海；中国证券登记结算业务运作中心设在上海。

金融中心不是喊口号能够喊来的。从天津所具有的金融资源看，无论四大国有商业银行和交通银行在津的分支机构、股份制银行分部入津，还是摩根大通、汇丰、东京三菱、法国兴业等外资银行的在津分行，更多是服务天津，作为分行对地方资金有吸纳功能，总行才有运作、支配的权力。没有更多的金融总部在津落户，天津的资金沉淀就会减速。

我们再看看最具实力的全球国际金融中心纽约和伦敦。纽约是全球发展最快的国际金融中心，也是全球金融体系最完善的国际金融中心。在世界上的金融中心中，纽约华尔街无疑是真正的标杆。在纽约华尔街不足1公里长的街道上就集中了几十家世界一流的大银行、保险公司、交易所以及上百家英、法、日、瑞等国际大公司的总部及区域总部，使这里成为世界上资本密度最高的地区。美国甚至全世界最大的股票交易所，如纽约证券交易所、美国证券交易所、投资银行、信托公司和保险公司的总部以及棉花、咖啡、糖、可可等商品交易所，就设在华尔街，那里就是金融和投资高度集中的象征，是财富的象征。伦敦是全球第一大国际金融中心，也是全球外向度最高的国际金融中心。伦敦集中了分布在整个欧洲80%的大型国际金融机构，世界上外汇交易量最大，业务来自包括东欧、非洲、亚洲及中东等地区；专业人才丰富，人事成本及所得税率都比欧洲国家低，拥有高品质的生活环境；金融市场的流动性高，经济高度外向性；法律完善、合理、透明，管理制度自由且富弹性。伦敦这个至今交易量仍居第一位的国际金融中心，它的特点是比纽约市场更为国际化。金融业务中，外国股票交易、国际债券一级市场发行和二级市场交易、外汇市场交易、航空和海运保险净收入以及跨境银行借贷额均居第一位。

与全球公认的金融中心伦敦和纽约相比，天津金融业发展还存在相当大的差距。作为世界上主要国际金融中心，纽约和伦敦集聚了大量的金融机构、大规模的金融市场交易、大批的金融人才，这些都是天津无法比拟的。从2004年英国《银行家》杂志公布的世界排名前30位（按一级资本金额排名）银行的注册地看，纽约有3家，排名分别为第1、5、28位；伦敦有3家，排名分别为第3、13、26位；北京有3家，排名分别为第21、25、29位（它们分别是中国建设银行、中国工商银行、中国银行）。天津则没有一家。相比而言，天津在以下方面存在不足：

一是金融软件基础较差、中介服务较弱。天津的信用制度、信用意识等与国际水平相比差距仍较大；各种金融服务机构，如会计师事务所、审计师事务所、资信评估机构、经纪公司等，数量少，质量差。

二是金融市场的广度、深度不足。

三是现行金融体制还有待改善，金融法规还不健全。

四是从市场参与者看，金融服务功能亟待提高。相当长一个时期以来，由于过分注重业务扩张，弱化了功能开发；过分注重争取优惠条件，相对轻视自身创新能力和内控水平的提高；过分注重办公条件完善等硬件优势，对金融中心软件基础设施的投入明显不足。

五是从市场环境看，金融的开放度不够高。天津金融的对外开放度与对内开放度都有待进一步提高；金融机构和金融市场的透明度不高；金融信息化包括银行IC卡的推广进展不快；金融中介机构明显不足；高素质的金融人才严重缺乏。

六是从组织方面看，金融机构发展不充分。金融中心的重要构件之一是有一大批商业化的金融机构。天津目前的金融机构仍过于单一，银行占了绝对比重，非银行金融机构发展仍很不充分，这种状况不利于天津金融中心的建设。

同时，由于天津的经济总量不足，包括存贷款在内的金融资源较少，而这些是金融业发展的基础支撑。而且，天津缺乏本地的法人金融机构，这是一个地区金融业发展程度的象征。中国金融中心指数研究报告显示，天津的金融生态环境排名第5位，金融机构实力排名第6位，金融产业绩效排名第13位，均不具有突出的优势。但在保险类金融机构和机构国际化程度方面天津发展不错。银行类金融机构的不良贷款率相对较低，但天津的证券类机构则处于劣势。而且天津的金融从业人员同比增长率为负。从未来金融业的发展趋势来看，现在真正具有融资作用的股权交易市场在天津发展得很好，天津的能源交易所也正在和芝加哥合作。从以上条件可以产出，天津要想实现北方金融中心再兴的梦想还存在不小的差距，但正因如此，我们也看到了努力的方向和前景。

（二）北方经济中心的建设要求金融服务的支撑

1. 后金融危机时期金融发展的国际经验借鉴

2008年，一场来自美国的金融风暴迅速席卷全球，从而引发了全球金融危机。这次金融危机的导火索是美国的次级贷款危机，而主要原因却在于美国金融机构过度创新了高负债率和高杠杆交易比率的金融衍生产品，放任信用扩张，放松金融监管，最终导致虚拟经济泡沫的破裂。美国金融危机令我们反思金融发展和创新战略。长期以来，美国金融创新一直是我国金融业学习的范本。金融危机的爆发使我们可资借鉴和学习的标尺骤然间消失了，我国金融创新似乎也失去了标杆。但是，中国金融改革30年历程已经证明，创新发展才是硬道理。我们非但不能停缓创新改革的步伐，还要抓住时机，更加稳健地推动创新进程。这次全球性金融危机告诉我们：

（1）金融创新应服务于实体经济。金融是现代经济的血液，其根本功能是为实体经济提供资金融通服务，降低经济运行成本，推动经济更好更快发展。因此，金融必须植根于实体经济并服务于实体经济这一根本，其价值创造必须源于实体经济的真实价值。这一点是至关重要的。这次危机已经证明，金融一旦脱离实体经济这个元神，就会成为无源之水、无本之木，虚拟的金融资产就会迅速膨胀，最终在肥皂泡破灭的同时，也会对实体经济造成巨大的伤害。要着眼于促进实体经济发展，推动重点产业振兴，加强货币政策、信贷政策、财税政策与产业政策的协调配合，进一步提高金融服务水平，加大金融支持力度。特别是在当前形势下，要着力把金融资源配置到真正能够创造财富的行业，配置到真正具有成长价值的企业，配置到资源能够发挥最大效用的领域，立足于做大做强实体经济，不断夯实经济发展的"实体基础"。

（2）把握好金融创新与金融监管的平衡。这场危机证明，当金融衍生品成为逐利的手段时，它不仅难以分散局部风险，反而会产生庞大而复杂的系统风险。高收益率、高杠杆率从来都是和高风险相伴而生的，但不能就此因噎废食，不能把金融创新作为导致危机爆发的"替罪羊"。要看到，和美国发达的金融体系相比，目前我国金融创新尚处于较低层次，金融产品单一，金融体系运作效率较低，运营体制和监管模式落后，还不能满足实体经济快速发展对金融巨大而多样化的需求。要根据我国国情和经济发展阶段，以国际化、市场化、系统化为方向，积极稳妥地推进金融产品、金融工具和金融技术创新，在创新中加快推进体制改革和制度完善。同时，进一步加强金融监管特别是对表外资产的监管，加强金融衍生品的信息披露和风险警示，有效防范和化解金融风险，真正做到"防患于未然"。

2. 现代市场经济发展的需要

金融是现代经济的核心，是现代市场经济发展的需要。金融市场是储蓄向投资转化的关键环节，特别是随着经济的金融化，金融市场日益成为市场机制的主导和枢纽。金融市场的配置功能可以促进资源合理配置,实现社会资源、资金和风险的再分配。在金融市场上,买卖双方的相互作用决定了金融工具的价格,在价格信号的引导下,资金能够迅速转移到需求旺盛、最有效率、能够准确把握投资机会的单位手中。同时,金融资源的流动又引导着真实资源的流动,从而有利于形成资源在不同地区、部门、行业和企业之间的配置格局优化,从而保证了资源的有效利用。可以说,正是金融市场的存在和金融服务功能的不断完善,才使得现代市场机制得以充分发挥合理配置和有效利用社会资源的作用。完善社会主义市场经济体制,实现国民经济平稳较快发展,在客观上需要一个功能完备、运作规范、规模不断扩大、效率不断提升的金融市场。在当前形势下,天津的金融行业要行动起来,大力加强对天津经济社会发展的支持和服务力度,根据国家宏观政策的变化,以重大项目、优势产业的资金需求为重点,沟通信息,主动服务,密切合作,加大信贷支持力度,为天津的进一步发展及时提供必要的资金保障。

3. 区域经济崛起的需要

当前,区域经济一体化快速发展,依靠地区优势提高国际竞争力,已成为世界经济领域的一个重要趋势和特征。金融作为现代经济的核心,加强金融对区域经济协调发展的支持与服务,发挥金融与区域经济的良性互动,显得非常重要。

金融是区域经济协调发展的"第一推动力",是区域经济合作的重要纽带。要实现区域经济在更大范围、更广领域、更高层次的协调发展,就必须加强金融服务,更好地发挥金融在区域资源流动和产业合作分工中配置导向和市场调节作用。同时,区域经济的发展,也给金融服务提供了广阔的舞台或巨大的市场。

(1) 提高金融服务水平。区域经济的发展,需要金融部门提供优质高效的金融服务,这也为金融机构的迅速发展和金融产品的不断创新提供了外在动力。作为金融机构,要积极适应区域经济发展的要求,加强金融基础设施建设,不断创新开发金融产品和服务,积极发展区域金融协作,加快区域金融生态建设,努力提升金融支持和服务水平。

(2) 实现区域金融资源的优化配置。金融体系将分散的资金市场融为一体,使资金在整个社会实现重置和分配,同时金融体系利用自身信息优势及监督优势将资金引向那些预期收益好发展潜力大的区域、行业和企业,提高资金使用效率,从而以金融资源来实现区域经济资源优化配置,推动区域经济科学发展。

（3）促进区域经济的内涵增长。金融发展不仅从宏观方面促进资本的转移和集中，推动企业集团化、产业区域化发展，加速区域产业结构调整，而且，金融发展还能从微观层面为企业集团提供内部控制手段，推动区域企业机制转换和组织形式演化，推动企业向集约化、内涵式方向发展，从而推动区域经济增长方式的转变和区域经济转型。

三　金融创新不断加快

（一）金融创新是时代赋予的使命

受美国金融危机的影响，我国经济运行出现了明显的波动。党中央国务院提出实施积极的财政政策和适度宽松的货币政策，并出台了一系列"保增长、扩内需、调结构"的政策措施，这既对国内金融业提出了更高的要求，也为我国金融业加快发展提供了机遇。在这个过程中，迫切需要通过加快金融创新来解决当前的突出问题。加快金融创新也是金融自我发展的内在要求。创新能力是体现金融竞争力和发展水平的一个重要标志。回顾我国改革开放30年金融业取得的巨大成就，很关键的一点是金融创新为金融发展提供了强大的动力源泉。现在，我国金融仍处在体制不完备、结构不平衡、服务不完善的发展阶段，还存在一些问题和不足。这些都需要通过加快金融创新来解决。而中央赋予天津滨海新区金融配套改革先行先试权，这可以说是时代赋予天津的使命，也是天津借此实现北方金融中心再兴的历史机遇。

（二）加快金融创新的战略举措

1. 提高金融意识，制定全市统一的金融发展规划

天津金融业发展的差距，正是下一步发展的潜力和空间，也是相对发展的优势。要加快天津的发展，就必须提高金融意识，充分认识金融是现代经济的核心，实施经济发展金融先行，把金融业放在优先发展的位置上。同时，中央赋予滨海新区金融配套改革先行先试权，这是天津金融业发展的重大历史机遇，但也使得作为天津经济核心的中心城区金融集聚区和滨海新区现代金融集聚区的协调发展更为复杂，因此必须制定全市统一的、可持续发展的长远金融发展规划。这个规划要明确金融在天津经济发展中的战略地位；明确和处理好中心城区与滨海新区金融业发展的布局及相互关系，以便形成强有力的金融集聚区，进而形成强有力的金融服务功能；明确发展金融机构和金融市场的措施等。

2. 选好金融创新突破口，逐步建立和完善金融市场体系

在金融创新方面，主要是借助中央赋予滨海新区金融配套改革先行先试权，建立和发展与北方经济中心建设相适应的现代金融服务体系，这个金融服务体系的核心内容是建立和发展金融市场。在天津目前的基础条件下，可选择以下方面作为金融创新的突破口。

（1）加快OTC市场建设。天津产权交易市场在搞好资产重组、推动企业改革方面发挥了重要作用，形成了北方产权交易共同市场，交易量已处于全国领先水平。在这个较好的基础上，可以充分发挥天津市已有的产权交易市场的优势，通过增加交易品种、扩大业务范围，尽快建设成为全国统一的OTC市场，使其成为辐射北方地区乃至全国，甚至在国际上都有一定影响的资本市场。OTC市场的建成将成为北方经济中心发挥金融服务功能的重要载体：OTC市场为非上市企业开辟融资渠道，发挥北方经济中心的融资平台作用；OTC市场为风险投资提供退出渠道，拓展北方经济中心的金融服务功能；OTC市场为科技型中小企业提供机遇，强化北方经济中心对北方高科技产业发展和结构升级的带动作用。

（2）开展离岸银行业务，建立天津离岸金融市场。离岸银行业务主要是对非居民开展的金融业务。离岸银行业务是现代国际金融市场的核心和重要组成部分，不仅发达国家的国际金融中心大都开展了离岸银行业务，而且许多发展中国家通过开办离岸银行业务，纷纷从国内金融市场走向国际金融市场，成为重要的国际金融中心。从我国发展情况看，深圳、上海已先后开办了离岸银行业务。天津要抓住机遇，开办离岸银行业务，形成离岸金融市场，成为我国金融业走向国际的新通道。从外部看，开展离岸银行业务存在巨大的需求；从天津本市看，天津开办离岸银行业务，一是可以利用保税区的区位优势和功能优势，吸引银行进入保税区，二是可借鉴上海、深圳两地的经验，争取渤海银行开办离岸银行业务。

（3）建立天津金融期货市场。金融期货市场对于提高当地金融市场运作效率和服务水准，构架完善金融市场体系，推动经济与金融中心的形成有着十分重要的作用。目前我国金融期货和金融期货市场都是空白，天津市应争取国家批准建立天津金融期货市场。

（4）积极拓展天津保险市场。天津未来要成为现代制造业基地和国际航运中心、物流中心，必然要对保险业有较大的需求，也必然要有发达的保险市场与之相适应。此外，天津还应争取中央支持世界500强跨国保险公司与国内保险公司合资，并进入滨海新区，争取国家批准成立天津再保险公司或组建天津再保险集团；支持和吸引国外再保险公司进入滨海新区，为建立天津再保险中心做准备。

3. 加快金融管理体制改革，整合金融资源

天津市核心金融机构现在主要分布在中心城区，而滨海新区的金融机构业务权限较小，创新能力低，很难发挥较大的支持其他产业发展的作用。因此需要加快金融管理体制改革，整合全市金融资源，最主要的是充分借助中央赋予滨海新区金融配套改革先行先试权，逐步提升滨海新区内各类金融机构的功能和级别，不断提高其在滨海新区的集约化经营和管理水平。

4. 完善金融生态环境

金融生态环境主要包括经济环境、法制环境、信用环境、市场环境和制度环境等金融业运行的外部环境。天津市在这方面与上海等城市相比还有一定差距。完善金融生态环境当前需要做好：一是建立有效的金融运行组织保证；二是建立政府部门专门的金融研究机构；三是完善金融中介服务体系。

5. 培养高级金融管理人才

加快天津金融业发展需要一大批金融人才。从目前来看，天津最为缺乏的是高级金融管理人才。为满足需要，可借鉴上海浦东新区经验，采取以吸引为主、培养为辅的做法。要充分利用滨海新区和全市发展对金融管理人才的吸引力，制定出相应的优惠政策来吸引、留住高级金融管理人才。

6. 加强京津冀金融合作与创新

天津发展金融业不能忽视北京目前作为金融管理和信息中心既有的优势地位和重要作用。同样，北京如果忽视天津作为北方经济中心的重要地位，独立发展金融中心，也会造成资源的浪费和功能的缺失。建设与区域经济发展相适应的北方金融中心，应立足北方整体区域经济发展和对外开放的需要，强调区域之间经济资源的优势互补，积极整合经济和金融资源，共同打造联动型、复合式金融中心。因此可构建以京、津等中心城市联动的现代金融服务体系，发挥北京以信息为依托的金融管理优势，充分带动天津以物流和加工制造业中心为依托的金融运营和创新功能，以此为基础向周边地区扩展其他功能，共同建设北方金融中心。

四 现代服务业蓬勃发展

(一) 天津现代服务业的发展现状和差距

1. 现代服务业发展迅速

改革开放以来,随着社会主义市场经济体制的不断完善和发展战略的积极调整,天津服务业的发展步伐不断加快,在国民经济中的比重也不断回升。1979~2010年,服务业增加值年均递增11.3%,分别高于第一、二产业平均增幅5.4个和0.2个百分点,占全市经济比重也回升至45%。特别是进入21世纪以来,服务业连续保持两位数增长,商贸流通、社区服务、信息服务、中介服务、文化服务、房地产业六大现代服务业体系不断完善,对促进天津经济的腾飞发挥了重要作用。

(1) 服务业的实力不断增强。1978年,天津服务业增加值为20.1亿元,在地区生产总值中所占比重仅为24.3%;到2010年,其增加值已达到4121.78亿元,比重达到45.3%。随着对外开放步伐的加快,服务业开放的领域也在不断拓宽,商业、宾馆、饭店、教育、卫生等均实现了不同程度的开放,金融、房地产、旅游、国际物流、仓储式大型连锁超市、信息咨询业等行业也正在逐步开放,并成为天津新的经济增长点。

(2) 服务业内部结构发生了很大变化。从天津服务业的内部结构看,1980~2010年,除金融业在个别年份由于政策性的影响有所波动外,交通运输邮电业、商业、房地产业等行业基本上都与经济增长保持了同步、稳定的发展势头。2010年,天津市服务业增加值增长14.2%,占全市生产总值的比重为45.3%,对经济增长的贡献率为33.4%,拉动经济增长5.8个百分点。其中交通运输、仓储和邮政业增加值585.37亿元,比上年增长12.2%;批发和零售业增加值1090.68亿元,比上年增长20.6%;金融业增加值572.99亿元,比上年增长18.1%。商贸流通、交通运输等传统优势产业不断壮大,现代金融、文化创意、会展经济、服务外包等新兴服务业竞相发展。

2. 现代服务业发展存在的问题与差距

天津服务业虽然有了很大发展,但与国际水平乃至国内其他一些城市相比,仍存在很大的差距,具体表现在以下方面。

（1）服务业对外开放潜力有待充分挖掘。近年来，虽然外资、外企开始深入天津服务业，但是由于银行业、保险业、信息服务业、分销业等开放程度还不高，所以从规模上看，一方面外资所占比重仍然较小；另一方面发展滞后，一些行业机制陈旧，在经营方式和效率上与国际发达中心城市相比存在一定的差距。从世贸组织所确定的服务业行业分类来比较，天津目前存在并正在运行的服务业只有 40 多个，尽管我国服务业分类方式与国际上不尽相同，但也说明天津服务业既与国际服务业存在行业发展不完善的差距，又有着非常巨大的发展空间。

（2）服务业发展总体水平不高。与先进城市相比，目前天津服务业发展起点较低，发展速度相对较慢，竞争也不够充分，这种状况导致服务业在行政管理色彩重、行业准入限制多的情况下，人为地受到抑制，使一部分潜在服务业需求不能得到实现。

（3）服务业内部结构不尽合理。将天津放在服务业发展的国际环境中比较，还存在着服务业市场体系发育程度低、新兴现代服务业少、信息咨询服务业发展滞后等问题。在服务业内部结构中，商贸餐饮、交通邮电、仓储等传统服务业所占比重偏高，新兴服务业发展尚不足，落后于国内外发达中心城市的水平，与其城市地位和功能以及市场需求还不适应。

（4）服务业"走出去"规模过小。目前，天津市服务性企业"走出去"的仍以贸易公司为主，领域狭窄，以生物技术、现代医药及电子信息为代表的高科技服务行业有待进一步发展。

（5）政策引导滞后。国家对世贸组织承诺了服务业对外开放时间表，在领域、时间、内容、股权等方面都有明确规定。而天津市目前在服务业对外开放政策上还没有具体的鼓励措施，综合环境还不够完善，门槛较高，手续复杂，还有一些规定不明确，从而影响了服务业的对外开放。

（6）服务业管理人才相对短缺。在服务业从业人员中，有专业特长的技术人员较少，特别是从事国际贸易、金融、保险、国际劳务合作、国际旅游、咨询、信息、广告、会计、中介服务等方面的优秀管理人才相对短缺，这对天津服务业和跨国企业的发展是极为不利的。

（二）天津现代服务业的发展趋势与发展重点

1. 天津现代服务业的发展趋势

进入 21 世纪以来，特别是国家将天津定位为北方经济中心后，天津现代服务业取得快速发展，呈现出三大发展趋势：

一是滨海新区开发开放上升为国家发展战略后，随着一批大项目、好项目的启动，现代制造业获得快速发展，也推动了现代金融、现代物流、科技和信息服务等生产性服务业的集聚发展。

二是随着现代技术、管理理念和经营模式的引入，使得商贸餐饮业、旅游业等生活性服务业的资源得以优化整合，其层次和水平不断提升。

三是科学技术的发展、文化水平的提升使得创意产业、会展业等新兴服务业不断发展壮大。

目前，天津市第九次党代会提出2010年天津市服务业比重达到45%的目标已经提前实现。但根据经济发展规律，我们仍要大力发展服务业，特别是要加快现代服务业的发展。要借助滨海新区开发开放的大好时机，坚持政府推动与市场机制相结合，突出发展对国民经济具有全局性、高科技含量、高附加值、高产业带动力、高开放度、低能耗、低污染的先导性产业，逐步形成以服务经济为主的产业结构，增强天津经济发展的竞争能力。

2. 天津现代服务业的发展重点

"十二五"期间，天津现代服务业的发展可以重点选择创意产业、服务外包、创新金融、总部经济和楼宇经济等产业作为突破口，来打造天津现代服务业的新引擎。

（1）创意产业。随着天津综合经济实力显著增强，城市功能日趋完善、国际化程度不断提高，创意产业在产业结构调整中应运而生。创意产业除了具有提供就业、创造财富、生产供国内外消费的商品和服务、带动整体消费增长的作用外，而且还可以促进城市形象、促进社会和谐，并向外输出文化影响力。目前，天津拥有各类文化创意企业130余家。凌奥创意产业园、创意产业"6号院"等创意产业基地逐步壮大也为天津发展创意产业提供发展的舞台。随着天津北方经济中心定位的确立，天津的创意产业将迎来更大的发展空间。

（2）服务外包。服务外包是当前国际产业转移的新趋势。2006年天津市已被国家认定为"中国服务外包基地城市"，天津开发区被认定为"中国服务外包培训中心"，同时，天津滨海新区将服务外包产业列为"十一五"期间重点扶持的产业，现已制定并出台了促进天津服务外包发展的政策措施，形成软件外包产业体系和软件外包企业集群，以此提升天津服务外包等级。因此，发展服务外包，是天津努力形成以服务经济为主的产业结构的关键，是转变对外贸易方式、推动货物贸易向服务贸易转变的重要抓手，扩大社会就业的重要举措，是天津加速发展现代服务业的重要突破口。

（3）金融服务。在《国务院关于推进天津滨海新区开发开放有关问题的意见》中明确指出，滨海新区将作为金融改革试验区先试先行。借助滨海新区发展之力，市政府积极推动和鼓励金融创新，充分利用政策优势和区域优势，强力吸引各类金融机构，并根据各类金融机构的资源禀赋、行业经验优势等，制定科学发展战略，从而提升天津面向区域经济发展的金融服务功能。目前，天津已基本形成了以银行、保险、证券、租赁、保理、财务公司等总部为主体，包括信托、期货、服务外包等各类金融机构在内的现代金融服务体系。努力建设与北方经济中心相适应的现代金融服务体系和金融改革创新基地，将是今后一个时期天津市金融改革发展的主要目标。着力推进金融改革创新，将为天津经济的发展带来新的活力。

（4）总部经济。总部经济作为城市新的增长点，通过将企业总部留下来，将不适宜的生产制造环节转移出去，这不仅能够解决中心城区制造业空心化后的产业替代和产业接续问题，而且还留住了企业最核心的人力资源，推动城市的可持续发展。企业总部的大量聚集还会带动金融、法律、会计、咨询等阳光知识型服务业的迅速发展，带动区域消费和就业，推动城市的产业结构升级，增强城市的竞争能力。随着天津及滨海新区战略定位的确立，天津及滨海新区对周边区域的拉动作用日益得到众多行业"国家队"的认可。总部经济呈现加速发展的态势。国内外大型企业集团和行业"头羊"企业负责人积极寻求或扩大在津投资，囊括了与天津市功能定位紧密相关的航运、航空、金融等20多个重要领域。伴随着滨海新区综合配套改革试验的深入，会有越来越多的总部出现在天津，这将有利于天津实现产业结构升级和城市功能转型，有利于滨海新区的开发与开放，同时也是快速提升经济实力和在新的基础上发展现代服务业的重要途径。

（5）楼宇经济。楼宇经济被称为"立起来的开发区"，占地少、消耗低、污染小、收益高，是近年来中国城市经济发展中涌现的一种新型经济形态。它是以商务楼、功能性板块和区域性设施为主要载体，以开发、出租楼宇引进各种企业，从而引进税源，带动区域经济发展为目的，以体现集约型、高密度为特点的一种经济形态。楼宇经济的发展壮大，离不开宏观经济环境的支持。过去，天津的经济发展状况与北京、上海等城市相比有一定的差距。没有积极蓬勃的市场环境，商家就缺少了在天津发展的动力，也就不会在天津设点办公，而楼宇经济也就失去了生存的空间。如今，随着天津城市复兴计划的逐步实施，海河沿岸改造的顺利实行，再加上房地产市场的强劲上扬，天津的宏观经济环境发生了翻天覆地的变化。不仅天津的本土企业成长迅速，更有大批的外地企业进军天津市场，这给楼宇经济的发展打开了十分光明的前景。今后，天津要建设一批高档商务楼宇，打造一批专业特色楼宇。完善商务、商业、物业等配套设施，提升楼宇智能化水平和服务水平。搞好楼宇招商，积极吸引世界500强、国内500强和行业领军企业在天津设立区域性总部和职能型总部。

3. 滨海新区与中心城区、各区县现代服务业的协调发展

天津市实施工业东移战略后，工业逐步向东部的滨海新区转移，而中心城区逐步退出第二产业而大力发展第三产业，各区县也将侧重于与滨海新区先进制造业做好配套产业的发展。

滨海新区工业的逐步发展使其对现代服务业也有了较大需求，当地现代服务业也蓬勃发展起来，因此，在现代服务业的发展上需要处理好滨海新区、中心城区和各区县三者的关系，做到共同繁荣、协调发展。其中滨海新区发展以港口经济为核心的现代商贸物流业。天津港现在规划面积为100平方公里，其中的东疆保税港区为30平方公里，是未来国内最大的保税港区，也是中国未来最大的自由贸易港区。以此为核心，通过进一步对外开放，大力发展天津港口经济，必然能带动滨海新区、中心城区乃至天津全市商贸物流业的进一步加快发展。

中心城区借滨海新区开发开放之势大力发展其他现代服务业。中心城区在金融、商贸、物流、科技、教育、楼宇、中介服务、旅游和社区服务等现代服务业领域具有绝对优势，应大力发展。

各区县现代服务业的发展，一是要重点发展与滨海新区配套的现代物流业，二是在推进农村城镇化建设中大力发展社区服务业和家庭服务业，积极引入现代技术、管理理念和经营模式，整合现有资源，吸纳更多劳动者特别是农村富余劳动力转移就业。

（三）加快发展天津现代服务业的战略举措

天津现代服务业的发展，必须以科学发展观为指导，以振兴北方商埠为目标，紧紧围绕增强中心城市服务和辐射功能，以国际化提升天津服务业能级、以市场化做大服务业规模、以信息化提高服务业水平、以法制化营造服务业发展环境，实现天津现代服务业的领先增长。要努力使服务业功能由自我完善型向区域发展型服务型转变，使服务业增长模式由内生型为主向全方位开放型转变，使城市的功能由生产型向服务型转变。要不断增强国际贸易、现代物流、休闲旅游、区域金融四大服务功能，努力完善商贸流通、社区服务、信息服务、中介服务、文化服务、房地产业六大现代服务业体系。具体来说，应主要采取以下措施。

1. 加快制度创新，消除服务业发展的体制性障碍

现行服务业领域的政策、体制抑制了服务业的发展。总的来说，服务业领域体制改革的方向是：打破垄断，放宽市场准入限制，推进各类服务业的市场化、社会化、产业化发展。对于教育、卫生、文化、体育等行业，原来主要由政府投入的社会事业，在有条件的领域应引入多元化的投资主体，加快其市场化、社会化、产业化的进程，使其成为服务业中快速增长的重点行业。要放宽服务业市场准入条件。放宽市场准入条件包含两方面的内容：一是进一步放松对市场进入的政策限制，对于原先属于垄断性的行业，应同时对外资和国内民间资本开放，对文化、教育、体育产业的准入政策还应更宽松一些；二是要降低市场进入成本，进一步简化服务业企业设立登记手续，缩短企业设立登记的时间，工商、公安、消防、环保等部门应尽可能减轻或取消企业设立和存续期间的收费。

2. 提高服务业国际化水平和国际竞争力

要充分发挥北方经济中心城市的综合优势，以扩大服务贸易领域的开放为重点，全面扩大服务业对外开放，促进城市综合服务功能的不断提升，力求取得新形势下改革开放的先发效应。要以大力开拓服务贸易为抓手，重点促进国际会展、中介服务、旅游等服务业的发展。要引进国际著名大公司开设商业批发企业，吸引外商发展现代物流、电子商务等新型业态。要大力促进天津商业走向全国，努力开拓国内市场。要加快天津北方金融中心功能建设，积极争取国家支持建立离岸金融市场，推动设立若干家中外合资的基金管理公司、保险公司等。同时，加快吸引各类内资金融机构落户天津。要积极开展设计咨询、对外工程和技术承包、劳务合作，力争在金融、信息、旅游、咨询等方面取得扩大开放的先发效应。要积极引进国际知名、经营实力强、管理技术先进、客户网络广泛的境外服务业企业到天津投资。要抢抓CEPA实施先机，突出重点，拓宽领域，促进津港澳合作新发展，特别要注重吸引港澳金融、证券、保险企业到天津设立分支机构，抓紧研究出台有关具体政策措施，有针对性地吸引港澳金融、物流、贸易、旅游以及中介服务等行业到天津投资。同时要鼓励有条件的企业实施"走出去"战略，大力发展设计咨询、对外工程和技术承包、劳务合作等服务业跨国公司，有关部门要在金融、保险、外汇、财税、人才、法律、信息服务、出入境管理等方面，为企业"走出去"开拓国际市场、扩大市场份额、提高国际竞争力创造必要条件。

3. 构建服务业发展的微观基础

要对全市服务业领域的国有企业进行战略性调整，采取资产转让、股份制改造、出售拍卖等手段，使国有经济退出一般竞争性行业，集中力量发展天津市确定的重点行业和新兴战略行业。在保留下来的企业中，建立现代企业制度，健全和完善企业内部的法人治理结构，推行期权制、年薪制等对企业经理人的激励机制，增强企业的活力和竞争力。通过深化服务业企业的改革，构建经营形式多样化、投资主体多元化、企业组织现代化的服务业企业新格局，推进服务业企业建立符合国际惯例的管理体制和经营体制。要鼓励和支持企业通过兼并收购、资产重组等方式，组建跨行业、跨地区、跨所有制的服务业企业集团，扩大服务业企业的规模，形成一批拥有著名品牌的大型服务业企业，促进服务业的集团化、网络化、规模化发展。

4. 加强区域规划，制定合理的区域产业政策，积极拓展区域合作

根据产业经济理论，区域产业结构的演进机制有两个：一个是市场机制，另一个是政府干预。市场机制对区域产业结构产生作用的途径是供需关系、价格机制和竞争机制；政府干预是指政府运用宏观经济杠杆和产业政策对区域产业结构变化进行有目的的调控，以弥补市场机制的不足，推动区域产业结构合理化。区域产业结构的演进是在市场机制与政府干预的同时作用下进行的，只有两者彼此配合，才能促进区域产业结构趋向合理化。因此，我们在建立规范的市场体系的同时还必须加强区域规划，制定合理的区域产业政策。天津应该与北京、河北形成区域协调发展新机制，针对自身的资源禀赋，发展相应的优势产业，发挥各自的比较优势，确立现代服务业重点发展区域。要充分发挥天津的港口和区位优势，大力实施区域联合发展战略，把服务范围向周边地区和全国延伸，全方位地参与京津冀经济圈、环渤海经济圈、三北经济圈和东北亚经济圈的联合发展，逐步把天津市建成我国重要的国际性现代物流中心、商贸会展中心和我国重要的金融中心、信息服务中心。

5. 依靠科技进步，提高服务业发展的技术含量

当前现代服务业正呈现技术化、国际化、标准化的趋势，传统服务业之间的界限正逐渐消失。因此，天津要加大科技在现代服务业中的含量和渗透，在发展现代服务业的结构上，要结合天津特点优先发展技术含量高、关联性大的现代服务行业，如现代物流业、信息服务业、旅游、会展业等，并注意不同行业的交叉和融合。要积极运用现代经营方式、服务技术和管理手段改造提高传统服务业，全面提升企业素质、管理水平和经济效益。

6. 加快服务业的人才引进和培养

现代服务业的产业属性是人力资本密集型的。现代服务业的管理是知识型、技术型的管理。要加快培养服务业所需的各类人才，特别要加快培养社会急需的金融保险、信息服务、物流、旅游、各类中介服务、服务业政策以及熟悉国际服务贸易规则等方面的人才。要积极引进金融业、物流业、旅游业、会展业、信息服务业等领域较为紧缺的专门人才，包括吸引和聘用海外高级人才。要加强岗位职业培训，全面推进职业资格证书制度，建立服务业职业资格标准体系，使服务业从业人员经过专业和岗位培训提高职业素质。

第十章
商业与外贸

新中国成立以来,经过多次发展变革、调整和重组,天津商贸流通业在流通体制、营销规模、经济结构和经营方式等各方面都发生了翻天覆地的变化,形成了多种经济成分、多条流通渠道、多种经营方式并存的开放式流通网络体系。繁华热闹的特色商业街区,鳞次栉比的现代商业设施,遍布城乡的商贸服务网络,以及人气鼎盛、商气凝聚、财气汇集的各类商贸活动……这些构成了天津商贸流通业一个个新的亮点。天津,这一具有数百年历史的老商埠,终于重新焕发青春,正在成为我国北方重要的商贸中心、东北亚商贸集散地,商贸流通服务业进入了一个崭新的快速发展时期,为改善人民生活、促进国民经济与社会发展作出重要贡献。

一 天津商圈与东北亚商贸集散地

(一) 天津商业规模不断增长

新中国成立60年来,特别是改革开放30年来,天津商贸流通业在中国特色社会主义伟大旗帜指引下,沿着市场化的方向,坚持改革、扩大开放,取得了令人瞩目的成就。天津商业规模持续扩大,以社会商品零售总额为例,1950年,天津社会消费品零售额只有4.37亿元,1978年为25.2亿元,2010年已达到2902.55亿元,是1978年的115倍,是1950年的664倍。伴随着社会消费品零售额的增长,天津的消费结构也在不断升级,汽车、通信成为消费热点,服务性消费大幅提升,2008年服务性消费占居民消费总量比重已达到30%。与此同时，商贸流通业对国民经济的贡献逐渐增大，商业增加值占GDP比重逐年上升，已从1980年的6.9%上升到2010年的13.1%，成为全市经济重要组成部分。此外，商业就业人员也在持续增加，从1980年的28.51万人增加到2010年的100多万人，增长2.5倍，成为劳动力就业的主要渠道。天津商贸流通业正向现代化迈进，新兴商业业态得到迅速发展。天津市的流通现代化起步于20世纪90年代，经过短短十几年特别是"入世"后10年的发展，连锁经营、物流配送、电子商务等新型流通方式，连锁超市、高端百货、专卖店、仓储式商场、便利店、商业SHOPMALL等新型商贸流通业态都已出现并得到迅猛发展。目前，全市各类商业网点约30多万个，基本形成覆盖城乡的流通网络系统。

商贸流通业在天津经济社会发展中的地位作用十分重要，已成为引领和推动市场发展的先导行业。随着滨海新区纳入国家发展战略，天津将在环渤海区域经济发展中起到越来越重要的带动作用，天津商贸业也将借势迅速发展，天津商业规模将进一步扩大，在国民经济中的地位和作用日益提高。

（二）核心商圈和区域商圈协调发展

商圈是指商业设施集中、商业经营繁荣的集中区域。商圈的形成需要时间和文化的沉淀，需要各个商场的共同培养。天津是一个商业历史名城，天津的商圈有着悠久的历史，南京路、滨江道、和平路是天津的主商圈，其完善的商业设施、业态和档次结构，发达的交通体系对全市的客户群形成强有力的吸引。但随着天津城市的发展，人口的增加和居民聚集区的移动，位于城市中心的商圈将越来越鞭长莫及，未来的商圈将不再仅仅聚集在城市中心，而是呈现区域分布，形成核心商圈和区域商圈协调发展的格局。

天津的五大核心商圈位于市中心的南京路、滨江道、和平路，呈现一个"工"字形。上面的一"横"是南京路商圈，并向东延伸到小白楼商圈，中间的一"竖"是滨江道商圈，下面的一"横"是和平路商圈，并向北延伸到东马路商圈。早在19世纪20年代，滨江道、和平路及小白楼商圈便已形成，并发展繁荣至今；而19世纪80年代形成以国际商场为代表的南京路商圈；东马路商圈则是在1997年新世界购物广场开张之后，经过多年苦心经营而逐渐形成的。滨江道商圈作为天津首屈一指的王牌商街，历经百年依旧长盛不衰，有劝业场、滨江商厦、华联商厦三大主力百货商场，10万余种品牌聚合，至今仍称雄天津商业（见图10-1和图10-2）。

图 10-1　天津劝业场　　图 10-2　白楼商业街

进入 2005 年以后，滨江道商圈新卖场拔地而起，老卖场重装再造，新商场、新业态的进入，逼使老商场调整提速，呈现求新求变的局面。和平路商街与滨江道连成"金十字"，取名"金街"，其主力百货店有百货大楼，聚合了百货、餐饮、娱乐、家居等业态，而百盛购物中心、华纳影城、万达广场的主力店等原有门店重新休整改造后，将优化金街的商业结构，重新构筑集购物、休闲、娱乐等多种服务功能的商圈概念（见图 10-3 和图 10-4）。

图 10-3　百货大楼　　图 10-4　百盛国际购物中心

南京路商圈的特色是针对中高收入客户群的时尚百货和高档百货，坐落于其中的国际商场是高端百货商场的代表，地铁 1 号线和 3 号线的建设优化了其交通环境，加上周围高级写字楼带来的高端消费群体容量的增长，国际商场将以高端百货引领南京路商圈的整体升级。小白楼商圈位于河西、和平、河东三区交界处，可以辐射到三区居民，主力百货店有凯旋门百货和滨江商厦。随着华信商厦、滨江国际大酒店、信达广场等商业城的建立，以及地铁 1 号线的开通，小白楼商圈辐射到更广的范围，迎来更大的发展。东马路商圈紧邻天津老城，与和平路商圈毗邻，主力百货店有新安购物广场、家乐福超市和新世界百货。老城厢地区的大规模拆迁改造给该商圈提供了更为广阔的发展空间。

商圈的发展与居民聚集区的扩展相辅相成。随着天津城市的进一步建设发展，核心商圈难以辐射到全市所有范围，而各区域商圈必将迎来快速发展的良机。除了上述五大核心商圈之外，近年来大胡同商圈和友谊路商圈也得到快速发展。大胡同商圈位于天津市老城区的东北角，早在600年前就已出现，有老估衣街沿袭至今，改革开放后逐渐形成小商品集散地。大胡同商圈是辐射半个华北的大型商圈，定位于商品集散和物流功能。未来几年，大胡同商圈将进一步完善交通和基础配套设施，增强商品聚集和物流吞吐能力，做优做大做强批发交易，建设独具批发、零售功能特色的商业街和新型现代商城，积极打造辐射"三北"乃至全国的小商品集散、物流中心（见图10-5和图10-6）。

图10-5　估衣街 　　　　　　图10-6　大胡同

友谊路商圈与大梅江居住区毗邻，随着大梅江居住区的日益成熟，友谊路商圈相对于现有中心商业区体现出低廉的交通成本和时间成本优势，对这片大型新兴居住区的居民形成强大吸引力。2007年下半年以来，全球性的金融危机对天津的商贸发展造成了一定的冲击，为"保增长，渡难关，上水平"，在科学发展观的指导下，天津形成了统一的商贸发展思路，决定以和平路滨江道、天津站、水上公园、塘沽解放路四大商圈为重点，按照优化布局、调整业态、聚合发展、增强辐射的思路，切实搞好各级商圈的统筹规划，加快发展。其中，和平路滨江道商圈将着力打造都市核心商业区，加快推进在建大型商贸项目，加大对国际一线高端品牌的引进力度，提升商圈档次和水平。天津站商圈将集中发展现代交通枢纽型商业，加快东站后广场及

新开路沿线商业开发，突出集散功能和枢纽特色，提升聚集力和吸引力。水上公园商圈将围绕休闲消费特色，完善提升水上公园、体育中心、时代奥城、上谷及水上北路餐饮街商贸功能和环境，加快整合周边现有资源，引进特色业态及项目，提升商圈文化娱乐品位。塘沽解放路商圈将着眼于建设滨海中心商业区，搞好功能定位和结构调整，大力引进新型业态及现代流通方式，提升商圈现代化水平。

目前，在天津城区初步形成以和平路—滨江道、小白楼中心商业区为核心，天津市24个区域商业中心为骨干的大都市商业框架。其中，和平路—滨江道中心商业区以高端消费为特征，成为吸引外来消费的集中区；小白楼商业中心区以发展商务主导型商业为目标，积极吸引海内外大公司总部落户，形成现代商务中心区；24个区域商业中心主要面向市民百姓，以中档为主并向多层次发展。从上可以看出，天津已初步形成核心商圈和区域商圈协调发展的局面。

（三）东北亚商贸集散效应日益凸显

东北亚地区地域辽阔，综合实力较强，是亚洲发展最快的地区之一。实现东北亚经济一体化，与西欧、北美形成三足鼎立之势，既符合东北亚各国利益，也顺应经济全球化和区域经济一体化的趋势。天津将在东北亚经济一体化的进程中起到至关重要的作用，作为东北亚商贸集散地的效益日益凸显。

天津是中国四大直辖市之一，是北方最大的工商业城市和历史悠久的国际贸易口岸。滨海新区作为继深圳特区、浦东新区之后的又一国家级新区，是中国第三经济增长极，也是参与经济全球化和区域经济一体化的重要窗口。

从地缘上看，天津滨海新区地处环渤海中心，面积2270平方公里，是首都北京和华北、西北的出海口。北与俄罗斯、蒙古相望，南邻朝鲜、韩国和日本，正处于东北亚经济交流合作的中心。从经济上看，2010年滨海新区经济总量达到5030亿元，占天津全市的55.2%，进出口额586.71亿美元，实际利用外资70.42亿美元。滨海新区与东北亚经贸联系紧密，日资、韩资企业占外资企业的比例超过20%，均获得较好的收益。

从政策上看，国家将滨海新区定位为：依托京津冀、服务环渤海、辐射"三北"、面向东北亚，努力建设成为我国北方对外开放的门户、高水平的现代制造业和研发转化基地、北方国际航运中心和国际物流中心、宜居的生态型新城区,并给予滨海新区特殊的优惠政策,如设立天津东疆保税港区,推进海关特殊监管区域管理制度创新,更重要的是作为中国第一个综合配套改革试验区,可以在一些重大改革开放措施上先行先试,为全国改革发展提供经验借鉴。

另外,天津保税区和东疆保税港区的开发建设为东北亚商贸合作创造了新的发展空间。天津保税区是华北西北唯一、中国北方最大的保税区,主要功能是四个方面:国际贸易、保税仓储、临港加工和展示展销,服务辐射中国北方12个省区市,成为连接国际国内两个市场的重要通道。东疆保税港区位于天津港东部,面积10平方公里,将成为中国目前面积最大的保税港区。根据国家赋予的与国际接轨的特殊政策,东疆保税港区将按照国际枢纽港、自由港及自由贸易区的运作模式,发展国际中转、国际配送、国际采购、国际转口贸易和简单加工等业务,在海关、外汇、税收、船舶及人员等方面,实行更为开放的管理模式和优惠政策。同时,还将加强东疆保税港区与保税区、保税物流园区的联动,成为中国第一个与国际接轨的自由贸易区。我们有理由相信,上述综合条件以及经济决策的实施,必将推动天津逐步发展成为东北亚的商贸集散地,在东北亚经济一体化发展中发挥越来越重要的作用。

二 商贸发展面临的机遇与挑战

(一) 天津商贸发展现状

1. 天津经济的快速发展带来商贸大繁荣

近年来,天津市在经济快速发展的大背景下,按照中央有关促进商贸流通业快速发展的部署,坚持扩大内需、做大外贸,全力推进现代化大流通建设,全市商贸流通业取得了重大发展,表现在以下几个方面。

一是流通规模不断扩大。改革开放以来,随着全市经济快速发展、居民收入逐步增加、假日及旅游经济蓬勃兴起,天津消费品市场呈现繁荣活跃态势,主要经济指标保持较高增长势头。1950年,天津社会消费品零售额只有4.37亿元。2010年,本市社会消费品零售额已达到2902.55亿元,是1950年的664倍,年均增幅达11.1%。自国务院赋予天津北方经济中心的新定位后,天津商贸业得以进一步发展。2005年天津全市实现商品购销总额8400亿元，比2000年增长2.5倍，年均增长28.1%；而到2010年天津完成商品购销总额已达到26721亿元，比2005年增长了两倍多。与此同时，商贸流通业对国民经济的贡献逐渐增大。商业增加值占GDP比重逐年上升，已从1980年的6.9%上升到2010年的13.1%，成为全市经济重要组成部分；商业就业人员持续增加，从1980年的28.51万人增加到2010年的100多万人，增长2.5倍，成为劳动力就业的主要渠道。

二是消费结构加快升级，消费总量实现跨越式增长。伴随着经济的快速发展，居民收入水平显著提高。2010年天津市城镇人民人均可支配收入为24293元，是1978年人均可支配收入388元的62倍多。居民收入水平的日益提高带来了消费观念的转变，加之商品供应日益丰富，顶级国际性品牌进入天津消费市场，消费结构发生了很大改变，升级明显加快。从20世纪80年代初以自行车、手表、缝纫机为代表的"老三件"，到90年代中期以电视机、电冰箱、洗衣机为代表的"新三件"，直至目前以汽车、住房、通信、教育为主导的享受型消费结构，每一次升级所实现的购买力水平都有大幅度提高。目前，汽车、通信成为消费热点，服务性消费大幅提升，占居民消费总量的比重达到了30%。消费结构的快速升级，带来了消费品市场的空前繁荣，实现了跨越式增长。

三是市场结构不断优化，全方位开放格局的大市场框架体系逐渐成型。天津各类商品交易市场经过多年的建设，较为完善的市场格局已经形成，市场结构不断优化，形成了以重点市场为龙头、区域市场为骨干、初级市场为基础的市场体系框架。随着市场规模的不断扩大，设施档次的逐步提升，涌现出储宝钢材、空港汽车、金钟、环渤海、北方自行车等一批集散力强、影响力大的大市场，成交额超10亿元的大型批发市场达到41家。2010年，全市完成商品购销总额达到26721亿元，是1978年改革开放初期222.98亿元的120倍。会展规模不断扩大，津洽会、PECC博览会等已经成为天津的品牌展会。同时，商贸中心作用越来越突出。截至2010年末，全市批发零售贸易业和餐饮网点多达20万个，友谊新天地、乐宾百货商厦、欧乐百货商厦、海信广场、伊势丹新厦、远东百货商场等一批现代化大型商业设施建成开业，年销售额超亿元的大型商场超过80家，滨江道、和平路以及市内9条商业示范街陆续得到改造提升，商贸中心服务功能进一步增强。

四是新兴商业业态不断涌现，流通现代化水平不断提高。进入21世纪以来，天津市商业经营形式发生了巨大变化，新兴业态不断涌现，呈现出多种业态共同发展的格局。在百货商场上规模、上档次和快速发展的同时，超级市场、购物中心、专卖店、便民店、折扣店等各种业态遍地开花，自动售货、电子商务、网上购物等现代营销方式相继登场，流通业现代化水平不断提高，显示出强大的生命力。一个适应市场经济发展需要的多层次、全方位、大中小相结合、多种经济成分和运行方式并存的商品流通网络业已形成。2011年，天津市连锁超市销售额实现195亿元，同比增长22%，比全市社会消费品零售额增幅高出近6个百分点，成为拉动天津市零售业快速发展的主力。

五是对外贸易迅速发展，结构不断优化。2010年，全市外贸进出口额822.01亿美元，是2000年的4.8倍，其中出口375.17亿美元，是2000年的4.4倍。同时，天津的出口产品结构不断优化，高技术含量、高附加值的机电产品出口快速发展，2010年占全市出口比重已达69.8%。对外贸易的拉动作用显著增强，已成为促进全市经济增长的一大动力。

2. 天津商贸发展与先进地区相比存在的差距

天津商贸流通业虽然取得了不小成绩，但与国内外先进城市相比，与国际化大都市的功能定位相比还存有很大差距：

一是商贸流通对区域的辐射作用不够强。没有形成一批在周边地区开店布点的零售业龙头企业，全国连锁企业前30强中，天津市仅家世界集团一家入围；在批发行业中，从事埠际贸易、转口贸易的大流通不够繁荣和活跃，集散辐射功能与北方著名商埠的地位不符。

二是流通现代化程度需要进一步提高。据统计，天津市连锁经营销售规模占社会消费品零售总额的比重为28%，而上海则高达40%以上。商业企业的信息化水平还有待提高，消费刷卡率为13%，低于北京（21%）和上海（71%）的水平。

三是载体设施布局不合理。城市大型卖场发展较快，新增面积较大，而社区的服务网点相对薄弱，农村市场体系建设亟待加强。商业网点规划滞后，缺乏调控手段。四是商业法制建设滞后。"十五"期间，先后研究起草了《天津市酒类管理办法》、《天津市拍卖业管理条例》等多个地方规章草案，但由于上位法缺乏等多种原因最终都未能顺利出台，并且商业内部还有网点布局、特许加盟管理、石油成品油流通等许多行业和商品急需通过立法加以规范。经济生活中假冒伪劣现象仍时有发生,扰乱了市场经济秩序。这些都需要在今后发展中认真加以解决。

(二) 天津商贸发展面临的机遇与挑战

进入 21 世纪以来,天津作为我国北方最大的工商业城市和重要的国际贸易口岸,商贸业的发展面临着前所未有的历史发展机遇。

一是国际产业转移步伐加快。当前,经济全球化态势进一步加深,现代高新技术发展日新月异,国际资本流动不断加速,世界性制造、研发及服务一体化转移明显加快。随着我国加入 WTO 过渡期结束和 CEPA 的全面实施,服务业正在成为国际产业转移的一大重点。天津的区位优势和后发优势,将使天津商贸服务业成为国际市场与国内市场对接的枢纽,有利于更多的国际先进商业业态及著名品牌加速进入天津。由此将带动更多市外和境外商务、旅游人员进入,成为天津商贸流通业扩大市场需求、提高服务层次的重要推动力量。

二是滨海新区迅速崛起。党的十六届五中全会明确提出:"继续发挥经济特区、上海浦东新区的作用,推进天津滨海新区等条件较好地区的开发开放,带动区域经济发展。"天津滨海新区既是"京—津—冀"城市带和环渤海经济带的交汇点,又是中国"东中西"板块与"南中北"板块在环渤海地区的连接点,经过十多年的发展建设,逐步成为环渤海区域发展的热点和龙头,并纳入全国发展战略的总体布局。在未来的开发开放中,其必将充分依托已有的综合优势,加快推进区域间的产业梯度转移,促使产业链向周边地区扩展延伸,进而带动巨大的人流、商流、物流、资金流和信息流会聚和集散,为天津商贸流通业的加快发展提供广阔的空间。

三是居民消费水平逐步升级。按照国际经验,人均 GDP 超过 10000 美元之后,将触发国内社会消费的结构升级,消费开始成为内需增长的主要动力。2010 年天津人均 GDP 已超过 10000 美元,进入新一轮消费升级阶段。从消费水平看,天津居民的消费能级正从日常生活消费品向住房、汽车等更高层次跨越;从消费结构看,全市消费需求由实物消费为主转为实物消费与服务消费并重的阶段。消费水平的提高与消费结构的变化,为商贸流通业向高档次发展提供了更大的市场空间。

四是天津城市发展前景广阔。天津是一个传统的商埠城市,城依商而兴,商以城而旺。今后几年,在"三步走"发展战略和滨海新区战略地位升级的强力带动下,全市经济将迎来一个大调整、大投资、大发展的新时期。2004~2010年,全市固定资产投资累计超过1.5万亿元。随着海河综合开发改造、港口及机场功能提升、工业战略东移、改进京津塘交通、加快城市市政基础建设等一批重大工程的陆续实施,既对商贸流通业发展提出了新的要求,也为商贸流通业加快发展开辟了新的空间。

在看到上述有利条件的同时,我们也应清醒地认识到天津加快商贸流通业发展还面临着许多不利因素:

一是市场竞争压力进一步加剧。随着我国加入WTO过渡期的结束,国际著名企业、品牌加快进入天津,挤压了本地的工商企业及名牌商品市场份额。同时,国内的品牌之间、企业之间、区域之间的市场竞争将更趋激烈。

二是市场环境亟待改善。诸如企业主体行为不规范,职能部门的管理方式不完善,商业诚信体系不健全,各类制售假冒伪劣产品等违法现象时有发生,市场经济秩序还需要进一步大力度地整顿和规范。

三是发展中的不确定因素依然存在。无论国内还是国际,在经济社会发展中仍存在较多的不确定因素,并有可能对商贸流通业发展产生巨大挑战。这些都需要我们高度重视,因势利导,积极应对,兴利除弊,进一步营造良好的发展环境。

三 加快商贸设施建设与完善服务功能

天津商贸业的发展任重而道远。胡锦涛总书记"两个走在全国前列"、"一个排头兵"和"五个下工夫、见成效"的重要要求,天津滨海新区开发开放的加快推进,天津各项经济社会事业的快速发展,为天津商贸业实现更大跨越提供了强大动力。天津商贸业将在天津市委、市政府的坚强领导下,抢抓机遇,真抓实干,开拓进取,努力推动商务发展再上新水平,实现新的更大跨越。

(一)制定统一的商贸发展规划

整合现有的商贸资源,必须制定全市统一的商贸发展规划,避免各区县之间抢占资源和市场的恶性竞争,而是根据各地特色形成商贸协调发展的局面。具体来说,天津商贸服务业的总体目标是:构建布局合理、业态先进的现代商贸流通新框架；打造大进大出、货畅其流的物流配送新体系；建设覆盖城乡、便民利民的社区商业新网络；形成反应迅速、调控有序的市场监管新机制，努力把天津建设成为立足本市、辐射"三北"、面向全国、连通世界、统一开放、万商云集，在我国北方最具活力和竞争力的现代国际商贸中心。

（二）加快商贸基础设施建设

加快商贸基础设施建设是发展商贸的必要条件。近年来，在海河开发的带动下，商业用于载体建设的固定资产投资不断增长，新改造的食品街、古文化街、大悲院一期工程完工，与大胡同、鼓楼等构成了海河上游新商圈；万达、嘉华、麦购等一批重量级商贸设施先后拔地而起，进一步展示现代大都市商业的繁荣与繁华。同时，以菜市场改造、社区商业和"农资连锁进乡镇、日用消费品进村庄、农产品进市场"为重点的生活保障型商业设施建设成效显著，进一步加快了天津市大商贸、大市场的形成。

（三）培育多元化的市场主体

市场化是发展市场经济的必然趋势，推进市场化就会有更多的主体加入市场竞争，从而有利于形成主体多元化的良性竞争格局。培育多元化的市场主体，在于进一步巩固国有商业主体地位的同时，还需要大力发展集体商业、个体私营商业、混合经济商业，并优化外资经济。今后，我们要以产权制度改革为重点，通过资产重组，实施多元投资，培育商业系统的龙头骨干企业，进一步巩固国有商业的主体地位；通过拍卖出售、合并撤销以及纳入连锁的形式，放飞搞活中小企业，形成天津商业发展中的有益补充。与此同时，仅仅抓住滨海新区开发开放的战略机遇，促进服务业的全面开放，通过扩大服务业利用外资，弥补天津商业经济发展短板，促进全市经济结构的优化提升。

（四）积极发展新兴商业业态

根据现代商贸业发展的规律，积极发展新兴商业业态是天津商贸业取得跨越式发展的重要保证。从目前的趋势来看，连锁经营、服务外包和假日经济是当前新兴商业业态发展的重点。

1. 连锁经营

天津市从 1995 年开始推广连锁经营，1997 年进入快速发展时期，到 1998 年连锁店铺发展到 1100 多家，销售规模达 30 亿元，占全市社会消费品零售额的比重达到 5%；到 2008 年末，本市连锁店铺发展到 3000 多个，销售规模达 590 亿元，占社会消费品零售额比重接近 30%。连锁经营销售额年均增长速度达 20% 以上，成为本市商贸流通领域新的增长点。特别是"十一五"以来，市商业（务）两委通过落实各项扶持政策，积极引导连锁企业加快横向联合与重组，培育大型连锁龙头企业，支持具有知名品牌的连锁企业和"老字号"企业运用品牌、商号、管理技术等优势，发展连锁网络；不断推进连锁经营向领域、新业种的拓展。

2. 服务外包

近年来，天津市商务系统抓住"国家服务外包基地城市"的契机，大力引进已承接跨国公司外包服务为主的国际资本。通过创造政策环境，建立服务外包发展专项资金，在市场开拓、公共服务平台建设等方面给予重点支持；同时通过制定发展规划，以信息服务、物流服务、研发服务、金融后台服务为目标，规划服务外包产业发展，加强宏观管理，整体推动实施，培育国家级服务外包示范区；还要加大服务促进，对行业优势明显、规模效益好、发展潜力大的服务外包企业，给予重点扶持。同时大力引进国际知名服务外包企业落户天津。

3. 假日经济

假日经济作为一种全新的经济模式，在商贸发展中发挥着越来越大的作用。2009 年"十一"黄金周期间，天津市推出了 17 个商贸旅游重点特色商业街，共接待观光客近 500 万人次，实现销售收入近 6000 万元。赏赛艇表演、品北塘海鲜、登航空母舰、观滨海新貌、游魅力海河……天津黄金周期间推出的一系列旅游活动令中外游客流连忘返。黄金周期间，仅天津滨海新区的塘沽区就接待游客 91 万人次，旅游综合收入 2.36 亿元，比上年同期增长 20%。前往滨海新区的轻轨客流连创新高，国庆当日突破 6 万人次，两日突破 7 万人次。而天津港的统计显示，天津港黄金周 8 天共有出入境旅客逾 14000 人。节日期间各大特色商业街游人如织，节日购销旺盛。游客们不仅在特色街上找到浓浓的天津民俗和风味，还在体验欧式风情中感受到异国情调。节日前夕刚刚开业的天津津湾广场是集剧场、影院、中西餐厅、酒吧、商务会所于一体的 24 小时不夜城，广场上举办的音乐、舞蹈等大型户外演出和互动体验活动，每天都吸引着数万名游客；天津鼓楼商业街新建了50余个仿古商亭、200盏大红宫灯为街区增添了喜庆氛围，第三届中华风味小吃美食节在这里举行，为游客准备了上百种各地的风味小吃，日客流量达10多万人。可以说，各相关企业都从中获得了较高的经济效益。今后，天津市更需要大力发展假日经济，推进商贸业的进一步发展。

（五）完善天津口岸通关功能

国家将天津定位为国际港口城市，要大力发展商贸业，天津需要不断完善口岸通关功能，促进集散辐射功能的进一步提升。近年来，天津口岸着力扩充通关服务平台，建立通关服务中心，推行报检、报关等"一站式"服务，并与河北、山西、内蒙古、新疆等建立跨口岸区域合作机制。2006年滨海新区开发开放纳入国家发展战略后，为天津口岸大通关工作注入了新的生机与活力。

天津口岸各有关单位积极探索，不断创新，营造良好的通关服务环境，提高通关效率，降低通关成本，使天津口岸成为高效便捷的口岸。为做好口岸大通关工作，天津口岸进一步深化口岸管理体制机制改革，实施口岸大通关工程，从天津滨海新区开发开放实际出发，逐步建立健全口岸大通关领导体制和工作机制，并形成了具有天津特色的口岸大通关"四个机制"、"五项制度"。在机制方面，建立了天津口岸工作协调机制、监督机制、服务快速反应机制、通关监测评估机制四个机制；制度建设上，建立了天津口岸联席会制度（包括货物通关联席会、船舶查验联席会、反偷渡联席会等）、天津口岸重点企业联系制度、长假期间口岸通关加班制度、信息联络制度、通关量化目标月报统计制度五项制度。同时，天津口岸全面深化口岸大通关查验监管模式改革，实行"24小时通关制度"和"绿色通道制度"，提高口岸通关效率，使便捷通关措施不断丰富和完善，区域通关改革取得显著成效。

在区域通关改革方面，天津口岸近七成过货量、五成贸易额来自中西部地区和过境运输，具有典型的区域合作特点。在传统合作的基础上，天津口岸紧紧抓住国家实施西部大开发、中部崛起、东北振兴和推进天津滨海新区开发开放战略等难得的历史机遇，实施了"属地申报、口岸验放"模式，建立了"产地检验、口岸放行"业务协作机制，开通危险货物异地电子申报系统等，发挥口岸区位优势与内地货源优势，推进沿海口岸和内地口岸功能互为延伸，进而形成大通关区位联合优势，更好地服务区域经济发展，不断密切与内地省、市、区的联系，取得互利双赢和互利多赢的良好效果。

（六）加强与周边地区、东北亚商贸合作

天津要借滨海新区开发开放的大好机遇，加强与周边地区、东北亚的商贸合作。通过实行物流企业通行同等待遇，建立两地企业资质互认机制等政策，放宽市场准入、增强口岸功能等措施，促进天津与周边地区和东北亚地区的商贸往来，在天津更好地为这些地区服务的同时，也加快了天津本地商贸业的发展。目前天津在这方面已经做了大量的工作。2006年4月，天津与海南签署琼津两地商贸领域合作协议，两地建立农副产品及自有品牌产品分销机制，组织协调各自批发、零售、连锁及销售网络，为对方产品进入市场提供方便。在天津与海南之间构建绿色通道，推进实行物流企业同等通行待遇，促进两地物流配送效率提高。为吸引双方企业到本地投资，两地商务部门简化自身审批环节和手续。建立两地企业资质互认机制，在商贸、服务等领域的企业等级评定、资质认可等方面，参照对方商务部门审批结果，积极予以确认，实现政策平等透明。2009年3月，天津市与商务部在北京签署了建立部市合作机制协议，双方通过建立促进商务事业发展的合作机制，将全面加强在商务发展战略研究、滨海新区开发开放、直接利用外资、外贸进出口、对外经济技术合作、商贸流通、开发区建设、人才培养和干部交流等领域的合作。

四 对外贸易实现跨越发展

（一）对外贸易取得的重大成就

作为北方港口城市，新中国成立60年，天津外贸出口从1952年的1.9亿美元，发展到2008年的422亿美元，增长了221倍，年均增速达到10.1%。尽管受到金融危机的影响，2009年、2010年外贸出口有所下降，但2010年外贸出口已回升到375.17亿美元。特别是改革开放以来，天津对外贸易发展驶上了快车道。1997年，天津进出口总额首次突破100亿美元大关。2001年，中国加入WTO，为天津外贸发展提供了更为广阔的发展

空间。2004~2008年五年间，外贸出口连跨200亿美元、300亿美元、400亿美元三大台阶，年均增速达到22%。同时，天津的出口产品结构不断优化，高技术含量、高附加值的机电产品出口快速发展，2010年占全市出口比重已达69.8%。对外贸易主体不断壮大，有进出口实绩的企业突破8000家，是改革开放初期的14倍。对外贸易往来领域拓宽，天津已与210多个国家和地区有贸易往来。口岸功能显著增强，天津港2010年货物吞吐量达到4.13亿吨，集装箱吞吐量突破1000万标箱，成为中国第三、世界第五大港口。

（二）培育立足环渤海、连接海内外的对外贸易基地

中国北方的发展关键看环渤海地区，而天津滨海新区成为带动环渤海区域经济增长的强力引擎。经过近十年的建设，天津滨海新区作为中国北方高度开放的标志性区域和经济发展的龙头，已经成为面向世界，辐射华北、西北的国际贸易窗口和国际物流中心。近年来，天津滨海新区的开发和建设，带动环渤海区域以及北方地区参加国际经济循环的窗口、通道和枢纽作用更加突出，天津口岸出口的商品中有2/3是为华北和西北地区服务的。环渤海地区和中国北方可以通过天津滨海新区走向东北亚、走向世界；世界通过天津滨海新区可以走向中国。

将天津建设成为培育立足环渤海、连接海内外的对外贸易基地，主要措施是强化服务、完善功能、进出并举、扩大规模。

一是壮大市场主体。放宽市场准入，鼓励本市及外地企业在津登记发展进出口业务，鼓励境外企业落户天津从事对外贸易，形成千军万马搞外贸的局面。吸引跨国公司在津设立采购机构，争取联合国在津设立采购中心，引导企业进入国际采购网络。

二是优化对外贸易结构。完善高新技术产品和机电产品出口促进体系，扶植具有自主知识产权的名牌产品出口。推动传统大宗产品提高科技含量，带动传统产业升级和产品结构调整。推动区县优势产业扩大出口。加快出口加工区、国家级软件出口基地建设，积极争取在津设立国家级汽车零部件出口基地。积极推动加工贸易优化升级。

三是提升贸易服务水平。大力发展贸易服务行业，鼓励开办更多的财会、法律、货运代理、信息咨询、外汇业务、出口报关等方面的中介机构，完善服务配套，降低成本，提高效率。

四是增强口岸功能。充分发挥"港区联动"、保税区和出口加工区政策效应，建设具备国际配送、国际采购、转口贸易功能的临港国际物流基地。继续推进"大通关"工程。完善航运中心服务功能，集聚航运服务企业和有关部门，提升服务水平。拓展口岸功能，实现口岸延伸，扩大承揽天津口岸腹地出口货源，推进天津口岸与华北、西北和中西部地区省会城市的口岸直通，促进与中亚国家陆桥商贸流通。

第十一章
港口与交通

一 港口是推动城市经济发展的重要力量

(一) 港口与城市的互动发展

1. 港口城市的概念与特征

港口城市是指依托水运交通而不断发展的城市,包括海港城市和内河港埠城市及海、河港城市。港口城市不是城市和港口的简单叠加,它是城市的一种具体类型或一种特定形式,具有港口和城市的双重内涵,是港口和城市的有机结合。从国际先进港口城市的发展历程可以看到,港口城市迈向国际领先的过程,实质上是港口和城市的关系在互动发展过程中持续优化和升级的过程。

从空间上看,港口是城市中的一个区域,既包括了港口区,也包括了依托港口而发展的周边区域。由于在这个区域内利用港口优势集合了诸多临港产业,进而形成区域的各种经济形态,并使港口成为推动城市经济发展的重要力量,即所谓"港为城用,城以港兴"。

第一,港口是城市的门户。这个门户不仅是用以展示城市风貌与形象的,而且是逐步成为引领城市走出国门,打通走向世界的通道,通过不断提高开放度,带动城市融入世界发展潮流的发展体系。

第二,港口是城市的战略性资源。作为资源,港口对于促进商贸、加工等产业的集聚和城市的繁荣发展提供了源源不断的能量上的支撑。

第三,港口是城市的重要建设基地。港口及其附近的区域是城市吸引投资的重要基地，导致以原材料输入、产成品输出为特征的临港大工业和出口加工业得到迅猛发展。

第四，港口是城市的对外联系的节点。随着开放型经济的壮大和开放型经济体系的不断完善，港口作为支撑城市参与全球化的重要载体，将促使城市经济不断纳入国际分工和合作体系，成为联系国内外两个市场、两种资源的重要节点。

第五，港口是区位因子。区位因子是利益，它说明在这个场所从事经济活动能够获得费用的节约，能够获得利益，说明这个场所具有从事某项活动的现实性。港口作为区位因子，主要是通过运输距离、运输方式来影响区位优势。低廉的运费和先进的交通技术与手段，有利于促进城市经济发展。随着城市的发展和港口配套基础设施的完善，使港口作为城市发展的重要区位因子的作用越来越强大。

城市作为港口发展的核心载体，只有在和港口的功能实现有效链接的前提下，才能显现港城相互促进发展的效果。衡量港口城市发展水平，重要的评判在于其港航产业发展水平和城市总体经济运行规模与效率，即"建港兴城，以港兴城，港为城用，港以城兴，港城相长，衰荣共济"，此时，港口的经济发展才能决定城市的发展水平和规模。

2. 港口与城市的关系

传统的港口通常是货物集散地，港口城市的建立通常是因港而建，有了港口，才促进了城市本身的发展；城市繁荣后，又对港口发展提出新的要求。港口与城市的关系一般呈良性互动的发展关系。一方面港口发展促进产业在港口所在城市集聚，同时伴随着港口腹地向纵深延展，城市的经济社会得到全面发展，并向都市特别是都市国际化发展；另一方面城市功能和城市经济规模的扩张又反作用于港口建设，对港口发展产生更大的运输规模，提出更高的服务要求，从而使产业向多元化发展，港口向枢纽化发展。

港城互动发展最初来自于城市经济发展要求的推动。在初始阶段，港口仅作为城市经济发展的资源优势，以港口业务和货物集散的活动对城市施以影响，此时城市的经济活动以运输中转和商业储存为核心。随着港口活动范围的逐渐扩大，贸易以及更多的与港口直接相关的产业相继在城市形成。城市对港口有很强的依赖性。第二阶段，即港口与城市一体化阶段，港口成为影响城市生产力布局的重要区位因子，由于在港口附近从事生产活动能够降低成本，从而促进了产业加快在港区附近集聚，特别是以原材料输入、产成品输出为特征的临港大工业和出口加工业迅猛发展。同时，城市从简单地服务于港口发展到积极地利用港口，进一步提升联系国内外两个市场、两种资源的节点功能，使城市影响力不断提升，城市和港口的腹地都在不断拓展。以港口直接产业发展为纽带，以港口与城市在空间形态上的相互融合为特征，港口与城市开始走向一体化。从第二阶段跃升至第三阶段，港城互动发展是在城市经济发展要求的推动和经济全球化的拉动双重作用下，出现的以非港口直接产业为互动媒介的多元化经济发展阶段。在这一阶段，港口产业链不断延长，前后向关联产业快速发展，港口开始向枢纽港转型发展，城市开始发挥物流中心、贸易中心等功能，形成更趋完善、多元化发展的产业体系。同时，城市的辐射扩散功能增强，承担起带动区域经济发展的服务功能。港口是城市对外开放、迈向国际化、现代化的门户，城市是港口持续繁荣与发展的依托。

港口城市在全球经济和区域发展中的地位和作用持续提高。综览世界上著名的先进港口城市，都是以优质港口资源和现代化港口设施为依托，以开放型经济和现代港口产业为特色，以广阔的经济腹地和世界范围的资源配置为优势，使港口和城市结合成为一个有机的区域经济体，逐步发展成为国际国内具有较高知名度的金融、贸易、航运和物流中心。

（二）天津港与天津市的发展

1. 天津港的历史演变

天津的发展萌芽于海河，成就于海港。自隋朝开通了贯穿中国南北的大运河后，运河与海河交汇处在当时被称作"三会海口"（天津历史记载中最早的地名），从而使天津兼有河运、海运的双重便利，地位因之日渐重要。唐朝初年，由于对北方用兵的需要，渔阳成为军事重镇，大量军需从江淮等地经运河及海路运集海河附近，再转运渔阳。漕运的兴起使天津逐渐成为大运河北段的重要枢纽。宋代的中国北方，海河被当做界河，成为宋、辽南北两朝的天然分界线。到了明朝，天津已经具有非常好的水路运输条件，成为南北水路运输的重要枢纽。1404年，天津设卫筑城，称"天津卫"。清康熙朝开放海禁，海运与河运、内运与外运的共同发展，使天津成为我国南北经济交流的枢纽和华北地区的经济重镇。

1860年，天津开埠。列强的入侵和外国资本的大量涌入，既给天津带来了殖民地的屈辱，客观上也带来了经济发展的机遇。与此同时，随着海上运输船舶大型化和国际贸易的发展，天津的经济日趋外向化，从而使其经济逐渐由河岸向海岸迁移。提高港口经济的作用，不仅天津航运得到发展，而且促进了中国北方现代工业的集聚和商业、金融业的繁荣，促使天津发展成为中国北方的经济中心城市。

历史上，天津城市发展得益于三个条件：靠河临海；畿辅首邑；腹地辽阔。从港口类型和规模对天津市发展的影响看，大体经历了三个阶段：一是由内河码头向河口港的转变，这导致了天津近代史上的第一次商业繁荣；二是由河口港向海港的转变，这导致了天津近代史上的第一次工业繁荣；三是由海港向世界级大港的转变，这将导致天津有史以来的第一次经济与社会的全面繁荣。

2. 天津城市已进入港口城市发展的多元化阶段

天津是中国北方重要的综合性港口城市和环渤海地区的经济中心，华北重要的通商口岸，也是首都北京的重要海上门户。天津市地理位置优越，水陆交通便利，城市发展历史悠久，工商业与进出口贸易有较好的基础，现有工业门类较齐全，技术力量较强。

天津港具有大型海港运输功能，其地处渤海湾西端，是我国对外贸易的重要港口和北方交通中心，担负北京、天津、华北及西北地区货物的海上进出口任务。天津市空间发展的战略规划为：天津港的北港区包括北疆港区、南疆港区、东疆保税港区以及临港工业区（含临港产业区），重点发展集装箱运输、旅游和客运等综合功能以及重型装备制造业；南港区是指独流减河以南规划建设的新港区，近期主要依托石化、冶金等重化工，建设工业港区，远期将建设成为现代化的综合性港区。天津港由此形成以港口为轴心的海洋和内地辐射的两个扇面，具有战略优势。

目前，天津港的涉港产业链不断延长，前后向关联产业快速发展，物流中心、航运中心、贸易中心等功能正不断发挥作用，更趋完善的多元化的产业体系逐步形成，天津市的辐射扩散功能日益增强，带动区域经济发展的优势迅速提升。尤其是在港城经济的互动中，天津城市建设已进入港口城市多元化发展的新时期。

（三）天津国际港口城市的定位

1. 国际港口的内涵与国际港口城市的特征

所谓国际港口，亦即国际化港口或开放港口，是按照国家政策进行划分港口类型的一种方式。国内港是指为经营国内贸易、专供本国船舶出入的港口，外国船舶除遭遇天灾或意外事故并经特许外，不得任意驶入国内港。国际港是依照有关条约或法令而开放的港口，为了方便国际经济贸易，任何航行于国际航线的外籍船舶，经办理必要手续后，均准许进出港口，但必须受当地航政机关和海关的监管。第二次世界大战后，由于海运在国际贸易货物中占相当重要的地位，这就导致现代化的国际港口除具有货物集散作用外，往往还具备加工制造、转运联运的功能，而且功能还在不断拓展。

综观世界一些著名的现代化国际港口城市，一般具有以下特征。

第一，现代化国际港口城市全方位实行市场化、国际化运作，城市形成了开放型市场经济体制格局及运行机制系统，其经济社会发展和经济社会管理逐步形成现代市场经济准则体系。

第二，现代化国际港口城市具有鲜明的特色，同时遵循国际港口城市建设的一般规律，重点体现其基础功能的国际化。

第三，现代化国际港口城市是区域经济发展的综合性带动地区，港口为龙头，港口工业和港口产业为支柱，依托产业发展，突出科技创新，推进城市经济增长和经济社会全面发展。

第四，现代化国际港口城市的核心特征是现代化。港口城市的现代化是港口国际化的根本动力和基础，同时，港口国际化的过程也为港口城市的现代化提供了重要的功能依托与经济带动作用。

国际港口从20世纪的工业港、贸易港，逐步发展到21世纪的工业港、贸易港、信息港和生态港。一个港口可以是以国际贸易为主的贸易港，也可以是以港口工业为主的工业港，或者是两者兼有的综合港。但是，在21世纪要雄踞世界港口之林，它必须是信息网络十分发达、信息资源得到充分利用的信息港；同时还必须是生态环境保护良好的生态港。这不仅需要具备现代化的港口设施和科学化的港口业务经营及管理，而且国际化港口城市的形成必须符合现代化的一般规律和发展趋势。

天津要建设成为国际化港口城市，必须坚持港口发展与城市发展协同联动，城市化与现代化并进，国际化与市场化同步，科教基础与工业基础夯实，服务能力与创新能力集聚，经济增长与社会进步协调。

2. 天津定位国际港口城市的战略意义

天津定位国际港口城市的战略意义在于，通过建立现代化的国际性港口系统，提高天津城市的现代化、国际化程度，使其与北方经济中心的地位相匹配。

港口系统有广狭之分，狭义的港口系统主要是指港口的内部系统；广义的港口系统除包括港口内部系统外，还包括港口与腹地系统和港口与港口之间的系统。港口作为综合运输的枢纽，在整个运输体系中起着举足轻重的作用。港口作为物流系统的进出口岸，在海洋时代的国家和地区的经济与社会发展中的作用越来越重要，港口不仅具有运输功能，而且具有工业功能、贸易功能、商业功能和综合服务功能。因此，衡量一个国家和地区社会经济发展水平的重要标志之一，就是现代化的港口系统的发展水平与发达程度。

天津港作为天津重要的战略性资源，港口经济的发达与否是其城市发展的重要标志，不仅港口经济可扩展到天津城市的方方面面，而且天津市经济成长的重要动力来源之一也是港口。从这个意义上讲，港口产业应该是天津的优势产业、特色产业、主导产业，是国民经济的基础产业。所以，现代化的港口系统的发展水平，决定着天津市经济发展的水平和质量。

现代化的港口系统的发展水平越高，也就越能说明一个国家和地区社会经济发展的高质量。现代化国际港口城市是城市的一种具体类型或一种特定形式，具有现代化港口和现代化城市的双重内涵，是港口和城市现代化的有机结合，是港口城市发展的高级阶段。天津国际港口城市定位，有利于天津市经济发展的市场化水平和开放程度的提高，有利于天津市综合发展水平和现代化程度的提高，有利于天津市建设北方国际航运中心和物流中心，有利于天津市提升整体竞争优势。

二 国际港口城市的新要求

（一）天津城市新定位对港口发展的新要求

改革开放以来，国民经济的快速发展，促进了天津港的港口生产实现高速发展。20 世纪 90 年代中后期，天津港以每年 1000 万吨的增长速度进入了快速发展期，2001 年，天津港吞吐量首次超过亿吨，成为我国北方的第一个亿吨大港。此后，又以每年 3000 万吨的增长速度高速发展，2004 年突破 2 亿吨，成为北方唯一 2 亿吨大港；集装箱超过 380 万标箱，吞吐量进入世界港口前 10 名，集装箱排名第 18 位。2005 年，港口吞吐量达到 2.4 亿吨，集装箱吞吐量 480 万标箱。2006 年，港口吞吐量达到 2.58 亿吨，集装箱吞吐量达到 595 万标箱。2007 年，港口吞吐量达到 3 亿吨，集装箱吞吐量 710 万标箱。天津港已经形成以集装箱、原油及制品、矿石、煤炭为"四大支柱"，以钢材、粮食等为"一群重点"的货源结构。2008 年，天津港港口吞吐量达到 3.55 亿吨，集装箱吞吐量 850 万标箱，吞吐量位居世界港口第 5 位，国内港口第 3 位，北方港口第 1 位；集装箱吞吐量位居世界港口第 14 位，国内港口第 6 位，北方港口第 2 位。2009 年，天津港货物吞吐量完成 3.81 亿吨，增长 7.1%，集装箱吞吐量完成 870.40 万标箱，增长 2.4%，货物吞吐量在全国港口中排名第 3 位；集装箱吞吐量在全国港口中排名第 6 位。[①] 2010 年，天津港货物吞吐量完成 4.13 亿吨，增长 8.4%，集装箱吞吐量完成 1008.60 万标箱。[②]

国务院对天津"国际港口城市、北方经济中心和生态城市"的新定位对天津港的发展提出了新的要求。

1. 要求港口具有国际化高水平

即不断增长的国际贸易海运量以及对规模经济的追求，促进了船舶大型化、专业化、自动化、高速化。船舶发展的"四化"趋势对港口的发展提出了更新和更高的要求，其必然促使港口设施向深水岸线地区转移，为船舶提供更深的水域、更广的陆域和更高的技术标准。在经济全球化的浪潮下，国际贸易成为各国经济发展的直接推动力之一，商品和技术的空间传递，使港口日益成为连接各国经济的桥梁和纽带。海港是以海运为主体的综合运输网的枢纽，国际物流网络的平台，港口的发展水平又决定着国际贸易水平，进而促进世界海洋国家用更高的标准兴建新港和扩建旧港，另外，随着海洋时代的到来，港口竞争日趋激烈，这必然加快港口服务的国际化和港口功能多样化进程。天津港要提高其港口国际化水平，就必须充分考虑港口支持系统、港口配套设施以及其他公用设施的规划布局和建设条件。天津港的规划建设需要有适度的超"前"性和超"高"性。

2. 要求产业发展更趋多样性

伴随着经济全球化和生产技术的日新月异，城市的产业结构正发生着深刻变化。在港口这一区位因子的作用下，城市中心的传统产业数量不断减

---

① 资料来源：2009 年天津市国民经济和社会发展统计公报。
② 资料来源：2010 年天津市国民经济和社会发展统计公报。

少，并开始迁出市中心，产业分布日益趋向港口或毗邻港口的区域。同时，一些新兴产业也在港口这一区位因子的作用下，在港口或毗邻港口的区域集聚，这样，与港口有关的和一些本来不一定同港口有关但可以利用港口优势的各种各样的产业常常选在港区或毗邻港区的区域，使得港口的产业结构更加呈现多样化。反过来，这种临港产业区的出现又极大地促进了港口所在城市的经济迅速发展，使得港口和城市之间的联系更加紧密。与此同时，港口功能也不仅仅局限于为船、货和陆上运输方式提供生产和服务。为了使资源配置更为有效，同时也为了减少企业的风险程度，世界上许多主要港口都实行了多样化经营。目前天津港涉港的产业越来越多，如港口保税区、临港工业区、现代物流中心、港口中介代理及信息服务、海底资源开发、修造船、水工建筑、战略仓储、燃油与船舶物资供应、石油与化工产品分拨、冷藏业务等，天津港营运收入的50%左右来自码头装卸服务以外多种功能的服务。因此，港口早已不是单纯装卸企业，而是日益成为一个国际贸易的门户，成为涉及多行业的城市经济的新增长点。

3. 要求形成与涉港产业相关的高端产业集群

产业集群是当今世界经济发展的新亮点，它不仅可以成为区域经济发展的主导，而且也成为提高一国国际竞争力的新能量。产业集群作为一种为创造竞争优势而形成的产业空间组织形式，它具有的群体竞争优势和集聚发展的规模效益是其他形式无法比拟的。天津港形成与港口相关的产业集群，构成以港口为基础的基本空间构架，能够产生强大的"正向"外部性，有利于"资源共享"、"相互学习"以及"互补匹配"。同时，产业集群也有利于促进集群内的企业合作和创新。与港口相关的产业集群内的相关企业不仅共存于"港口"内，而且集群中的企业地理集聚，会导致供应商、制造商、客商之间的联系和规模结构形成相关的支撑，从而获得竞争优势。

4. 要求综合集疏运网络更加完善，国际化经营策略更加灵活，国际交流与合作更加广泛

发达的集疏运网络是港口发展的支撑和保障。天津港要更加完善综合集疏运网络，不断扩大其直接经济腹地。成功的经营策略与广泛的国际交流与合作是港口走向世界、提高国际竞争力的重要途径。天津港要注重提升港口经营企业管理水平，实施国际化经营策略，开展国际交流与合作，努力增强天津港在国际港航界的话语权和影响力。

（二）天津城市新定位对城市发展的新期望

1. 国际港口城市的新定位要求天津城市发展重"品质"

（1）天津要具有完备的现代产业体系。城市功能是产业体系的表征，产业体系是城市功能的内质。天津在全面推进现代化国际港口城市建设的过程中，必须加快产业结构的优化升级，构建既与国际接轨又具有天津特色的现代产业体系，以提高城市现代化、国际化发展的支撑能力。

（2）天津要具备港城多元化发展的产业基础。天津要加快港口资源优势到临港产业优势，再到内外贸联动发展优势的转换，尽快形成集聚内外贸、国际金融、专业会展和中介服务于一体的国内、国际贸易中心。同时，借助新科技发展大势，依靠信息化提高涉港产业创新发展能力，广泛开展制造业服务外包推进工作，引进培育一批专业化的生产性服务企业，争取提前进入后工业化时代，实现产业结构由"二三一"向"三二一"的转变。

（3）天津需要加快高端产业集群的发展。要实现天津城市新的定位目标，必须紧紧围绕天津转变经济发展方式这个主线和产业结构战略性调整这个主攻方向，积极进行微观层面的自主创新活动，推动区域内的产业分工与融合，形成不同层次、不同形式的产业集群，特别是适应全球产业结构调整大趋势，积极打造高端产业集群，使城市功能区和优势特色块状经济成为信息化与工业化融合发展、制造业与服务业联动发展的创新基地。

（4）天津需要不断提升其综合竞争力。天津要在调整提升三次产业发展质量和效益的同时，把重点放在积极推进产业间的联动发展，形成相互支撑、相互促进的良性循环，构建具有国际竞争力的优势产业链、供应链、价值链，实现产业整体竞争力的最大化。在规划和实践上，不断构建与完善以装备制造企业、航运服务企业等为核心的企业基础，有机对接国际市场与周边生产服务企业的优势产业链，增强天津在环渤海区域经济中的产业控制能力和获利水平。

2. 国际港口城市的新定位要求天津城市创"品牌"

天津的经济发展要从适应性释放到主动性推进。主动性推进更多表现在依托港口城市优势，坚持外向带动战略，全方位发展开放型经济，通过开放实现经济上的新跨越。海洋时代，港口的资源优势决定了城市的发展。经济发展不仅要具备"能力"，更要具备"能量"，天津30多年改革开放的历史进程极大地提升了天津的发展优势，为最终确定城市的功能定位和现代化国际港口城市的目标定位奠定了坚实基础，而天津要建设成为国际港口城市不仅仅要打好港口经济这张牌，更应在此基础上借助滨海新区的开发开放，通过打造产品品牌、产业品牌和服务品牌，成为具有一定知名度和国际地位的国际港口大都市。

3. 国际港口城市的新定位要求天津讲"品味"

人类从事经济活动需要一定的场所。而一定的环境又决定着经济活动的可持续发展能力。天津国际港口城市的新定位，在一定意义上既要求天津成为现代化的国际大都市，同时也要成为生态宜居城市。从广义上讲，生态宜居城市是一个全方位的概念，其强调城市在经济、社会、文化、环境等各个方面都能协调发展，人们在此工作、生活和居住都感到满意，并愿意长期在此从事经济社会活动。国际港口城市与宜居城市不仅是天津城市定位的两大新功能，而且，宜居城市建设可为国际港口城市的可持续发展的能力提供"能量"上的支撑。因为，天津要实现宜居城市的目标，首先，天津经济必须实现持续发展。一个城市只有拥有雄厚的经济基础、先进的产业结构和强大的发展潜力，才能为城市居民提供充足的就业机会和较高的收入，才能为宜居城市建设提供保证。其次，天津经济社会的发展应追求社会和谐稳定。只有在稳定、团结、祥和的氛围下，才能做到治安良好、社区亲和、安居乐业，才能充分享受丰富多彩的现代城市生活，才能将城市视为自己物质家园和精神归宿。再次，天津应该是一个文化底蕴厚重且追求文化品位的城市。"近代中国看天津"在一定程度上说明了天津近代历史文化遗产丰富，天津文化的品位、品质都较高，天津人的文化创新能力也很强，为此，天津应把不断增强城市文化氛围，开展丰富多彩的文化活动，营造具有天津特色的文化品质作为天津塑造宜居城市的目标。

（三）目前的差距与发展机遇

1. 问题与差距

天津港经过数十年的发展，特别是改革开放以来，取得了巨大成就。但是要实现新的定位目标，建设成为具有国际竞争力的国际港口，仍存在很大差距，主要问题是：

（1）实现大发展的制约因素还未完全消除。根据天津市空间发展战略，规划在距离天津港现有港区20公里的城市东南沿海建设新的港区（南港），形成两大主力港区带动天津港口发展的格局，主要目的就是为了使天津港有更广阔的延展空间。世界上一些先进港口城市在建设中十分注重港口的发展需要，使城市的功能定位服从或服务于港口发展，城市建设优先考虑港口可持续发展要求。港口与所在城市之间是互相促进、共同发展的关系。天津的发展虽然使港口发展的外围空间环境不断得到改善，但是从推进程度和进展看，城市与港口之间的关系还没有完全理顺，城市对港口发展的环境制约因素还没有完全消除。如输港交通体系问题，实现码头的专业化分工问题。

（2）各种运输方式发展不平衡。近年来，天津市大力加强交通基础设施建设，逐步构筑起以港口、市区为中心，以铁路、高速公路、国道主干线为骨架，公路、铁路、航空齐头并进的综合集疏运网络体系，为港口的发展提供了有力的支持。但各种运输方式之间的相互衔接与相互组合等问题未能以天津港为节点进行有机协调，各种运输方式的发展不平衡，这不仅使得每一种运输方式未能充分发挥其自身的优势，同时也使得以集装箱为基础的国际多式联运未能充分发挥其自身的优势，不利于天津港腹地的进一步拓展。

（3）腹地对港口的支持作用没有得到充分发挥。腹地是港口的吸引范围。国内外先进港口在发展过程中，善于依托广阔的经济腹地，千方百计为港口争取更多的货物和集装箱，拓展港口发展后劲。天津港拥有广阔的腹地，这是天津港进一步发展壮大的突出优势和有利条件。但是，一方面由于受行政区划的干扰，另一方面由于天津港自身发展的竞争力问题，致使腹地对港口的支撑作用没有得到充分发挥。如何建立与腹地的经济合作关系，最大程度发挥广阔腹地对港口的支撑作用，成为天津港当前急需解决的一个重要问题。

（4）现代物流业的发展与提升还有一定难度。天津港的国际竞争力问题，在一定程度上是天津港在国际物流体系中的地位和作用问题，天津港要以战略的高度积极发展现代物流业。诚然，天津港依托天津市，特别是天津滨海新区，发展现代物流业有较好的基础，但是相对于国内外先进城市，天津港推进和提升现代物流业存在以下四个方面的问题：一是现代物流观念不强，物流作为一个产业，其整体发展水平仍不高；二是物流业组织化程度水平低，整体综合竞争力尚弱；三是物流企业规模不大，物流基础性工作有待进一步加强；四是物流人才尚不能满足需要，物流发展的软环境有待进一步改善。

（5）天津港发展的软环境还需要改善。一个港口国际竞争力的高低，不完全是由港口设施的规模、吞吐量的高低等硬环境所决定的，更关键的是由当地的航运服务、金融、法律、信息、教育等相关行业的软环境所支撑的。天津港口经过不断发展，软环境特别是航运服务能力和水平已经有了很大的提高。如先进机械的引进，大幅度提高了集装箱装卸速度；电子口岸的运行，为货主、船公司提供了更加高效的服务，等等。但是，在金融、法律服务等软环境方面，与国际先进港口相比尚有一定的差距，特别是港口及国际航运必需的金融、保险、法律服务体系相对滞后，相关培训业不发达，在津院校的专业设置和人才培养不能满足需要，高层次、综合性港口物流培训体系尚未建立，高层次的研究机构缺乏。正确认识这些不足，有利于我们发现与国内外先进港口之间的差距，进一步明确港口发展方向，找准提升天津港国际竞争力和综合实力的突破口，加快打造国际一流的现代化枢纽港。

2. 天津港打造国际一流大港面临的机遇

（1）经济全球化带来的机遇。经济全球化是当代世界经济的重要特征之一，也是世界经济发展的重要趋势。经济全球化，有利于资源和生产要素在全球的合理配置，其结果使世界经济日益成为紧密联系的一个整体。在经济全球化的潮流下，国际贸易成为各国经济发展的直接推动力，商品和技术的空间传递，使港口日益成为连接各国经济的桥梁和纽带。海港作为国际物流网络的平台，港口规模又决定着国家贸易水平，因此国际性的产业结构调整，国际贸易的发展促进了世界海洋国家兴建新港和扩建旧港的投资热潮。同时经济全球化为我国经济尽快与世界经济全面接轨提出了时间和空间的要求。其中只有使港口的经济发展率先与世界经济接轨，才能促进整个国民经济与世界经济对接，积极参与世界经济的分工与合作。经济全球化使经济的发展越来越依赖于国内外两种资源、两个市场。经济全球化表现为生产的全球化、贸易的全球化和金融的全球化，资源在国际范围内进行大流通，对港口的经济发展也提出了新的要求和更高的标准。天津港作为对外开放的重要口岸和综合交通运输体系中的枢纽，随着国际贸易的蓬勃发展，商品进出口的增加，极大地扩大了港口的吞吐量，同时继续坚持全方位、多层次、宽领域的对外开放，将有力刺激国内外企业对港口建设，特别是对运输体系的投资，这就为天津港的进一步建设和完善，提供了有力的保障。

（2）区域经济一体化带来的机遇。世界经济的另一个主要特征就是区域经济的一体化。所谓"区域"是指一个能够进行多边经济合作的地理范围。在这个地理范围内，国与国之间经济交往中的主要障碍——贸易壁垒被削弱或消除，生产要素趋于自由流动，通过市场规模的扩大达到规模经济效益，根据比较优势的原理通过加强专业化提高成员国的生产效率和生产水平，并通过技术的提高带来生产数量和质量的提高。随着经济一体化，生产要素的跨地区流通和国际贸易的蓬勃发展，极大地扩大了港口的吞吐量，有力地促进港口的建设发展。2010年，中国与东盟建成自由贸易区，近90%的货物贸易实行"零关税"，随着贸易量的增加，对包括天津港在内的中国主要港口提出更高要求，有效地刺激港口特别是国际性港口的建设。与此同时，亚洲经济整合是大势所趋，特别是东亚经济一体化建设目标的提出，会促进实现商品、资本、劳动力和服务等要素的自由流动，这就为天津港的加速打造国际港口提供了难得的历史机遇。

（3）海洋经济时代来临带来的机遇。海洋经济包括为开发海洋资源和依赖海洋空间而进行的生产活动，以及直接或间接为开发海洋资源及空间的相关服务性产业活动。海洋经济发展步入世界经济发展的快车道，在众多沿海国家和地区，海洋经济成为区域经济发展的新的增长点。在此背景下，港口和城市的依存关系在未来将更为密切。目前，全世界经济总量的20%集聚在离海（江、河）岸线宽度100公里的沿海、沿江、沿河地带内。全世界的经济发达地区绝大多数与港口结合在一起，共生共荣。全世界百万以上人口的经济中心城市216个，其中坐落在海洋四周的有89个，占41.2%。在我国，沿海地区特别是东部沿海地区是全国经济最发达同时也是发展速度最快的地区，特别是14个率先开放的沿海城市，从北到南，形成了我国经济繁荣景象中一长串闪亮耀眼的明珠。当前我国的海洋产业正处于成长期，产业结构正从传统海洋产业为主向海洋高新技术产业逐步崛起与传统海洋产业改造相结合的态势发展，这就使天津港不断提高港口产业效益，进一步完善以港口为中心的运输体系，积极强化为海洋经济服务的意识，充分发挥港口城市海洋经济的巨大辐射作用，提供了前提条件。

（4）我国新一轮区域振兴带来的机遇。20世纪90年代末，我国区域经济发展"南快北慢、东高西低"的现象愈发突出，引发了一系列严重的社会问题，促使中央开始启动第三次重大调整。由于天津位于环渤海的核心地带，不仅是我国北方最大的沿海开放城市，而且经过长期努力积累了巨大的发展潜能。天津改革开放的全面加快，不仅能够带动环渤海的经济振兴，而且可以改变我国经济发展南北失衡的趋势。也正是因为有了第三次重大调整，天津才迎来了改革开放以来最大的发展机遇。至此，天津肩负起完善社会主义市场经济、探索区域科学发展、协调发展的时代使命。与此同时，天津港也在我国新一轮区域振兴的背景下，迎来了难得的发展机遇。

（5）滨海新区纳入国家战略新布局带来的机遇。党的十六届五中全会决定把推进天津滨海新区开发开放纳入国家总体经济发展的战略布局，把滨海新区建设成为依托京津冀、服务环渤海、辐射"三北"、面向东北亚的现代化的新区。港口是天津发展的核心战略资源，从一定意义上讲，天津滨海新区的发展是在依托天津港的条件下而发展起来的。为了实现国家经济发展战略，滨海新区的三大任务之一就是努力打造北方的国际航运中心和国际物流中心。港口具有强烈的外向性和开放性，是一国对内、对外经济发展双向辐射的核心点，成为与世界经济接轨的先行之地。天津港是滨海新区的重要组成部分，滨海新区的开发开放为天津港创造了难得的历史机遇。天津港打造现代化国际港口必然与天津滨海新区开发开放同步。

三 建设中的世界一流现代化国际枢纽大港

（一）世界港口的发展演变

1. 对枢纽港的理解

枢纽港是有能力成为诸多航线中转港的超级港口，并在局部地区起重要作用的港口。枢纽港是由水运主通道和公路、铁路、管道、航空主干线所组成的综合运输大通道交汇处的港口，属于客货集散的中枢，并与铁路枢纽、公路枢纽站场有机地结合，共同组成综合运输港站场主枢纽。枢纽港具有较强的集散作用，齐全的功能，并逐步通过组织管理、中转换装、装卸储存、多式联运、通信信息、生产生活服务等功能在广阔的范围内发挥辐射和带动作用。

天津港处在欧亚大陆桥的桥头堡位置，距离日本、韩国的海上运距最短，距中亚、西亚的陆地距离最短，是蒙古、哈萨克斯坦等临近内陆国家的出海口，是连接东北亚与中西亚的纽带，对外联系广泛。目前天津港已同世界上的180多个国家和地区的400多个港口有贸易往来，每月集装箱航班400余班，国际交往频繁。天津港是我国华北、西北和京津地区的重要水路交通枢纽，交通十分发达，已形成颇具规模的立体交通集疏运体系。通过铁路，北达北京、内蒙古和东北，南抵华东、华南各地，西连西部和西北部内陆地区，进而连通蒙古、俄罗斯及欧洲各国。公路成网，具有良好的通达性，京津塘高速公路、丹拉高速公路、京津塘公路（103 国道）、津晋高速、海防公路等形成辐射状公路网络，连接北京、天津及华北、西北地区各省市。管道纵横，有直通北京的航空煤油管线；有连接大港油田和天津石化的原油和成品油管线，并可通过天津至沧州的管线与中石化原油管网相通。天津港能够服务的范围包括京津冀及中西部地区的 14 个省、市、自治区，对腹地的辐射力和影响力较强。天津港也是环渤海中与华北、西北等内陆地区距离最短的港口，综合运输成本最低。随着我国经济由南向北的梯次发展，天津港在北方地区的地位和作用日益突出。

从天津港在我国和区域综合运输体系中的地位和作用看，天津港是京津冀现代化综合交通网络的重要节点和对外贸易的主要口岸，是华北、西北地区能源物资和原材料运输的主要中转港，是北方地区的集装箱干线港和发展现代物流的重要港口，是我国沿海主枢纽港和综合运输体系的重要枢纽。

2. 对现代化国际枢纽港口发展阶段的理解

世界港口的发展是随着人们对港口功能的认识、港口在国民经济发展中的地位以及港口在全球资源流通中发挥着日益重要的作用而不断演进的，并由此导致了港口功能的升级换代（见表 11 – 1）。

表 11 – 1　世界港口的发展阶段与功能特点

港口	时间	主要功能特点
第一代	20 世纪 50 年代前	运输枢纽中心
第二代	20 世纪 50 ~ 80 年代	运输、商业服务和加工生产的中心
第三代	20 世纪 80 年代至今	运输、商业服务和加工生产的中心以及贸易的物流中心
第四代	目前正在发展中	国际性增长活动和经济活动的节点

第一代港口主要是指 1950 年以前的港口，其功能为海运货物的转运、临时存储以及货物的收发等，港口是运输枢纽中心。

第二代港口主要是指 20 世纪 50 年代至 20 世纪 80 年代的港口，其功能除具有第一代港口的功能以外，又增加了使货物增值的工业、商业功能，港口成为装卸、商业服务和加工生产的中心。

第三代港口主要产生于 20 世纪 80 年代以后，其功能除了第一、二代港口的功能以外，加强了与所在城市以及广大用户的联系，使港口的服务超出原先港口的界限，增添了运输、贸易的信息服务与货物的配送等综合服务，使港口成为贸易的物流中心。

第四代港口，是以自由贸易为依托，在集装箱运输的基础上，实现港市关联，港港互动，通过主动策划，周密组织，积极参与国际经贸活动，促进产业集聚和服务集聚，是海陆经济有效接轨服务的柔性港口，并实现港口相关供应链各环节之间的无缝对接。第四代港口目前仍在发展之中。从天津港的发展现状看，天津港正处于从第三代港口向第四代港口的过渡过程中，并已具有一定的第四代港口的特征。

现代化的国际枢纽港口是由多个相关要素组成完成特定功能的一个系统。第一，它由多种交通运输方式的多种运输设备组成，每一种交通运输方式或运输设备在交通运输枢纽中具有不尽相同的功能与作用，但作为一个系统整体，枢纽港系统具有统一的功能，即完成枢纽港内货物运输的中转与作业，确保货物运输全过程的实现及运输生产的连续性，满足枢纽港所在城市的经济发展及人民生活对运输的需要。第二，它的构成复杂。枢纽港由多种交通运输方式及其多条干线运输组成，每一种交通运输方式又由为实现其运输过程的多种运输设备按一定布局原则和技术要求统一配置而成。为实现各种运输方式间的相互协调，有关运输设备的布局与配置又需要统筹安排。由此构成了运输枢纽结构的复杂性。第三，它与其外部环境具有十分密切而复杂的联系。枢纽港由点系统与线系统构成，它既是一个具有复杂结构以及特定功能的系统，同时又是交通运输大系统的一个子系统，在以交通运输大系统为其外部环境的同时，枢纽港又是它所依托的城市或地区大系统的一个子系统，以城市为其外部环境，故交通运输枢纽与其所在的城市或地区间具有十分密切而复杂的联系。因此，从系统功能看，天津港若成为现代化的国际枢纽大港，还需要进一步打造。

（二）对天津港现代化国际枢纽港口的评价

1. 天津港作为现代化国际枢纽港口的发展条件

现代化的国际港口需要具备两个条件：一是该港口具有广阔的、交通便捷的经济腹地，特别是具有广阔的、直接的陆向经济腹地，其主动策划、组织和处理的直达国际贸易物流量，尤其是国际集装箱物流量巨大。这是因为，该港口不仅应该拥有以远洋直达干线方式直接和有效消化其经济腹地全部物流量的能力，而且由其辐射所形成的各类产业链和运输链应该具有相当广阔和纵深的发展空间。二是该港口与所在城市应该融为一体，并以港口为核心来规划和发展整个城市的产业布局和功能定位。港口与所在城市更加注重协调发展，港口的规划、建设和布局与城市逐渐一体化。以临港产业为城市产业主体的发展新模式，使整个港城效益融合在一起。从区域性的产业布局、信息网络、人才供应到各类软硬件服务设施以及相关的政策法规体系，港口要成为决策、组织与运行基地。这样才能使第三代港口在规模和能量上发生本质的变化，使之在城市和腹地的全部经济活动中的功能和地位由被动转向主动、由服务转向组织、由后方转向前台。

天津港经济腹地广阔，而且发展潜力巨大。目前，天津港的腹地范围包括京津冀及中西部地区的14个省、市、自治区，总面积近500万平方公里，占全国面积的52%。天津港70%左右的货物吞吐量和50%以上的口岸进出口货值来自天津以外的各省区。随着环渤海经济的振兴、中部崛起和西部大开发的推进，天津港腹地经济发展潜力巨大，为天津港提供了良好的条件。港口发展和港城互动的空间模式在相当程度上造就了天津经济发展的现状格局。天津城市空间布局与规划提出了"双城双港、相向拓展"的总体战略，并以港口为核心来规划和发展整个城市的产业布局和功能定位。

2. 天津港作为现代化国际枢纽港口的重要标志

标志之一：集装箱运力。现代化国际港口评价标准不再是港口货物的吞吐量，而是集装箱的吞吐量。集装箱是一种高效率的运输方式，它改变了传统的运输方式具有装卸环节多、劳动强度大、装卸效率低、船舶周转慢等缺点，同时，集装箱装卸机械化程度很高，平均每个工人的劳动生产率大大提高。由于集装箱运输在不同运输方式之间换装时，不需要"倒载"，海关及有关监管单位只需要加封或验封转关放行，从而提高了运输效率，适于不同运输方式之间的联合运输。再加上集装箱装卸效率很高，受气候影响小，船舶在港停留时间大大缩短，因而船舶航次时间缩短，船舶周转加快，航行率大大提高，船舶生产效率随之提高，从而提高了船舶运输能力，在不增加船舶艘数的情况下，可完成更多的运量，增加船公司收入，这样高效率导致高效益。因此，集装箱运力成为现代化国际港口的重要标志之一。

标志之二：大型化、深水化、专业化的航道与码头设施。随着运输船舶不断向大型化、高速化、专业化、自动化发展，港口深水泊位和专业化与自动化设备的重要性日益显现。目前全球排名前30位的集装箱港口中，已有20个以上具有15米以上的深水泊位、10万吨级以上的集装箱码头、20万吨级以上的干散货码头以及30万吨级以上的油码头，更大吨级的超大型深水码头已在建设和规划中。在这种情况下，具备条件的港口将在越来越激烈的竞争中，成为枢纽港或装卸中心，而不具备条件的港口，只能起到支线港和喂给港的作用。因此，大型化、深水化、专业化的航道与码头设施成为现代化国际港口的重要标志之一。

天津港主航道长44公里，航道底宽最宽已达260米，航道水深最深已达19.5米，20万吨级船舶可以随时进港，可满足25万吨级油轮满载进出港以及10万吨级以下船舶双向航行的需要，还可满足第五代和第六代集装箱船双向航行。天津港共拥有各类泊位140余个，现有陆域面积47平方公里。这标志着天津港已经建设成为世界上等级最高的人工深水港之一。长期以来，天津港打破"深水深用，浅水浅用"的观念束缚，积极适应国际航运船舶大型化的发展趋势，实施超前建设和发展，在全国沿海港口中率先完成对老码头的改造，并新建一批大型化、专业化泊位，可满足世界最先进集装箱船舶及主流干散货船舶进港的需要。2008年，天津港集装箱吞吐量850万标箱。集装箱吞吐量位居世界港口第14位，国内港口第6位，北方港口第2位。2010年，天津港货物吞吐量完成4.13亿吨，集装箱吞吐量完成1008.60万标箱。

3. 天津港作为现代化国际枢纽港口的功能体现

现代化国际港口更加突出体现组织经贸活动的调度总站的功能。经济全球化以及外向型经济的发展，使资源在全球范围内进行配置，产销全球化的趋势愈发强劲，使得传统的港口活动不能满足发展的需要。随着国际多式联运与综合物流服务的发展，现代化国际港口作为综合运输网络的节点，其功能也更加广泛，成为商品流、资金流、技术流、信息流与人才流汇聚的中心，产业集聚基地，综合服务平台，组织和参与国际经贸活动的前方调度总站。

天津港所依托的天津城市载体功能强大，现代交通体系比较完善，金融、贸易、保险、信息等综合服务功能完善，为天津港的发展提供了强有力的依托，天津港依托天津市的优势，朝着全方位的增值服务方向发展，国内外经贸活动前方调度站的功能日益显现。

4. 天津港作为现代化国际枢纽港口的技术结构

现代化国际港口的技术结构呈现管理技术信息化、控制技术智能化、位移技术高效化和环保技术绿色化。港口日益成为其所在城市的公共信息平台，以现代数码、定位信息和网络技术为支撑，可以对物质流、人才流、商务流、资金流等进行主动、有效、实时监视、处理和控制。新一代具有更大外伸距、起吊力和纵横运动速度的专门港机在港口投入运营，使位移技术高效化。在港城的海陆开发与建设中，先进的环保技术与生态技术也得到了空前的重视和应用。

天津港通过广泛采用新技术、新装备、新工艺，使天津港的港口现代化、信息化程度在全国港口中位居前列。天津港拥有世界上最先进的连续装卸船设备，南疆港区采用的 10 公里长皮带长廊煤炭输送技术创世界之最。建立了国际贸易与航运服务中心及电子口岸，可为客户提供快捷、高效的口岸"一站式"服务。值得一提的是，天津港 25 万吨级航道工程建设，采用疏浚土方处理方式，疏浚总工程量约为 4656 万立方米，吹填至东疆港区围堤内造陆。通过吹填造陆这一方式，不仅减少了疏浚土方对海洋的污染，还可将之变废为宝，充分利用淤泥资源进行造陆，成为发展循环经济的一个典范。

（三）打造天津港为现代化国际枢纽大港的重点：国际航运中心和国际物流中心建设

1. 北方国际航运中心的建设目标

（1）国际航运中心的内涵与模式。国际航运中心是一个功能性的综合概念，一般以经济中心为依托，以国际贸易和金融为基础，以航运金融、保险、咨询、法律等诸多方面的服务为突出表现，集发达的航运市场、丰沛的物流、众多的航线航班和国际知名船东于一体的国际航运枢纽。

国际航运中心随着世界经济的发展，其功能也在不断升级。第一代航运中心的功能主要是航运中转和货物集散；第二代国际航运中心的功能是货物集散和加工增值；第三代国际航运中心除了货物集散功能外，还具有综合资源配置功能。现如今，国际航运中心的定位在第三代国际航运中心的基础上，逐步向综合服务功能转变。

国际航运中心形成的基本条件除了完善的港口设施、航道条件等硬件环境外，必须拥有贸易、金融和广大的经济腹地支撑。在具备建设国际航运中心的基本条件之后，不同的港口依据自身的特点选择了不同的航运中心发展之路。

表 11-2　世界主要国际航运中心的发展模式

国际航运中心	模　式	主要功能特点
伦　敦	以市场交易和提供航运服务为主	其优势体现在航运综合服务方面，是国际航运信息中心、航运融资及海上保险中心，拥有世界上最重要的航运交易所，是世界领先的国际海事法律服务、咨询服务、经纪服务中心
鹿特丹	以腹地货物集散服务为主	为欧洲提供航运物流服务而闻名，具备良好的航运传统，有充足的货量供求，具有年 500 万标准箱的吞吐量，集聚了众多国际知名船东，在船舶生产、维修，以及航运保险等方面都表现不凡
新加坡	以货物中转为主	新加坡凭借其优势的地理位置，成为国际上重要的转运港，并且其船舶维修、金融服务也享有盛誉

（2）天津建设北方国际航运中心的条件。第一，有广阔的经济腹地依托。2010 年，天津港货物吞吐量完成 4.13 亿吨，集装箱吞吐量完成 1008.60 万标箱，航道等级为 25 万吨级。从资源禀赋和发展历程来看，目前天津港在腹地型国际航运中心建设方面已具雏形。随着环渤海经济的振兴、中部崛起和西部大开发的推进，天津港腹地经济发展不仅潜力巨大，而且经济最为活跃，为天津国际航运中心的形成提供了良好的条件。

第二，明确了航运中心建设的主攻方向就是建立有效的航运服务体系。有了坚实的经济腹地做基础，天津下一步要做的就是配合金融中心建设完善航运金融服务。因此，天津要走一条在腹地型国际航运中心的基础上具有特色的"复合型"的国际航运中心建设道路。

（3）天津建设国际航运中心的意义。北方国际航运中心的建设目的并不是仅仅服务于天津市的，而是要服务于整个环渤海、服务于中国北方的。因此，必须站在国家战略的高度，从提高整个环渤海地区的综合竞争力着眼认识北方国际航运中心的建设。所以，加快天津国际航运中心建设有利于提升我国北方经济的整体竞争力；有利于更好地服务京津冀、服务环渤海、服务中国北方乃至于东北亚；有利于实现国家战略布局，加快产业结构优化升级和经济发展方式的转变。

（4）天津北方国际航运中心建设的时间表和路径图。天津将初步建成北方国际航运中心分解成2012年和2015年两个阶段性的发展目标。2012年的目标是：天津港货物吞吐量超过4.6亿吨，集装箱吞吐量超过1300万标箱；东疆保税港区10平方公里开发建设和项目引进全部完成，航运及相关产业增加值超过1000亿元。2015年的目标是：天津港航道等级达到30万吨级，货物吞吐量超过5.5亿吨，集装箱吞吐量超过1700万标箱；东疆保税港区经济规模、增长速度、服务功能等均位于全国保税港区的前列，自由贸易港区初步建成；航运及相关产业增加值比2012年翻一番，超过2000亿元；初步建成以自由贸易港区为核心功能区的航运资源高度集聚、航运服务功能健全、航运市场交易活跃、国际物流服务高效，具有国际航运物流资源优化配置能力的北方国际航运中心。

要建成国际航运中心，天津要在以下方面努力实践：完善集疏运体系，优化港航结构；维持良性的航运供求关系，即货运需求与运力相匹配；优化的人力资源，依托航运服务打造航服产业链；努力发展航运金融向航运高端服务业迈进，制定和落实配套的税收政策，吸引国际知名的航运企业落户；提高国际化程度，形成良好的航运传统。这是天津建设国际航运中心的支撑和保障，也是天津建设国际航运中心的路线图。

（5）北方国际航运中心建设的"短板"与努力方向。目前，天津航运服务产业链主要集中在货运代理、船舶代理等下游附加值较低的产业，以金融、保险、法律、信息服务为代表的高端航运服务产业规模比重低，有的甚至还是空白，远远落后于伦敦、香港等海运服务业发达的国际城市。以航运金融为例，由于缺乏多样化风险对冲工具和令客户满意的金融产品，船舶融资和资金结算业务必然向境外转移。同样，航运保险、航运服务中介机构也必然空壳化。建设国际航运中心，软环境是不可或缺的，它是建设国际航运中心的保障，其主要表现在航运金融、法律环境、通关条件三个方面。这是天津建设国际航运中心的"短板"，因此，现在最主要的任务就是航运中心的软环境建设，必须要在航运服务体系方面大力发展。另外，天津国际航运中心的建设，要进一步完善集疏运体系，特别是要提高铁路直通天津港码头的能力。铁路直通码头既可以减少货物堆场的成本，又可以提高运输效率，节能减排，但目前我国"海铁联运"的比例很低，仍没有超过0.5%。以公路为主的集疏运系统越来越"超负荷"，不断增长的货物进出口吞吐量将逼近城市道路承载极限。最后，为实现2015年的发展目标，天津要在继续加快港口基础设施建设，加快建设和完善国际物流网络，不断完善政策、法律环境，设立加快北方国际航运中心建设专项资金，加大资金支持力度等方面加快中国北方国际航运中心的建设。依托京津冀的旅游资源，大力发展邮轮经济，对于外资邮轮公司在天津的投资予以鼓励，并减少有关费用等。

2. 北方国际物流中心的建设

（1）天津具备创建中国北方国际物流中心的条件。第一，天津具有现代化的综合交通运输网络。现代化的综合交通运输网络是构建区域性国际物流中心的核心要素。物流的功能就是将原材料或货物快速、安全、低成本运输和配送。运输是实现物流运动的手段，所有的物流作业都是物体的空间位移，运输存在于物流运动的每一个过程，国际物流的实现必须通过各种运输方式来实现。因此，物流中心必须首先是交通运输中心。

第二，天津有充足的物流供给能力。充足的物流量和物流供给能力是构建国际物流中心的重要支撑。天津港腹地广阔，包括"三北"地区的11个省区市，占全国GDP和外贸进出口总额的41%和21.5%。天津港地理位置优越，与韩国、日本隔海相望，距中亚、西亚陆地距离最短。物流服务也是商品，因此，物流市场的发展同样是由需求和供给推动的。货物流量大、辐射能力强是天津发展现代物流的基础。只有源源不断的固定货源，物流经济才能持续发展。如果没有足够的物流量作支撑，就不能降低物流成本，物流中心的规模效益就不能发挥出来。

第三，天津具备先进的物流信息网络。先进的物流信息网络是物流中心连接世界各地市场的通行证，也是保持物畅其流的必要条件。物流业是集先进的运输技术、信息技术、仓储技术、包装技术、移动通信技术、现代卫星定位技术、机械化装卸技术、信息交换技术等于一身的综合性高新技术产业，其发展必须紧紧依靠技术进步，最大限度地提高物流发展的技术含量。现代物流与传统物流最大的区别之一，就是有了计算机网络和信息技术的支撑，将原本分离的商流、物流、信息流和采购、运输、仓储、代理、配送等环节紧密联系起来，形成一个完整的供应链。先进的信息网络技术是构成现代物流网络体系的重要组成部分。

第四，天津已搭建港口物流公共服务平台。港口物流公共服务平台的建设是实现港口快速、高效发展的关键，该平台主要由口岸通关、航运服务、中介服务与咨询以及其他相关服务等部分组成。搭建物流公共服务平台，提升港口整体物流服务水平，通过协调与港口物流有关的各方面关系，提高港口物流的服务质量和运作效率，整合港口物流各服务环节间的功能，从而为港口物流系统的发展创造良好的运作环境。

第五，天津有一大批物流人才。物流人才是国际物流中心持续发展的不竭动力。随着物流企业的发展和物流服务质量要求的提高，原来大量手工操作被先进的技术所替代，这就对物流人员的素质提出更高的要求。国际物流中心除了需要基础的仓储与运输管理人员外，更需要那些掌握现代化经济贸易、运输与物流理论和技能，且具有扎实英语能力的国际贸易运输及物流经营型人才，对此天津各高校所培养的不同知识层次的物流人才，是天津创建北方国际物流中心的重要能量支撑。

（2）建设国际物流中心的目的是要充分发挥天津服务于中国北方的综合服务功能的优势。北方国际物流中心要以国际贸易和国内贸易为基础，成为有效利用两种资源和两个市场的重要载体。天津北方国际物流中心的建设过程，就是天津要加强与北京、河北和环渤海其他地区的经济联系，沟通华北地区与西北、东北地区的经济交流，为区域经济协调发展服好务的过程。从这个意义上说，天津国际物流中心的建设目的就是充分发挥天津为中国北方区域经济综合服务功能的优势。

（3）天津建设北方国际物流中心的关键。天津建设北方国际物流中心这一目标的实现，关键在于增强物流综合服务功能。

第一，要依托天津港和天津国际机场，构建天津北方国际物流中心服务体系。天津港除了继续加大基础设施投资以提高装卸作业能力以外，要加快散货物流中心、集装箱物流中心和海铁换装集装箱物流中心建设。要加快天津国际机场建设，发展海、陆、空、铁多式联运。要充分利用枢纽港优势，大力发展专业化、社会化的物流中心和配送中心，开展加工、包装、分拣、配送、信息等物流服务。把"港到港、站到站"的枢纽优势转化为"门对门、点对点"的物流优势。以成本低、效率高、服务好的综合物流优势，增强吸引力，扩大服务面。

第二，要整合交通资源，加快通道和线路建设。要注重天津港港区和高速公路连接线、铁路专用线建设，形成港城分离的立体交通体系，实现港区与周边运输网络的快速衔接。在尽快改善港口周边交通环境、完善滨海新区自身交通网络的同时，加快与主要腹地直通公路和铁路的建设。要积极推进京津塘高速公路二线、三线建设，打通天津港直通西部的铁路大通道，扩大天津与西部能源基地的铁路通过能力，完善以天津港为核心的物流网络。

第三，要依托天津的"双城"，不断完善口岸服务环境。2004年12月31日，国家批准天津市区港联动、建设保税物流园区试点。2006年8月31日，国务院批准设立天津东疆保税港区。天津东疆保税港区是中国继上海洋山保税港区后批准设立的第二个保税港区，天津东疆保税港区是集港口、保税区、出口加工区、保税物流园区等优势于一体，享受国家经济贸易优惠政策的海关特殊监管区域。保税港区与传统海关特殊监管区域相比，增加了港口作业功能，实现了真正意义上的区港联动，保税港区还整合了保税区、保税物流园区、出口加工区等海关特殊监管区域的各种功能和享受税收、监管、外汇等各项优惠政策。包括国外货物入港区保税；国内货物入港区视同出口，实行退税；港区内企业之间的货物交易不征增值税等，是目前我国内地对外开放层次最高、政策最优惠、功能最齐全、区位优势最明显的特殊功能区。将按照国际枢纽港、自由港及自由贸易区的运作模式和惯例，发展国际中转、国际配送、国际采购、国际转口贸易和出口加工等业务，成为中国高度开放的自由贸易示范港区。

2011年5月，国务院正式批复了天津市政府上报的《天津北方国际航运中心核心功能区建设方案》，同意以天津东疆保税港区为核心载体，开展国际船舶登记制度、国际航运税收、航运金融业务和租赁业务四个方面的政策创新试点，积极开展建设中国特色自由贸易港区的改革探索，增强自主创新能力，提高对外开放水平，转变经济发展方式，加快建设北方国际航运中心和国际物流中心。这就为进一步扩展和提升天津港和保税区的功能优势奠定了基础，也为不断完善口岸服务环境提供了保障。要认真落实大通关制度，积极推进"电子口岸"建设，为企业提供"一卡通"、"一站式"服务。积极开展跨关区"属地申报、口岸验放"改革试点工作，探索改进海关物流监管模式，进一步提高口岸通关效率。要积极创造条件，借鉴国际通行做法，推动建设自由贸易港区，以良好的口岸物流服务环境，扩大天津北方国际物流中心在东北亚及至全球的影响力。

另外，要建设大型物流枢纽，不断提升天津北方国际物流中心的竞争能力。物流枢纽城市，应该是物流企业特别是具有国际竞争力的大型物流企业的聚集区。要积极创造有利于物流企业发展的创业环境，鼓励现有国有物流企业兼并重组，向现代物流转型，鼓励大型企业做大做强，扶持发展中小企业，积极支持民营企业，培育自主物流服务品牌。要进一步开放物流市场，吸引国内外大型物流企业集团落户，争取让它们设立总部或区域运营中心，不断提升天津北方国际物流中心的服务水平和竞争能力。

3. "两个中心"建设是"一盘棋"

航运中心是物流中心的基础条件，物流中心是航运中心的功能延伸。"两个中心"可以集成整合，统筹考虑，一体化运作，形成港口支持物流、物流支撑航运互动发展的局面。

(1)"两个中心"的关系。北方国际航运中心和国际物流中心不仅关联度高，而且建设目标一致。但就其功能讲，"两个中心"有所重叠。因此，天津北方国际航运中心与国际物流中心建设要统一领导，统筹规划，包括规划的内容，重大基础设施建设项目，相关政策的制定及与市内各行业间关系、与相邻地区间的政策协调等，都应围绕"两个中心"建设，进行一体化运作，实现联动协调发展。

(2)"两个中心"建设的载体。建设一个设施先进、功能完善、具有相当规模的高等级港口，是天津建设北方国际航运中心和物流中心的核心载体。为了促进"两个中心"的建设，天津港目前正在实施战略转型，着力发展港口装卸、国际物流、港口地产、港口综合服务四大产业，实现由四大货类向四大产业的历史性转变，天津港也将从传统的码头装卸服务商向港口开发商、国际物流供应链综合服务提供商、港口行业和运输行业的投资商以及国际港口运营商转变。同时，面对国际船舶大型化趋势，天津港适度超前建设，建成了一大批专业化泊位，拥有集装箱、铁矿石、煤炭、石油化工品、杂货、国际客运码头等各类专业化码头，同时还突破深水深用、浅水浅用的传统思维模式，连续实施深水化建设，相继完成了10万吨级、15万吨级、20万吨级及25万吨级航道建设，创造了在淤泥质海滩建设深水港的先例。另外，在海运航线发展方面，加快发展远洋干线、环渤海内支线、内贸精品线，积极增开集装箱班轮航线，优化航线结构，增加航班密度，拓展辐射范围，不断提升天津港的集装箱枢纽港地位。

为进一步推进"两个中心"建设，将从海上到内陆，加快建设和完善国际物流网络。在内陆腹地物流网络方面，天津港充分发挥资源配置的重要功能，物流链向中西部等地区广阔延伸。目前，天津港70%左右货物吞吐量和50%以上口岸进出口货值来自天津以外各省区，并已建成北京、石家庄、河南、内蒙古、宁夏等12个内陆无水港。

(3)"两个中心"建设的推进器。加大力度促进公共信息平台体系建设是"两个中心"建设的推进器。在物流信息化的基础上，积极推动更多的、与大通关密切相关的管理部门、口岸物流单位在电子口岸平台上实现信息共享，构筑大通关、大物流、大外贸统一的信息平台，促进社会物流资源的优化配置是信息时代航运中心和物流中心建设的强有力推动力。

（4）"两个中心"建设的重要保障。不断完善综合服务体系是"两个中心"建设的重要保障。国际航运中心和国际物流中心的建设需要有银行、证券、保险、财务、资产管理、咨询、信息服务等良好的商务环境；需要有贸易服务、市场运营、展览展销、信息集散、社会监督和人才交流等综合服务功能。而全方位和一体化的综合性服务功能体系是"两个中心"建设的重要保障。

四 建设完善高效的现代港口城市交通体系

城市交通是城市内部及城市与外部之间的人员和物资实现空间位移的载体，它包括城市内部交通和对外交通，涉及城市中地面、地下、空中交通等各种运输方式。工业化和城市化极大地推动了世界城市的发展，特别是港口城市，其城市规模和城市结构都发生了空前变化，相应对城市交通提出了新的要求，即港口城市交通要向高质量、高效率、多功能、综合性方向发展，促使港口城市交通发展进入一个新阶段。

（一）建设完善高效的现代化港口城市交通体系

天津市建设完善高效的现代港口城市交通体系，必须坚持统筹规划的原则，以建设国际港口城市为目标，加快建设天津与周边地区之间以"双高"（高速铁路和高速公路）为骨架的对外交通网络和以"双快"（快速路和快速轨道）为骨架的城市道路系统，形成水运、航空、铁路、公路及管道等多种运输方式衔接紧密、内外交通转换便捷的，客运高速化、货运物流化、运行智能化的综合交通运输网络系统。

第一，要充分发挥各种运输方式的比较优势，进行交通规划布局和优化组合，在有效满足运输需求的情况下，实现资源的最合理利用和节约。不同运输方式不仅适应不同层次的需求，而且具有不同的技术经济特征，交通运输的发展应根据资源条件、技术经济和需求加以引导。

第二，各种运输方式在布局和能力衔接上要协调发展，同时各种运输方式的运行使用系统与交通网络供给系统要形成有机匹配，实现系统整体高效用和高效率。

第三，交通基础网络在物理上要形成连续、无缝衔接和一体化运输连接，运行使用系统在运输服务、市场开放、经营合作、技术标准、运营规则、运输价格、清算机制、信息以及票据等方面要形成一体化的逻辑连接，运输全过程实现一体化的运输服务。

第四，通过提高技术实现增量供给和增强安全保障性，减轻资源和环境的压力，实现可持续发展。

第五，信息化、智能化以及提高运输装备技术水平是实现交通运输现代化的必由之路，对提高系统整体发展水平和管理及服务水平，实现能力供给增加、安全保障性提高以及经济、环保等提供能量的支撑。

1. 海港建设

天津继续加快海港建设，搞好港口发展规划编制，突出深水航道的建设和大型专业码头的建设，积极发展集装箱运输。一是加快码头项目建设，提高港口吞吐能力。重点建设北港池16个集装箱泊位、30万吨级原油码头、10万吨级LNG码头、南疆大型专业化煤炭及矿石泊位等，满足国内外货物大进大出的要求。同时加快推进东疆港区基础设施、邮轮母港等工程建设。二是加快公用基础设施项目建设，提升港口等级。充分发挥技术优势和施工优势，重点建设深水航道和防波堤。实现只要能进入渤海湾的船舶天津港都能接卸的目标。三是加快物流项目建设，完善港口功能。建设26.8平方公里南疆散货物流中心，成为国内最大的现代化综合性干散货和液体散货物流中心及贸易基地。建设7.03平方公里北疆集装箱物流中心，形成与南疆散货物流中心相呼应的又一重要物流基础平台。建设天津国际贸易与航运服务区工程，形成港航企业聚集、航运市场要素活跃、配套服务完善的特色航运CBD。四是拓展港口发展空间。天津港的北港区和在建的南港区进行"相向拓展"的重点在于南港区的建设。南港区的建设将对天津的空间发展乃至区域格局产生重大影响：一方面，通过新航道和码头的建设支撑整个天津港口做大；另一方面疏解现有港区的发展压力，减轻港城交通资源的矛盾，拓展天津港的发展空间。

2. 空港建设

天津滨海国际机场是我国北方最大的货运机场，空港建设应在继续打造北方国际航空物流中心的基础上，加快改善天津机场外部交通条件，创造与首都机场一体化发展的内外环境，加快首都机场和天津机场实行一体化进程，特别是要利用京津城际铁路开通后的交通优势，推动空铁联运，优化空域资源分配，提高机场高峰时段起降能力，为建设大型门户枢纽机场创造条件。这样，既满足天津市社会经济发展的需要，同时也起到服务环渤海、服务中国北方、实现国家发展战略的作用。

3. 铁路建设

天津市是京哈、京沪、京津三条铁路干线的交会处，并可外接京广、京九、京包、京承、京通、京坨、石德、石太、陇海、包兰、兰新等干线铁路。北达北京、内蒙古和东北，南抵华东、华南各地，西连西部和西北部内陆地区，进而连通蒙古、俄罗斯及欧洲各国。天津铁路建设重在结构调整，全面提高天津铁路枢纽整体运力。因此要完善枢纽布局，建设天津港至西部的铁路集疏运通道（保霸线），将津霸铁路向西延伸至保定、大同及内蒙古等西部纵深腹地；津蓟铁路北伸至兴隆，与京承铁路衔接，并建成蓟港铁路，形成新的出关通道。同时，京沪高速铁路、津秦客运专线、天津西站、于家堡商务中心站、滨海站和军粮城站的规划与建设要具有超前意识。在此基础上，积极增开货运集装箱班列，积极发展海铁联运和"大陆桥运输"（Land Bridge Transport）。

4. 公路建设

加快建设天津市环放结构的公路主骨架，加速形成与城镇体系布局紧密结合、与国家和区域性的公路干线相互衔接的市域内的高速公路网，实现天津与区域内各主要城市之间、市域内中心城区与外围区县之间及外围各区县之间高速公路相互连通，以提升城市运输载体功能。

（二）前景展望

交通运输是现代经济社会赖以运行和发展的基础，其发达程度直接构成对经济发展的支持力度。天津未来建设的国际港口城市交通体系，是能够发挥不同运输方式特点的综合交通运输体系。天津的国际港口城市交通体系侧重各种不同运输方式的协作。2009年，天津市重点推进20项重大交通项目建设，全力推进现代化综合交通体系建设，到2010年年底已累计竣工15项。2011年，天津市又新启动20项重大市政交通项目，其中涉及综合交通体系建设的有16项，在16项中就有天津港30万吨级航道一期、中航油码头及配套2项港口工程。根据《天津市国民经济和社会发展第十二个五年规划》，"十二五"时期天津在加快南港区开发建设的同时，建成天津港30

万吨级深水航道，建设港城分离的集疏运体系，发展大陆桥运输，建成国际集装箱枢纽港和北方最大的散货主干港；发挥海港、空港和海关特殊监管区域的综合优势，增强东疆保税港区综合保税功能，整合港口资源，不断推进港口功能、口岸功能、保税功能向腹地延伸，拓展内地"无水港"，创建国际一流的口岸运行体制；建设海港、空港、开发区等8个物流园区，完善物流配送体系，显著提升航运物流服务功能，基本确立北方国际航运中心和国际物流中心地位。

  1952年天津港重新开港时，当年货物吞吐量不足74万吨。2001年天津港货物吞吐量跨过了亿吨大关，成为中国北方第一个亿吨国际大港。2010年天津港排名世界第五位，货物吞吐量完成4.13亿吨，增长8.4%。在港口货物吞吐量中，集装箱吞吐量完成1008.60万标准箱，增长15.9%。[①] 目前天津港的港口等级达到30万吨级，成为设施先进、功能完善、管理科学、运行高效、文明环保的现代化国际深水港；成为面向东北亚、辐射中西亚的集装箱枢纽港，中国北方最大的散货主干港，规模最大、开放度最高的保税港区，环渤海地区最大的综合性港口，成为世界一流大港。同时，天津港的航运中心和物流中心的功能更加完善，服务领域不断拓宽，有效地实现了与国际性枢纽港口对接，规模大型化、结构专业化、功能多元化、管理计算机化及模式国际化的国际贸易海陆货物运输的枢纽地位初步确立，为天津的经济发展、为区域经济的振兴作出更大贡献。

---

① 《2010年天津市国民经济和社会发展统计公报》。

第十二章
功能与辐射

未来天津城市功能建设要立足于经济社会发展的客观需要，适应当今世界科技发展趋势、信息化浪潮和城市化发展的新特点，从北方经济中心的内涵中去把握和挖掘，从现代化国际港口城市的性质中去推断和演绎，从周边城市配套服务中去加以培育。加快城市功能创新，构筑新的发展优势，将成为增强天津城市综合竞争力的必然选择。

一 完善的城市功能是城市发展的内在要求

（一）城市功能的含义

城市功能也称城市职能，是由城市的各种结构性因素决定的城市的机能或能力，是城市在一定区域范围内的政治、经济、文化、社会活动中所具有的能力和所起的作用，是多功能的综合体。[1] 城市功能的本质定位是发挥区域中心的集散功能，即现代城市对特定区域内经济社会等要素或资源的集聚和辐射，它是中心城市对周边地区在能量交换上的吸引和扩散。[2] 进一步说，城市功能的本质是使人口流、智力流、物质流、能量流、资金流、信息流的集聚和扩散成为可能，以产生巨大的集聚经济效益。[3] 因此，从城市功能的内涵来看，城市功能是城市发展中的一个重

---

[1] http://baike.baidu.com/view/427912.htm.
[2] 李芸：《差异化城市功能的定位与战略设计》，《江苏社会科学》2000年第5期。
[3] 孙志刚：《城市功能论》，经济管理出版社，1998年。

要要素，与社会经济发展紧密相联。城市功能影响力的扩大，将具有强大的规模经济效益和集聚经济效益，而这正是以城市为中心的社会化大生产不可或缺的。

（二）现代城市的功能特征

1. 表现为城市功能的整体性

城市功能是各种功能相互联系、相互作用而形成的有机结合的整体，而不是各种功能的简单相加。各种城市功能作为城市整体功能的一部分，按照城市整体功能的目的发挥着各自的作用。而且，各种城市功能的性质和作用是由它们在城市功能整体中的地位和规定性所决定的，它们的活动受整体和部分之间关系的制约。因此，必须着眼于城市全部功能的整体性和系统性来对待城市整体功能中的每一功能要素。

2. 表现为城市功能的结构性

城市的整体功能是由其内在结构决定的，这种城市的内在结构是指城市系统的经济、政治、社会、文化等各要素之间、各要素与系统整体之间互相联系、互相作用的方式。城市内部包含着多种要素，而且城市的每一个要素都表现出一种功能，城市各个要素的有机结合才形成城市的整体结构，各个要素表现的功能的有机结合才形成城市的整体功能结构。

3. 表现为城市功能的层次性

城市功能具有明显的层次性，城市功能是由不同层次的子系统构成的大系统，其中城市功能的子系统相对于它的下一层次的小系统而言又是母系统。城市功能系统和子系统隶属关系不同而形成的等级，就是城市功能的层次。不同层次的城市功能既有共同的运动规律，又有自己特殊的运动规律。不同层次的城市功能既互相依存、互相作用，又互相区别、互相制约。

4. 表现为城市功能的开放性

城市的各种功能都是相对于一定的外围区域而言的。伴随着经济发展，一定区域内的物流、人流、资金流、信息流通过各种方式汇集于城市，经过城市的优化组合产生了能量聚集效应和放大效应，从而形成城市的各种功能。而城市功能的发挥过程，实质上是城市与外部发生物质、能量和信息交换的过程。因此，城市功能的形成和发挥作用的过程，是全方位开放的过程。[1]

---

[1] http://baike.baidu.com/view/636038.htm.

(三) 现代城市功能对城市发展的作用

城市功能体现为城市对生产、生活的综合服务能力，体现为城市要素的集聚、扩散和辐射作用，是城市与区域可持续发展的重要支撑力、承载力，决定了城市与区域的综合竞争力。

1. 完善的城市功能可以促进集散作用的发挥

相对于一个城市的周围地区而言，其功能发挥作用的主要形式是集聚和扩散。城市功能的集聚效应表现为与核心功能相关的社会资源的密集分布，对诸如人才、信息、资本、物质要素、技术等社会资源的高势能吸纳和高效率利用，是城市集聚效应的最集中的体现，可以在相对有限的地域空间内创造出巨大的经济产出。城市功能的扩散效应，往往通过城市功能所在区域，即城市功能区来发挥。城市功能区通常具有较强的辐射扩散能力，能将功能区的优势如技术、管理、观念、资金等向周边地区渗透，带动周边地区的发展，相关区域、相关产业都会受其影响。具体表现为城市功能区把源源不断的原材料及其他资源吸引到城市后，经过加工处理，形成工业产品，再源源不断地销售到城市以外的地区，从而实现资本的增殖，获取极大收益。[①]

2. 完善的城市功能可以提高城市竞争力

城市是社会经济发展的基本载体，完善的城市功能可以提升城市的区域竞争力。一方面，通过完善城市基础设施建设，提高城市功能水平，打造一个生态环境优美、行政服务高效、宜居宜商的城市环境，可以留住高素质的人才，吸引优势产业扎根发展，为城市产业结构调整和经济社会双转型提供良好的平台，提升城市的竞争力；另一方面，完善的城市功能可以展示城市的魅力。现代城市在具有生产、流通、分配、社会、行政等共同性一般功能的同时，更具有在一定区域内为某一个城市所具有的特殊的主导功能。抓住城市的主导功能，使城市形象宣传随着主导功能的转变而改变，随着城市经济的不断发展而调整，不断提升城市的知名度和竞争力。

3. 完善的城市功能可以促进社会和谐稳定

在社会化大生产的条件下，城市功能是社会化大生产不可或缺的重要组成部分，是促进社会经济持续发展的必要手段。社会经济决定并制约着城市功能发展的方向与内容，生产的社会化要求城市的功能不断增多、增强。而

---

① http://www.upla.cn/special/article.shtmlid=7653&sid=211.

城市功能是否同步、有效地发挥，能否营造出适当的空间与环境，则左右着社会经济能否持续、稳定地发展。因此，完善的城市功能已日益成为社会化大生产条件下的社会经济发展规划所不容忽视的因素。灵活把握社会经济发展的步调，适当利用城市功能以营造与社会化大生产相适应的空间与环境就成了缓和经济危机、促进社会经济持续稳定发展的有效且必需的手段。[①]

二 天津城市功能建设不断提速

天津在完善"一条扁担挑两头"空间布局的基础上，为进一步提升天津城市功能，在《天津市城市总体规划（2005～2020年）》中提出了"一轴两带三区"的市域空间布局结构，而在《天津市空间发展战略规划》中，又提出了实施"双城双港、相向拓展、一轴两带、南北生态"的总体战略，这些举措不仅明确了天津市的整体城市功能布局，而且也明确了滨海新区、中心城区和各区县的功能定位和发展方向。

（一）天津城市功能不断完善

1. 中心城区功能日臻完善

中心城区是城市的行政中心、文化中心和商贸服务中心。根据《天津市空间发展战略规划》，天津市内六个中心城区是天津市的老城区，是反映中国近代史的历史文化名城，也是发挥对环渤海区域城市辐射功能的主要地区，具有很强的综合性服务功能。为缓解天津市中心城区城市功能过度集中，人口、交通和环境压力不断加大等问题，进一步提高城市综合服务功能，塑造国际港口城市形象，中心城区实施了"一主两副、沿河拓展、功能提升"的发展策略。"一主"是指小白楼地区城市主中心，由小白楼、解放北路、南站商务区，以及滨江道、和平路商业区组成，重点发展金融、商务办公和中高端商业。"两副"是指西站地区、天钢柳林地区两个综合性城市副中心。其中，西站地区城市副中心由西站综合交通枢纽、西站中心商务区等组成，规模打造五个板块，包括站前广场的商务区、北侧的西于庄中心商贸核心区、北运河东西两侧的生活区以及北运河至南口路之间的休闲商务区。天钢柳林地区城市副中心由综合会展区、商业商务区等组成，将集商务

---

① 邓丽君：《试论城市功能与社会经济发展之关系》，《现代城市研究》2002年第2期。

会展、商业娱乐、休闲居住于一体，集中展现天津大气、洋气、生态的城市形象。实施沿海河拓展，进一步加强海河两岸综合开发改造，把海河两岸打造成特色鲜明、独具魅力的现代服务业集聚区。通过实施"一主两副"，沿着海河整体拓展，将全面提升城市载体功能、文化品位和宜居程度，实现全市整体空间发展战略的提升。

2. 滨海新区功能日臻完善

滨海新区作为我国第三经济增长极的战略启动点，按照国家总体发展战略要求，确定滨海新区的功能定位是：依托京津冀，服务环渤海，辐射"三北"，面向东北亚，努力建设成为我国北方对外开放的门户、高水平的现代制造业和研发转化基地、北方国际航运中心和国际物流中心，逐步成为经济繁荣、社会和谐、环境优美的宜居生态型新城区。在此功能定位之下，滨海新区实施了"一核双港、九区支撑、龙头带动"的发展策略。"一核"是指滨海新区商务商业核心区，由于家堡金融商务区、响螺湾商务区、开发区商务及生活区、解放路和天碱商业区、蓝鲸岛生态区等组成。重点发展金融服务、现代商务、高端商业，建设成为滨海新区的标志区和国际化门户枢纽。"双港"是指天津港的北港区和南港区。"九区支撑"是指通过滨海新区中心商务区、临空产业区、滨海高新区、先进制造业产业区、中新生态城、滨海旅游区、海港物流区、临港工业区、南港工业区九个功能区的产业布局调整、空间整合，打造航空航天、石油化工、装备制造、电子信息、生物制药、新能源新材料、轻工纺织、国防科技八大支柱产业，形成产业特色突出、要素高度集聚的功能区，成为高端化、高质化、高新化的产业发展载体，支撑新区发展，发挥对区域的产业引导、技术扩散、功能辐射作用。加快"一核双港九区"的开发建设，提升了滨海新区综合服务功能，对于率先推进综合配套改革、提高对外开放水平、凸显滨海新区作为新的经济增长极的龙头带动作用具有重大意义。

3. 现代化新城不断涌现

按照天津城镇体系规划，位于天津城市发展轴和发展带上的新城，是各区县政治、经济、文化中心，承担疏解中心城人口、聚集新的产业、带动区域城镇发展的任务。新城将按照中等城市标准进行建设，充分利用滨海新区开发开放带来的机遇，立足本地资源条件、产业基础和比较优势，明确区县功能定位和发展方向，提升城镇综合实力和服务带动能力，成为带动区县加快发展新的增长点。其中，武清新城将发展成为京滨综合发展轴上的重要新城、高新技术产业基地、现代物流基地和生态宜居城市。宝坻新城将发展成为京津唐地区重要的商贸物流基地、加工制造基地和生态宜居城市。静海新城将发展成为现代制造业基地、区域物流中心和生态宜居城市。宁河新城将发展成为联系东北地区的门户,京津唐地区的加工制造基地、商贸物流基地和生态宜居城市。蓟县新城将发展成为天津市历史文化名城,京津冀北地区具有特色的文化、旅游和生态城市。京津新城将发展成为京津唐地区以休闲旅游、会议会展、文化教育为特色的现代服务业基地,彰显北方水城特色的生态宜居城市。团泊新城将发展成为以科技研发、教育体育、创意产业、旅游度假为主的生态宜居城市。

(二) 天津城市功能建设面临的机遇与挑战

1. 天津城市功能建设面临的机遇

(1) 城市规划引导城市功能发展方向。《天津市城市总体规划 (2005~2020)》确定天津的城市性质:是环渤海地区的经济中心,要逐步建设成为国际港口城市、北方经济中心和生态城市。规划确定天津的城市发展目标为:将天津建设成为技术先进、制造业发达、服务水平一流、综合竞争力强、对外开放度高、创业环境优越的我国北方经济中心;适应全球一体化发展趋势、对外联系便捷、信息网络高效、辐射能力强的国际港口城市;资源利用高效、安全体系完善、生态环境良好、宜人居住的生态城市;历史文化底蕴深厚、近代史迹特色突出、社会和谐、教育文化科技发达的文化名城。天津在进行城市功能改造和建设的过程中,要按照规划的具体要求实现调整和提升,增强天津城市功能的辐射作用。

(2) 滨海新区的开发开放提升了天津城市功能新定位。推进天津滨海新区开发开放,是在新世纪新阶段,党中央、国务院从我国经济社会发展全局出发作出的重要战略部署。滨海新区的开发开放使天津的城市功能布局得到结构性调整,改变了过去天津城市功能布局调整缓慢的发展局面。经过调整功能布局后,既保留了中心城区原有的一些功能区域,又开发出一些新的功能区域,使天津的城市功能布局特征比较明显,特色突出,更有利于加快建设国际化港口城市的步伐。

(3) 低碳化趋势将推动城市功能向低碳环保方向发展。低碳经济是以低能耗、低污染、低排放为基础的经济模式,其涉及与工业化紧密联系的电力、交通、建筑、冶金、化工、石化等众多领域。在这些领域,低碳经济的应用可以有效节能、提高能效和降低污染，是实现全面协调可持续发展的必然选择。低碳经济时代的到来，意味着能源结构和产业结构的调整以及技术的革新，将成为影响社会经济结构以及人们生产生活的又一次重大变革。低碳经济为天津实现跨越式发展、提升城市功能带来了新的契机。在低碳化战略引导下，天津要建立循环低碳的新型产业体系，努力转变经济发展方式，探索低碳城市建设模式，重点发展节能环保、科技研发、总部经济、服务外包、文化创意、教育培训、会展旅游等现代服务业，形成节能环保型产业集聚区，努力构筑低投入、高产出、低消耗、少排放、能循环、可持续的产业体系，重点构建循环低碳的新型产业体系、安全健康的生态环境体系、优美自然的城市景观体系、方便快捷的绿色交通体系、循环高效的资源能源利用体系以及宜居友好的生态社区模式，积极探索新型城市化和新型产业化道路。要注重产业节能、建筑节能和交通节能，积极开发应用风能、太阳能、地热、生物质能等可再生能源，优化能源结构，提高利用效率，形成可再生能源与常规清洁能源相互衔接、相互补充的能源供应模式，构建清洁、安全、高效、可持续的能源供应系统和服务体系，建设节能生态型城市。

（4）全球化趋势将引领城市功能更趋国际化、现代化。从国际城市发展趋势来看，城市功能的不断完善是一种潮流。鉴于我国城市发展现状，建设大都市首先要从城市功能建设的现代化、国际化着手，把天津建设港口型国际化大都市放在经济全球化、信息化的背景之下和全球功能城市体系的范围内来理解、考察和把握来国际大都市，特别是港口型国际大都市的发展。从国内城市功能发展来看，经济全球化和信息化，以及新经济和以新能源、新材料、生物技术等为代表的高新技术产业的迅速崛起，使传统的城市功能及其结构形态发生了巨大的变化。近年来，青岛市实施以港兴市战略，大力发展旅游、港口、海洋三大特色功能经济，实现"港依海生、海由港兴，以港口带动海洋产业，以海洋带动旅游产业"。大连市提出了"加快建设国际航运中心、先进制造业和现代服务业基地，全力打造文化、旅游、生态宜居名城，率先实现老工业基地全面振兴，向着东北亚重要的国际城市奋进"的目标。天津要想成为北方的经济中心，建成国际化港口城市，就必须从城市功能建设的现代化、国际化着手，把城市功能建设放在经济全球化、信息化的背景之下来理解、考察和把握，推动天津城市功能建设与国际化城市建设接轨。

2. 天津城市功能建设存在的问题

（1）城市功能规划有待加强。实现中心城区、滨海新区、各区县三个层面的协调联动发展，是天津市统筹区域发展，实现由滨海新区龙头带动、中心城区全面提升、各个区县加快发展的重要战略要求。但随着市政府进一步下放审批权限、精简审批事项，各区在制定战略与规划时，缺乏彼此之间的衔接和有机联系，造成城市功能区尤其是中心城区的城市功能特征不明显，各区之间重复建设，阻碍了规模经济效益的形成。天津市城市功能建设迫切需要以全新的视角进行审视，从更高层次和全局的角度出发，科学合理地确定各行政区的功能定位、产业发展重点，以及区域间的联系、互补、协调，整体提升天津市的城市功能。

（2）城市创新功能有待加强。创新型城市的评价一般通过建立反映城市创新能力发展水平的指标体系，运用主成分分析法来进行分析。根据孙吉硕、施栋耀对国内城市创新能力的比较分析，北京第一位，上海第二位，广州第三，天津第八位。[①] 通过这一分析结果可以看出，北京作为首都，是全国科技人员最集中的地区之一，对外开放程度高，经济发达，其城市创新水平居全国之首。上海、广州分别作为"长三角"和"珠三角"地区的区域中心城市，改革开放较早，经济基础雄厚，这两个城市的创新水平紧跟在北京之后。而天津虽然经济水平在国内也比较靠前，高等教育体系比较发达，但是技术产出不高、技术创新环境欠佳导致城市创新能力发展水平不高，排在了第八位，这与天津市北方经济中心的身份是不符的。天津要想真正达到北方经济中心的发展水平，还有很长的路要走。

（3）城市生态功能有待改善。天津属于森林、湿地、海洋等多样生态类型并存的城市，但随着社会、经济的快速发展，天津生态环境保护的压力不断增大，距国家对生态城市的定位要求还有差距。突出表现在成片林地较少，天然林匮乏；造林地段的立地条件越来越差，造林难度和造林成本随之越来越高；城市建成区绿化覆盖率、绿地率和人均公园绿地面积，处于全国31个直辖市和省会城市中下游水平，且天津市的绿地布局不均衡，越是核心区越是缺绿；湿地生态环境逐步退化，水域面积、湿地面积迅速减少，湿地生产力和生态功能萎缩；壤成土母质中含盐高，淡水资源匮乏，造成土壤盐渍化严重；自然保护区投入不足，缺乏生态补偿机制，管护能力不强。

---

① 仲成春：《天津中心城区功能提升的制高点与突破口》，《天津经济》2008年第3期。

三 国际港口城市的辐射功能建设

城市功能定位是引导城市发展的指南针，是谋划城市中长期发展必须解答的重大课题。科学的城市功能定位，对于引领城市未来发展方向、明确发展目标和重点、指导政府决策、引导市场主体行为、集聚各类要素、提高城市影响力和综合竞争力具有重大而深远的意义。

（一）天津国际港口城市功能建设的指导思想

1. 正确处理城市功能的普遍性与特殊性

城市功能的普遍性表现为城市最基础的功能，包括为城市居民开展各种活动提供物质条件和环境条件的承载功能以及一般的经济、政治、文化和社会功能。城市功能的特殊性体现在城市发展个性方面，城市功能的特殊性决定了城市的特殊功能或主导功能。准确地把握城市的特殊功能定位是一个城市发展的基础，也是形成城市发展的优势之所在。

2. 正确处理城市功能调整与周边区域的差异化布局

城市功能布局调整要考虑一个城市，也要考虑城市所在区域。一个城市的功能调整只有和周边城市实现差异化布局，才能真正发挥优势作用。天津应坚持区域统筹的要求，注意与京津冀地区发展规划的协调，加强区域性基础设施建设，促进产业结构的合理调整和资源优化配置，实现协调发展，提高为环渤海以及北方地区服务的功能。

3. 正确处理城市功能布局与可持续发展的关系

当代城市复杂的多样化的功能，是历史上的城市功能不断累积、叠加、优化的结果，从而构成一个完整的有序的系统。因此，城市功能的选择定位必须对城市功能进行历史性分析，纵向考察城市功能产生、发展、变化的全过程，揭示城市功能发展的客观规律，把握城市功能演化的趋势，从而有目的地自觉地进行城市建设和城市管理，超前性地设计城市发展战略，充分发挥城市的功能。

国际港口城市并不仅仅是港口城市的升级或扩大，也不仅仅是拥有港口的国际城市，而是有其特定的丰富内涵，它的独特功能和性质决定了它所面临的问题和任务远较一般的港口城市或国际城市复杂，在未来经济发展中的地位也更加重要。因此，天津建设国际港口城市除了具备国际城市的基本特征和功能外，其特殊性和专业性主要体现在"港口性"方面，"港口性"标志着港口的发展在天津国际城市建设中所占的分量。天津要建设国际港口城市，就必须围绕港口的特殊功能建设北方国际航运中心和物流中心，加快实现北方经济中心的目标。

另外，按照城市功能调整与周边区域的差异化布局指导思想，天津的城市功能布局调整，除考虑自身外，还应考虑京津冀、环渤海以及中国北方地区。在21世纪初期，天津在建设北方经济中心的过程中，应通过寻找合适的突破口，加快京津冀首都圈和环渤海区域经济发展，进而带动整个中国北方地区的经济发展，为实现全国的功能布局调整作出更大贡献。

（二）新定位下天津国际港口城市辐射功能建设

2006年7月27日，国务院对《天津市城市总体规划（2005～2020年）》作出批复，天津有了明确的城市功能定位：在未来15年时间里，作为环渤海地区经济中心的天津市，要以滨海新区的发展为重点，逐步建设成为国际港口城市、北方经济中心和生态城市。天津作为国际港口城市，必须同时具备国际城市的综合功能和港口城市的特殊辐射功能。其中，国际航运功能、国际加工制造的生产功能是基本功能；生产性服务功能、宜居和消费功能是与基本功能相适应的，起到保证城市和谐发展的作用；创新功能则对各项功能起支撑作用，是统领各项功能的。

1. 国际航运功能

天津地处渤海湾中心，背靠华北、西北，连接东北和华东，面向东北亚，优越的地理位置和岸线资源使天津在历史上很早就成为著名的国际港口，在国际物流和国际航运中发挥了重要辐射作用。随着滨海新区开发开放，天津的国际物流和国际航运功能大大增强。根据国务院2011年5月10日批复的《天津北方国际航运中心核心功能区建设方案》，天津东疆保税港区作为北方国际航运中心的核心功能区，具有区港一体化的政策优势和功能优势，是综合配套改革的创新平台。要以建设东疆保税港区为重点，加快建设北方国际航运中心和国际物流中心，推进国际化市场体系建设，条件成熟时进行建立自由贸易港区的改革探索。要以东疆保税港区为核心载体，推进北方国际航运中心核心功能区建设，创新国际船舶登记制度，开展航运金融业务和租赁业务试点。天津北方国际航运中心核心功能区的发展目标是，用5～10年的时间，基本完善国际中转、国际配送、国际采购、国际贸易、航运融资、航运交易、航运租赁、离岸金融服务等功能，把天津东疆保税港区建设成为各类航运要素聚集、服务辐射效应显著、参与全球资源配置的北方国际航运中心和国际物流中心核心功能区，综合功能完善的国际航运融资中心。

2. 国际加工制造功能

天津是中国北方近代工业的发祥地，经过一个多世纪的发展，逐步形成了门类齐全、技术领先的工业体系。特别是改革开放以后，天津进一步积蓄了开发开放的先行优势，天津制造业有了显著的发展，无论是制造业总量还是制造业技术水平都有很大的提高，一部分制造业已体现出较强的竞争力。在国家质检总局公布的全国制造业质量竞争力指数中，天津市从2006年排名第八位，逐步上升到2009年的排名第四位，再到2010年的排名第三位，表明天津市企业的技术水平和产品质量都在不断提高，研发投入力度继续加大，自主创新能力和新产品开发能力也在不断增强。特别是随着经济发展方式的转变，一批大项目、好项目和科技中小型企业的优势和作用正在逐步显现。21世纪，天津要加快产业结构战略性调整，提高制造业整体创新能力，培育一批具有国际竞争力的跨国公司和全球知名品牌，扩大国际市场份额，把天津建设成为全国乃至全球重要的制造业基地。要重点发展电子信息技术产业、生物技术和现代医药产业、新能源产业、新材料产业、光机电一体化产业、环保产业等高新技术产业，同时要利用高新技术改造汽车制造业、冶金、机械装备、化学工业、轻工纺织业等传统产业。

3. 生产性服务功能

服务功能是城市基础功能之一，包括生活性服务功能和生产性服务功能，其中，生产性服务功能是指与生产和经济活动有关的服务功能。天津作为老工业基地，已经从传统工业城市向北方经济中心迈进，为了实现自身发展目标，建成北方国际航运中心、国际物流中心和面向世界的现代化工业基地，在长期的发展过程中，各类服务业均得到了长足的发展，具有较好的基础。今后，天津将本着服务区域发展，实现国际港口城市定位的目标，大力发展与生产和经济活动有关的服务业，提升城市辐射功能。天津将依托海港、空港，强化交通枢纽功能，建成京津城际轨道交通、京沪高速铁路天津段、天津至保定的铁路及京津塘高速公路二线等一批干线公路，构建现代综合交通体系；全面提升城市综合信息化水平，拓展建设新一代信息网络，打造信息城市——"智能天津"；大力推进金融创新，发展金融市场，优化金融生态环境，建设与经济中心相适应的现代金融服务体系；积极发展现代商品流通方式，打造布局合理、业态先进、大进大出、货畅其流的现代商贸流通体系，建设发展轻工、五金机电、石油及海洋化工、建筑材料、小商品等商品交易集散中心，提升商品集散能力；充分发挥教育在现代化建设和生产性服务功能中的基础性、先导性、全局性作用，坚持把教育放在优先发展的战略地位，基本建成高水平的高等教育体系、高标准的职业教育体系、高质量均衡化的基础教育体系、开放灵活和有特色的终身教育体系，率先基本实现教育现代化；加快发展律师、公证、会计、咨询、技术设计等中介服务，建设促进科技成果转化的科技服务体系，促进中介服务业集聚发展，培育中介服务知名品牌，健全中介服务业门类，满足生产和经济活动的各类服务需求。

4. 宜居和消费功能

城市是人类聚集的场所，为进一步提升城市的宜居和消费功能，为常住居民、中外游客提供优良的工作、生活环境，天津开展了新一轮市容环境综合整治，城区道路规范了报刊亭、垃圾箱、城市坐椅等设置，小白楼、奥体中心等重点地区亮点凸显，公园改造形成各具特色并免费向社会开放，城市绿化特色鲜明，生活环境明显改善。市容市貌、环境卫生、市政道路、交通设施、路灯照明、爱国卫生、综合执法等各项城市管理工作得到了新的加强。今后，天津将加快培育大型商贸企业集团，构建全国性、区域性批发代理经销网络，发展跨地区、批零结合型连锁企业，扩大电子商务等新型商业模式的应用，发展便利商业，方便居民消费。同时，还将按照社会化、网络化、规范化的发展方向，全面提升城市服务业水平，完善家政服务、物业管理、养老托幼、医疗保健、日常维修等服务体系，构建覆盖全市的公益性、经营性、多元化的城市服务网络。特别是在文化和精神消费方面，将加快新闻出版、广播影视、文艺演出、文化娱乐等领域的产业化进程，繁荣文化市场。在旅游方面，将加强对市内各级文物和优秀近现代建筑的保护工作，以历史风貌建筑和历史遗迹为载体，开发好五大道、大沽烟云、意奥风情、杨柳古镇、小站练兵等文化旅游主题板块，以海、河、湖、湿地、地热等自然资源聚集为基础，加快海滨休闲旅游功能开发，以蓟县生态风景为基础，建设蓟县国家地质公园等若干特色鲜明的旅游景区，满足城市居民和旅游人口日益增长的精神和文化消费需求。

5. 城市创新功能

创新功能是城市整体功能的灵魂，它既是推动城市自身发展的不竭动力，也是城市地位和竞争力不断提升的关键。城市的创新功能包括思想观念的创新，科学技术的创新，经济体制、经济制度和社会制度的创新等。按照国际港口城市建设的目标要求，天津不仅应在国内发挥沿海开放城市对区域发展的带动和示范作用，还应力争走在国际前列，对世界经济发展格局产生应有的作用和影响，这就需要加快创新步伐。滨海新区作为我国综合配套改革实验区，应全力打好滨海新区开发开放攻坚战，下大气力推进体制机制创新，用好用足先行先试政策，创新开发建设模式，创新资本运作方式，创新利益分配形式，不断破除发展中的体制性障碍，激发各方面加快发展的活力。要按照"排头兵"的要求，在新区开发建设的全过程和各环节，率先转变经济发展方式，率先推进产业结构调整，率先深化改革开放，率先增强自主创新能力，率先推进文化大繁荣大发展，率先推进生态宜居建设，率先建设和谐社会，在探索又好又快发展模式和道路上积累经验、走在前列，真正成为我国新的经济增长极。

第十三章
制造与研发

一 "高水平现代制造业与研发转化基地"的基础与条件

(一) 现代制造业的发展趋势

现代经济的发展表明,制造业作为工业化和现代化的主导力量,其发展水平代表一个国家或地区的产业竞争力和综合实力。现代制造业作为天津建设国际经济、金融、贸易和航运中心的重要支撑,是增强天津综合经济实力的重要力量。

1. 发展制造业是实现经济发展的最佳切入点

制造业是将已获取的物质资源作为劳动对象,通过加工、制作、装配等环节形成新部件、新产品或将价值较低的材料转换为价值较高的产品的工业部门。从制造业的发展历史来看,主要有两类制造业:一个是加工制造业,另一个是装备制造业。

制造业是国民经济的基础性产业,不仅为经济发展提供技术装备,也为日常生活提供各种产品,还为社会创造相当多的就业机会。制造业是经济发展不可替代的基础,制造业是实现现代化的原动力,是衡量国家综合实力和国际竞争力的重要标志。一个没有强大制造能力的国家,永远成不了经济强国。当今世界,无论是发达国家还是发展中国家,在经济全球化和信息革命的大背景下都在重新审视制造业,高度重视制造业。统计资料表明,工业化国家的社会财富中有 60% ~ 80% 是制造业制造出来的,国民经济收入的

45%也来自制造业。发达国家的制造业尽管在 GDP 所占比重逐步下降，但依然把制造业作为经济增长的主要动力和国家竞争力的重要基础。发展中国家更是把制造业作为发展的根基，加快工业化进程，制造业比重迅速上升。在知识经济时代，不意味着制造业的消失，因为无论多么繁杂的知识、多么高超的技术、多么宝贵的信息，如果不能加以"物化"，就不能为人类所用，就不能转化为生产力。制造业正是致力于解决知识、技术、信息的"物化"这个问题。与此同时，制造业需要调整和改造，以适应知识经济的发展和需要。鉴于制造业在国民经济中的重要作用，因此制造业的发展是实现经济发展的最佳切入点。

2. 现代制造业的发展趋势

（1）大力发展现代制造业是实现经济发展的重要突破口。现代制造业是制造业的发展过程，而非最终结果。它是传统制造业与计算机技术、信息技术、自动控制技术的结合过程。在这个过程中，现代制造业的内涵为：技术与工艺"新"，装备与材料"高"，产业链条"长"，业内关联度"强"，产品附加值"大"，不仅对国民经济产生明显的带动作用，同时还具有节约能源使用、降低资源消耗、环境友好的可持续发展特征，能迅速成为区域经济发展的重要支撑。因此，现代制造业的发展是实现经济发展的重要突破口。

（2）现代制造业的发展趋势。纵观现代制造业的发展，强劲地表现出信息化、服务化、高技术化的发展趋势。

①现代制造产业的信息化趋势。物质、能量和信息是制造系统中的三大要素，其中信息要素正在迅速上升为制约现代制造系统的主导因素，并对制造产业产生实质性的影响。现代制造业信息化趋势的表现是将信息技术与制造技术、自动化技术、现代管理技术相结合，进而达到改善企业的经营管理、产品开发和生产销售等各个环节，提高生产效率和产品质量及企业的创新能力，降低消耗，带动产品设计方法和设计工具的创新、企业管理模式的创新、制造技术的创新以及企业间协作关系的创新，从而实现产品设计制造和企业管理的信息化、生产过程控制的智能化、制造装备的数控化以及咨询服务的网络化。现代制造产业正在发展成为某种意义上的信息产业，它加工、处理信息，将制造信息录制、物化在原材料和毛坯上，提高其信息含量，使之转化为产品。现代制造企业，其主要投入已经不再是材料或能源，而是知识或信息；其所创造的社会财富，实际上也是某种形式的信息，即产

品信息和制造信息。

②现代制造业的服务化趋势。在"顾客化大生产"（Mass-Customized Manufacturing）的生产模式下，借助于网络化的制造系统，通过批量生产所产生的高效率和高效益，以满足不同顾客对产品的不同需求。现代制造业的服务化趋势正在使制造业产生以下转变："以产品为中心"正在转变为"以顾客为中心"；"快速交货"已超乎质量与价格之上，成为决定企业成败的第一要素。现代制造业的服务化趋势，要求制造企业所考虑和所操作的不只是产品的设计与生产，而是包括从市场调查、产品开发或改进、生产制造、销售、售后服务直到产品的报废、解体或回收的全过程，考虑产品的整个生命周期，体现全方位为顾客服务、为社会服务的精神。

③现代制造业的高新技术化趋势。制造业与高新技术相结合的发展趋势，使现代制造业正在发展成为技术含量高、附加值大的高新技术产业。高新技术产业通常是指那些以高新技术为基础，从事一种或多种高新技术及其产品的研究、开发、生产和技术服务的企业集合，这种产业所拥有的关键技术往往开发难度很大，但一旦开发成功，却高于一般的经济效益和社会效益。高新技术化不仅是现代制造业的发展趋势，也是判断现代制造业的重要指标。现代制造业的高新技术化，一是研究与开发强度大，即研发费用在销售收入中所占比重大；二是研发人员（包括科学家、工程师、技术工人）占总员工数的比重高；三是产品的主导技术处于技术前沿领域。

（二）现代制造业与研发

1. 研发——R&D（Research and Development）

R&D 是运用知识进行系统创造性的活动。从宏观角度讲，R&D 活动的规模和强度指标反映一国的科技和竞争优势，其水平体现着一国的政治经济实力。因此国家在政策方面为 R&D 的发展提供了一个良好的环境，把 R&D 的发展视为经济发展的重要内容。从微观角度看，企业的 R&D 水平，体现着一个企业的竞争力。因此国际上的著名企业都把 R&D 视为企业的生命，无不投巨资于 R&D。

先进制造技术是现代制造业发展的基础。先进制造技术是指在制造系统和制造过程中有机融合并有效应用信息、自动化和现代管理等现代科学技术，实现优质、高效、低耗、清洁、快速、灵活地制造市场所需产品的先进工业技术。包括制造业信息化技术、工业智能化控制技术、先进制造的基础技术与装备等。目前，不论是发达国家，还是在制造领域具有国际影响力的跨国公司，都在实施先进制造技术开发战略。先进制造技术的研究开发，极大地提高了生产率。当今世界上先进制造技术和现代制造业已成为衡量一个国家的科技水平和制造业实力的重要标志。特别是传感技术、工业过程自动化系统、现场总线控制系统等先进制造技术已在发达国家形成相当的产业规模。当今，研发与现代制造业的有机融合已经成为国家和地区新的经济增长点；同时也构筑起现代制造企业的核心竞争力。

R&D 的过程分为三个阶段：一是研究阶段，此阶段的主要工作是了解市场需求，把握开发新产品信息，论证技术可行性；二是研制阶段，此阶段的主要工作是进行产品设计与开发；三是生产销售阶段，此阶段首先进行样品生产，并根据市场需求不断改进，然后大规模生产销售。

R&D 对区位的要求严格，一般布局在大都市和科研集中的地区。如美国纽约、洛杉矶集中了大量的公司研发机构。英国公司研发机构集中在东南部的高科技集中地区，那里有大量高科技从业人员和著名大学等。另外，在国家内部，R&D 一般与总部在同一区位。

2. 现代制造业与研发

（1）研发是直接推动现代制造业发展的动力。随着经济的全球化和社会的信息化，现代制造业面对不可预测、快速多变的市场需求，要在竞争激烈的市场求得生存与发展，必须能够更好地满足市场所提出的 TQCS 要求，即：要以最短的产品开发周期（Time）、最优质的产品质量（Quality）、最低廉的制造成本（Cost）和最好的技术支持与售后服务（Service）来赢得市场与用户。这不仅要求企业的生产活动必须具有高度的柔性，对市场需求的变化做出快速反应；与此同时，更要求企业的研发必须超前于生产，必须确立"产品导向、研发先行"的发展方针。现代制造业与传统制造业的区别在于是否物化高新技术，研发是现代制造业的灵魂。

（2）现代制造业发展的背景是知识经济时代的到来。在知识经济时代，研发对现代制造业发展的作用超过资本、土地的作用。随着技术的飞速进展，研发的结果使得高新技术在现代制造业获得了空前发展和广泛应用，极大地推动了现代制造业劳动生产率的提高，使制造业的发展进入一个崭新时代，即由主要依靠资本、土地转向主要依靠科技进步。同时，研发构成了现代制造业集群的核心纽带，而市场、资本等纽带作用在弱化，使得现代制造业内部的相互依赖与相互替代并存，相互合作与相互竞争并存，技术创新与技术外溢并存。

（3）现代制造业与研发融为一体。就一般意义而言，现代制造业是信息技术、高新技术与制造业的融合，融合的结果不仅使现代制造业的产业链重组，专业化分工深化，提升现代制造业的竞争优势，同时也推动技术研发。因此，现代制造业与研发成为一体。从企业内部看，研发不仅贯穿企业经济活动的所有环节，而且一些企业的经济活动甚至已由以制造为中心转向以研发为中心。特别是在许多著名的跨国公司中，研发决定产值和利润，甚至很难判断它是制造业企业还是研发机构。从产业链上看，现代制造业的产品真正处于生产制造环节的时间只占少部分，大部分时间处在研发、采购、储存、运营、销售、售后服务等阶段，其中，研发是最主要和最重要的阶段，决定着整个链条的效率，进而影响企业的竞争力。从区域内的角度看，目前的制造业研发呈现集群化发展趋势。研发构成了现代制造业集群的支撑体系，推动现代制造业集群的健康发展，促进现代制造业集群组织方式的有效，形成了良性互动。

（三）天津建设"高水平现代制造业与研发转化基地"的条件与基础

现代制造业与研发转化基地与制造加工厂最显著的区别，就在于前者不仅有良好的制造业基础，有属于自身的知识产权和核心技术，而且有一套能够把研发成果转化为核心竞争力的健全机制。天津建设"高水平现代制造业与研发转化基地"表明天津将发展现代制造业作为天津经济发展的起点，将制造业与研发作为发展现代制造业的基础，其中"基地"的内涵表现为："不单是制造业的生产基地，更是制造业的研发基地、创新基地、原料基地、港口基地和运输基地，以及从事制造业生产和投资的人的事业发展基地、宜居的生活基地"[①]；不是将现代制造业与研发人为地割裂开来，而是将现代制造业与研发人为地融合成有机整体；是要达到用现代制造业的发展促研发、用研发的转化促现代制造业发展的良性循环发展的目的。

1. 天津建设高水平现代制造业与研发转化基地的有利条件

（1）拥有较强的研发能力。2010 年，天津市综合科技进步水平保持全

---

① 臧学英：《滨海新区建设高水平的现代制造业与研发转化基地的战略思考》，《港口经济》2007 年第 7 期。

国前列。市级科技成果完成 2010 项，其中基础理论成果 189 项，应用技术成果 1771 项，软科学成果 50 项。在科技成果中，属于国际领先水平 87 项，达到国际先进水平 337 项。全市 13 项科技成果获得国家科学技术进步奖，涉及新材料、化学、内燃机、电力等多个领域。组建科技服务队 43 个，选派农业科技特派员 1136 人。专利拥有量快速增长，受理专利申请 25142 件，增长 31.0%；专利授权 10998 件，增长 52.4%；2010 年年末全市有效专利 29672 件，增长 44.6%。签订技术合同 9541 项，成交额 119.79 亿元，增长 12.8%。与此同时，创新体系建设取得积极进展。全社会研发经费支出占生产总值的比重提高到 2.5%。新认定高新技术企业 132 家，获得国家级新产品认定 20 项。启动实施科技"小巨人"成长计划。新增国家级企业技术开发中心 4 家，总数达到 28 家；新增市级企业技术开发中心 38 家，累计达到 330 家。年末全市有国家级重点实验室 6 个，国家部局级重点实验室 38 个，国家级工程（技术）研究中心 31 个，国家级科技产业化基地 15 个。[①]

（2）具有较丰富的人才要素。天津市现有各类专业技术人员 60 余万人，全市 45 所普通高校和高等职业技术学院每年约有 10 万多名学生毕业，是天津建设高水平现代制造业与研发转化基地的重要人才来源。人才引进和培养机制更加完善。2010 年，全市引进各类人才 5348 人，新建博士后工作站 14 个，博士后流动站和工作站总数达到 198 个，在站博士后 860 余人。高级以上技术工人达到 29.4 万人，比上年增长 9.3%，占全市技术工人队伍的 25.4%。[②] 培养造就富有创新精神的高素质人才，是天津市开发开放的根本保证。近年来，天津进一步落实人才强市战略，加大人力资金投入，加强人力资源建设，特别是针对滨海新区建设中急需的人才培养。目前滨海新区人才总计达 40 万人，各类高级人才近 3 万人，还拥有一大批掌握国际先进技术和现代管理经验的高级人才，已经形成了多层次、多领域的科技创新体系，高素质的科技人才创业基地已初具规模，能够为滨海新区各类企业特别是高新技术企业提供良好的人力资源。

（3）具备优越的区位条件。区位是人类经济活动所占有的场所，场所不同，满足人类从事某项活动的要求也不一样。区位条件是区位所具有的属性。尽管现代制造业的发展随着工艺技术的进步，生产中物耗水平和投入比

---

① 资料来源：《2010 年天津市国民经济和社会发展统计公报》。
② 资料来源：《2010 年天津市国民经济和社会发展统计公报》。

例的变化，原料、能源、普通劳动力等区位条件的重要程度相对下降，但是，现代制造业是在经济全球化和国际分工背景下发展的，对区位条件中的交通条件有很强的依赖性，一个地区交通运输的发展水平，决定着这个场所是否具备从事现代制造业的可能性。天津市地理位置优越，水陆交通便利，具有完善高效的现代化港口城市交通体系，形成水运、航空、铁路、公路及管道等多种运输方式衔接紧密、内外交通转换便捷的运输高速化、货运物流化、运行智能化的综合交通运输网络系统。天津港地处渤海湾西端，具有大型海港运输功能，是我国对外贸易的重要港口；天津滨海国际机场是我国北方最大的货运机场；天津市还是京哈、京沪、京津三条铁路干线的交会处，而且有利于发展海铁联运和"大陆桥运输"。天津市优越的交通运输条件是天津建设高水平现代制造业与研发转化基地的巨大能量支撑之一。

2. 天津建设高水平现代制造业与研发转化基地的基础

（1）产业基础。发展现代制造业，建设区域性制造业基地，必须考虑产业基础条件。因为现代制造业是在制造业基础上派生的，故发展现代制造业必须在继承中融合，在融合中发展，不断构筑现代制造业的竞争优势。天津作为老工业基地，在发展制造业方面产业基础优势明显。目前，天津现代制造业主要包括两部分：一部分是使用了现代技术的传统产业，如石油和海洋化工、现代冶金、汽车、机械制造、食品加工等产业；另一部分是高新技术产业，如电子信息、生物医药、光机电一体化、新材料、新能源和新型环保等。这表明天津现代制造基地已经展现出基本雏形。天津发展现代制造业的产业基础优势决定了天津有吸收成果转化的较好的产业基础。

（2）资源禀赋。资源禀赋的状况能够影响一个地区劳动生产率高低，能够制约产业结构和生产力布局，资源禀赋是形成产品实体的重要源泉。虽然在经济全球化和地区经济一体化的大背景下，资源禀赋对促进区域经济发展的作用有所减弱，但并不否定资源禀赋在推动区域经济发展中的作用，甚至是不可取代的作用。天津建设高水平现代制造业与研发转化基地的一个重要基础就是资源丰富，不但自然资源丰富，拥有大量的荒地、滩涂、湿地和石油、天然气、原盐、地热、海洋资源等，而且高级要素也很丰富，包括研究院所、高等院校、科技人才、技术工人等。要素禀赋的有利条件为天津建设高水平现代制造业与研发转化基地提供了有力的资源保障。面对丰富的资源，天津建设高水平现代制造业与研发转化基地，不能只注重所有，不注重所用；不能过度依赖，而不进行有效利用；不能任意市场化放任自流，而不进行制度建设；不能条块分割各自为政，不进行科学完善的战略规划设计。因此，良好的资源条件加上有效的利用途径、正确的制度选择和合理的战略规划，对于资源占绝对优势的某些现代制造行业采取优先发展战略，对于资源比较丰富的某些现代制造行业在大力发展的基础上采取跟进战略，对于资源比较短缺的某些现代制造行业采取充分对外合作或回避的发展战略，天津建设高水平现代制造业与研发转化基地完全可以成功地走出一条依托资源禀赋带动区域发展的正确路径，就一定能形成独特的发展优势。

二 存在的问题与面临的重大机遇

（一）存在的问题

1. 成果转化率不高

现代制造业的发展关键在于研发的转化，天津存在大量科研成果被束之高阁的问题。为什么会出现这样的问题？

第一，产、学、研的效率不高。从 20 世纪 50 年代的美国斯坦福大学开始，现代意义上的产、学、研战略联盟在全世界范围内已有半个多世纪的历史。目前，天津市产、学、研三方虽然都有合作意愿，但大学科技成果的转化率不足 1/5，新技术未能有效融入产业。问题的关键在于研发技术多不实用，这是大学科研的特性和长期的导向造成技术开发与市场需求脱节，高校所拥有的单元技术、阶段性成果多，技术集成少，技术成熟度低，解决行业性关键共性难题的成套技术少，技术实用性不强，配套性不够，产业化前还需要二次开发，再加上企业相对缺乏自主研发能力，对大学的科技成果往往不能作有效的二次开发，因而，高校研究的优势难以转化为企业的产品优势。

第二，企业应成为技术创新的主体意识不强。企业应该是研发创新主体，在科技研发立项和经费使用过程中，应该鼓励以企业投入为主，政府部门提供配套资金或补贴资金，使产业技术得到重点支持，同时，全面培养企业科研人员的直接从事生产经营活动的素质，努力提高企业科技成果产业化承载能力。

第三，政府引导和拉动能力不够强，政策调控力度不够大。政府要提高研发经费占 GDP 的比重，提升科技创新能力；要鼓励和支持企业加大投入，推进研发成果转化；要鼓励充分利用民间资本，拓宽投资渠道；要在组织机制、动力机制、利益机制等方面提供有效支持。

2. 现代制造业研发与转化的"内生性"互动较弱

经济增长既需要外力的推动，也依赖内生的动力。内生的动力来源于生产性资源的积累，来源于现有资源存量的使用效率，来源于技术进步。无论从历史还是从现实看，天津都是中国北方重要的制造业基地。改革开放以来，天津制造业经历了由盛而衰到再度兴盛的"V"字形过程。尤其是 20 世纪 90 年代以来，随着外资的大量进入，天津制造业的发展显现高速增长的趋势。然而，外资中具有竞争优势的项目其技术来源并不是天津自身的技术进步，表现为对外技术依存度偏高。从可持续发展的角度讲，内生的技术进步是保证经济持续增长的决定因素，因为在物质资本积累过程中包含着因研究与开发、发明、创新等活动而形成的技术进步，把技术进步内生化，就会得出因技术进步的存在使要素收益递增而长期增长的结论。天津市研发与转化的"内生性"互动较弱，究其原因，一是"本土化"的、具有竞争性的研发团队发育不够；二是研发资源配置不尽合理，科技资源条块分属清晰，支配功能垂直，统一协调不够；三是重研发内容轻研发成果转化。

因此，从可持续发展的要求看，必须重视培育研发与转换的内生动力，特别是要在外资和内资推动现代制造业的发展中，加快培育本土化的既重研发内容又重研发成果转化的"内生性"的"本土化"研发队伍，能够将高新技术转化成现实的生产力，这不仅决定着天津市现代制造业的发展水平，而且也是决定天津市现代制造业的发展关键。

3. 现代制造业与研发转化基地的本土根植性未得到应有重视

在资源和要素不可流动的前提下，本土根植性①在天津市建设"高水平现代制造业与研发转化基地"的过程中，能够为天津市高水平现代制造业与研发转化基地的形成提供能量上的支撑。只有具备本地根植性，当基地形成产生聚集效应后，聚集经济才会迅速发展，并获得垄断竞争优势。优势一旦形成，在开放性的作用下，便会对其他地区产生一定的吸引力，可以吸引越来越多的资本、技术与人才，吸引越来越多的提供特定要素、中间产品和

---

① 根植性（Embeddedness）是社会经济学的概念，含义是经济行为嵌入到社会关系中。

专业化服务的供应商，于是产生技术的"外溢"效应并获得正的外部性经济，进而拥有在现代制造业中的话语权。

（二）发展机遇

1. 世界制造业的战略性重组带来的机遇

当前，世界制造业正经历着一场深刻的战略性重组，发达国家和地区在全球范围内进行着新一轮制造业资源的优化配置，国际上出现了加快制造业结构调整和大规模实行产业转移的趋势。不仅传统的劳动密集型产业在转移，不少资本密集型产业和技术密集型产业也在向外转移，国际制造业转移出现多层次、多样化的方式：既有传统的产业垂直转移，也有部分梯度的水平转移，还有许多是生产工序的转移；既有制造中心和采购中心的转移，也有地区研发中心的转移。这给天津市建设"高水平现代制造业与研发转化基地"提供了一定的空间，进而对天津市现代制造业的整合、提升和发展带来一定的机遇。

2. 经济全球化迅猛发展带来的机遇

经济全球化的一个重要表现就是生产全球化。在经济全球化的潮流下，制造业跨国境、跨地区流动日益活跃，在全球范围内分工协作已成为跨国公司扩张的基本途径，这不仅导致生产基地可以向他国转移，生产体制可以在他国复制，而且研发中心主要是地区性的研发中心，也可以向具备一定条件与基础的东道国转移。这为天津市建设"高水平现代制造业与研发转化基地"提供了必要的条件，有助于天津市现代制造业发挥比较优势，促进产业集群的形成和实现可持续发展。

3. 国际分工新变化带来的机遇

20世纪90年代以来，国际分工已经从产业间分工（Inter-industry Specialization）、产业内分工（Intra-industry Specialization）转变为产品内分工（Intra-product Specialization），标志着21世纪的国际分工进入新阶段。就发展中国家而言，一方面，产品内分工降低了发展中国家进入产品内分工的门槛。产品内分工体系建立前，受技术和资本等条件的限制，发展中国家无法进入高端产品的生产制造领域，参与国际分工的程度有限，在国际分工中的层次很低，只能进行初级产品和简单工业品的专业化生产。而在产品内分工体系中，发展中国家只需要专业化于特定的工序、区段和环节的生产，并不要求具备生产产品全部过程的生产条件，这就使发展中国家能够参与高端产品的生产链条。另一方面，产品内分工体系提升了发展中国家自身的竞争优势。就发达国家而言，随着前沿技术创新，发达国家需要把一些缺乏动态竞争力的生产制造环节转移到发展中国家。发展中国家在参与产品内分工的过程中通过有效的学习和创新来主动提升技术水平和调整产业结构，同时依据自身的优势，把现有的生产工序做大做强，逐渐向价值链的高端攀升，不断提升自身竞争优势。产品内分工为其在世界范围内进行经济结构优化，提升自身竞争优势，谋求更高水平发展，提供了重要的、现实的、便利条件。对发展中国家来说，完全依靠自身力量去推动产业升级是不经济的，也是不现实的，产品内分工为发展中国家提供了一条通过进口来学习、模仿和创新以加快产业升级的快捷途径。这为天津市建设"高水平现代制造业与研发转化基地"提供了充分的条件，会推动天津市现代制造业在产业链内获得更大的价值。

三 现代制造业的快速发展与研发转化基地的形成

天津应以做大做强现有制造业为基础，以调整、优化和提高为方向，以研发、创新和增值为重点，不断提高现代制造业的产品附加值和核心竞争力。天津承担着实施国家重大发展战略的光荣使命，肩负着在贯彻落实科学发展观中成为排头兵、走在全国前列的历史重任。面对日益激烈的国内外竞争，天津的发展必须起点更高、步子更大、节奏更快、水平更好。经济增长不可能同时出现在所有地方，稀缺有限的资源应集中配置在某些具有增长极意义的地区，并由该地区对周边地区经济单元产生集聚和扩散效应，从而可以带动其他地区的经济成长。天津市建设"高水平现代制造业与研发转化基地"的重要目的，就是积聚现代制造业与研发的各种资源，并有效地供给周边地区，以实现国家经济发展战略。

（一）现代制造业与研发转化基地的形成标志

1. 现代制造业发展迅速

天津是我国民族工业的摇篮，是近代工业的发祥地，也是我国重要的老工业基地。20世纪80年代，天津提出以"提高经济效益为中心，走以内涵为主的扩大再生产道路"，叫停了一批技术水平低、耗能高、效益差的企业，为天津市发展提供了必要的空间；90年代，天津加快调整，实现经济结构优化升级，逐步确定了电子信息、汽车制造、石油化工、现代冶金、生物技术与现代医药、新能源及环保六大支柱产业，赋予天津市制造业现代化的内涵。经过十几年的艰苦努力，改造升级传统制造业取得重大突破，有力地促进了现代制造业的基础建设；关系国家命脉、关系天津核心竞争力的现代制造业得到不断培育，形成了航空航天、石油化工、装备制造、电子信息、生物制药、新能源新材料、国防科技和轻工纺织八大优势支柱产业；一批批高端化、高质化、高新化的现代制造业大项目正在加紧建设。制造业结构已经发生质的变化，现代制造业的迅速发展形成了一大批新的经济增长点。新中国成立60年来，天津从一个以轻纺工业为主的传统工业城市成长为现代制造业基地，用60年时间，走完了众多发达国家用百年才走完的工业化发展之路。目前，天津市"全力推进高水平现代制造业基地建设，坚持项目集中园区、产业集群发展、资源集约利用、功能集成建设的发展思路，抓好新一代运载火箭、直升机总成基地、造修船基地、大功率机车维修制造、大型石化等一大批高水平重大项目建设，上规模、上档次、上水平，形成若干项目链、产业链、产业群，打造要素聚集、特色突出、布局合理的高端产业聚集区"[①]。

2. 研发创新能力迅速提升

2010年，天津市完成市级科技成果2010项，其中属于国际领先水平的87项，达到国际先进水平的337项。[②] 特别是在2008年的科技成果中，应用技术成果1784项。全年受理专利申请17425件，专利授权6621项。全市14项科技成果获得2008年度国家科学技术奖，其中，技术发明奖3项，是历年来获奖最多的一年；11项科技进步奖中，特等奖和一等奖各占一项。全年签订技术合同9318项，比上年增长11.2%，成交额87.52亿元，增长20.5%。2008年，天津市自主创新能力不断增强。全年R&D经费支出占全市生产总值的比重为2.3%。年末全市共有国家级和市级企业技术开发中心266家，其中国家级19家。[③] 创新体系10个产业平台全部建成，天津市已被国家认定为综合性国家高技术产业基地。在此基础上，自主创新产业化重大项目相继启动，特别是我国首款超百万亿次超级计算机曙光5000A下线，

---

① 张高丽在市委九届七次全会上的讲话，北方网，2009年12月25日。
② 资料来源：《2010年天津市国民经济和社会发展统计公报》。
③ 资料来源：《2008年天津市国民经济和社会发展统计公报》。

电动汽车批量生产为成功的标志。目前,天津市正在"全力推进高水平研发转化基地建设,加强国家生物医药国际创新园、国家民航科技产业化基地等国家级产业化基地建设,实施千万亿次高性能计算机、新型动力电池等自主创新产业化项目,建成中科院天津工业生物研究所、国家信息安全工程技术中心、天津大学滨海工业研究院一期工程,广泛聚集国内外科技创新资源,建设世界一流的科技创新体系,成为高新技术的原创地和产业化基地"[①]。

3. 现代制造业中的优势产业与研发体系初步建立

经合组织将制造业技术分为四个等级,一是高技术产业,包括航空航天、医疗医药、计算机器械、精密光学仪器、电子及通信设备等;二是中高技术产业,包括专业商品、电子器械器具、机械运输设备,不包括药品的化学品等;三是中低技术产业,包括原油及核燃料提炼、橡胶塑料、其他非金属矿物类、船舶修造等;四是低技术产业,包括所有未分类的制造业、印刷出版和纺织皮革制鞋等。下面我们具体分析一下天津现代制造业中的优势产业发展与研发的总体状况。

(1)迅速发展的航空航天产业基地。航空航天是天津重要的现代制造业高地,集中了中国航天科技集团公司下属的一院、五院、十一院;中航直升机有限责任公司、空客天津总装线合资公司、中航工业西飞公司、天津764通信导航技术有限公司、天津航空机电有限公司、8357所、8358所等10家国内航空航天龙头企业,涉及长征5号运载火箭、神舟飞船、无人飞机、直升飞机、空客A320飞机、月球车、卫星、空间站以及其他航空航天产品的研制及应用项目,标志着天津市成为三大国内航空航天巨头重要的研发转化和产业化基地,2011年所有项目建成后将形成400亿元规模。

(2)国家重要的石油及海洋化工基地。以渤化集团为代表的石油化工产业占全市工业的16.8%,PVC生产能力超过百万吨,已成为我国最大的PVC生产基地之一,随着大乙烯、大炼油、渤海化工园等一批项目的开工建设,天津将形成以石油化工为主,从石油勘探开发到炼油、乙烯、化工完整的产业链条,成为国家级石油化工基地和我国重要的海洋化工基地。

(3)不断发展壮大的装备制造业基地。天津装备制造业涉及造修船基地、风电设备制造、重型机械设备制造等全市多项重大工业项目,且发展趋势呈现高端高质高新化,使天津成为我国装备制造业主力军。以天津百利机

---

① 张高丽在市委九届七次全会上的讲话,北方网,2009年12月25日。

电控股集团为代表的天津装备制造业，在传承了天津机械工业150年历史的产业积淀，历经半个多世纪发展，构建了研发、制造、营运三大体系，形成了发电设备、重型设备、输配电等核心产业体系，产品遍布全国及60多个国家和地区，为长江三峡工程、神舟号载人飞船、核电站、天津地铁、轻轨等一系列国家和地方重点工程提供产品和服务。近年来，集团投资1亿元整合11个科研院所，建立了以天津百利研究院为主体的研发中心，集科研中心、信息中心、检测中心、标准中心为一体，形成自主创新平台和高端科技人员特区，成为集团技术转化和产品孵化基地。截至目前，集团累计申请专利1235件，其中发明专利223件。2008年，集团完成工业总产值290亿元，主营业务收入303.8亿元，实现利润总额20.13亿元，进入2008中国企业、中国服务企业500强的第192名和62名；中国机械工业百强企业的第45名。

（4）正在全力打造中环品牌的电子信息产业。以中环集团为代表的电子信息产业占全市工业的17.6%，产值规模居全国第五位，手机生产能力达到1.5亿部，片式元器件全国领先，产量突破1400亿只，集成电路形成从软件设计、半导体材料生产到集成电路制造及封装较为完整的产业链。天津中环电子信息集团拥有国有独资及国有控股企业、"三资"企业及其他类型企业200余家，各类教育及研发机构20余家。业务涉及通信、导航产品及系统、电子制造服务、软件开发及系统集成等八大类，与三星、爱普生、佳能等国际知名公司开展良好合作，其中，三星通信手机扩能等项目提升了企业研发生产能力。同时为延伸产业链、产品链，集团先后投资组建了中环导航、中环新光、中环领先材料和中环真美声学等4家新企业。普林电路高密度互联积层板等项目列入全市第四批20项重点项目；14家国有企业市级技术中心，实现新产品收入23亿元，实现利润3.3亿元；完成新产品、新技术、新工艺开发项目356项，国际先进水平7项。荣获天津市科技进步奖5项、技术创新奖7项，国有企业申请专利151项。目前，集团完成了"中环"品牌识别系统的设计，确定了包括图形、中文和拼音在内的"中环"商标，扩大"中环"品牌的知名度和影响力。

（5）创新能力不断提高的生物医药产业。天津正加快打造生物医药这一高新技术产业，以服务人类健康。近年来，以天津医药集团为代表的生物技术与现代医药产业技术创新能力显著提高，中药现代化水平全国领先。天津医药集团 2008 年在完成工业总产值 60.93 亿元，销售收入 130.7 亿元，工业增加值 31 亿元，同比增长 14%的同时，紧抓市场开发和科技创新，加快产业结构调整，经济运行质量连年稳步提高。技术创新取得新成效，2008年向国家重大创新药物机构申报 4 个创新药物研发平台，有 3 个品种列入国家创新药品计划，获得国家和天津市政策补贴 6200 万元。同年，集团确定的 20 个大品种都有较大幅度增长，4 个大品种的销售额超亿元。

（6）市场占有率居全国第一位的汽车工业。天津是国内重要的轿车生产基地。近年来，以天津汽车集团为代表的天津汽车工业发展突飞猛进，经济型轿车市场占有率居全国第一位，电动汽车研发能力达到全国领先水平，年产能达 70 万辆，成为拉动天津工业快速增长的支柱产业之一，占全市工业比重约达 10%，成为国内重要的轿车生产基地。2008 年，天汽集团主营业务收入达 728 亿元，利税 106 亿元，利润超过 50 亿元，新增产值 127 亿元，成为拉动集团经济增长的主要因素。依托丰田公司的产品技术开发平台，集团逐年推出新车型，将产品扩大至国内轿车市场的多个领域，形成了较强的竞争力和市场占有率。

（7）天津第一大产业——冶金工业。冶金工业占天津工业的比重高达 23.2%，为全市第一大产业，独占天津工业鳌头。目前已形成以无缝钢管、高档板材和高档金属制品为代表的产品结构。以冶金集团、钢管集团等为代表的天津冶金产业成为天津工业的主打。人们熟知的"大无缝"，即天津钢管公司单厂规模居世界第一位。天津冶金集团产品涉及炼钢炼铁、钢轧延、金属制品、冶金机械加工等领域，出口世界几十个国家和地区。2008 年，集团产值增长 30%，销售收入增长 37%。通过确立"打造绿色钢铁、追求时代品质"的发展理念，大力开展深加工，延长产业链，为用户提供配套服务。其中，高档预应力钢材产能居全国第一位，被青藏铁路全线桥梁建设采用；自主研发的高温合金毛细管和高等级变形永磁合金产品，先后应用于神舟五号、神舟六号载人飞船和嫦娥一号运载火箭。为神舟七号载人航天飞船提供的线接触厚镀锌钢丝绳，成为中国航天科技集团的唯一供应商。天津钢管集团股份有限公司是目前世界规模最大的无缝钢管生产企业、石油专用管生产基地。集团建成了冷轧不锈钢薄板、铜杆、气瓶、钻杆等一批高水平项目，建有世界先进的国家级企业技术中心，开发出多项自主知识产权产品。2008 年，集团管加工出口基地等项目实现超达产水平，258PQF 轧管和 720 旋扩管项目产能迅速提升，80 万吨球团和管加工 5#热处理项目建成投产。

在做强做大钢管主业的同时，集团还发展冷轧不锈钢薄板、有色金属加工、国际贸易和物流等新产业。"大无缝"正加快争当世界第一、打造千亿元集团的步伐。

（8）焕发勃勃生机的轻工纺织业。天津是传统的轻工业基地，近年来，经过提升改造后，以一轻集团、纺织集团等为代表的改造传统制造业焕发出新的生机与活力，占全市工业比重达16%左右。天津一轻集团已连续四年跨入中国制造业企业500强行列，目前正加速构建都市轻工产业新体系和一轻标志性主导产业集群，发展大食品、大塑料、手表精密机械、日用精细化工"二大二精"优势产业；培育"专精新特"型企业，延伸与集团主业紧密相关的产业链；培植新优势进入高成长性的新能源新材料新光源领域。天津纺织工业已走过百年发展历程，天津纺织集团2001年组建，2006~2008年荣获全国500强企业之一。其中天津高新纺织工业园区位于空港物流加工区，2003年兴建，占地面积1.4平方公里，总投资46亿元。包括棉纺织、新型色织面料、绿色生态家用纺织品等10大板块。随着滨海新区开发开放不断深入，高新纺织工业园将凸显我国北方现代纺织服装工业基地的区域性功能。

（二）建设"高水平现代制造业与研发转化基地"的战略举措

"高水平现代制造业与研发转化基地"的建设必须从天津经济社会要实现科学发展、和谐发展和率先发展的战略高度，统筹考虑，合理安排，妥善处理好以下问题。

1. 在发展取向上，注重把握世界潮流与发挥天津自身优势并重

目前，现代制造业的发展已进入高科技时代，强劲表现出信息化、服务化、高技术化的发展趋势。推动天津市"高水平现代制造业与研发转化基地"的建设，必须把握这种大趋势，紧跟潮流，同时，天津市在把握好现代制造业发展趋势的基础上，要结合自身特色和比较优势，既要积极吸纳国内外产业转移，又要注意培育本土化竞争团队。目前，天津市建设"高水平现代制造业与研发转化基地"尚处在发展阶段，充分发挥天津市自身资源丰富、要素成本相对较低的优势，积极吸纳现代制造业的转移既是一种适应性选择，也是一项长期的战略任务。但从可持续发展的要求看，必须重视培育发展现代制造业的内生动力，特别是要在外来资本和本地资本互动融合发展中，加快培育本土化的现代制造业竞争团队，这样才能掌握现代制造业发展的主动权和话语权。

2. 在制度安排上，注重充分发挥市场机制与政府行政推动并举

建设"高水平现代制造业与研发转化基地"，必须重视市场配置资源的基础性作用，必须具有市场化的运行机制，这是"高水平现代制造业与研发转化基地"发展壮大的制度保证之一，同时，还要有效发挥政府推动的作用。天津市主动创新制度安排，明确建设"高水平现代制造业与研发转化基地"，要素的组织和资源的组合主要应依靠市场的力量，但在具体的发展导向上需要政府在目标的规划设计上进行统筹安排。这种制度创新的结果使得天津市现代制造业的优势得以不断放大。从市场和政府两种推动力量的发挥效果看，更要注意发挥政府行政推动的力量，特别是在规划和政策方面的推动力量。因为规划是发展的先导，是政府调控宏观经济走向、协调经济发展的重要手段。建设"高水平现代制造业与研发转化基地"，政府应充分发挥规划的导向功能，在目标定位、区域布局、产业导向、发展重点等方面有一个总体的考虑和比较合理的安排。坚持"有所为有所不为"的方针，培育和发展自己的主导产业，形成经济协调互动、良性发展的格局。同时，良好的政策支持也是"高水平现代制造业与研发转化基地"加快发展的重要保障，特别是在扶植优势产业发展、支持高新技术产业发展、促进新兴产业发展方面，政策服务理应发挥更大的作用。另外，在节能环保上需要政府的约束监控。

3. 在保障措施上，注重处理好现代制造业与科技研发转化和现代制造业与现代服务业发展的两大关系

现代制造业和科技研发转化是密不可分、相辅相成、互相促进的，没有现代制造业，科技的研发转化就是无水之鱼；没有科技研发转化为现代制造业的产品，制造业就不可能实现现代化。近年来，天津市非常重视科技研发对现代制造业的促进，特别是科技研发如何"孵化"成为具有优势的、具体的现代制造产业。同时，当前最为重要的是要高度重视与现代制造业配套和服务的相关服务业，特别是现代生产性服务业的发展，其对现代制造业与研发转化基地建设有着至关重要的影响，如果与现代制造业相关的配套能力不足、服务条件不完备，与产业链的前向、后向相关的产业集群少，受成本的影响，难以吸引外部厂商前来投资设厂，难以具有规模优势，难以提高经济效益，难以为现代制造业与研发转化基地的发展提供有效保障。

4. 在发展模式上，注重提高自主创新能力与体现现代生产模式发展方向

21世纪，"世界上各发达工业国家经济上的竞争，主要是制造技术的竞争"①，现代制造业与研发转化基地是以先进制造技术为保障，依托自身或周围的科技环境以实现自我滚动、良性发展。现代制造业与研发转化基地不仅产品科技含量高，而且还要有属于自身的知识产权与核心技术，离开强大的科技支持，没有自主创新能力是不可能实现的。同时，现代制造业与研发转化基地必须符合制造业发展的时代特征。传统的制造业生产模式既不能满足诸如低耗、高效、环保等的要求，同时也不能适应市场的迅速变化和人们不断增长的多样性需求。因此，天津市建设"高水平现代制造业与研发转化基地"在注重科技发展的同时，一定要体现诸如清洁化生产、灵捷化生产、柔性化生产、智能化生产和信息化生产等现代生产模式发展的方向。

5. 在支撑体系建设上，注重硬环境建设与软实力建设

目前，天津市在"高水平现代制造业与研发转化基地"的基础设施建设方面取得了显著的成就，在此基础上还要注意不断积累科技人才方面的软实力，因为人的因素是影响现代制造业基地建设和发展的第一要素，人力资源的合理利用，也体现着现代制造业的特点。一方面，在人才建设问题上，既要重视人力资源开发与建设的市场机制，更要注重长效机制。对于人才问题，在认识层面上思想已非常统一，现在的关键是如何在制度层面上发挥好政府和企业两个方面的作用，在广泛吸纳人才的同时，积极使用人才，加快培养人才，最大限度地发挥好各类人才的作用，以良好的制度设计和有效的措施安排推动人才集聚，以人才集聚推动产业集聚，打造现代制造业高地，推动天津经济在更高层次上向前发展。要做到人力资源的继续教育有保障，员工的知识更新周期不仅符合企业发展的要求，还应该和科技知识更新周期合拍。另一方面，要注重培养复合人才。现代制造业的发展需要学科交叉、知识融合、技术集成，因此复合人才的培养是天津发展现代制造业的关键。一般理解复合人才是指掌握知识多、交叉性强的人才，这样的人才创新能力强。如果深入地理解，复合人才是所有者、管理者、技术专家的有机复合，这样的复合人才有更多的创新动力。

---

① 在1999年第46届国际生产工程学会（CIRP）年会上，该届年会主席吉川的观点。

第十四章
旅游创意与产业创新

一 旅游业的新功能与发展新趋向

(一) 树立大旅游产业观是天津旅游走向世界的客观要求

旅游业内涵丰富、外延宽泛，带有产业要素"混合体"或"产业集群"的特征。传统意义上所指的旅游业主要就是指旅游服务业，即指以旅游者为服务对象、为其旅游活动创造便利条件并提供其所需劳务的综合性产业，凡是参与了这一行业的服务企业均进入了旅游服务业的范畴，主要包括满足旅游者需求的食、住、行、游、购、娱等行业。旅游企业向游客提供劳务服务也需要以特定的原材料、设施设备等为依托；大旅游产业观则将旅游制造业也纳入分析范畴中来，那些生产可用于满足旅游企业经营所需的原材料、设施设备以及旅游者外出旅游所需要的有形产品的行业构成了旅游制造业的基本内容。

旅游制造业是一个新提出的概念，目前关于旅游制造业的概念学界基本上还没有任何界定。本文认为，旅游制造业的基本内涵可以从狭义和广义两个角度进行理解。从狭义的角度来看，旅游制造业是指主要为旅游企业和旅游者提供直接生产资料和消费资料的一切企业的集合；从广义的角度来看，任何为旅游企业和旅游者提供直接或间接生产资料和消费资料的企业都可以称为旅游制造企业，由所有这些企业所构成的集合即旅游制造业。从旅游制造业包含的类型来看，大体上可以分为三类：即旅游装备制造业（如飞机、邮轮、旅行帐篷等）、旅游用品制造业（如饭店客房用品、餐馆经营用品等）和旅游购物品制造业（如旅游纪念品等）。

从制造业与服务业之间的相互关系可以看出：旅游制造业与旅游服务业之间是既相互区别又相互联系的关系。从二者的区别来看，最重要的区别就在于二者的产出不同：旅游制造业的产出是有形的实物产品，而旅游服务业的产出主要是无形的旅游劳务。从二者的联系来看，旅游制造业和旅游服务业之间是相互作用、相互依赖、共同发展的互补性关系：一方面旅游制造业的市场需求正是旅游服务业经营所需的原材料和其经营所凭借的设施设备等，因此，旅游制造业的存在和发展以旅游服务业的不断发展为前提条件，同时，旅游服务业的发展需求也为旅游制造业指明了发展方向；另一方面旅游服务业的顺利经营也需要以旅游制造业提供的产品为保障，旅游服务业品质的树立、品牌的打造等都需要有旅游制造业的创意支持和功能匹配，因为旅游制造业的生产力不但决定着旅游服务业的投入成本，而且旅游制造业提供的供给要素也是旅游服务业进行创新，采用新技术、新原料、新思想、新方法的一个重要来源。以当今的流行趋势绿色饭店的打造为例，根据迈克尔·波特的价值链和供应链理论，如果饭店的供应商或其供应商的供应商即旅游制造业的产品不能满足环保的需要，那么绿色饭店的打造是不可能实现的。

在服务业延伸发展空间和制造业提高服务比重的发展需求下，在满足日益多样化和个性化的旅游需求的前提下，旅游服务业和旅游制造业的界限日益模糊，你中有我、我中有你的新型业态日益增多，形成了旅游产业融合大发展的局面。在新环境下，对旅游业的认识要有大产业的观念，不能因为大部分的旅游制造业企业都有其归属的传统意义上的制造业门类而认为旅游制造业并不存在，也不能因为旅游服务业分属于不同行业和部门就忽略它们的集合性和服务于游客的共同性。

2009年9月20日在天津举办了首届中国旅游产业节，该产业节的举办旨在展示旅游产业发展成就、促进旅游产业要素融合、搭建旅游产品和用品的交易平台、推进旅游制造业发展、推动旅游产业转型升级。国家旅游局局长邵琪伟指出，旅游制造业外延和内涵都十分广阔和丰富。旅游制造业的发展将推进旅游业和相关产业的融合，不断优化旅游供给结构，促进旅游产业转型升级。从国家旅游局和天津市政府签署的合作协议决定要永久举办中国旅游产业节（现改为中国旅游产业博览会）的内容来看，国家层面已经将旅游服务业和旅游制造业统筹考虑，协调发展，全面联动。因此，树立大旅游产业观不仅是国内经济全面转型发展的需要，也是天津旅游走向世界、建设旅游强市的客观要求。

（二）全面提升旅游业的功能与作用是天津打造旅游强市的必然要求

在新世纪新阶段，党中央、国务院把扩大内需、促进消费确立为促进国民经济发展的长期战略方针和基本立足点。旅游业是第三产业的重要组成部分，是世界上发展最快的新兴产业之一，被誉为"朝阳产业"。《国务院关于加快发展服务业的若干意见》提出，要围绕小康社会建设目标和消费结构转型升级的要求，大力发展旅游、文化、体育和休闲娱乐等面向民生的服务业。2009年11月25日，国务院总理温家宝主持召开了国务院常务会议，讨论并原则通过了《关于加快发展旅游业的意见》。意见认为，旅游业兼具经济和社会功能，资源消耗低，带动系数大，就业机会多，综合效益好。人民群众日益增长的多样化消费需求为旅游业发展提供了新的机遇。未来要把旅游业培育成国民经济的战略性支柱产业和人民群众更加满意的现代服务业。种种迹象表明，中国旅游业面临重大的发展机遇。

2009年4月，温家宝总理在海南视察工作期间发表了重要讲话，明确提出旅游业是现代服务业的龙头产业。这一定位体现了新时代对旅游业功能的新认识，旅游业在以下几方面具有现代服务业的特征：①产业关联度高，综合拉动性强；②国际化程度高，全球市场一体化；③以信息资源为基础，以科技运用为支撑；④资源耗费少，环境依存度高；⑤安置就业空间大，脱贫致富作用明显；⑥加速改善公共服务，提升现代生活品质；⑦对外影响力大，增强软实力明显；⑧创新增长性强，永远的朝阳产业。[1]这些特征的有效发挥需要从战略高度认识和把握旅游业的功能与作用，进而才能在旅游业发展实践中全面提升这些功能与作用，真正让现代服务业的龙头扬起来，舞动现代服务业的龙身，促进我国经济全面转型升级。概括起来看，旅游业的功能与作用可以从以下几方面来认识。

1. 作为动力产业的旅游业

旅游业的关联性强，是整合资源、统筹各业的动力产业。据统计，与旅游业直接和间接相关联的行业或产业多达109个，这些产业的发展在为旅

---

[1] 高舜礼、白四座：《论旅游业的现代服务业特征》，2009年3月6日《中国旅游报》。

业发展提供基础和支撑条件的同时，更承接着旅游业发展为其创造和拓展的广阔市场需求。据初步预测，到2015年，我国乘坐飞机的乘客将达到4.5亿人次左右，需要新增飞机约1800架、新增航班约630万架次；乘坐铁路的游客将达25亿人次左右，需新增客运车辆约5万辆；全国将新增私家车约4000万辆；新增客运船舶约1万艘；新增各类住宿设施约20万家。而由旅游需求的增长联动的这些产业的发展将带动更大范围的相关行业和产业的发展，由此形成了围绕满足旅游需求的各产业链的联动发展，进而驱动整个国民经济综合产业规模的扩大和发展。

2. 作为创意产业的旅游业

旅游业是典型的创意产业。体验经济时代，人们对旅游体验活动全过程的享受既离不开服务项目、服务过程和服务内容的创意设计，也离不开支撑这种创意设计实现的劳动生产资料、生产设备设施及原材料的创意生产的支持，旅游制造业提供的供给要素是旅游服务企业进行创新，采用新技术、新原料、新思想、新方法的一个重要来源。厉无畏教授提出了"创意旅游"的概念，即用创意产业的思维方式和发展模式整合旅游资源、创新旅游产品、锻造旅游产业链。[①] 创意是一种生产力，它不仅会令游客的旅游体验更为独特新颖，而且会通过创意设计和制造，改造传统的制造业结构，促进整个产业结构的合理化、高度化和现代化。

3. 作为朝阳产业的旅游业

从需求的角度来看，一项产业的发展能否在国民经济发展中占有重要地位，首先取决于围绕该产业的国民需求总量及其普遍性。旅游需求是人类生而具有的一种需求，随着经济社会的发展，旅游需求已经成为一种普遍的、常态化的国民需求。国外旅游发展经验表明，当人均GDP达到300美元时，开始有国内旅游需求；当人均GDP达到3000美元时，将迎来一个国内游与出境游全面繁荣、社会各阶层广泛参与的全民旅游时代。2010年，国内旅游人数达到21亿人次，增长11%；国内旅游收入1.25万亿元，增长22.5%；入境旅游总人数1.34亿人次，增长6%；入境过夜旅游人数5570万人次，增长9.5%；旅游外汇收入达到450亿美元，增长13%；出境旅游人数达到5600万人次，增长17.5%。出境旅游人数已超过入境过夜旅游人

---

① 厉无畏、王慧敏、孙洁：《创意旅游——旅游产业发展模式的革新》，《旅游科学》2007年第6期，第1~5页。

数。全国旅游总收入达到1.57万亿元，增长20.5%。[①] 旅游需求的必然性、增长的迅猛性以及结构的多变性从多角度显示了其发展的前景是广阔的，成长的空间是巨大的，在国民经济中的地位也是日益重要的。

4. 作为绿色产业的旅游业

国内外旅游发展实践证明，旅游业是环境友好型、资源节约型的生态化产业。作为一个产业来看，旅游业的发展不可避免地也需要消耗资源和环境，但是相对于其他产业而言，旅游业还是资源消耗低的产业。正如苏格兰的绿色企业计划（Green Tourism Business Scheme）所指出的那样：绿色旅游是一个用来描述旅游部门最佳环境实践的用词，它包括经营效率、环境管理、废弃物处理、交通以及社会责任与生物多样性等话题。绿色旅游是指旅游系统在运行过程中依据减量投入、重复利用和再循环使用、利用资源与环境，实现资源利用的高效低耗与对环境损害最小化的经济发展模式。[②] 从需求角度来讲，工业化进程的加快促成了人们对日益稀缺的生态环境和优美的自然景观的需求强度，后工业化社会的到来引领人们朝更加环保型生活方式转变，对绿色旅游产业的需求逐渐增长；从供给的角度来看，发展绿色旅游不仅可以带来直接的、间接的和潜在的经济利益，为企业创造利润，为社区创造工作机会，同时还能为环境保护提供经费。[③] 所以，从供需两个方面及其实现要求来看，都表明旅游产业是可以且应当作为绿色产业来认识和发展的。

5. 作为和谐产业的旅游业

和谐体现在人与自然、人与人、人与社会和人自身等不同方面。旅游业的发展在促进以上四个方面的和谐上具有独特优势，因而被称之为"和谐产业"。旅游业是高度环境依赖型的产业，旅游业的发展与自然生态环境保护之间具有天然的耦合性。在缓解人与人之间贫富悬殊方面具有见效快、返贫率低、示范性强的作用，据国家旅游局发布的统计数字，通过发展旅游业直接受益的我国贫困人口有6000万人至8000万人，占全部贫困人口的1/4

[①] 国家旅游局网，邵琪伟：《中国旅游协会召开会长座谈会盘点2010展望2011》，国家旅游局信息中心，2011-01-18.【EB/OL】. http：//www.cnta.com/html/2011-1-18-0-12-57623.html。

[②] 邹统钎：《绿色旅游产业发展模式与运行机制》，《资源与环境》2005年第4期，第43页。

[③] （Charles Surt 大学）Kreg Linberg：《生态旅游的经济影响》，1996年11月3日。

到 1/3。旅游业是市场需求旺盛、就业容量大的劳动密集型产业，是一个能够增加就业、扶贫帮困、促进城乡经济和区域经济协调发展的"利民产业"和"富民产业"。据世界旅游组织统计，全球每 10 个就业岗位就有 1 个与旅游业有关。目前我国旅游业直接和间接就业 6000 多万人，相当于全国就业总数的 7.8%。作为旅游从业人员在帮助游客消费实现过程中提升了助人的素养和技能，实现了身心合一的和谐发展。总之，旅游业发展过程中，促进了社会物质文明的进步，更提升了社会的精神文明程度，是一个名副其实的和谐产业。

从以上五个方面来看，旅游业确实发挥着促进经济社会可持续发展的战略性产业的作用，在扩内需、保增长、促发展的战略举措中发挥了不可替代的作用。通过进一步挖掘和发挥旅游业的功能和作用，有助于促进增长、优化结构、转型创新、持续发展。

（三）我国旅游业的发展趋势与动向

1. 中国旅游业发展总趋势

在亚太旅游协会（PATA）出版的《充分发挥中国旅游业潜能——对未来发展的建议》一书中，从五个方面提出了中国旅游业发展总趋势。[①]

（1）数字增长速度惊人。1978 年改革开放以来，我国入境旅游人数从 180 万人次增加到 2010 年的 13376.22 万人次，增长 73 倍，国际旅游（外汇）收入达 458.14 亿美元，旅游外汇收入增长 174 倍；国内旅游从 1984 年的 2 亿人次（当年首次有该数字的统计）增加到 2010 年的 21.03 亿人次，旅游收入从 1978 年的 18 亿元增加到 2010 年的 12579.77 亿元，增长 697.9 倍。目前，中国已拥有世界最大的国内旅游市场。到 2020 年，中国将成为世界排名第一的旅游目的地和世界排名第四的客源输出国。

（2）重心从入境旅游转向国内旅游。同世界其他地方的人相比，中国消费者更愿意将节余资金用于度假旅游。根据尼尔森（AC Nielsen）调研公司的调查，中国 48% 的消费者选择把节余资金用于休闲度假，而全球平均数为 38%。中国消费者在旅游方面的消费几乎高于其他所有的非必需消费项目。

---

① 亚太旅游协会：《充分发挥中国旅游业潜能——对未来发展的建议》，中国旅游出版社，2008，第 56~57 页。

（3）从基本供给到提供高品质经历。中国的旅游基础设施建设日趋完善，饭店服务、旅行社服务大为提高，公共厕所条件大为改善，通过增加空中道路的层数增加空中交通的流量，空域资源得到有效利用。基础设施和服务的改善不仅使游客能够获得一个完美的旅行经历，更重要的是，中国旅游的正面形象由此大大提升。

（4）旅游产品从大众型转向专项型。产品雷同是旅游业发展的障碍之一。随着入境市场和国内市场的成熟，游客越来越希望能获得独特的旅游经历。为适应旅游者不断增长和变化的需求，产品开发应突破观光、休闲和商务旅游，注重创造性和多样性。

（5）旅游经营从控制走向全面开放。旅游经营从原来受到严格控制逐渐走向全面开放。2007年，国家旅游局宣布，自7月1日起取消对外商投资旅行社设立分支机构的限制，并对外资旅行社的注册资本实行国民待遇。而竞争也会促使国内经营者更具有创新精神。

2. 世界旅游业发展新动向

（1）旅游产业融合化发展。所谓融合是指朝着一个点运动或者是两个或更多要素的汇合（Merriam Webster，2000），或者是几种不同事物合成一体。融合就是不同要素（系统）向同一方向共同演进而形成一个新要素（或系统）的过程。因此，从系统论角度来看，旅游产业融合是指在开放的旅游产业系统中，构成产业系统的各要素的变革在扩散中引起不同产业要素之间相互竞争、协作与共同演进而形成一个新兴产业的过程，其外延包括了技术融合、企业融合、产品融合、市场融合、制度融合等。

"旅游业是新兴的朝阳产业，也是产业融合程度最深的产业之一。目前世界上兴起的一种趋势，其实质也是旅游业与其他产业广泛的融合发展。"[1]在国务院出台的《国务院关于加快发展旅游业的意见》中也提出了加大产业融合的问题，这既是旅游业发挥其关联带动性强的动力产业所需要的，也是更好地发挥市场配置资源作用的内在要求。产业融合是提升传统产业、促进产业升级的有效途径。通过新技术与传统产业的嫁接，有助于实现产业的优化升级。美国经济的持续繁荣很大程度上就是得益于有效地解决了高新技术产业与传统产业的融合，实现了产业结构的升级。因此，认识并实践产业融合对实现旅游产业创新和培育新的增长点具有重要现实意义。

---

[1] 厉无畏：《产业融合与产业创新》，《上海管理科学》2002年第4期，第4~6页。

(2) 旅游产业创意化发展。创意产业正在成为下一个创新和创富的"金矿"。创意产业之父约翰·霍金斯在其《创意经济》一书中明确指出：全世界创意经济每天约创造 220 亿美元，并以 5% 的速度递增。[①] 美国早就发出"资本的时代已经过去，创意的时代已经来临"的宣言。[②]

创意产业高渗透性、高增值性和高融合性的特点，使得创意产业中的很多分支与旅游业的范畴交叉，两大产业的迅猛发展势必使得这种交集不断发展壮大。旅游业是典型的创意产业。体验经济时代，人们对旅游体验活动全过程的享受既离不开服务项目、服务过程和服务内容的创意设计，也离不开支撑这种创意设计实现的劳动生产资料、生产设备设施及原材料的创意生产的支持。在旅游活动日益个性化和多样化的今天，将创意产业的元素融入旅游业，让创意元素成为旅游吸引物，能进一步增强旅游活动的动态性和参与性，进而为游客创造更加难忘的消费体验。从我国旅游购物品发展的不足中可以发现创意化发展的迫切性。长期以来，我国旅游购物品消费开支只占游客全部旅游开支的 20%，原本丰富的文化资源、高超的制作技能却生产不出有创意且符合市场需求的购物品，这其中欠缺的正是创意经营理念和创意经营系统。

(3) 旅游产业集群化发展。集群化是现代服务业发展的主流趋势。它能够产生面向市场的各种类型活动集结的竞争关联、补充关联和商务关联，具有涵盖服务企业网络、劳动力市场网络和区域创新网络的组织特征。所谓旅游产业集群是指集群各主体间以长期利益为纽带，以互相信任为基础，借助于非一体化下的合作及协调，既保留自身独立的法人地位，保证独立资产所提供的激励和约束，又实现市场协调的灵活性，形成竞争基础上的合作与根植于当地社会环境的协作创新网络，体现为在某一地理区域不断集中、发挥整体竞争优势的中间组织形式。

有研究表明，旅游产业集群具有空间集聚性、部门专业性、经济外部性、功能互补性、环境共享性等特征。[③] 发展旅游产业集群能够促进社会文化网络的形成，功能的互补性能还可以避免企业间低价恶性竞争，实现各旅游企业间的分工与协作，降低企业的交易成本，并获取外部经济效应，增强

---

① 理查德、弗罗里达：《创意经济》，中国人民大学出版社，2006。
② 胡小武：《创意经济时代与城市新机遇》，《城市问题》2006 年第 5 期，第 21~27 页。
③ 庄军：《旅游产业集群研究》，全国优秀博硕士论文网，2005 年 5 月，第 13~14 页。

企业竞争能力，促进区域品牌建设；集聚发展和资源的共享性能有效降低知识资源的专用性，便于企业获取高素质的人力资源。可见，产业集群是一种能够促进企业，特别是中、小企业创新发展的有效率的组织形式，也是区域经济发展中一种有效的组织制度。美国哈佛大学的波特教授指出，产业集群是提高产业竞争力的基本因素，在全球经济一体化过程中，一个国家或地区的国际竞争力，关键取决于其产业集群的竞争力。[①]

（4）旅游产业绿色化发展。国内外旅游发展实践证明，旅游业是环境友好型、资源节约型的生态化产业，这种生态化产业体现在绿色旅游实践中。所谓绿色旅游是旅游系统在运行过程中依据减量投入、重复利用与再循环的原则使用与利用资源与环境，实现资源利用的高效低耗与对环境损害最小化的经济发展模式。从需求角度来看，工业化进程的加快促使人们对日益稀少的自然生态环境需求强度加大，后工业化的到来也在加快改变人们的生活方式和消费内容，对环境友好型、资源节约型的绿色旅游产业需求大增；从供给角度来看，高新技术的不断涌现也为创新绿色供给条件提供了可能。总之，从供需两个方面都为旅游产业绿色化发展提供了强大的基础。

绿色旅游不仅可以带来直接的、间接的和潜在的经济利益，为企业创造利润，为社区创造工作机会，同时，还能为环境保护提供经费。[②] 中国地大物博、山川秀美，为发展绿色旅游提供了优越的条件和广阔的空间。在《国务院关于加快发展旅游业的意见》中专门提到了"绿色旅游"、"低碳旅游"、"生态旅游"等问题，具有重要的意义，试想国内旅游33亿人次，出入境旅游2亿多人次，总计35亿人次的流动，如果都采取不环保、不绿色的旅游方式，对环境将是一个多么巨大的威胁！所以，未来旅游产业绿色化是一个必然的趋势。

（5）旅游产业信息化发展。美国著名未来学家奈斯比特曾经预言："电信通信、信息技术和旅游业将成为21世纪服务行业中经济发展的原动力。"这三者相结合的产物即旅游业的信息化也成为各国信息化社会发展的重点。世界范围内旅游信息化已成大势所趋，信息化程度已经成为旅游业国际竞争

---

① 迈克尔·波特著《国家竞争优势》，李明轩、邱如美译，华夏出版社，2002，第141页。
② （Charles Surt 大学）Kreg Linberg：《生态旅游的经济影响》，1996年11月3日，http//www.ecotourism.ee/oko/kreg.htmi。

力的重要标志。在全球经济一体化的今天，中国要由旅游大国变成旅游强国甚至使旅游业获得更大的发展，必须提高旅游业的核心竞争力，而旅游信息化是必经之路。

中国的旅游信息化建设起步较晚，但发展势头迅猛。2000年4月召开的全国旅游行业管理工作会议上，确定了将发展旅游信息化作为提高中国旅游业国际竞争力的重要战略，政府对发展旅游信息化给予充分支持。2001年启动的"金旅工程"是国家为推进旅游信息化进程的重大举措之一。经过几年的发展，国家"金旅工程"的"三网一库"（办公自动化网络、业务管理网络、公众服务网络和综合旅游信息库）基本建成，在推进旅游电子政务发展、旅游目的地营销系统和旅游企业信息化应用等方面取得了显著成绩。从目前旅游信息化的发展形势来看，以办公自动化为标志的现代化、信息化、网络化、数字化管理的旅游电子政务在国家旅游局机关已经全面开展。以电子商务为代表的网络经济极大地扩展了旅游产品消费的需求，改变了旅游业的运作方式，电子商务已成为信息时代旅游交易的新方式，出现了一大批具有相当实力的旅游信息网络企业。

旅游业是信息密集性产业，不仅游客的出游决策离不开快捷、高效、丰富的旅游信息作为基础，而且旅游企业的高质量的服务水平和产业强大的竞争力都依赖于高度发达的信息化水平作为依托。因此，从提升旅游产业运行效率和效益的角度来看，必须在信息化发展的方向上持续努力，才能真正适应旅游业竞争的需要。

二 发展的新契机与面临的新问题

（一）天津旅游业发展的新契机

1. 旅游业已上升到国家战略性产业的发展高度

如前所述，旅游业兼具资源消耗低、带动系数大、就业机会多、综合效益好等经济和社会功能。我国幅员辽阔，旅游资源丰富，随着改革开放的纵深发展和国民经济的快速发展，人民群众日益增长的多样化消费需求为旅游业发展提供了新的难得机遇。国务院文件决定要把旅游业培育成国民经济的战略性支柱产业和人民群众更加满意的现代服务业。可见，旅游产业地位的提高从宏观上为天津旅游业发展提供了新的契机。

2. 滨海新区上升为我国经济增长第三极

1992 年，中央政府提出要加快环渤海地区的开发，至此开发格局初步形成。[①] 天津作为环渤海区域京津冀都市圈的核心城市之一，借助国家促进环渤海区域一体化的契机，乘势发展将是一个难得的机遇。2005 年，滨海新区正式纳入国家发展战略，作为国家第二个综合配套改革试点地区将成为中国经济发展的"超级引擎"。滨海新区的开发开放为天津旅游业的腾飞提供了极好的契机。

3. 天津市委市政府高度重视和支持旅游业发展

天津市委、市政府对旅游业发展空前重视，从全市经济社会发展的战略高度把旅游业发展摆到了更加重要的位置。张高丽书记在市旅游局和市委研究室呈报的调研报告中批示说"要花大力气发展旅游业、服务业，这样天津人气、财气才能旺起来。"市第九次党代会强调要把天津市的旅游业培育成为拉动经济增长的重要产业。近两年来，天津市委、市政府采取多项措施，积极落实"一带、三区、九组团"的近中期旅游发展规划目标，为天津旅游业发展提供了强有力的组织保证和契机。

4. 天津旅游业发展速度和发展成绩显著

2005～2010 年，天津市国内游人次和入境游人次都在高速增长。国内游 2005 年是 5119.8287 万人次，2010 年突破 9200 万人次，年平均增长率达到 13.84%。入境游从 2005 年的 74 万人次增加到 2010 年的 166.07 万人次，以年平均 17.35% 的增长率增长。2011 年 "十一"黄金周期间，天津市共接待海内外游客 503.88 万人次，同比增长 18.1%，仅外地来津游客就达 182.9 万人次，同比增长 15.8%[②]。2011 年 "十一"黄金周期间，天津市共接待游客 503.88 万人次。其中，本市居民游津城达 320.98 万人次，接待外地来津游客 182.9 万人次；过夜旅游收入同比增长 15.27%；全市旅游综合总收入 40.47 亿元，同比增长 16.9%。蓬勃发展的天津旅游业不仅显示天津旅游业发展的以往成绩，更为今后的大发展创造了良好的契机。

（二）天津旅游业发展面临的问题

整体来看，天津旅游业发展速度迅猛，总体规模也在不断扩大，但是其

[①] 戴相龙：《2006 第三届国际金融论坛》。
[②] 天津市入境旅游人次来源于"天津旅游政务网"的统计资料；天津国内旅游人次来源于"统计局网站统计公报"。

竞争力与先进城市相比仍显较弱。主要表现在以下几方面。

1. 旅游资源丰富，但开发水平有限，吸引力不足，配套设施不完善

天津旅游资源丰度高，为旅游业的发展创造了得天独厚的条件。核心旅游资源和吸引力因素是刺激旅游者产生旅游动机的根本原因。因此，旅游资源的质量和开发利用水平便成为旅游产业竞争力水平的首要制约条件。天津旅游资源种类比较齐全，近些年来，天津不断加大旅游资源的开发力度，目前，全市已投入运营的旅游景区景点总量已达到 60 余处，其中 A 级景区景点 35 处，全国工农业旅游示范点 14 个。古文化街（津门故里）旅游区和盘山风景名胜区已荣获国家首批 5A 级旅游景区称号。除了上述景区景点的硬体开发之外，以各种特色旅游节庆活动为代表的软体资源开发在数量上和质量上也都取得了明显的进步。12 个旅游版块的开发建设也取得了一些成绩和效果。但是我们必须认识到，一方面，由于我国现阶段科技和经济发展水平的限制，资源开发和利用的水平与世界先进水平相比仍有较大差距；另一方面，缺乏对游客消费需求的准确判断和旅游开发设计缺乏创意，旅游项目的雷同现象仍然存在，这就严重限制了旅游吸引力效力的发挥。另外，天津基础设施发展建设滞后于旅游产业的发展速度，配套设施跟不上旅游产业的发展步伐，这在很大程度上制约了核心资源招徕作用的发挥。因此，提高天津核心旅游资源的开发利用水平，完善配套设施，全方位提升天津旅游吸引力成为天津旅游产业发展的当务之急。

2. 旅游发展受到广泛关注，但发展环境有待完善，旅游产业依托力不足

由于旅游产业发展对社会经济的关联带动效应十分显著，因而越来越受到社会的重视。天津市政府不断出台一些政策措施，为旅游发展保驾护航。但是天津旅游产业发展的环境仍有待完善。

第一，制度环境有待完善。旅游产业作为重要的经济产业，需要良好的市场环境。我国的市场经济体制已经建立起来，但是市场和政府的职能尚未完全明晰，政府行为尚需更加严格的规范。

第二，需求环境有待优化。好的需求环境是刺激供给发展的根本。随着经济的增长和居民生活水平的提高，天津旅游需求增长迅速。但天津城市居民的收入水平偏低、现代化消费观念有待培育。

第三，管理水平有待提升。天津要建设成为一个国际旅游目的地和集散地需要在管理水平上与国际接轨，目前从相关部门行业的管理理念和管理水平与实现目标的要求来看还有较大差距，必须对此给予高度重视，尽快予以改进和提高。

第四，居民素质有待提高。旅游目的地居民的素质高低和好客程度如何对提升目的地吸引力致关重要，目前天津市民文明程度和整体素质修养距离国际大都市的要求还有距离，居民对家乡的热爱和宣传的热情还不高，进而影响整体服务水平。

总之，动员社会力量关注旅游、参与旅游环境建设、强化旅游业发展的依托力方面尚需努力。

3. 旅游产品有所改进，但实际竞争力依旧低下

近年来，各级政府和旅游企业按照市场需求，顺应世界旅游发展潮流，加大开发力度，生产出众多旅游新产品，在扩大市场与创造效益方面都起到了较大的作用。然而旅游新产品的开发热潮却无法掩盖天津旅游产品竞争力低下的严酷现实，旅游资源的优势未得到应有的发挥。具体表现在以下几个方面：首先，天津旅游产品名目繁多但特色不够鲜明，缺少体现天津地域文化特色的知名品牌。缺乏大型的有吸引力的拳头产品，只见星星不见月亮的状况没有从根本上改变；其次，产品创新不够，诚信经营意识淡薄，产品质量不稳定，缺乏长久竞争力；再次，产品结构不合理，产品附加值不高，经济效益在低水平徘徊；最后，旅游产品的促销投入不足，信息传播和市场推广能力有待提高。

4. 旅游企业实力有所提高，但整体实力不强

旅游企业是满足旅游者各种需要的最基本部门，是构成旅游产业的基本单位，是旅游产业竞争力维持与发展的主要承担者。然而很多企业历史短暂、规模有限，它们的经营素质和竞争能力都无法应付未来的挑战。具体表现在：第一，旅游企业散、小、弱、差的现象严重，缺少具有核心竞争力的企业集团，抗风险能力低下；第二，旅游集团从原来的国有企业改制而来，尚未彻底转变经营思路，经营效率不高，竞争实力不强。

5. 旅游行业管理有所改善，但深层矛盾仍未解决

从大旅游、大市场的角度来看，旅游行业管理起着协调旅游产业的各个组成部分、形成整体竞争力的作用。近几年来，各级旅游管理部门积极进行旅游管理体制的改革探索，强化了旅游管理职能，扩大了行业管理的范围，在旅游市场执法与质量监督、相关法规的贯彻、旅游规划的指导、旅游市场的整顿与引导等方面均取得了一定成绩。然而由于旅游业的发展涉及众多行业，相互关系错综复杂，并且我国旅游市场发育不完善，产业内部的协调机制未能发挥正常作用，使得原有的行业管理问题依旧存在，严重影响天津旅游业的正常发展。具体表现为：一方面，在政出多门、多头管理的同时，又存在空白区域，职能缺位严重。尤其在产业融合发展的环境下，行业管理规章制度必须创新变革，而目前这方面仍有差距。另一方面，天津市旅游产业信息化建设滞后于产业发展，而产业信息化无法依靠单个企业完成，需要行业管理组织协同旅游产业各部门一致努力。

6. 旅游产业组织合理化程度提高，但市场结构和市场行为仍需改进

改革开放以后天津的旅游业作为一个新兴产业从无到有、从小到大发展起来，逐步具备了产业规模形态。从产业组织学的角度分析，旅游产业的市场结构的构成因素主要是市场集中度、规模经济和进入壁垒。第一，在市场集中度方面，在"国际竞争国内化、国内竞争国际化"的市场格局中，天津旅游产业的集中度呈分散化趋势，大部分旅游企业规模偏小，集团化、网络化水平较低度。第二，在经济规模方面，天津目前的情况是，2010年，天津市接待海外入境旅游者166.07万人次，实现旅游外汇收入14.20亿美元；国内旅游接待量突破9200万人次，实现国内旅游收入1150亿元。旅游外汇收入和国内旅游收入分别位居全国第9位和第12位。尽管如此，但由于不具有规模经济，因而尚未实现旅游大市和强市的目标。第三，天津旅游产业的市场行为方面存在"过度竞争"与"有效竞争不足"并存的问题。"过度竞争"大量存在于旅行社和饭店业中，表现为产品趋同，同质产品生产相对过剩，因而引发无序的价格竞争，使整个行业的市场信誉度不高，削弱了发展后劲；而"有效竞争不足"则表现在旅游产业规模经济性不高，市场呈原子型，导致竞争水平不高，竞争活力不足。

7. 旅游产业发展迅速，但结构失衡，无法形成协同合力

改革开放以来，天津旅游产业发展迅速，产业规模不断扩大，产业地位逐渐提高，大旅游、大产业的发展方向进一步得到确认。然而总量的发展却无法替代结构上的失衡，旅游产业群内各行业之间、各行业内部之间的有机联系仍未真正形成，严重削弱了旅游业的产业竞争力。具体表现在：从行业组织结构来说，天津饭店业发展结构不合理；交通依旧是制约天津旅游产业发展的瓶颈，尤其是航空交通能力发挥不出来，制约了作为国际旅游目的地和集散地地位的形成。从区域结构来说，天津旅游产业的区域结构失衡，沿海滨一带的发展尚有不足，没有发挥出海滨城市应有的作用。这种失衡的状态所造成的不协调和苦乐不均的状况，非常不利于天津旅游业的可持续发展。

三 旅游创意产业与产业创新

(一) 天津旅游创意产业发展前景无限

1. 天津创意产业发展目标

创意产业是把科技、文化和智慧相结合，通过知识产权的生成，创造经济效益的新经济形式。天津作为北方经济中心，必须在发展中注意提升都市经济的聚集和辐射能力，提高现代服务业在产业结构中的比重。创意产业作为现代服务业的重要组成部分，获得了极大的发展空间。2008年年底，天津市发改委制定出台了《天津市现代服务业布局规划（2008～2020年）》，规划中提出天津市创意产业的发展目标：到2020年，文化与创意产业增加值达到3000亿元，占全市地区生产总值比重10%以上。形成"两带、三区、多组团"结构，打造文化和创意产业带；打造中心城区、蓟县和滨海新区核心区三个文化创意产业集聚区；打造杨柳青、团泊、津南、武清、宝坻等文化创意产业组团。

2. 旅游创意产业发展前景广阔

"旅游创意产业"一词在国外旅游研究文献中很少见到。现有的相关研究是在创意产业研究的基础上，对"创意旅游"的探讨。国内对此的研究也刚刚起步，"旅游发展要有创意产业思维"[1] 的认识正在深入人心。原勃从游客知识增长角度，提出旅游创意产业是"把旅游业的核心旅游产品与创意产业中的文化及相关产业的知识服务在特定的文化旅游空间找到一种理想的状态，是让游客自己参与创意活动，主动创造创意体验经历，提高技能，增强创意能力。"[2] 从产业经济学的角度来看，旅游创意产业是指在旅游经济运行中，为实现游客旅游的体验需要，创造性地运用创意产业的思维方式和发展模式，为游客提供高层次创意旅游产品和服务的企业、组织的集合。

当前，天津市旅游产业发展面临着转型升级的艰巨任务。所谓旅游业的

---

[1] 冯学钢、于秋阳：《论旅游创意产业的发展前景与对策》，《旅游学刊》2006年第12期，第13～16页。

[2] 原勃：《旅游创意产业：概念、构成和融合发展》，《陕西行政学院学报》2008年第3期，第15～18页。

转型升级是指依托整个经济社会发展，以满足多元化、多层次、复合型的旅游需求为出发点，以提升服务质量为落脚点，通过旅游企业经营方式的创新、新型旅游产品的创造，通过政府部门对旅游发展方式的引导，对旅游经济运行的监管，进而使旅游服务水平明显提高，旅游市场明显净化，游客满意度明显增加，带动经济转型升级作用明显增强和经济、社会、文化、生态效益得到全面体现的过程。[1] 转型升级任务的实现离不开旅游产业结构的高度化，而旅游创意产业是旅游产业结构高度化的一种发展趋势。从新技术使用、新产品提供的角度来看，旅游创意产业符合新兴产业的标准。按照新兴产业的定义，由于技术创新的结果或新消费需求的推动，或其他经济、技术因素的变化使某种新产品或新服务成为一种现实的发展机会，从而形成的一个产业。[2] 在创意经济发展、信息网络技术应用的背景下，一方面旅游企业寻求技术创新，生产个性化、创意化的产品和服务已成为竞争取胜的必然选择；另一方面新型旅游需求的出现使得创意旅游这种新产品成为一种现实。总之，旅游创意产业的兴起和发展是适应天津旅游业转型升级需要的战略性抉择，是旅游业创新发展的必由之路。

（二）天津旅游创意与创新发展策略

天津旅游创意与创新发展思路，既要考虑天津旅游业发展现状与旅游资源状况，又不能局限于此而跟不上旅游产业发展的趋势与发展的新动向；既要考虑适应旅游者现有的消费需求和消费方式，又不能局限于此而忽略创造和引领新兴旅游消费内容与消费方式的能力。为此，可在进一步丰富和完善原有规划内容并稳步落实的基础上，将天津旅游业发展放大到京津冀、环渤海、东北亚乃至全球的背景下来进行思考，权衡选择发展的突破口，形成和丰富相应的产业链，带动相关产业发展，传达天津整体城市定位。基于这样的考虑，建议重点围绕以下几个产业群进行创意与创新建设。

1. 整合发展邮轮旅游产业集群

充分利用天津国际化港口城市的定位重点发展海洋旅游，带动相关产业链发展。邮轮业是一个高收益的产业。一艘载客2000人的邮轮每次停靠能为港口带来45万美元的直接和间接收入，乘客上岸后在城市里的住宿及其

---

[1] 曾博伟：《旅游业转型升级的战略型思考》，2009年7月8日第11版《中国旅游报》。
[2] 王方华：《企业战略竞争》，复旦大学出版社，2008。

他消费可高达 15 万~20 万美元。整体来看,接待一艘邮轮能获得 60 万美元的旅游收入。① 由于母港的经济效益比普通港口高 10~14 倍,因此各地纷纷提出建设邮轮母港的计划。但是真正的邮轮母港需要具备一定的条件。2006 年交通部发布了一系列指导方针,分五个地区界定港口的功能。天津作为我国北方重要的港口城市,有条件也有必要成为邮轮母港。

邮轮旅游产业是指以邮轮为核心,以海上观光休闲旅游为具体内容,由交通运输、船舶制造、旅游观光、餐饮、购物、银行保险等行业组合而成的复合型产业。该产业的特点是经济要素的集聚性、旅游产品的网络性、服务对象的全球性、消费文化的多元性。作为异业混合的邮轮旅游产业集群的发展可以充分发挥天津国际港口城市的优势,带动相关制造业、生产型服务业和生活型服务业的全面协调发展。

天津港邮轮码头位于东疆港保税区内,建成后将是我国北方最大的邮轮码头。② 天津发展邮轮旅游不仅要建设停靠港口以及游客接待系统,更重要的是发展邮轮旅游经济系统,这样才能发挥集群的带动效应。目前需要解决的是以供应链思想和集群思想,规划建设邮轮旅游港口接待系统(见图 14 - 1)。

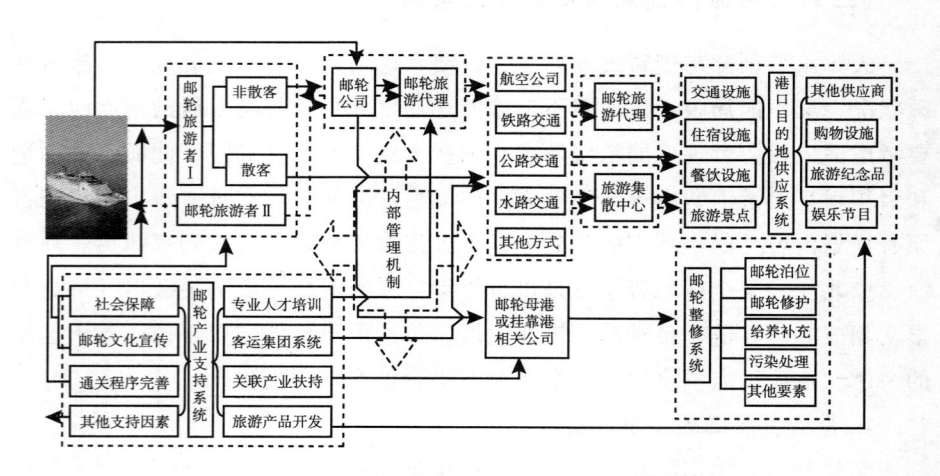

图 14 - 1 我国邮轮旅游港口接待体系

资料来源:南开大学旅游学系王伟硕士论文。

---

① PATA:《充分发挥中国旅游业潜能》,中国旅游出版社,2008,第 31 页。
② 中国港口资讯网,http://www.port.org.cn/info/200802/105436.htm。

为促进天津邮轮旅游产业集群健康发展，需要在以下几方面建设完善。

（1）完善港口的硬件设施建设和相关配套建设。要有足够吨位的泊位和导航设施；泊位应有良好的风浪遮蔽条件、安全防护条件，配备相应的环境质量控制设施如邮轮专用的污染物岸上接受设施。

（2）提高邮轮制造技术和能力。利用天津原有的造船能力，大力发展我国自己的邮轮建造技术，结合工业创意设计研发，将天津打造成为邮轮制造业的主要基地。

（3）完善相关配套服务内容。提供高效的船舶联检、引水、拖带服务；提供淡水、燃油、船用物料、食品、商品供应和相关服务；提供丰富多彩的的旅游景点、商业服务、交通服务线路；提供快捷便利的游客通关、检疫服务。

（4）大力开发邮轮旅游线路和产品。鼓励旅行社与海外大型邮轮公司合作，开发出入境邮轮旅游产品，充分利用区位、口岸、资源环境和基础设施的优势，建设具有牵动作用大、参与性强的特色旅游项目。如可以考虑发展航空航天展等大型展会，提高市场吸引力。

（5）强化相关现代服务业对邮轮旅游的支撑作用。进一步扩展信息技术在邮轮旅游各环节上的广泛运用，加快信息化建设步伐；进一步提高现代物流业对邮轮旅游所需大量物资的配送支撑，形成产业联动和融合发展的大产业发展格局。

2. 创新发展商贸旅游产业集群

充分利用天津老工商业城市的基础资源优势，创新商贸旅游产业集群，尤其在免税购物方面大有可为。通过物流的特色带动人流的繁荣，不失为一种逆向思考天津旅游业发展的新思路。

都市旅游和休闲度假旅游的重要组成内容就是购物旅游。购物消费作为旅游消费中弹性较大的消费内容，其发展程度如何在很大程度上反映了一个旅游目的地社会经济发达程度。近些年来，天津商贸旅游活动发展取得了一定的进步，完善了购物环境，丰富了购物内容。但是，尚没有形成具有竞争优势和品牌优势的购物旅游产业集群。为此，建议创新发展思路，考虑在滨海新区建设大型免税购物区。

在全球经济一体化的大趋势下，随着我国改革开放不断深入，国际贸易已经成为我国国民经济发展的强劲动力，与之配套的保税区、国际物流、国际零售等经济和产业形态也开始进入我国的国民经济系统并呈现强劲的发展势头，为大型国际免税购物区的发展提供了坚实的基础和广阔的平台。免税购物区是免税购物店的空间聚集，是国际零售业运行的终端场所，它依托发达的物流系统，具有保税区或自由贸易区的相关属性。通常情况下，高度开放的大型国际免税购物区同时也是一个商品销售功能极其发达并占主导地位的自由贸易区。

大型国际免税购物区内企业经营自由、货物流动自由、金融业务自由、人员出入自由，其开发与发展需要具备一定基础条件并受到相关因素的影响，即发展大型国际免税购物区的要素。影响天津滨海新区大型国际免税购物区发展的要素主要包括客源市场、政策环境、地理区位及交通、投资吸引力、物流产业基础、旅游购物服务系统等方面。这些要素层层递进，相互关联，共同决定着滨海新区大型国际免税购物区的发展前景。天津作为距离北京最近的国际大都市，从地理区位及交通来看，天津位于京津城市发展轴的端点和环渤海湾城市带的中心。交通如此便利，国内外游客聚集北京将为免税区建设提供有保障的客源。从物流产业基础来看，天津作为中国五个一级物流中心之一，其物流基础设施日益完善。在"北方国际航运中心和国际物流中心"功能定位的指导下，滨海新区依托区位、交通和产业优势，正逐步构建以港口为中心，海陆空相结合的现代物流体系。从天津购物服务系统来看，经过不断建设已形成基本的购物服务格局，相信经过更有目标的系统建设会满足游客消费需求的。

更为重要的是独特的政策优势。2009年10月，国务院批复同意天津市调整部分行政区划，撤销天津市塘沽区、汉沽区、大港区，设立天津市滨海新区，以原3个区的行政区域为滨海新区的行政区域，设立滨海新区人民政府，滨海新区正式升级为一级政府。2009年11月，天津市委市政府提出的滨海新区改革措施中强调要赋予新区更大的自主发展权、自主改革权、自主创新权：凡属于天津市权限范围内的，新区可以自行决定的事情，原则上都下放给新区；凡新区能办的事，支持先行先试；凡新区需要报送国家审批的事项，市有关职能部门不再审批，按程序报送。[①]《国务院关于推进滨海新区开发开放有关问题的意见》中明确指出，滨海新区应借助东疆保税港区的开发"积极探索海关特殊监管区域管理制度的创新，以点带面，推进区域整合"，滨海新区发展大型国际免税购物区拥有相对宽松

---

① 《天津滨海新区管理体制改革全景式解析》，滨海新区网（http：//www.bh.gov.cn）。

的政策环境。

滨海新区应该充分利用国家提供的政策环境,以提升游客价值为核心理念,正确地选择合适的策略,发展大型国际免税购物区,促进国民经济和社会的发展。为此要注意以下几方面。

(1) 先立法后设区。大型国际免税购物区的发展需要强有力的政策后盾,而立法是保证国家政策有效执行和免税购物区步入有法可依的发展轨道所必须采取的手段。设区之前先立法,旨在统一界定免税购物区的性质、地位、功能,统一规范国民经济管理部门的行为,保证各项政策的有效执行和长期平稳运行。

(2) 构建高效完善的体制系统。滨海新区应该借鉴国际自由贸易区和我国保税区发展的成功经验,在发展大型国际免税购物的过程中,实行统一的行政管理体制、便捷的海关监管制度、开放的金融制度、优惠的税收制度和区内自由的贸易制度。

(3) 制定招商引资战略。筹资方面,在大力吸引外商直接投资的同时,还应吸引外资银行进驻,同时还要充分利用国内信贷资金以及各类投资基金。招商方面,滨海新区应该通过完善的硬件设施和优惠的政策条件,重点吸引国际成熟的免税业集团入驻,以点带面促进经营主体的多元化。

(4) 合理配置资源,降低经营成本。保障土地、场所供给渠道的通畅,切实降低免税店的固定成本;大力发展现代化物流服务,降低客户物流成本,全面提升客户价值;提高管理效率,降低区内企业在海关和行政管理环节中的成本。

(5) 持续优化免税购物区内商品种类结构和价值结构,吸引客源。吸引专业的免税业经营商入驻,根据客源市场变化,有针对性地调整国内名、优、特产品与国际商品的结构比例。建立客户关系管理系统,根据顾客特性,为顾客提供个性化的增值服务。

(6) 构建完善的旅游购物服务体系。从研究旅游者的需求特征开始,到采集完成旅游者的反馈信息为止,构建一个完善的旅游购物服务环状体系。

3. 培育发展旅游制造业产业集群

《国务院关于加快发展服务业的若干意见》中明确提出,要围绕小康社会建设目标和消费结构转型升级的要求,大力发展旅游、文化、体育和休闲娱乐等面向民生的服务业。未来在传统观光旅游经营业态的基础上,将会出现许多新业态，如旅游房地产或叫休闲地产业、旅游演艺业、旅游康体娱乐养生业、户外运动休闲业等，这些新需求和新业态的出现必将带动对制造业产出品的需求量大增以及需求结构升级。

天津应该围绕制造业中心的城市定位，创意化地将制造业与旅游业结合，提高对培育和发展旅游制造业产业集群的战略意义的认识：从微观企业角度来看，旅游业的蓬勃发展可以促进旅游制造企业提高创新能力，奠定持久赢利基础；从中观产业结构角度来看，可以促进制造业与服务业结构的优化升级，形成二者互动的发展格局，促进产业融合；从宏观国家发展战略角度来看，可以有效减少旅游服务贸易中的外汇漏损，提升产业整体抵抗风险的能力，创造更多就业机会，为国民经济安全运行提供保障。

围绕旅游制造业发展的模块化、创意化、信息化和集群化的战略主题，天津旅游制造业发展思路可考虑如下几方面。

(1) 加快发展具有"比较优势"的旅游制造业，使其成为具有国际竞争优势的全球性产业。相对来讲，天津具有比较优势的旅游制造业中，能够在国际上占有一定竞争地位的产业主要集中于飞机轮船制造业、纺织制造业、消费类电子产业、食品加工业、手工艺品制作业等。但是这些产业还缺乏国际品牌优势，为此，要注意在以下几方面多下工夫：①引进国际先进理念，加强市场需求信息的调研服务，提高创意设计能力，鼓励私人设计团体的进入与发展，提高全民设计艺术意识；②采用先进营销模式，全方位多途径打造中国创造品牌；③创造更为有利的国际贸易环境，从信息服务、税收、信贷以及外汇留成等方面给予必要支持和帮助；④加快创新型复合人才的培养和引进工作，为关键技术研发人员解决后顾之忧，使之更好地投入创造性劳动中，建立旅游制造业产业创新基金，扶持奖励为旅游制造业发展作出突出贡献的人员；⑤为增强国际竞争力，要引入横向产业分工理念，用政策鼓励在东部沿海发达地区发展研发和营销产业组织，将生产制造业转移到中西部地区甚至其他发展中国家，形成与国际社会分工的梯度对接。

(2) 重点发展具有巨大国内市场的旅游制造业，不断提高其国内市场占有率。国内大众旅游市场需求的蓬勃发展，必然提出对旅游制造业商品的大量需求，如小轿车制造业、旅游地产制造业、酒店用品制造业、食品制造业、电子消费品制造业、机械制造业、休闲娱乐品制造业等。未来有可能房车制造业也会有大的需求。为此，需要注意：①要结合中国国情需要，分出不同的需求层次，做好相应的产业发展时间规划，防止一哄而上，形成过剩的产能，造成社会资源的浪费；②要做好该类产业发展的空间布局规划，结合天津市整体经济发展规划和未来城镇建设发展格局，可以将制造业的创意设计及营销渠道产业置于市区或相应街区，将相关制造业生产布局于滨海新区或相应郊县；③用产业政策鼓励发展手工制造业联盟，扶持专业行业协会发展，走制造业本土化文化创新发展的道路；④运用产业政策和经济手段进行投资引导，同时注意鼓励符合循环经济理念的制造业投资行为；⑤政策要鼓励民营经济更多地进入这些领域，形成具有活力的经济群体，改善民营制造业经济主体的生存环境，解决这类企业的融资、信贷、招工用工等方面的困难。

（3）引进国外先进技术与自主创新结合起来，实现高成长性旅游制造业跨越式发展。有些产业在国民经济中具有较高的成长性，未来市场前景广阔，对此要采用引进来、消化吸收再创新的战略思路，通过合资、合作开发或购买先进技术自主研发等不同渠道，创新该类产业的发展空间。如汽车、重大装备、飞机制造、计算机及信息通信产业就属于技术与资本密集型高成长产业。对这类产业国内具有巨大的市场需求，可以市场换资本和技术方式进行建设。对此需要注意：①利用好跨国公司目前全球产业转移的大好时机，创造宽松的外部条件实现旅游业集群式发展，在基础设施方面，要充分发挥产业政策在园区规划、交通建设、土地出让、专业市场等领域的引导作用，积极鼓励相关产业向重点产业园区集聚；②创造良好的市场环境，为关键性的"龙头企业"在集聚区中落户提供良好的投资环境，加大保护知识产权力度，规范竞争秩序，创建高效的公共服务平台，发挥集群创新和知识共享机制的作用，推动共性技术研发和扩散。

总之，在天津旅游业创新发展中，必须紧紧抓住传统制造业的现代化改造和现代制造业的服务化发展这一趋势，探索一条结构优化升级的新型发展道路。高新技术的发展程度和在旅游制造业中的运用程度直接影响着旅游服务业发展水平和市场竞争力，因此在促进旅游制造业发展的策略思考中，必须时刻关注高新技术产业发展进程，不仅如此，还要深入了解游客在旅游体验中的新需求及其满足需求的新途径，不断创新运用新技术的旅游制造业才会有强大的生命力。为此需要注意：①鼓励融合化发展，提高创意设计水平。鼓励制造业设立创意研发组织，提高自主采用新技术的积极性；鼓励创意设计组织关注旅游制造业发展需要，旅游主管部门可以组织旅游制造业创意设计大赛，对获奖并产业化的设计予以重奖。②鼓励模块化发展，组织提出旅游制造业新技术标准，作为政府引导的依据，促进标准模块的集成制造；加强物流产业的发展步伐，提高为制造业服务的功能，鼓励各地区结合地方优势，突出发展某一模块，形成小领域内的大巨人。③鼓励信息化发展，为旅游制造业企业信息化发展投入给予一定的补贴，加快全行业信息化步伐；建立旅游制造业供应链网络，形成跨行业、跨地区、跨部门的网络供应链，实现协同发展效果；建立全国乃至全球联网的旅游制造业电子交换平台，实现无时间和空间限制的交换信息对接，扩大交换范围。

总之，天津旅游业创新发展之路必须在融合化发展中寻找新市场，在集群化发展中塑造新形象，在创意化发展中培育新引力，在信息化发展中打造新能力，在绿色化发展中实现新成长。而实现这一切需要全方位的产业创新体系建设，围绕综合消费、最终消费、多层次消费和可持续消费的旅游消费特征，全面改造和建设大旅游产业体系，实现旅游的动力产业、朝阳产业、创意产业、绿色产业以及和谐产业的功能定位，最终将天津建设成旅游强市，以及重要的国际旅游目的地和集散地。

第十五章
生态与环境

城市是人类聚居的主要载体,是人类经济、政治和精神活动的中心。随着城市发展实践的深化,城市发展理念也在不断变化、发展和完善。城市发展中日益面临的自然、经济与社会问题促使人们对传统的城市发展模式予以反思,并迫切需要探寻科学的城市发展模式。建设生态城市成为改善城市环境质量、促进经济结构调整、推动可持续发展的必然要求。

一 现代城市发展的新要求

(一) 生态城市的内涵与特征

生态城市理论是 20 世纪 80 年代发展起来的。1971 年联合国教科文组织开展了一次国际性研究计划——"人和生物圈计划"(MAB),提出了从生态学角度来研究城市。1984 年苏联生态学家亚尼科斯基(O. Yanit-sky)第一次提出生态城的思想,认为生态城市是一种理想城市模式,其中技术与自然充分融合,人的创造力和生产力得到最大限度的保护,物质、能量、信息高速利用,生态良性循环。[①] 生态城市强调城市建设和发展要充分融合社会、文化、生态和经济等因素,通过物质、能量、信息的高效利用,实现城市生态的良性循环和人居环境的持续改善,达到人与人、人与自然、自然与自然的充分和谐。

---

① 宋平:《生态城市:21 世纪城市发展目标——以南京市为例》,《地域研究与开发》2000 年第 19 期。

生态城市的本质特征包括三方面内容：一是环境生态化，即自然融入城市，城市归于自然。主要表现为发展以保护自然为基础，最大限度地维持生物及生物遗传的多样性，最大限度地保护生命支持系统、自然环境及其演进过程，保证人类的一切开发建设活动始终保持在环境承载能力之内。二是经济生态化，即经济高效。主要表现为采用可持续的生产和消费模式，在经济发展上追求质量与效益的提高，努力提高资源的再生和综合利用水平。三是社会生态化，即社会和谐。主要表现为人类有自觉的生态环境价值观，生活质量、人口素质、健康水平与社会进步、经济发展相适应，有一个保障人人平等、自由、教育、安全的社会环境。以上三方面并不是孤立的，而是相互联系和相互交叉的。生态城市是社会、经济、自然的复合体，其中自然生态化是基础，经济生态化是条件，社会生态化是目的。

（二）生态城市发展的必然趋势

1. 对传统城市发展道路的反思

西方国家在其城市发展过程中走过了一条先污染后治理的道路。西方国家在一二百年的工业化进程中，实施了对资源掠夺性的开发，甚至把先污染后治理、先破坏后恢复视为经济发展的必然规律，因而出现了以牺牲环境为代价来发展经济的诸多问题，导致发展的不可持续性。传统的线性经济方式进一步导致环境退化和灾害加剧，使大量资源、能源进入生产、生活系统再到消费系统，最终变成废品，对人类发展形成了巨大损失。我国正处于工业化中期，对资源环境的需求在日益提高，而现有资源环境的容量却越来越低，即现有的资源环境状况不足以承载西方传统的发展模式。大力发展循环经济，建设生态城市，遵守减量化、再循环、再利用原则，从源头上减少资源消耗，在生产、消费过程中注重重新利用资源，成为当代城市发展的新理念。

2. 国内外生态城市建设的实践

从20世纪70年代生态城市的概念提出至今，世界各国对生态城市的理论进行了不断探索，并在实践方面取得了不同程度的成功。美国、澳大利亚、英国、印度、巴西、丹麦、瑞典、日本等国家对生态城市建设提出了基本要求和具体标准。例如，巴西的库里蒂巴市和桑托斯，澳大利亚的怀特拉，英国米尔顿·凯恩斯，印度的班加罗尔、哈利法克斯生态社区，丹麦的哥本哈根以及美国的伯克利、克利夫兰、波特兰大都市区都启动了生态城市建设计划，取得了令人鼓舞的成绩和可用于实际操作的成功经验。[①] 这些国家凭借自身经济基础和自然环境条件，以新城建设带动了整个国家的生态城市建设。

在国外生态城市建设的影响下，我国从 20 世纪 80 年代开始进行城市生态研究，上海、广州、成都、威海、乐山、长沙、桂林、扬州、张家港、长春、哈尔滨、双鸭山、东莞、沈阳、宜春、唐山等城市，先后提出生态城市或生态城区的规划建设方案，较为典型的包括北京丰台区长辛店长兴国际生态城、上海崇明岛东滩生态城、重庆北碚新城中国竹海生态城、吉林长春净月生态城、双鸭山市山水生态城、辽宁大连生态城、曹妃甸国际生态城等。[②] 但从总体来看，我国的生态城市建设与发达国家相比尚存较大差距，仍处于初级发展阶段，对生态城市及其建设的理论研究不够，对生态城市的发展规律认识不清，追求表面化的现象严重。

目前，生态城市建设已逐步成为全球城市研究的热点，也是当今城市发展的大趋势。我们所追求的生态城市不仅是"天蓝、水清、地绿"这些形态上和形象上的目标，还应是城市生态功能的健全，以及这些功能的充分发挥，使城市的生态形象和生态功能统一起来。由于不同地区具有不同的经济发展水平和资源环境条件，决定了不同地区在生态城市建设上具有不同的选择模式与路径。我国在坚持人口、资源、环境协调发展的指导原则下，生态城市建设必须坚持高标准生态规划与建设管理、高起点环境整治与生态保护、高质化产业结构与布局调整相结合的可持续发展道路。

二 生态环境的总体状况

（一）建设生态城市是天津城市发展的目标选择

1. 建设生态城市有利于促进社会经济发展与生态环境协调发展

天津是我国最大的城市之一，由于人口极其密集，环境容量有限，天津在经济快速发展的同时出现了一系列的城市问题，如水体污染、大气污染、

---

① 洪亮平：《城市设计历程》，中国建筑工业出版社，2002，第 152~155 页。
② 王建廷、李旸：《以中新天津生态城为龙头的天津生态城市建设模式与对策研究》，《城市》2009 年第 8 期。

噪声污染、交通拥挤、居住条件恶化等，这些问题是城市经济发展与生态环境之间矛盾的集中反映。要解决这些城市问题，必须寻求科学的城市发展模式。生态城市作为一种全新的城市发展模式，能兼顾经济高效发展、生态环境保护与社会进步三个方面，从而成为天津解决城市经济社会发展与生态环境建设之间矛盾的必然选择。

2. 建设生态城市有利于提升城市整体竞争力

随着城市化进程不断加快，城市生态环境将成为人类生态环境的重要组成部分，生态环境将极大地增强筑巢引凤的能力，从而形成宜居、宜业、宜商的城市高地。可见，建设生态城市已成为下一轮城市竞争的焦点。进入21世纪以来，天津迎来了滨海新区开发开放的历史机遇，天津应充分抓住中新生态城建设的契机，优化城市生态环境，提升城市的整体素质和形象，实现人与人、人与社会、人与环境的和谐共存，提高城市的竞争力。

3. 建设生态城市有利于推动城市的可持续发展

建设生态城市既是顺应城市演变规律的必然要求，也是推进城市可持续发展的需要。生态城市以全面实现城市的可持续发展为目标，优化城市内部各系统之间以及城市与周边环境之间的生态依存关系，提高系统的自我调节能力，在低投入、低能耗的前提下实现可持续发展；以人与自然、人与人、人与社会的和谐为核心，综合协调城市及其所在区域的自然、经济、社会系统，从而建设健康、高效、文明、舒适、可持续发展的城市。因此，如何在城市化进程加快的步伐下实现城市的可持续发展，建设生态的现代城市是必须的。

4. 建设生态城市有利于推动产业结构调整与升级

目前，天津环境污染的基本特征是结构性污染，表现为不合理的经济结构、产业结构、产品结构及空间分布。建设生态城市，大力发展生态产业，一方面要求企业转变生产方式，通过工业代谢和共存关系，加强资源的循环利用与开发，建立生态工业园区；另一方面，要求推动三大产业向生态化方向发展，稳定形成"三、二、一"的产业结构的同时，把服务业发展放在突出位置，形成能够支撑生态城市的生态产业。通过发展生态产业使经济结构更加趋于合理，实现生态城市与经济结构优化的"双赢"。[1]

---

[1] 欧阳强、朱文婕：《生态城市建设是城市发展的必然选择》，《求索》2009年第10期。

（二）天津生态环境建设成绩显著

1. 生态城市规划不断完善

2006年7月，国务院在对天津城市总体规划的批复中明确定位为生态城市。2007年9月，市人大常委会审议通过了《天津生态市建设规划纲要》，要求到2015年全面建成生态城市，随后制定了《2008~2010年天津生态市建设行动计划》。在顺利完成第一轮生态市建设三年行动计划的基础上，2011年年初，天津启动实施了《天津市生态市建设"十二五"规划》和《2011~2013年天津市生态市建设行动计划》，迈出新一轮建设生态城市为目标的环境保护步伐。

2. 城市环境"创模"成果不断巩固和扩大

"十一五"期间，天津环保工作成效显著。环境空气质量二级良好以上达标天数连续5年保持在305天以上；可吸入颗粒物、二氧化硫、二氧化氮三项指标年均值2009年以来连续两年达到国家二级标准；饮用水源水质连续5年保持了100%达标；区域环境噪声和道路交通噪声平均声级分别下降0.3分贝（A）；新建"安静居住小区"140个；辐射环境水平持续保持在正常掌控范围内。

（三）天津建设生态城市的有利条件

1. 拥有良好的原始生态资源

天津位于华北平原东北部，具有山地、丘陵、平原、洼淀、滩涂等多种地形地貌和森林、草地、湿地、海洋等多样生态类型并存的生态环境景观。全市现有湿地总面积1717.8平方公里，共有湿地生物资源1000多种。山地面积651平方公里，林地面积365.83平方公里。流经天津市域的一级河道有19条，二级河道79条，共有大、中、小型水库140座。全市共有植物1300多种，动物1100多种，还有丰富的油气、海盐、地热等资源，资源种类多达30余个。特别是从2002年开始，天津实施了创建国家环境保护模范城市工程，并被命名为"国家环境保护模范城市"，极大地提升了天津的城市环境质量，为构建环境友好型社会奠定了良好基础。

2. 符合城市发展新定位目标

保护自然生态环境，不断改善人居环境是世界城市发展的共同目标。2006年7月27日，国务院正式批复《天津市城市总体规划（2005~2020

年)》，明确提出将天津市逐步建设成为环境优美的生态城市。2007年9月，《天津生态市建设规划纲要》获得通过并批准实施，并制定2008～2010年生态城市建设行动计划。2011年，天津将以建设生态城市为目标，启动实施第二轮生态城市建设三年行动计划，逐步改善水、大气、生态环境质量，提升固体废物综合利用水平，以加强农村环境污染防治为重点，着力解决百姓关心的环境问题，致力于把天津建设成山、水、城、田、海协调共生，天更蓝、地更绿、水更清，人与人、人与社会、人与自然和谐共存，经济社会与生态环境协调发展的良好局面。

3. 中新生态城成为引领天津城市建设的样板

中新生态城作为中新两国政府应对全球气候变化，加强环境保护、节约资源和能源，构建和谐社会的战略性合作项目，开发建设两年来，取得了很大进展，完成了指标体系的分解，起步区建设全面展开，产业聚集效应初步显现，实施可再生能源利用和节能减排示范工程，两国合作领域进一步深化。中新天津生态城将进一步探索成为综合性的生态环保、节能减排、绿色建筑、循环经济等技术创新和应用推广的平台，国家级生态环保培训推广中心，现代高科技生态型产业基地，参与国际生态环境建设的交流展示窗口，为中国乃至世界城市的可持续发展提供能实行、能复制、能推广的样板和典范。

4. 低碳经济成为支撑生态城市发展的新动力

低碳经济是生态城市建设的重要组成部分，是生态城市在应对气候变化问题上的纵深发展。低碳经济以低能耗、低排放、低污染为基础，以技术创新、制度创新和发展观的改变为核心，致力于提高能源利用效率和创建清洁能源结构，是一场涉及生产模式、生活方式、价值观念和国家权益的全球性革命。低碳经济与生态城市联系密切，"低碳"是生态城市建设的深化和发展，并通过生态城市建设中的低碳指标化来实现。天津应将发展低碳经济作为"后危机时代"经济可持续发展的新引擎，推动生态城市建设和发展。

（四）天津生态环境建设面临的严峻挑战

在天津生态城市建设取得进展、城市环境质量明显改善的情况下，进一步治理环境污染，改善城市生态环境依然面临严峻挑战。

1. 环境污染压力较大

尘类污染仍是影响环境空气质量的主要问题，地面扬尘、建筑施工、交通运输产生的二次扬尘是尘类污染的重要因素,采暖期二氧化硫污染形势依然严峻,二氧化氮日均值有所增加,机动车尾气对环境空气质量的影响不容忽视,酸性降水时有发生。城市部分地区污水处理率低与管网覆盖率不高并存,中小城镇污水处理能力差距较大,引滦天津段断面夏季仍存在超标现象,于桥水库多数指标尤其是总磷呈上升趋势,主要河流水质以有机物及氨氮污染为主,局部有氟化物、重金属的污染,资源性缺水及未达标的境外来水造成主要河流入海断面超标。社会生活噪声影响面广,交通干线两侧夜间噪声超标严重,工业企业噪声扰民现象依然存在。工业固体废物无害化处理水平和资源化程度低,综合利用的产业化规模有待提高。

2. 城市水资源短缺严重

天津属半湿润地区,但降水量少,蒸发量大,年蒸发量比降水量高 2~3 倍,水源主要依赖境外来水。多年来,随着上游地区加大开发力度和流域生态失衡,入境水量大为减少,许多河道常年处于断流状态,水资源总量严重不足,人均占有量仅为 160 立方米。水环境容量降低,水质难以保证;部分地区地下水资源超采,地面沉降扩大;湿地面积萎缩,生态功能下降;部分区域土地面临土质退化、盐渍化、沙化的威胁。

3. 自然地理条件的先天缺陷,对生态城市建设的制约

天津位于我国北方寒冷地区,地处渤海湾,特殊的地理位置,决定了其土壤成土母质中含盐高,淡水资源匮乏,造成土壤盐渍化严重,特别是滨海新区范围内的土壤多为重度盐渍土或盐土,2270 平方公里范围内分布着 1214 平方公里盐碱荒地,自然植被种类少,生物品种少,树木和草的成活率低。因此,在天津生态城市的建设中面临生态环境保护和生态修复的双重任务。

三 加快生态城市的建设步伐

根据《天津市城市总体规划(2005~2020 年)》,2010 年,天津环境质量全面达标,中心城区和滨海新区核心区率先达到"生态市"指标要求;到 2015 年全市基本将天津建设成为资源节约型、环境友好型社会和生态城市;到 2020 年,城市环境质量与生态建设达到国际发达地区水平。如何妥善处理社会经济发展与生态环境保护的关系,成为当前天津生态城市建设面临的一项迫切任务。

（一）树立生态文明新理念

生态文明理念对生态城市建设具有促进作用，推进生态城市建设必须注重培育和发展公众的生态文化理念，包括生态忧患理念、生态科学理念、生态伦理理念、生态消费理念、生态责任理念等，使建设生态文明理念不断深入人心，成为市民的自觉行动。要开展多形式、多层次的以普及生态环境知识和增强环境保护意识为目的的国民生态环境教育；把生态教育作为学生素质教育的一项重要内容，努力培养具有生态环保知识和意识的一代新人；积极开展群众性生态科普教育活动；将生态示范区建设与生态科普基地建设结合起来，建设集生态教育和科普、生态旅游、生态保护、生态恢复示范等功能于一体的生态景区。组织公众参与城市生活垃圾定点分类堆放和资源回收利用等活动，培育公众保护生态环境的积极性和自觉性，努力在全社会形成提倡节约、爱护生态环境的价值观念、生活方式和消费行为。①

（二）加强环境治理

第一，要以主要水污染物总量减排和城市河道水系治理为重点，基本消除黑臭水体；完善污水收集处理设施，提升城镇污水处理能力和水平，扩大再生水利用量；确保饮用水源水质安全。

第二，要以持续实施蓝天工程和二氧化硫总量减排为突破，重点抓电厂燃煤机组烟气脱硫工程、10吨/时以上工业及供热燃煤锅炉烟气高效脱硫技术改造工程，严格控制施工、堆场、道路扬尘污染，彻底杜绝客运车辆冒黑烟现象。

第三，要提升固体废物综合利用水平，进一步完善固体废物处理处置设施，建立一整套的废弃物物流系统，保证其运输系统的顺畅和储存节点的有效性，确保达到相关标准要求。

第四，要以文明生态村、环境优美乡镇建设为载体，以加快农村基础设施建设、保护农村饮用水源、改善农村能源结构、加强村镇环境综合整治为重点，有效控制农业面源污染及畜禽养殖业污染，切实改善农村生态环境。

第五，要以循环经济试点建设为重点，转变经济发展方式，逐步建立符

---

① 沈超：《国外发展生态城市的经验及启示》，《广东科技》2010年第21期。

合循环经济发展和建立资源节约型社会的生产和生活方式,实现可持续的发展模式。

(三) 完善生态城市建设机制

生态城市建设是一项十分复杂的系统工程,需要城市各个机能协调运作,通过不断完善环境保护机制,推进天津生态城市的建设。要加强组织领导,深化体制改革,创新工作机制,建立具体的组织机构和指挥体系,在生态城市建设领导小组的带领下,完善生态城市建设的工作体系。要完善科学民主的生态城市建设决策机制,加强监督管理。建立专家咨询机制,加强科技支撑,积极开展环境安全及管理支撑体系研究,及时纠正生态城市建设中出现的偏差,健全工作机制。要建立目标责任考核机制,制订生态城市建市目标责任考核办法,明确生态城市建设各专项工作组、各成员单位实施目标和责任,确立奖惩办法。要建立目标跟踪评估机制,制订跟踪评估方案,对各项建设进行跟踪评估,以环境质量改善为目标,通过环境监测等科学手段,对城市环境进行跟踪评估。要完善生态环保的投融资体制,推进环境保护和污染治理的市场化进程,按照污染者付费、开发者保护、制造者回收的原则,制定相应的经济激励政策,推进污染治理市场化进程。要加大环境监管力度,按照国家环境质量监测标准化建设的要求,改进各区县环境监测实验室的功能,提高现场环境监察能力。要完善生态城市建设的政策体系,确保各项政策落到实处。通过政策引导,明确生态城市建设目标,完善可持续发展的城市规划,创造适于城市生态化可持续发展的环境和条件,为生态城市建设提供强大政策保障。

(四) 继续推动循环经济发展

以"经济发展高增长、资源消耗低增长、环境污染负增长"为基本模式,按照减量化、再利用和资源化原则,推动循环经济发展。要大力开发海水资源和再生水资源,建立以水资源梯级利用、分质供水和循环利用相结合的高效水资源系统。要合理发展燃气等清洁能源,大力发展以风力发电为重点,地热能、太阳能、生物能相结合的可再生绿色能源,形成清洁高效的能源体系。要重点构建石化、冶金、汽车行业循环经济产业链,广泛推行清洁生产,发展绿色产业、环保产业,实现经济增长方式从高消耗、高污染向资源节约和环境友好型转变,形成产业竞争新优势,使经济建设与生态环境建设相协调。要完善发展循环经济的政策法规体系，细化鼓励资源综合利用的相关政策。包括建立循环经济发展专项资金；对循环经济重大科技攻关项目实行财政支持；对促进循环经济发展的活动给予税收优惠；对有循环经济的项目实行投资倾斜等政策措施等。与此同时，加大价格杠杆调节力度，建立有利于节水、节电的价格机制。

（五）统筹协调中心城区、滨海新区和中新生态城的互动发展

为实现天津生态城市建设的目标，必须按照重点区域引领示范，城市大生态体系、中心城区和滨海新区、中新天津生态城分层互动的方式推进。城市大生态系统是天津市生态城市建设以及生态人居环境发展的基础，实现城市大生态系统也是天津市城市定位的长期建设目标；中心城区和滨海新区的生态城区建设是天津市生态城市建设的中期建设目标，也是整个生态城市建设的核心；而中新天津生态城的龙头带动，则是天津市实现生态城市战略目标的近期目标。加快中新天津生态城的建设步伐，应按照生态保护优先的原则，严格遵守中新天津生态城建设指标要求，高起点、高水平、高标准建设生态、环保、宜居的人居环境，充分发挥生态城的龙头引领作用。中心城区和滨海新区的生态建设应双管齐下，优势互补，率先达到国家生态城市标准要求。推进滨海新区城乡规划管理体制改革，完善区域经济体制，加强高新技术产业园区建设，实现固体废物资源化、减量化、无害化处理，推进国家级循环经济试点建设；加快中心城区生态环境治理步伐，改善中心城区水环境、空气环境质量，提高城市绿化水平，保护城市生态环境，落实各项基础设施建设。通过中新天津生态城的生态建设，带动中心城区和滨海新区的生态区域发展，促进城市大生态系统的发展。①

---

① 王建廷、李旸：《以中新天津生态城为龙头的天津生态城市建设模式与对策研究》，《城市》2009 年第 8 期。

第十六章
科技与人才

一 科技创新与人才聚集

21世纪的竞争归根结底是科技和人才的竞争。科技创新和人才优势是一个企业、城市和国家发展的灵魂和原动力。

(一) 天津科技创新动力十足

1. "创新"与"创新型城市"

"创新"概念最早由经济学家熊彼特（Schumpeter J. A.）于1912年在《经济发展理论》中提出，熊彼特认为，创新就是把生产要素和生产条件的新组合引入生产体系，即"建立一种新的生产函数"。并指出这种创新或生产要素的新组合具有五种情况：一是生产新的产品，即产品创新；二是采用一种新的生产方法，即工艺创新或生产技术创新；三是开辟一个新的市场，即市场创新；四是获得一种原料或半成品的新供给来源，即材料创新；五是实行一种新的企业组织形式，即组织管理创新。

"创新型城市"是指以科技进步为动力、以自主创新为主导、以创新文化为基础的城市形态。它的主要标志是：城市技术对外依存度低于30%，技术进步对经济增长的贡献率超过70%，发明专利申请量占全部专利申请量超过70%，企业专利申请量占全社会申请量超过70%，社会研发投入占国内生产总值的比重超过3%，企业研发投入占销售收入的比重超过4%等。[①] 它

---

① 杜辉：《"创新型城市"的内涵与特征》，《大连干部学刊》2006年第2期。

需要一个完整的创新体系，不仅需要产学研一体的研发、转化、产业化的一体化，也需要关键技术研发、创业孵化、成果转化、中介服务和科技融资五大平台的支撑。它需要一个创新型科技管理体制、科技政策和科技法规。其基本要求就是：科技管理体制调控有效，科技政策引导有力，科技法规保障到位。它需要一个创新型的城市文化作为基础，城市观念上以求异思维、创新意识、风险精神为特征，城市精神以崇尚创新、尊重知识、勇于创业为荣耀。

科技创新是一个城市增强国际竞争力的关键因素。一个城市只有具备完善的科技创新体系，才能培育更大更强的生产能力，为结构调整和经济发展提供动力，成为创新型城市。

2. 天津科技创新动力十足

近年来天津一直在建设创新型城市，天津的科技投入和自主创新不断取得新突破，天津科技投入和专利申请量大幅增长（见图 16-1）。

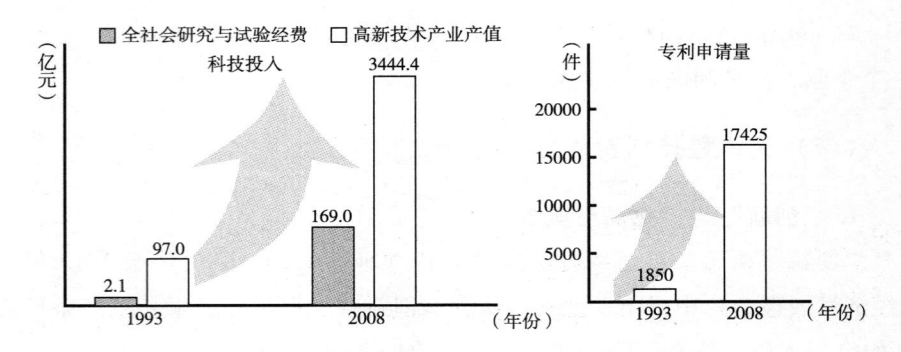

图 16-1　天津科技投入与专利申请量

资料来源：北方网。

2005 年以来，天津设立了科技创新专项资金，"十一五"期间投入 10 亿元，先后实施专项资金项目 96 项。

围绕贯彻落实全国科技大会精神，天津市委、市政府《关于建设创新型城市的决定》明确了加快建设创新型城市的战略目标。市政府先后颁布了《天津市中长期科学和技术发展规划纲要》、《天津市"十一五"科技发展规划》、《关于实施科技发展规划纲要建设创新型城市的政策措施》，出台多项激励自主创新的政策措施。

2008 年以来，天津颁布了《京津冀生物医药产业化示范区优惠政策》，首次提出了创业领军人才遴选标准和办法，在引进高端人才上发挥了重要作用。2009年,市政府颁布《天津市自主创新产品认定管理办法(试行)》,天津市科委等部门联合下发《天津市企业研究开发费用税前加计扣除项目鉴定办法(试行)》。

随着2005年滨海新区开发开放被纳入国家发展战略,要求充分发挥滨海新区在改革开放和自主创新上的重要作用,围绕滨海新区加快建设高水平研发转化基地建设,科技部与天津市提出共建国家生物医药国际创新园、天津国际生物医药联合研究院,实现国家层面和市级层面的协调互动。

在滨海新区开发开放、建设创新型城市目标的引领下,天津陆续建成了国家级软件、新能源、中药现代化、环保科技等高技术产业化基地;在航天航空、生物医药、新能源新材料、创意产业等领域形成了一批高技术企业集群。

胡锦涛总书记在2009年8月给天津工作所做的重要指示中提出,天津"要在增强自主创新能力、发展高新技术产业上下工夫、见成效,加快实施科教兴市和人才强市战略,着力推进产业和产品创新,努力掌握一批关键技术和核心技术,带动产业转型和技术升级,支撑重点产业振兴和经济长远发展"。这无疑再次为天津的发展指明了方向。在新的历史条件下,天津要建设成为中国北方的经济中心,首先必须成为创新型城市,而成为创新型城市的关键,必须有较强的自主创新能力。

"十一五"期间,天津在狠抓一批"大项目"、"好项目"的同时,重点强调了自主创新能力的提升,在1120个"大、好项目"中,有相当一批都是自主创新项目,培育出曙光、赛象等一批自主创新的企业,实施了80个重大自主创新项目,建设了国家级的软件、生物医药等高新技术产业发展基地,搭建了公共服务平台,建设了一批国家级(部级)重点实验室、工程技术研究中心等。"十二五"末,天津将打造30000个科技型中小企业,形成"铺天盖地"之势。

(二) 天津正在成为人才聚集高地

要建设创新型国家和创新型城市,人才是最关键的因素。

我国中长期人才发展规划纲要(2010~2020年)指出,人才是指具有一定的专业知识或专门技能,进行创造性劳动并对社会作出贡献的人,是人力资源中能力和素质较高的劳动者。人才是我国经济社会发展的第一资源。

当前和今后一个时期，我国人才发展的指导方针是：服务发展、人才优先、以用为本、创新机制、高端引领、整体开发。到2020年，我国人才发展的总体目标是：培养和造就规模宏大、结构优化、布局合理、素质优良的人才队伍，确立国家人才竞争比较优势，进入世界人才强国行列，为在21世纪中叶基本实现社会主义现代化奠定人才基础。

《天津市中长期人才发展规划（2010~2020年）》指出，天津将通过实施滨海新区人才高地建设、高层次人才聚集、新型企业家培养、"131"创新型人才培养、青年人才开发、经济社会发展重点领域人才培养、高技能人才开发、金融人才开发、高素质教育卫生人才开发、宣传文化人才开发10项人才工程，使天津成为高度专业化、现代化、国际化的人才聚集交流、教育培训和创新创业高地。

近年来，天津通过实施科技创新专项资金项目，不仅使得区域自主创新能力进一步增强，还通过这些重大创新项目，培养和引进了一大批高端科技人才和团队，重大创新项目成为名副其实的"人才磁石"。已吸引了大批科技精英加盟其中，大大提高了天津的竞争"软实力"。

天津实施的科技创新专项资金项目均体现了高端化、高质化、高新化的特点，因此对高素质科技人才极具吸引力。同时，这些项目还吸引了中国科学院高性能计算机、遥感信息、计算机存储设备和军事医学科学院、中国医学科学院等一流研发团队携带技术和成果到天津创业。此外，来自美国、加拿大的留学生团队，也将关注的目光聚焦于此，携带包括图像传感器、生物芯片、抗艾滋病药物、抗癌药物、半导体、原料药、乳腺CT等现代高新技术到天津，或创办公司，或合作研发。

天津滨海高新区已建立科技领军人才创业项目专家评价机制，提高人才的创业评审质量，为相关人才提供多项鼓励政策。科技领军人才进驻高新区创业后，将享受项目、人才等多方面的资助。在项目资助方面，除给予科技领军人才项目300万元~500万元的一次性项目启动资金资助，根据创业项目实际需要为科技领军人才项目提供100~500平方米的研发办公场所，并免收三年租金外，对获得国家、天津市科技和产业计划资助的项目，还给予50%的配套资金。项目研发过程中需要使用国内公共技术服务平台大型仪器设备的，给予实际使用费用50%的资助。此外，在项目投产初期两年内，根据项目流动资金需求，以贴息、拨付担保风险补偿金等方式安排100万元~500万元的专项资金，给予融资支持。

围绕推进滨海新区开发开放、加快建设创新型城市，天津努力聚集国内外科技人才，并正在成为人才聚集高地。

天津与中国科学院、中国工程院、北京大学、清华大学等国家科研院所、大学、科技企业集团建立了全面合作关系。与美国、意大利、瑞典、加拿大等国家和地区开展国际科技合作，与欧洲生物技术联盟、美国 TVG 公司建立科技合作关系，其中与瑞典卡罗林斯卡医学院共建分子医学天津分中心，与意大利国家高等卫生研究院等共建中意中医药联合实验室，与美国亚历山大公司共建国际生物医药产业孵化器，开展了一批高水平的国际科技合作项目研究，吸引了数百名海外留学生、知名学者到天津创新创业，在提升自主创新能力、壮大高水平科技人才队伍上发挥重要作用。[1]

（三）滨海新区科技与人才现状

1. 滨海新区已初步形成多层次科技创新体系

《经济日报》报道天津滨海新区"一个轮子构筑高端化、高质化、高新化的'三高'产业结构，另一个轮子提高自主创新能力，双轮驱动，实现经济平稳较快发展"。

2011 年是我国改革开放 33 周年，也是滨海新区开发建设 17 周年。17 年来，滨海新区坚持把增强自主创新能力、提高核心竞争力作为发展的首要任务，并使之融入各项规划的战略部署中，滨海新区从最初以低技术含量的出口加工型企业为主，如今已经初步形成多层次的科技创新体系，科技人才创业基地也初具规模。

滨海高新区、国家生物医药国家创新园、民航科技产业化等基地加快建设；大推力火箭、中兴通讯等重大高新技术产业项目相继开工；列入国家级、省部级 245 项科技项目顺利组织实施。[2]

滨海新区正在着力完善科技创新体系。先后与国内 30 多家高等院校和科研院所建立合作创新机制，天津国际生物医药联合研究院、中科院工业生物技术研发中心、工业水处理国家工程中心等 12 个国家级科技创新平台基本建成，国家酶工程实验室、国家水处理工程实验室等新的 10 个重大创新

---

[1] http://www.most.gov.cn/ztzl/kjzg60/dfkj60/tj/fzzcghcx/200909/t20090917_73063.htm.
[2] http://www.bh.gov.cn.

平台陆续启动，人工细胞工程技术研究中心等 20 个省部级研发转化中心已经建成。①

滨海新区围绕半导体照明、现代中药、石化产业、创意产业等建立了一批产学研技术创新联盟，形成大学、科研院所、上下游企业、主体企业与配套企业互动，促进了创新链与产业链有机结合。

滨海新区范围内有多个科技园区，如滨海高新区、天津经济技术开发区科技创业园、空港加工区科技创业园、海洋高新区科技创业园等。每个科技创业园区各有发展重心，作为科技创新的重要载体，带动滨海新区经济结构调整和经济增长方式转变，并成为高新技术快速发展、增强国际竞争力的巨大引擎。

目前，滨海新区在百万亿次高性能计算机、大型数据库软件、大型轮胎成套生产设备等关键产品和自主创新技术领域取得突破，为新区的战略性新兴产业的发展提供了有力支撑。滨海新区要成为高新技术产业赶超战略示范区和研发转化基地，非常重视孵化、转化机制。在软件、生物医药、数字出版、动漫产业等重点领域开展孵化转化基地建设试点，探索"孵化器+转化基地+产业化基地"的建设模式。

2010 年，滨海新区已累计建成 50 个国家级和省部级研发中心、6 个行业技术中心、109 家企业技术中心和 61 家外商投资企业研发中心。

2. 滨海新区人才集聚效应初步显现

科学技术是第一生产力，高科技产业是知识和技术密集型产业。随着知识经济的到来，高科技产业和人才队伍的壮大，对于一个国家乃至一个地区的经济增长越来越起着决定性作用。作为我国经济增长的又一个增长极，滨海新区加大对高科技产业人力资源开发与管理的力度，先后出台了一系列引进人才、开发人才、留住人才的措施，高科技人才队伍不断壮大。

由于滨海新区的发展客观上需要高素质人才，天津市政府在完善人才引进制度方面采取了一系列措施。在配套措施方面，天津市人事局和公安局联合发出了《关于印发〈关于支持滨海新区引进人才政策措施〉的通知》，人才政策较为优越，目的在于推动滨海新区的人才资源开发和人才队伍建设，加快聚集高层次创业创新人才，为滨海新区可持续发展吸引和培养足够的高质量的人才资源。

---

① 科技部网站，www.most.gov.cn。

为此，2010 年，滨海新区启动实施了 5 项人才工程，建立了完善的人才政策体系，引进科技创新创业领军人才 20 名，培育重点创业项目 16 个。

2011 年，滨海新区出台了《天津市滨海新区重大人才工程实施意见》，结合滨海新区重点产业发展需要，着力实施科技人才领航工程、海外人才灯塔工程、企业人才旗舰工程、技能人才蓝海工程、服务人才港湾工程等五大人才工程。

此外，2011 年以来，滨海新区还先后出台了《滨海新区加快引进海外高层次人才暂行办法》、《天津市滨海新区人才发展基金使用管理暂行办法》及实施细则，设立了 3000 万元人才专项基金和 1 亿元重大人才工程专项资金，用于高层次人才的引进、培养和奖励。

截至 2011 年 9 月，滨海新区已会聚海外人才 3800 多人，其中 21 名进入中组部"千人计划"，48 名进入天津市"千人计划"。

目前滨海新区集聚了一批较强的高学历人才及高素质人力资源，目前已拥有一支素质较好、水平较高、专业门类较为齐全的人才队伍。形成了当前无论在高端人才方面还是各个层次的操作人员都具有较高水平的现状。

滨海新区计划到 2015 年，人才队伍规模大幅增长，人才总量计划突破 120 万人，主要劳动年龄人口受过高等教育的比例达到 30%，每万名劳动力中研发人员达到 500 人。

3. 优秀人才的聚集是滨海新区可持续快速发展的关键

为了尽快提高滨海新区人才建设和提高自主创新能力，天津滨海新区出台了一系列政策措施，如《天津滨海新区推进自主创新的指导意见》、《天津滨海新区吸引、培育和使用人才的指导意见》等。同时，还与知名创投机构合作，发挥创业风险投资引导基金的作用，加大对人才建设和自主创新的资金扶持。

滨海新区的建设和技术创新需要吸引和培养大量的人才资源，企业的发展和技术创新需要高素质、高技能的人力资本，需要重视技术人员、专业人员和管理人员的吸纳和培养。

滨海新区正在培育和形成一批更具国际竞争力的中国跨国企业，对于更多正在形成的中国跨国企业而言，跨国经营的管理和技术提升需要大批高素质的国际化、综合型人才。

不断加强滨海新区的科技创新并形成京津冀和环渤海区域的创新群并聚集一大批高精尖人才，对于滨海新区企业增强国际竞争力和滨海新区的长远发展至关重要。

而如何行之有效地推进滨海新区区域人才资源开发，聚集大批的高素质优秀人才，是滨海新区可持续快速发展的关键。

建设滨海新区人才高地，是天津适应滨海新区开发开放要求，从全局和战略高度做出的一项重要决策，是天津人才工作和人才队伍建设的重中之重。建设滨海新区人才高地，要努力把滨海新区建设成为人才聚集、人才辈出、人才创业之地。

二 现存差距与发展机遇

（一）目前的差距

目前，困扰天津科技快速发展的主要障碍为：核心技术障碍、自主品牌缺位和人才不足瓶颈。

1. 核心技术障碍

核心技术是与产品关键部件相对应的一个概念，即关键部件的设计和制造技术。核心技术在不同产品中表现为专利、技术诀窍、产业标准等不同形式的知识。

企业如果没有核心技术，就只能赚取低附加值利润，很难做大做强。从全球范围来看，企业之间的国际竞争最终体现在产品的高技术含量、高附加值上。先进企业和后进企业之间的重要差距是核心技术、知识和信息。因此，企业在全球化条件下进行国际竞争，必须重视核心技术的开发。

全球产业价值链上，我国总体上处于低端位置。从滨海新区企业整体上看，技术优势不足。在高科技产业，中国企业缺乏核心芯片和软件等技术产品，国外的技术占"中国制造"关键技术的很大一部分，中国产品很多关键部件都要用外国的技术，核心技术大部分控制在国际跨国公司手中，这种局面会成为在国际化进程中的最大障碍。

在国际竞争市场中，我国的跨国企业大部分国产品牌缺乏核心技术和知识产权，技术障碍是制约我国跨国企业持续经营发展的重要因素，也将是制约滨海新区企业持续经营发展的重要因素，缺乏核心技术优势将阻碍滨海新区企业的成长壮大。只有掌握先进技术和核心技术并加强自主创新，滨海新区企业才能得到迅速的发展。

目前，天津和滨海新区创新主体较为齐全，但尚未形成规模。这些机构多以点状进行科技研发、技术外包等，还没有形成网状或者科技研发系统。创新主体较为丰富，既拥有企业的研发部门，还有天津、北京庞大的高校资源可以利用，同时还有多种科研转化力量。但从目前来看，滨海新区的科技创新力量还没有得到有效整合，创新主体的潜力尚待发掘。同时，企业与高校之间的平台搭建还不够完善，一方面企业找不到较好的项目，另一方面高校的科研成果又无法孵化和转化。[1] 而且，滨海新区现有的一些合作，也只是在一些简单层面上发生的合作关系，并非通过一个巨大平台优选的最好的合作单位，所以技术创新的能力和效益还不强，核心技术的研发和成果转化以及技术更新换代的能力还有待于进一步提高。

2. 自主品牌缺位

品牌涉及产品质量、技术开发、品牌设计和经营能力等多方面因素，品牌不仅代表一定的经济规模、市场信誉和社会知名度，而且还是高技术含量的象征。品牌是市场竞争的利器，品牌作为一种无形资产，可以使企业获得高于一般价值的影响力和附加值。

中国企业普遍缺乏品牌的国际影响力。进入国际市场以后，这个弱点更为明显。不创品牌，没有客户和影响力，在海外难以长久生存。一些企业认为搞国际品牌风险大，于是挤在低端加工贸易中找机会，结果规模越大，风险越大。

2007年编制的《世界品牌500强》排行榜入选国家共计27个，从品牌数量的国家分布看，美国占据500强中的247席，接近一半，法国以47个品牌居第二位，日本以43个品牌排名第三位。中国12个，分别为中国移动、中央电视台、海尔、长虹、联想、中国中铁、中国工商银行、中国银行、中国人寿、中国国际航空、中国石化和国家电网。

中国处于世界最大贸易国前三的位置，但国际品牌仍然屈指可数。很长时间以来，"中国制造"都是低质低价的代名词。我国企业在国际上的品牌竞争力弱，产品档次低与价格低、附加价值低、利润低。中国成为典型的制造大国、品牌小国。

同样，天津的国际品牌数量不多，国际影响力不大，天津制造业面临的

---

[1] 徐刚、齐二石、尚晓昆：《基于综合配套改革需求的滨海新区科技创新体系研究》，《现代管理科学》2009年第4期。

一个选择就是：是制造产品，还是创造品牌。品牌的市场价值虽然是企业在长期经营过程中不断进行资本投入的结果，但从技术进步的角度来看，技术的积累与提升是品牌得以维持和品牌知名度得以不断提高的根基。品牌的市场价值往往与其技术含量的提升与市场影响力成正比。

品牌的缺位制约着天津及滨海新区企业的快速发展，成为滨海新区企业在全球化条件下进行国际竞争的重要障碍之一。

3. 人才不足瓶颈

具有国际贸易、投资、金融等方面的专业知识和技能的人才不足，企业会在经营过程中会面临很多风险，经营业务难以顺利开展。

企业在全球化条件下进行经营需要大批高级的技术人才、金融人才、管理人才、法律人才和外语人才，需要掌握国际先进技术和现代管理经验的高级人才，现在滨海新区企业较为缺乏这方面的高级人才和复合型人才，人才瓶颈成为滨海新区企业扩大经营规模、提高技术和管理水平的主要制约因素。

天津尤其是滨海新区的发展需要大量高素质的人才，人才不充足是滨海新区企业发展面临的问题。主要表现在：人才总量不足，科技人力投入不够；人才结构不合理，高层次人才短缺；人才流失严重，企业家人才奇缺；人才开发速度跟不上产业发展需求。

如目前滨海新区机械制造业技术人员严重不足，滨海新区急缺的机械制造业高级技术人员有机械设计工程师、电气设计工程师、技术支持工程师、电控技术工程师、电气工程师、液压工程师等。

随着滨海新区开发开放全面提速和一批又一批的新项目陆续落户开工，滨海新区对科技研发和各类人才的需求越来越大。

目前已经开工建设的项目包括与法国合作的空客 A320 项目，与日本合作的丰田汽车项目，与中国船舶总公司合作的中船重工天津造修船项目，与新加坡合作的大港新泉海水淡化项目等数十个。随着这些重大项目的陆续落成，对相关高技能人才的需求也将不断增长。

可以预计，在滨海新区完成空客 A320 组装项目和航空产业基地的开工建设，在进行百万吨级大乙烯、大火箭以及其他重点大项目建设过程中，机械制造业以及雷达工程师、物流管理等行业的高级技术人才需求将进一步增加。

滨海新区需要大量高科技人才和各类技术人员，特别是在围绕天津市和滨海新区的支柱产业，如数控技术、计算机信息技术、生物技术、汽车技术、现代服务业等领域急需各类高、中、初级技术人才。因此如何通过布局调整，为滨海新区的发展培养一支与产业发展相适应的数量充足、结构合理的各类技术人才队伍，是面临的重要任务。

（二）发展机遇

1. 国家和地方政府日益重视科技创新

党的十七大报告明确指出："提高自主创新能力，建设创新型国家。这是国家发展战略的核心，是提高综合国力的关键。"

我国经济的快速发展虽然令世人瞩目，但在经济全球化的国际分工中处于价值链的低端，大部分的关键技术、核心技术并没有掌握在我们手里，自主创新能力薄弱。十七大报告进一步明确提出了建设创新型国家的目标，把"提高自主创新能力，建设创新型国家"放在"促进国民经济又好又快发展"的第一条，足见其重要地位。

更好发挥天津滨海新区在改革开放和自主创新中的重要作用，也是党的十七大在新的时期对天津滨海新区提出的新要求。为更好地落实中央政府的战略决策，天津市委市政府在《天津国民经济和社会发展"十二五"规划纲要（2011~2015年）》中强调，要进一步加强创新能力建设。重点攻克高速轨道机车、大功率风力发电等一批关键技术和核心技术。进一步完善科技创新体系。吸引国家级大院大所，建设生物医药、高端信息技术等10个重大公共科技创新平台，组建新能源汽车等12个产学研技术创新联盟；建成10个国家重点实验室和一批工程技术研究中心，建设一批科技企业孵化器。加快培育创新主体。大力实施科技型中小企业发展计划，培育一大批科技"小巨人"。进一步优化创新创业环境。完善自主创新政策法规体系，加强知识产权创造、运用、保护和管理。做好科普工作。并明确天津滨海新区"十二五"科技创新的发展目标是：2015年研发经费占生产总值的比重达到3.5%，高新技术增加值占生产总值比重达到25%。

2. 滨海新区面临高科技产业快速发展的良好机遇

滨海新区2010年GDP增25.1%，"高端化、高质化、高新化"产业结构是可持续发展的重要保证，现代服务业、高新技术产业已经成为滨海新区的重要增长点，带动滨海新区产业从"质"的方面进一步提升。[①]

---

① http://www.bh.gov.cn.

滨海新区的重要功能区滨海高新技术产业园区，位于东丽区与塘沽区的交界处，规划面积36平方公里。其中东区以渤海石油生活基地为主体，规划面积25平方公里，西区已规划的11平方公里的民航科技产业化基地位于临空产业区内。该区城镇建设用地23平方公里。通过机制创新，与科技部共建高新区，率先启动渤海石油生活基地部分，实现高起步。以科技研发转化为主体，聚集国内外资源和高端人才，发展电子信息、生物医药、纳米及新材料和民航科技等高新技术产业，努力成为自主创新和科技转化能力强、环境优美、机制灵活的国家级高新区。

滨海新区的高科技产业快速发展，正日渐成为先进技术的承接和扩散地、跨国公司研发中心的聚集地、高新技术的原创和产业化基地、科技人才的创新高地。

3. 滨海新区科技改革创新配套改革方案正在实施

继2005年浦东新区被批复为全国第一个综合配套改革试验区之后，滨海新区于2006年5月被批复为我国第二个综合配套改革试验区，集中进行金融改革创新、企业改革、科技体制改革、土地管理制度改革、城乡规划管理体制改革、环保循环经济试验等一系列的改革和创新，并且以增强自主创新能力为中心环节，进一步完善研发转化体系，提升整体技术水平，坚持科技创新和自主创新，加强创新能力建设。

滨海新区科技创新综合配套改革方案主要包括科技创新平台、融资体系、创新模式等内容（如表16-1所示）。

按照滨海新区科技创新综合配套改革方案，滨海新区要以增强自主创新能力为核心，建设高水平的研发转化基地。探索滨海高新区联合开发、利益分享的新模式，加强京津冀科技合作，实现与北京中关村互动发展。强化企业技术创新主体地位，建立国有及控股企业经营者技术创新业绩考核机制，激励外资企业和民营企业建立研发中心。创新产学研合作利益分享机制，加快科技服务体系建设。完善科技投融资体系，引导社会化投资，设立各类创业投资基金。依托天津产权交易中心，建立非上市股份制高新技术企业股权及风险投资基金交易市场。创新人才流动机制，实行全球招聘，试行高级人才双聘制度。实施知识产权和技术标准战略，实行专利、商标、版权合三为一的管理体制。

滨海新区科技改革和创新的基本思路十分明晰，即以加快科技成果转化和技术商品化为重点，完善以企业为主体、市场为导向的自主创新的体制架

表16-1 综合配套改革涉及企业和科技改革创新主要内容

科技创新	创新平台	• 加快高新技术产业园区、国家级高新技术原创地和产业基地建设 • 建立电子信息、生物医药、海水淡化、纳米技术、新型材料等重大科技专项研发转化平台 • 加强京津冀地区科技合作,实现与中关村园区互动发展
	融资体系	• 设立创业投资引导资金 • 建立专业性的创业投资基金 • 创建滨海科技创业融资服务平台 • 发展技术交易市场
	创新模式等	• 建立全国知识产权示范园区 • 建立多模式产学研合作创新组织 • 建立天津滨海国际人才市场 • 构建国际一流技术创新体系 ……

资料来源:根据《天津滨海新区综合配套改革试验总体方案》整理。

构,提高整体创新能力。加大财政对滨海新区的科技投入,到2015年滨海新区R&D投入将达到GDP的3.5%,成为创新型城市的先导区。

滨海新区科技改革和创新的基本目标是:深化科技体制改革,增强自主创新能力,建设高水平的研发转化基地。

4. 人才培养基地正在建设

天津根据滨海新区的需求调整教育结构,将提高创新能力和培养创新人才作为提高教育质量的重点,加大技能型人才培养力度,为滨海新区加快发展和大项目顺利投产构筑科研堡垒和人才"蓄水池"。

首批已启动建设的8个技能型紧缺人才培养基地包括航空机电及现代制造业、石油化工、渤海化工、航海运输、电子信息、现代物流、服务外包、生物技术技能型紧缺人才培养基地。这些基地将吸引一批专业素质和实践能力较强的研究生到基地进行实战研究,并走进车间,将研究成果转化成实用技术,促进项目开发、转化。

三 创新型天津正在形成

(一)研发转化基地快速形成

"十一五"期间,天津自主创新能力明显提升。全社会研发经费支出占生产总值的比重提高到2.5%，综合科技进步水平居全国第三位。研发生产了100多项具有自主知识产权、国内外领先水平的新产品。与科技部、中科院全面合作，引进了26家科研院所，建成国际生物医药联合研究院等一批创新平台。建成22个国家级重点实验室、13个国家级企业技术中心和一批工程技术研究中心。启动实施了科技"小巨人"成长计划。制定了中长期人才发展规划。天津市专利申请9.1万件，授权3.5万件，分别是"十五"时期的2.6倍和3倍。

（二）高科技产业集群基地已显现优势

近几年来滨海新区一直着力推进东疆保税港区、空港物流加工区、开发区西区、滨海高新区、临港工业区、临港产业区的开发建设，加快构成电子信息、汽车及装备制造、航空航天、石油和海洋化工、石油钢管和优质钢材、现代生物医药、新能源新材料等优势产业集群基地。目前滨海新区重点在信息技术、现代装备、交通运输、生物医药等领域发展科技含量高、竞争优势明显的特色产业集群，形成一批拥有自主知识产权和知名品牌、有市场竞争力的优势企业。

天津滨海新区要在首都区经济圈中发挥经济增长的引擎作用，必须将发展混合所有制经济与引进外资、深化国企改革、促进民营经济发展结合起来，并形成高科技产业集群，从而既为滨海新区自身的产业发展夯实经济基础，通过企业产业链的方式与首都区其他地区形成紧密的经济联系，同时也为周边区域的发展提供动力和支撑。

（三）高端产业链效应初显

在当前国内外经济形势的发展背景下，滨海新区建设中小企业环境示范区和全国产业集群升级示范区，这不仅意味着当今的滨海新区中小企业发展模式已经不能像以往我国南方地区依靠劳动密集型和出口导向型的中小企业发展模式，同时也意味着滨海新区产业发展模式也不能处于产业链低端、依靠传统制造业以及高污染和高能耗的产业发展模式。

同时，滨海新区是在承接天津市区工业战略东移政策下诞生的，相对浦东新区和深圳特区等地区来说，滨海新区明显的产业特征是第二产业占绝对主导地位，且在第二产业中石油、化工、冶金等高污染、高能耗的国有经济主导型产业所占比重较大。因此，在滨海新区进行科技创新综合配套改革意义就显得更加重大。滨海新区的重化工业特征加重了产业可持续发展的难度，只有将技术运用到产业中才能有效促进本地区产业的可持续发展。

滨海新区通过重大自主创新平台的建设，站在高起点，抢占制高点，围绕生物医药、航空航天、电子信息、新材料和新能源等高新技术产业，加快形成高科技企业的聚集效应和传统产业的逐步转移，正在不断走向产业链的高端。

（四）人才聚集高地初步形成

高科技人才流动管理的改革实质上是人才系统的规划问题，而人才规划又涉及政府及相关职能部门的公共政策制定和企业人力资源管理。这意味着要创造条件吸引人才并尽力减少人才流失，要在引进、培养和使用等方面更新体制和方法。

"十一五"期间，滨海新区进一步加强了人才引进、培养和使用，树立科学的人才观，构建素质优良、结构合理、数量充足的高层次人才梯队。创新人才政策和机制，加快留学生创业园、博士后科研工作站和创新实践基地建设，吸引国内外优秀人才和创新团队到新区创业，引进国内外知名专家、拔尖人才和高层次留学人员。滨海新区还加强了人才合作，推进区域人才开发一体化，合理使用各类人才，形成优秀人才脱颖而出的机制，创新人才发展环境，实施"高酬重奖、拴心留人"。滨海新区不断搭建高层次人才聚集的平台，人才聚集高地初步形成。在《天津国民经济和社会发展"十二五"规划纲要（2011~2015年）》中强调，要加快人才队伍建设。把人才作为第一资源，作为增强自主创新能力的核心要素，全面落实中长期人才发展规划，构建人才竞争比较优势。"十二五"前三年引进1000名海内外高层次人才，2015年全市人才总量达到255万人，把天津建设成为最具吸引力、最具创新活力的人才强市。滨海新区在《天津滨海新区国民经济和社会发展"十二五"规划纲要（2011~2015年）》中也明确，到2015年，滨海新区专业技术人才将达到50万人，领军人才达到300人。

（五）科技创新体系不断完善

"十二五"期间，天津要进一步促进整体科技创新体系的提升和完善。

1. 继续加强政府对技术创新的扶持作用

（1）政府对企业技术创新的扶持十分重要。技术创新的良性机制是由市场对技术或产品的有效需求带动的，并结合技术自身发展的内在规律，最终实现技术的不断创新。但是，对于发展中国家来说，其市场体系还不十分发达，其市场机能常常无法进行有效的运作，在这种情况下，政府在技术创新上就会发挥主导作用。

一方面政府通过产业政策明确技术创新的主要方向，并通过财政分配或其他政策倾斜来动员社会的资源投入重点技术创新领域；另一方面制定相关的政策和收集必要的信息，减少技术创新活动的风险和不确定性因素。

在20世纪70～80年代，日本和韩国都曾对高科技企业实行过减免税收、提供优惠长期贷款等措施来保证这些产业和企业能够获得足够的经济资源成长发展。

（2）构建政府对技术创新的支持体系框架。政府对技术创新的支持体系，归纳起来主要有以下三个方面：

第一，建立有利于创新的创新体系和制度框架。创新的制度框架应包括竞争与创新政策、知识产权保护政策、政府公共部门对企业研发的辅助、人力资源系统等。

竞争政策有助于推动创新。企业自主创新很大程度上来源于竞争驱动。制定和执行严格的竞争政策以推动创新的发展。

在政府创新体系中，公共研究部门可以承担三项主要任务：开展基础研究；为企业提供技术服务；为研究人员提供培训。如果企业能够和公共研发部门建立紧密联系，那么公共研发部门就可以为技术发展提供重要的支持资源。

第二，建立有效率的政府支持和服务系统。如果相关的法律法规不健全，政策缺乏透明度，政府的政策支持力度不够或者政府的官僚作风严重，那么这些因素必然将阻碍企业的对外直接投资及其技术提升。

第三，政府加强对企业技术创新的促进政策。随着研发成为创新的重要内容，政府应使用某些激励措施来鼓励企业的研发活动，如对研发支出实行税收抵免政策，对企业的创新技术的研发实行鼓励政策。促进技术创新和技术提升应成为政策优先考虑的事情。

2. 加快滨海新区科技创新体系建设

要加快滨海新区科技创新体系建设，充分发挥滨海新区科技引领作用，使滨海新区自主创新能力快速提升，以充分发挥滨海新区自主创新的"排头兵"作用，从而加快天津创新型城市建设。

（1）完善企业"学习吸收和自主创新相结合"的创新机制。企业是技术创新的主体，市场力量是加强技术创新和资源优化配置的重要手段。首先，企业要增强集成创新和学习消化吸收再创新的能力，把技术引进和消化吸收再创新结合起来。在全球化竞争中，滨海新区企业要在学习、吸收和集成创新的基础上，壮大软件、集成电路、汽车电子等电子信息产业，做大做强生物和现代医药产业，掌握催化、超大规模石油化工新工艺等核心技术，突破整车设计、控制与安全等核心技术，推动新型能源、新型材料和航空航天产业快速发展。其次，企业要增强原始创新能力，加大研发投入，增强自主开发能力。滨海新区的软件、集成电路设计、光电子、生物芯片、工业与环境生物技术、干细胞与组织工程、现代中药、水资源综合利用、海水淡化、电动汽车、纳米技术与器件、民航装备12个领域的原始创新能力力争达到世界先进或国内领先水平。打造先进制造业基地和现代服务业基地，推进环渤海经济区产业结构升级，不断提高环渤海经济圈的国际竞争力。

（2）进一步建立和整合研发机构，构建和完善研发转化平台。要完善政府支持、企业主导、产学研结合的研发体系，确立企业技术创新和科技投入的主体地位，进一步建立和整合研发机构，做大做强现有企业研发中心；加大引进力度，鼓励和支持国内外科研机构和企业在滨海新区建立科研机构；以提高自主创新能力为核心，加快建设企业为主体、官产学研相结合的区域科技创新体系，提升滨海新区科技创新能级。进一步加强京津冀地区科技合作，实现滨海新区与京津地区高校、科研机构以及中关村园区互动发展，建立重大科技专项研发转化平台。同时，大力发展各种类型的科技企业孵化器，积极发展科技咨询机构，形成从研发、孵化到产业化"一条龙"的科技成果转化体系，加快推动科研院所和高校科研成果的转换进程，全面提升滨海新区的自主创新能力。

此外，技术联盟是有效利用区域创新资源，提高技术创新成功率和创新成果水平的有效途径。技术联盟是指两个或两个以上具有一定的竞争优势和经营规模的企业，为促进研发创新、实现技术提升目标而建立的合作伙伴关系，称为"技术联盟"。滨海新区应重点引导和依托其优势产业（如电子信息、生物医药、汽车机械和化工等）的科技力量，整合科技资源，对行业共性、关键性和前瞻性的技术进行联合开发，以形成有利于重大平台技术的联合开发、利益分配和成果转化的机制，形成面向行业、开放式的技术创新基地。为了发挥技术创新的规模效应，滨海新区应围绕增强整体优势，积极推进大企业之间建立技术研发战略联盟，联合进行技术开发，以降低单个企业进行技术开发的风险与成本，同时加快技术创新的速度和效率。

（3）进一步完善科技服务和科技保障体系。对于科技创新和技术提升来说，地方政府不断完善创新系统、完善科技创新的相关法律法规、提供高质量的科技创新服务支持系统、加大政策支持力度是必备条件和有力保障。

滨海新区要构建良好的科技投融资机制和创业投资基金服务平台，进一步整合资源，拓展空间。形成从研发、孵化到产业化"一条龙"的科技成果转化体系。

滨海新区的科技创新力量较为强大，但未能充分发挥潜力。其主要原因在于缺少一个较为完整的科技创新平台，科技服务力量也不够强大。因此，应该建立一个由政府主导的、有充足科技服务力量的创新平台，整合滨海新区内现有的科技创新力量，广纳滨海新区之外的科技创新资源，为滨海新区的企业、功能区服务，为滨海新区的经济、社会发展服务。同时，还应切实保护创新的成果，维护创新主体的劳动果实，加大知识产权保护力度，实行专利、商标、版权三合一的知识产权管理体制，维护科技创新的交易平台，建立一个良好的交易市场。

滨海新区还可从三个层次构建立体的科技创新体系[1]，以保障科技创新的快速发展：宏观层面整合所有科技力量，构建政府主导的滨海新区科技创新体系，可依托某个部门或科研机构如滨海综合发展研究院进行，同时要培育科技创新服务力量；中观层面建立各个功能区、科技园区或功能区之间的科技创新体系，整合现有智囊队伍，同时通过科技创新平台吸纳更多的科研力量；微观层面则以现有的科研机构为核心编织网状的科技创新体系，服务产业链的上中下游企业及原材料的寻源、产品开发及市场开拓，甚至于其他报关、检验检疫等技术支撑，并逐渐壮大科

---

[1] 徐刚、齐二石、尚晓昆：《基于综合配套改革需求的滨海新区科技创新体系研究》，《现代管理科学》2009年第4期。

研力量。

（4）大力培育自主产权名牌产品。天津滨海新区要大力发展现代先进制造业、服务业和高科技产业，重点打造国家级高新技术原创地和产业基地，实现产业结构优化、转变增长方式，提升传统产业效益，为环渤海类似产业做出示范效应。同时逐步转移、扩散部分传统产业，将土地、资本、人力等优势资源投入到高成长性产业的发展上，在滨海新区打造优势产业，形成产业集聚效应，牵引环渤海经济发展。

同时要大力培育现代先进制造业、服务业和高科技产业的自主产权名牌产品。滨海新区目前正在重点培育石油、钢管、汽车、PVC等产品成为世界品牌。要实施知识产权与技术标准战略，发展生物基因药物、信息安全、民航机电、膜材料、海水淡化装置、电动汽车等具有自主产权的高新技术产品。

（5）加强优秀人才的引进和培养。树立科学的人才观，构建素质优良、结构合理、数量充足的高层次人才梯队。加快完善留学生创业园、博士后科研工作站和创新实践基地建设，通过不断完善科技人才工作环境，实施"筑巢引凤"战略，吸引国内外优秀人才和创新团队到滨海新区创业，积极引进国内外知名专家、拔尖人才和高层次留学人员。加强人才合作，推荐区域人才开发一体化。滨海新区应合理使用各类人才，形成优秀人才能脱颖而出的机制。创新人才发展环境，实施高酬重奖。搭建高层次人才聚集平台，使滨海新区成为聚集人才、干事创业的高地。

滨海新区不仅要重视引进人才，还应该重视人才技能的更新和再培训。鼓励企业家不断提升其知识和能力，继续培训有经验的经理人员，利用滨海新区现有的教育培训资源，加大对各类人才的培训，依托滨海新区内的高等院校、科研院所和中专技校，充分发挥它们在教育培训中的师资和设备优势，加大对现有区域人才资源进修和继续教育的力度，使他们不断地更新知识和增长技能。并建设一批为优势产业服务的职业院校和实训基地，落实制造业和现代服务业技能型紧缺人才培训工程。

（6）加强科技和人才交流与合作。滨海新区应积极探索科技联合开发、利益分享的模式，加强区域科技创新合作，实现天津与北京及周边省市的科技交流与合作。天津应充分利用滨海新区研发转化基地优势，注重加强京津冀和环渤海区域的科技合作与交流，即通过借助京津冀和环渤海，特别是北京科技发展优势，聚集各种科技创新资源，积极构建京津冀各具特色的科技园区，使滨海新区的研发能力处在世界先进水平，建成世界一流的科技创新体系，成为先进技术的承接地和扩散地，成为高新技术的原创地和产业化基地，实现产业集群效应和科技带动效应。同时，应建立同京津冀和环渤海地区的人才交流机制，清除人才自由流动的行政性障碍，实现人才要素的优化配置。

第十七章
城市与农村

党的十七大明确提出加快建立以工促农、以城带乡长效机制，形成城乡经济社会发展一体化新格局。在此基础上，党的十七届三中全会把加快形成城乡经济社会发展一体化新格局作为我国农村改革发展的根本要求，强调要建立促进城乡经济社会发展一体化制度，尽快在城乡规划、产业布局、基础设施建设、公共服务一体化等方面取得突破，促进公共资源在城乡之间均衡配置，生产要素在城乡之间自由流动，推动城乡经济社会发展融合。这为我们深入推进城乡一体化发展指明了方向，提出了新的更高的要求。因此，立足市情实际，加快城乡一体化发展，既是天津市落实科学发展观的内在要求，也是转变经济发展方式、实现更高水平发展的机遇。

一 城乡统筹发展的新格局

改革开放以来，天津市在全国较早提出城乡一体化发展的思路。如何进一步缩小天津市的城乡居民收入差距，实现土地资源集约高效利用，推进农业规模化、现代化，继续在探索城乡发展一体化方面，按照科学发展观的要求，统筹城乡发展，加快形成城乡经济社会发展一体化新格局，是摆在天津市人民面前的重大历史课题。

（一）城乡一体化的新内涵

党的十七大明确指出："走中国特色农业现代化道路，建立以工促农、以城带乡长效机制，形成城乡经济社会发展一体化新格局。"这是在新的历史起点上党中央提出的建设新的城乡关系的新思路。因此，我们认为，所谓城乡一体化是城市化发展的一个新阶段，是随着生产力的发展而促进城乡居民生产方式、生活方式和居住方式变化的过程，是城乡人口、技术、资本、资源等要素相互融合、互为资源、互为市场、互相服务，逐步达到城乡之间在经济、社会、文化、生态上协调发展的过程。

在计划经济体制的长期作用下，我国实行了以城市为中心的封闭式、索取式、城乡分割的"二元发展模式"。这种模式的基本政策取向是重城轻乡、厚城薄乡，以致形成了城乡之间非正常的城市利益倾斜，造成了农村地区的功能和经济地位不应有的落差。按照落实科学发展观、建设和谐社会的要求，必须解决城乡分割问题。天津作为经济发达的大城市，有条件在全国率先实现城乡经济一体化。这不仅能促进天津的社会主义新农村建设，也有利于天津实现中国北方经济中心的城市地位。

我们认为城乡经济一体化的新内涵，主要包括以下几个方面。

1. 发展战略一体化

即把城、乡作为一个整体来设计其发展目标、方向、重点、步骤和政策。

2. 资源配置一体化

即要统筹规划城、乡各类资源的利用、开发和产业布局，使城、乡各有分工，发挥优势，协调发展，取得整体最佳效益。

3. 市场流通一体化

即要实现城、乡互为市场，实行等价交换和统一的市场调节，实现生产要素和各类商品在城、乡之间的合理流动。

4. 社会服务一体化

即在城、乡之间建立紧密协作的生产服务网络，城、乡之间互相支援，互为补充，共享良好服务，促进共同发展。

5. 经济管理一体化

即对城、乡经济统一管理，工农结合，条块结合，在计划安排、资金投入、结构调整、政策措施等方面兼顾城、乡。

6. 城镇建设一体化

要统筹考虑城镇结构、布局、人口规模、人口流向，通盘安排城、乡的基础设施建设，形成以市区为中心，拥有良好交通通达度、先进的基础设施和较高繁华度的城镇体系。

7. 利益分配合理化

即通过发展经济，缩小工农业剪刀差，逐步实现城、乡居民收入相对均衡化和利益分配合理化，缩小城、乡居民物质生活和精神生活方面的差距，向共同富裕的目标迈进。

（二）天津城乡一体化呈现的新格局

天津市委市政府历来重视城乡一体化建设，经过近年的努力，天津市在城乡一体化建设方面取得了令人瞩目的成就。从渤海之滨到繁华的市区，从大项目现场到田野乡村，处处可见城乡之间资源共享、优势互补、发展互动的生动画面。历史走到了一个新的起点，城乡"二元结构"的阻隔之门已经打开，天津市进入了一个以工促农、以城带乡、城乡经济社会发展一体化的新时代。

1986年，天津市在全国率先提出"城乡一体化"发展方针，"三农"发展"短板"开始得到市委、市政府高度关注。天津市第九次党代会以来，又提出了滨海新区龙头带动、中心城区全面提升、各区县加快发展的三个层面联动协调发展战略，将大力实施城乡一体化发展战略列为今后一个时期天津市发展的三个重要战略之一。2007年8月6日，市委、市政府召开推进城乡一体化、加快社会主义新农村建设工作会议，制定了新农村建设的20条实施意见。在统筹发展这一基本思路的引导下，《天津市空间发展战略规划》提出"双城双港、相向拓展、一轴两带、南北生态"的总体战略，打破规划上的二元结构，把区县域规划、镇村总体规划纳入全市总体规划体系内。

近年来，天津市坚持"多予、少取、放活"的指导方针，以"多予"为重点，先后制定、出台了一系列重大政策性文件，形成了一套比较完善的扶持"三农"的政策体系。按照"存量适度调整、增量重点倾斜"的要求，不断提高财政支农支出占全部财政支出的比重，建立财政支农资金稳定增长机制，逐步形成公共财政向"三农"倾斜、公共设施向"三农"延伸、公共服务向"三农"覆盖的局面。在全市一盘棋的大格局中，城市与农村在彼此融合、相互渗透、优势互补中焕发出巨大活力，在一系列推进社会主义新农村建设的招法中实现了"1+1>2"的倍增效应。天津市城乡一体化的新格局主要体现在以下几个方面。

1. 农业产业化程度明显提高

2010年，全市农业总产值完成319.01亿元，比上年增长3.5%。其中种植业产值 167.23 亿元，增长 4.6%；林业产值 2.18 亿元，增长 3.1%；畜牧业产值 89.94 亿元，增长 2.4%；渔业产值 50.21 亿元，增长 2.2%；农林牧渔服务业产值 9.46 亿元，增长 2.8%。

（1）粮食生产再获丰收。全市粮食种植面积 467.67 万亩，增长 1.7%；粮食总产量 159.74 万吨，增长 2.2%，连续 7 年增产，创近 11 年来最好水平。高效设施农业建设全面提速，规划建设了 15 个现代农业园区、20 个现代畜牧养殖园区，发挥了示范引领带动作用。主要农副产品产量见表 17-1。

表 17-1 主要农副产品产量

产品名称	产量（万吨）	比上年增长（%）
粮 食	159.74	2.2
肉 类	42.86	8.5
牛 奶	69.12	1.1
水产品	34.49	0.9
禽 蛋	18.73	-4.4
水 果	60.10	-10.4
蔬 菜	419.31	12.2

（2）新农村建设深入推进。市级及以上农业产业化重点龙头企业达到 152 家，比上年增加 34 个。进入产业化体系的农户比重达到 86.1%，比上年提高 4.1 个百分点。示范小城镇建设全面提速，四批示范小城镇试点有序推进，规划建设面积 3300 万平方米，累计竣工农民还迁住宅 1150 万平方米，20 万农民迁入新居。农村基础设施不断完善，整修农村公路 1000 公里。累计建成文明生态村 915 个，农村环境面貌进一步改善。

2. 大力发展都市型农业

从 2007 年开始，津郊每年新增设施农业面积 10 万亩，一年的建设量相当于过去十几年的总和，从根本上改变了农业靠天吃饭的局面。目前，8 个农业示范园区、31 个养殖科技园区以及 6 个滨海农业科技园区全面开工，进一步提升了天津市农业现代化水平。为促进设施农业迅速发展，市财政对郊区新建标准化设施种植园区给予专项补贴，最高每亩补助达 7000 元，此外，国家开发银行、农业合作银行、渤海银行等多家金融机构投入设施农业建设，为津郊现代农业提供资金支持。在津郊农村，已出现一批蔬菜、蘑菇、花卉生产设施聚集区，比传统农业增收 3~10 倍。

3. 加大统筹城乡发展力度

改革开放以来，天津市以乡镇企业为主的郊区工业得到迅猛发展，现在已经成为农村经济的主要支撑，成为天津工业的重要组成部分和外贸出口的生力军。近年来，天津市以构建高端化、高质化、高新化产业结构为目标，先后启动 495 个区县重大项目，这些项目注重协调发展，呈现投资规模大、技术水平高、投资效益好、辐射作用强、资源消耗低、环境污染小的特点，总投资近 4000 亿元，项目竣工投产后可新增年销售收入 8000 余亿元，新增利税 900 亿元。2005 年以来，市委、市政府逐年加大对郊区工业的扶持力度，设立了郊区工业技术改造专项扶持资金和乡镇工业区专项扶持资金，每年至少拨款 1 亿元，用于补贴技改和基础设施贷款贴息。来自有关部门的统计显示，2008 年郊区工业企业共有 3.86 万家，上缴税金 148 亿元，职工年平均工资达到 18980 元，分别是 1978 年 0.07 万家、0.85 亿元、520 元的 55 倍、174 倍和 36 倍。30 年来，农村星罗棋布的工商企业，已先后吸纳 100 多万名农村富余劳动力就地转移，实现了"离土不离乡、进厂不进城"。

4. 推进农村城市化进程

从 2006 年起，天津市每年安排专项资金 8000 万元支持小城镇建设，重点用于加强小城镇基础设施和公共设施建设。本着高起点规划、高水平建设、高效能管理的原则，天津市通过"城中村"改造、撤村建居、中心村聚集、宅基地换房等多种模式，形成新城、中心镇、一般镇、中心村、基层村等 5 个层次紧密关联的现代城镇体系框架。在新社区建设的同时，加大周边道路、污水及垃圾处理、商贸、文化、体育、卫生、教育等公共服务设施的建设。仅 2009 年天津市用于小城镇建设的资金就达到 440 亿元，向小镇转移农村人口 18 万人，2006~2010 年，农村将有 110 万人变成城市人。到 2010 年底，郊区城市化率达到 58%，比 1978 年提高 43 个百分点。城市化的推进促进了城镇经济规模的扩大，一批新城、中心镇成为发展优势明显、带动功能突出、生态环境良好的区域经济社会发展中心，镇域经济比重占区县的 75% 左右。

5. 力推城乡保障"无差别"

近年来，天津市逐渐把社会事业发展的重点转向农村，在农村教育、医疗卫生、养老保障、特困救助等方面建立长效机制。为了提高农村医疗卫生水平，让广大农民看得起病、看得好病，天津市打破城乡卫生发展二元结构，建设城乡一体化的医疗卫生服务体系。由市及区县财政投资3亿元加大乡镇卫生院、社区医院的改造、建设力度。自2009年起，天津市启动建设8个区（县）级医院，三年内确保实现每个涉农区县都有一所三级医院。由政府"埋单"实现18项免费卫生服务进社区，广大农民在家门口就能享受到优质的医疗服务。为减轻广大农民医疗负担，新型农村合作医疗实现全覆盖，参合农民达到368万人，参合率高达99.02%，人均筹资标准达到144元，农民每年只需交纳40元就可享受全年的医疗保障。从2010年1月1日开始，天津市在全国率先实现统筹城乡居民基本医疗保险待遇，农村居民和城镇居民在参保范围、个人缴费、政府补贴和待遇方面享受统一标准。由政府每年出资7亿元，实施城乡居民养老保障统筹，在原农村居民只享受个人账户养老金的基础上增加财政补贴的基础养老金，与原农村居民养老保险办法相比，在缴费金额基本相同的情况下，养老金水平提高了近60%。

6. 城乡居民进一步分享经济发展的成果

在城乡居民收入方面，职工和城乡居民收入增长加快。积极落实增加城乡居民收入的18项政策措施，最低工资标准由820元调整为920元，连续第六年调增企业退休人员养老金，全面推进义务教育、公共卫生与基层医疗卫生单位绩效工资制度改革。城镇单位从业人员劳动报酬总额为1024.92亿元，比上年增长15.6%；人均劳动报酬50427元，增长14.8%。城市居民人均可支配收入24293元，增长13.5%，比上年加快3.3个百分点。农村居民人均纯收入11801元，增长10.5%，比上年加快0.1个百分点（见图17-1）。

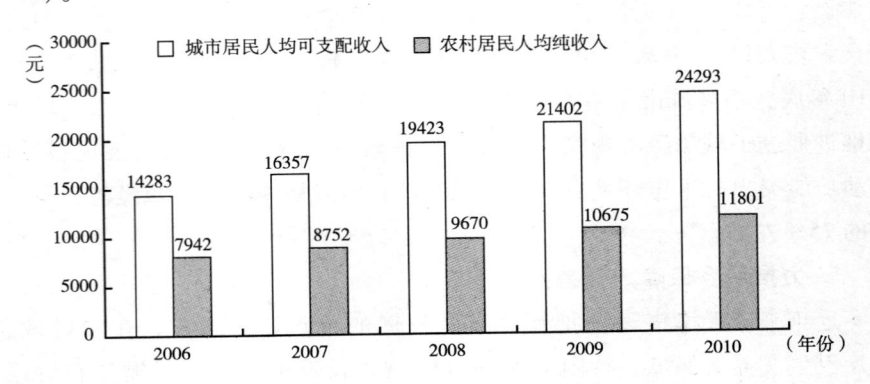

图17-1 "十一五"时期城乡居民人均收入

此外，随着天津市经济实力显著增强，农村城市化程度明显提高，城乡基础设施条件得到了改善，全市初步实现了资源的城乡共享。天津市城乡在产业配套、劳动力资源等方面，已形成相互支持、相互依托的格局，郊区县的土地资源优势和低成本劳动力资源优势为全市的工业发展提供了广阔空间；郊区第三产业发展迅猛，交通运输业、批发零售业、旅游饮食服务业、房地产业构成了郊区三产的四大支柱，且企业规模不断扩大，档次水平不断提高。这些都说明天津市的城乡一体化已经进入一个新的发展阶段。统筹城乡发展，解决"三农"问题的基础和条件得到了进一步的巩固和提高。

二 加快城乡统筹的发展机遇与挑战

虽然成就显著，不过由于种种原因，天津的城乡一体化建设还远远没有达到天津经济社会发展的目标要求，与上海等先进地区相比也还存在一定差距。到 2020 年，天津市要建设成为现代化国际港口大都市和我国北方的经济中心，并将成为全国率先基本实现现代化的地区之一，这些发展目标对天津市城乡一体化建设提出了更高的要求。要顺利完成上述历史使命，在继续加强滨海新区和中心城区发展的同时，也应大力发展社会经济。郊区已成为天津未来经济发展的重要组成部分和推动力量，其发展状况直接关系到天津市的整体发展。在此形势下，实现城乡经济的统筹协调发展已成为能否实现天津市"十二五"发展目标的重要前提之一，所以，必须正确分析今后天津市城乡一体化面临的机遇与挑战，坚定不移地把城乡一体化建设作为发展的根本指导方针之一。

（一）天津城乡关系面临进一步调整的机遇

1. 城乡关系调整面临重大机遇

天津市通过新中国成立以来 60 多年的发展，特别是改革开放以来 30 多年的综合治理，社会环境已经得到很大改善。社会环境包括社经济发展状况、自然环境、社会治安、基础设施、文化等多方面的因素。60 多年间，经过大规模的现代化建设，经济和城市面貌发生了很大变化，这些都为天津市城乡关系调整带来了重大机遇。

一是从总量上看，不断迈上新台阶。2010 年，全市生产总值突破 9000 亿元。据初步核算，并经国家统计局评估审定，全市生产总值（GDP）完成9108.83亿元,按可比价格计算,比上年增长17.4%。分三次产业看,第一产业实现增加值149.48亿元,增长3.3%;第二产业增加值4837.57亿元,增长20.2%;第三产业增加值4121.78亿元,增长14.2%。三次产业结构为1.6∶53.1∶45.3(见图17-2)。

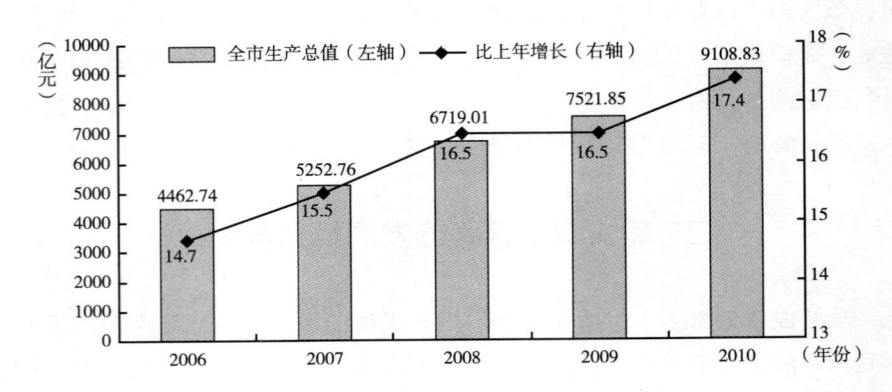

图17-2 "十一五"时期全市生产总值及增长速度

二是从经济结构上看,工业、投资和消费带动的格局正在形成。从产业角度看:工业发挥了主拉动作用,服务业增长加快。2010年,全市工业增加值完成4410.70亿元,增长20.8%,拉动全市经济增长11.1个百分点,贡献率达到63.5%。工业总产值突破17000亿元,达到17016.01亿元,增长31.4%;其中规模以上工业总产值16660.64亿元,增长31.7%。在规模以上工业总产值中,轻工业2712.40亿元,增长23.6%;重工业13948.23亿元,增长33.4%。

工业结构进一步优化。航空航天、石油化工、装备制造、电子信息、生物医药、新能源新材料、轻纺和国防八大优势产业完成工业总产值15268.58亿元,占全市规模以上工业的比重为91.6%,比上年提高0.9个百分点。高新技术产业产值完成5100.84亿元,占规模以上工业的30.6%,提高0.6个百分点。新产品产值完成5019.25亿元,增长30.2%。

产销衔接状况良好。全市规模以上工业企业产销率为98.36%,其中轻工业产销率97.78%,重工业产销率98.47%。主要工业产品产量见表17-2。

三是从区域上看,滨海新区龙头带动的作用突出,各郊区发展较快。滨海新区开发开放进入全面开发建设的新阶段。滨海新区综合配套改革实现新突

表 17-2 主要工业产品产量

产品名称	单 位	产量	比上年增长(%)
原油	万吨	3332.73	45.1
天然气	亿立方米	17.19	20.2
发电量	亿千瓦时	589.08	39.7
汽油	万吨	164.63	21.0
乙烯	万吨	109.26	480.0
聚酯	万吨	28.76	27.0
化学纤维	万吨	12.80	28.2
水泥	万吨	809.71	21.9
生铁	万吨	1926.36	12.8
粗钢	万吨	2162.11	11.4
成品钢材	万吨	4483.71	12.8
无缝钢管	万吨	348.40	2.3
汽车	万辆	73.81	22.5
两轮脚踏自行车	万辆	2240.92	21.6
移动电话机	万部	9107.90	7.0
锂离子电池	亿只	5.08	8.0
半导体集成电路	亿块	8.90	38.9
电子元件	亿只	4655.89	45.5

破，金融改革创新取得实质性进展，行政管理体制改革全面启动。组织开展了"十大战役"，广泛涉及滨海新区的改革开放、科技创新、功能区开发和基础设施建设。各功能区开发建设加快推进，中新生态城起步区、国家动漫产业综合示范园、于家堡金融商务区、响螺湾商务区等加紧建设。各郊区县凭借广阔发展空间，现代农业、区县重大项目、区县示范工业园区、示范小城镇等全面推进。区县四批495个重大项目全部开工，成为支撑区县经济发展新的增长点。

2. 天津农村经济大发展给城乡关系调整也创造了条件

改革开放以前，天津不仅和全国一样，城乡二元结构使得城市和农村之间没有自主的互动性，而且由于地方的特殊性，政治制度和意识形态的刚性都更加突出，以至于城市发展更少考虑农村的利益。改革开放以后，尤其是进入21世纪以来，随着天津经济的迅猛发展，农村经济也得到极大的发展，这时，围绕打破城乡二元结构而产生的各种利益诉求和利益矛盾则更加迫切与凸显，这必然给天津的城乡关系调整创造了条件，奠定了基础。

第一，城乡关系的互动因素更为直接。比如，人才和劳动力的流动范围和规模迅速扩大；城市对农村的导向更多采取了信息化的方式；农村本身的现代化进程大大加速，等等。

第二，城乡关系的功能因素更趋混合。比如，城市工业大批转移到农村；农村企业在技术和人才方面与城市的结合；农村产业以旅游、休闲、观光、会展等各种方式使城市成为农村直接的消费市场，等等。

第三，城市发展强制型的加速造成了许多城乡接合部。事实上，正是这些接合部，在户籍制度、土地制度、就业形式、社会保障、身份待遇、文化融合乃至生活方式等各方面集中体现了城乡关系的种种新需求。

这些变化和新形势下的城乡关系需求，都为天津市的城乡关系调整提供了难得的机遇，当然也面临着进一步调整的压力。

（二）天津城乡一体化建设中遇到的问题与挑战

1. 思想观念落后，城乡之间的"鸿沟"需要逾越

首先，作为地方经济社会发展的决策者和组织者，有些领导干部仍不能从战略高度认识推进天津城乡一体化的重大意义，因此，在实践中不能辩证处理城镇建设与经济发展的关系，有的还是把主要精力放在招商引资、企业改革、结构调整等能够产生直接效益的工作上，而对城镇建设、农业劳动力转移等工作仍重视不够。

其次，作为实施城乡一体化的主体，一些群众思想僵化、行动消极，突出表现为四种心理：一是留恋"面朝黄土背朝天"的生活，认为"种田是万本利、进城是找苦吃"，既不愿意离土，也不愿意进厂；二是怕离开土地失去生活依靠，怕进入城镇找不到就业门路，怕转移住宅不适应环境；三是划地为牢，死守田园，欺生排外，不愿对外交流；四是等待观望，苦度穷熬，寄希望于政策搬迁，寄希望于政府扶持。这些落后的思想观念，人为地在农村与城镇之间划上了界限、制造了"鸿沟"，难以推进城乡通融、协调发展。

2. 城乡二元体制没有根本消除

近几年来，随着我国经济的高速发展，城乡差距不仅没有进一步缩小反而出现了进一步扩大的趋势，城乡发展出现了持续失衡的状态。天津也面临着相同的问题，农业处于相对薄弱环节的地位没有发生根本改变，出现了农村的劳动力、土地、资金三大要素都大量流失的困难局面。特别是长期形成的城乡二元体制没有根本消除，二元分割局面没有打破，工农关系不协调，城乡关系失衡的状况没有根本改变。失衡的城乡关系不仅使农业弱质、农民弱势、农村落后的格局得以强化，且牺牲社会公平，影响社会稳定，降低了广大农民的积极性，从而影响天津的经济效率。这样的情况如果继续下去，必将破坏经济社会协调发展机制，制约经济持续健康发展，加大社会稳定成本，最终影响建设小康社会的目标和整体实现现代化的进程。

3. 城乡教育水平还存在较大的差距，教育资源整合不足

天津市城乡教育水平差距体现在两个方面：一方面体现在教育投资差异。教育投资差异可以从实际财政投入资金状况来认识，城区教育资源占有量远远高于农村教育资源占有量，城区师资条件大大优于农村，多媒体教育普及性远远高于农村，校舍等硬件设施的建设往往快于农村。另一方面体现在教育内容差异。城乡教育对普通教育和职业教育的要求有所不同，特别是当前面临世界金融危机的大的国际环境的前提下，农村要求学生早一点分流，希望教给孩子更多的服务于农村的技能，早些应用于农村生产生活当中去，但相关职业教育的培训不够全面和系统，配套设施相对不够完善。城区职业技术教育相对于农村来说比较发达，教师经验丰富，教学实践基地等配套设施相对完备，并具有完善的职业人才培养模式，但是缺乏与农村职业教育的密切互助，没有将城区职教的优势用于帮扶农村职教的发展中去。

4. 城乡一体化进程所带来的"失地"农民问题

伴随着天津市城乡一体化建设的进程不断加快和各项国家级重点建设工程对天津市部分农业用地的征用，出现了部分农民失去土地的情况。尽管政府依法对失地农民做出了经济政策等各方面的有益补偿，但在失地农民的生活中还是出现了各种各样的问题，具体体现在以下几个方面。

一是失业率高，就业难度偏大。对于农民来说，土地不仅仅是一般的生产要素，除了经济功能外，还担负着就业、养老等诸多社会功能，是农民生存的最后一道安全防线。被征地的农民失去土地，以前拥有土地时所拥有的安全感也就消失殆尽。对于那部分失地后收入减少的农民来说，获得比较稳定的工作就成为改善家庭收入的理想途径，天津市政府也为再就业工作做出了大量的努力，但由于各方面的原因，失地农民再次就业的稳定性仍然不容乐观。

二是村居混杂，生活水平有所下降。楼房需要交纳水、电、煤气、物业等费用，提高了村民的生活成本；部分村民因为住房面积还要补齐差价，使用了以前的积蓄，造成家庭经济拮据；旧村改造使用的是集体土地，这种改造后所建成的楼房在现有的政策下进入正规房地产市场难以进行买卖和在银行申请房屋抵押贷款，限制了村民再发展的融资渠道。

三是出现集体资产流失现象。各地对征地安置补偿费的分配比较混乱，在发放比率、发放时间、发放对象等问题上出现不同标准，部分基层干部在集体资产的处理过程中徇私舞弊，造成集体资产流失现象。

5. 农村建设投入短缺，城乡发展的"瓶颈"需要突破

首先是信贷政策制约郊区经济发展。主要表现在四个方面：一是农户大额贷款难。农业大户生产经营需要的资金少则数万元，多则数十万元甚至上百万元。由于缺乏合格的抵押担保物，银行、信用社感到有风险，难以把握。二是中小企业贷款难。由于区县中小企业技术含量低，产品结构不合理，管理水平落后，其信用等级难以达到银行贷款支持的要求。三是小城镇建设贷款难。由于缺乏配套的建设资金，金融机构只是试探性地涉足该领域，信贷投入力度很弱。四是农村基础设施贷款难。由于贷款回收没有保障，银行不愿意放贷。

其次是农业保险的作用也没有得到有效发挥。目前，对农业灾害损失主要依靠国家提供灾害补助的方式进行救助。这种方式在实践中表现出对农户援助力度不足和财政资金使用的低效率。同时，农业保险业务发展停滞，逐年萎缩，农业生产风险无法分散，制约了金融机构放款的积极性。

再次，天津市设施农业贷款资金的缺口也很大。据估算，建设10万亩设施农业约需资金50亿元，除农民筹资、政府补贴外，从银行获得的资金不足1%，存在着巨大的资金缺口。

三 城乡统筹发展的新天津

（一）国外的经验及启示

发展经济学认为，经济发展的过程是一个经济和社会结构不断转换的过程。在经济发展之初，由两个劳动生产率和要素收入水平不等的部门组成的二元经济结构同时存在是普遍的现象，也是发展中国家在实现工业化过程中的必然现象。随着工业化、城市化的深入推进，二元经济结构将逐渐向一体化的经济结构转变。

一般来说，当一个经济体处在工业化中期向后期阶段转换时，区域空间结构就会发生相应的调整，即逐步实现较为平衡的区域发展。地区间的不平衡，就业、收入、消费水平和选择机会的差异等，都逐渐趋于消失。各地区的资源得到更充分合理的利用，空间结构的各组成部分完全融合为有机的整体，相互作用、相互依赖。相应的，城镇居民点、服务设施及其影响范围都形成了区域等级体系。整个空间结构系统重新恢复到"平衡"之中，欠发达地区、不发达地区得到发展，集聚经济在区位决策中的作用下降，平衡布局、发挥社会效益和生态效益变得愈加受到重视。因此，自20世纪50年代以来，发展农村的理论研究和实践，首先受到发达国家的重视，到80年代更是成为全球性的趋势。

韩国于1970年提出"培育新农村运动"，"使所有的村庄在最近的将来从传统性落后、停滞的社区，转变为现代的、进步的、有较好生活环境的社区"。从1971年开始的"新村运动"由政府自上而下地动员大量财力、物力和农民劳动力，致力于改善农村环境、改变农民的生活方式。具体内容包括：绿化村庄，拓宽或取直道路，修整村旁河岸，修建公用水井、灌溉池塘和粪肥储存设施，修整住房，建造农村通信系统，建立社区中心等。1973年后，"新村运动""转入辅助农民提高农业生产与增加收入"。此外，"新村运动"还特别强调改变旧习俗，向农民灌输"自助、合作与自我改善"等"现代进步观念"。经过30多年的发展，韩国农村社会确实发生了很大的变化，许多方面已经开始向现代化迈进，农民生活有所提高，农村社会结构和生活方式趋于现代化，从而避免了城乡之间的严重矛盾冲突，并在第三世界产生了一定影响。

与韩国等新兴工业化地区相比较，发达国家关于城乡协调发展的主要经验有：

一是通过立法形式进行乡村地区城镇开发。政府通过合理的规划和政策立法，对乡村城市化支持和重视。如英国政府早在20年代末30年代初就进行了新城运动；美国则于1968年通过《新城镇开发法》，第一批就建成63个规模在2万人左右的新城镇。

二是积极引导工业的分散化。意大利全国有8000多个市镇，已全部覆盖了农村，每个市镇平均7000人，工厂分布在周围的农业区域，市镇之内主要是商业、服务业以及文化、教育等公益机构。

三是乡村小城镇和村庄的基础设施建设、生态环境受到重视。不仅有多种多样各具特色的建筑和完善的设施，而且到处绿草如茵，创造了一种高度文明的生活环境。

借鉴发达国家的经验，为了改变工业化和城市化带来的忽视农村建设、大量农民涌入城市的状况，很多发展中国家和一些国际组织也都强调编制《农村地区综合发展规划》，"以促进非农业性的生产活动，增加收入和就业，建设农村城镇，指导公共工程计划，提供社会服务和娱乐场所"等，以满足农村人口的基本需要，控制农村人口的大量盲目性迁移，其中特别重视小城镇的开发建设。这些国外城乡统筹的发展经验为建设新天津提供了具体而有益的启示。

（二）实现城乡统筹发展的新天津

1. 天津城乡统筹的新模式代表：华明镇

华明镇隶属于天津市东丽区，距外环线仅8公里，紧邻滨海新区的优势给它带来了飞速的发展。例如：紧邻空港物流加工区，解决了部分农民的就业问题；紧邻华明新家园，解决了综合配套问题；紧邻东丽湖休闲区，解决了综合环境问题；紧邻滨海国际机场，解决了综合交通问题。如今的华明镇已从混乱的村庄、低矮的平房、泥泞的道路、灰尘飞扬的环境中走出来，洋溢着现代城市的风采：宽阔的马路，挺拔的人行道树，多层、高层混合布置的住宅楼，配套齐全的各类公共设施，通廊式的中心公园，集中的活动场地等。华明镇不仅具备城市的所有特征，而且还有城市不具备的浓厚乡土气息。这里是天津城乡统筹的新模式代表，社会主义新农村建设的典范，并成功入选上海2010年世界博览会参展项目（见图17-3）。

华明示范镇建设的基本做法与经验模式，其核心工程就是以宅基地换房实施小城镇建设。这是一项操作性极强的系统工程，主要可以从以下几个方面来进行总结。

一是制定工作程序。华明镇的宅基地换房整体工作可划分为八个步骤：区政府编制小城镇建设总体规划报市政府审批；组建投融资机构负责小城镇建设向市国土管理部门申请小城镇建设用地周转指标；村民提出宅基地换房申请，并与村民委员会签订换房协议；村民委员会与镇政府签订换房协议；镇政府与小城镇投融资机构签订总体换房协议；小城镇农民住宅建成后，由村民委员会按照全体村民通过的分房办法进行分配；农民搬迁后，由村民委员会负责组织村民对宅基地进行整理复耕，抵还借用的土地周转指标。

图 17-3 华明镇的新面貌

二是坚持科学规划。华明镇在建设中坚持以科学规划保证小城镇建设的品质。华明示范镇的规划方案经过了长时间的酝酿，邀请多方权威专家充分论证。把选址定在空港物流区对面、高速公路与津汉公路相交处，考虑了经济社会发展的长远需求。镇内科学划分了居住、服务、就业的区域功能布局，最大限度地满足了农民教育、卫生、娱乐等方面的需求。在城镇环境上，努力体现生态特色，注重人与自然的和谐相处。在建筑风格上，采用先进设计理念和技术，新颖美观，协调统一，塑造了风情小镇。在体现绿色环保可持续的发展理念上，住宅建筑按照"三步节能"标准进行建设。

三是坚持产业立镇。华明镇在规划时，充分考虑了农民的就业需求，一方面耕地没有减少，土地承包关系没有改变，农民可以继续从事农业生产。另一方面，把新城镇选址在滨海新区空港物流加工区附近，并建设了具有自身特点的运输物流服务园区，还预留出足够的发展空间，增加了农民就业机会。

四是尊重农民自愿。小城镇建设农民是主体，是核心。华明示范镇实施宅基地换房的每一个步骤，都依法依规让农民自由选择，自主决策，并以村民代表大会的形式听取群众的意见和建议，制定宅基地换房的具体实施细则，张榜公布，让农民对征地补偿分配、还迁房型选择、拆迁补偿安置等环节了如指掌。在合同签订、房屋测量、房屋置换等环节，充分考虑群众利益，坚持公平、公正、公开。农民按标准置换的住房不花钱，建房享受经济适用房政策。大配套政府给予减免，用地划拨不收出让金。宅基地换房不但没有增加农民负担，而且让村民有了直接的征地和拆迁补偿，且使家庭财产大幅增加。

五是实施科学管理。在管理体制上，建立华明镇街道办事处，负责全镇行政管理，改变了原来以村为主的管理方式。小城镇内，以3000户左右为一个社区，300户左右为一个邻里，组建以社区党支部为核心，居民代表会议为权力中枢，居民委员会和邻里以及居民小组为基础的新型社区管理体制。管理方式上进行市场化运作，综合执法上实行一支队伍管全部。

六是落实社会保障。华明示范镇实行了一系列降、减、免、补等政策，千方百计减轻农民的负担，使生活水平较低的村民既能搬进楼房，也住得起楼房。此外，东丽区还从社会保障入手，多渠道解决还迁村民的就业问题，通过打造"四金"农民，增加农民收入，解决农民的后顾之忧。

2. 天津城乡统筹的发展趋势

推进城乡一体化建设，就是要将城乡作为一个大系统，着力提高各要素的组织化程度，从而构建区域性、网络状的城乡一体化社会系统，并使系统内的配置和运行不断趋于优化。从天津市的现实条件出发，推进城乡一体化的关键是要解决好城市化滞后、制度创新滞后等一系列问题，而所有这些都应以推进城市化为核心。天津市城乡一体化发展，是城市文明不断向郊区扩散和郊区被日益赋予城市功能的过程，是城市郊区化和郊区城市化两个过程的合二为一。换言之，天津市城乡一体化建设应适应形势发展的需要，由过去以工业化推动为主转向以城市化推动为主。其基本思路是在加强中心城区和滨海新区的辐射带动功能的同时，采取强有力措施推进郊区的城市化进程，以此加快农村劳动力的非农化转移，促进乡镇工业和第三产业的发展，加快农业现代化的步伐，最终推动城乡一体化的建设。

一是公共资源配置将更加均衡，公共服务均等化。在重视发展城市社会事业的同时，引导新增的优质公共资源向郊区倾斜，致力于提高郊区现有的公共服务范围和水平，使教育、医疗、文化、体育等公共服务领域在天津城乡之间获得统筹安排，实现城市和郊区居民同等水平地享受相应的公共服务。

二是居民将能更平等享受改革发展成果。推进天津城乡一体化，就是要注重人的全面受惠，通过打破城乡二元结构，实现城乡经济实力同步增强，城乡基础设施同步建设，城乡社会事业同步发展，城乡居民收入同步增长，城乡公共服务水平同步提高，让市民和农民共享工业化、城市化和现代化带来的成果。

三是在法律、制度、政策上更加保障农民的平等权益。努力营造公平正义的环境，从收入分配、劳动就业、社会保障、公民权利保障、公共服务等方面采取措施，着力解决农民最关心、最直接、最现实的利益问题，确保农村居民与城市居民享有公平的国民待遇和平等的发展机会。

3. 推进天津市城乡统筹的对策建议

（1）积极推进农业现代化。经济理论和国际经验表明，高度城市化和城乡一体化都不会消灭城乡之间、工农之间的社会分工，农业不会消失，农村作为农业生产的场所不会消失，作为人类聚集的一种社区模式也不会消失。这是因为从可持续发展的观点来看，农业除了解决人们的吃饭问题之外，还有保持和改善生态平衡、创造良好的生活环境的功能，因此，在城乡一体化的进程中，应该对农业给予特别的关注。当前，我国的实际情况是农业和农村相对落后，接受城市辐射的能力有限，这不利于城乡经济发展的统一运筹，影响城乡的协调发展和共同进步。为此，天津要按照率先基本实现农业现代化的规划要求，调整农业结构，发展农业科技，加强农业基础设施建设，努力提高农民素质，尽快使农业、农村的整体水平接近大城市需要的发展水平，使之能够发挥生产、生态、休闲、教育等多种功能，为城乡经济一体化奠定坚实的基础。

（2）重点实施工业拉动战略。天津市现有工业基本上分为国有企业与乡镇企业等非公有制企业两大序列。这两大序列的宏观管理从属于不同的政府部门，微观上各有不同的运行机制和经营模式，以至形成同构不协作、并存不关联、竞争不互补、市场不兼容的局面。这是城乡分割的重症，也是推动城乡经济一体化最具潜力的领域。我们认为，应当实行"工业拉动"战略，在工业领域进行重点突破。主要内容有：属于天津支柱行业范围内的城市企业与乡镇企业，实行行业管理，加强联合，优化资源配置，引导集团经营；对城市有规模、有优势、有发展前景的企业，实行以大带小、以城带乡发展城乡之间的联合、联营和专业化协作，提高城乡之间的工业关联度，实现优势互补。上述措施的实行，将会有力地推动城乡经济一体化的进程，加快城乡经济一体化的步伐。

（3）建设城乡统一的市场体系。在市场经济条件下，城乡一体化的实质是城乡市场一体化。因此，建设城乡之间开通融合、同步发展、协调统一、规范有序的市场体系，对于实现城乡经济一体化具有特别重要的意义。从某种意义上说，它是城乡经济一体化追求的目标、实现的途径和最终检验的标准。天津建设城乡统一的市场体系，首先，应该深化产权制度、土地使用制度、社会保障制度等方面的改革，大力培育各类商品市场特别是生产要素市场，因为没有高度的市场化，一体化便失去了意义；其次，进一步理顺管理体制，加强政府的宏观调控职能，要综合考虑城乡社会经济条件，确定总体布局，制定城乡市场建设的总体规划；再次，大力培育信息、咨询和中介组织，对城乡的这类组织在政策上一视同仁，给予平等竞争、竞相发展的机会和条件，并注意改变目前这类组织存在的角色不清、定位偏差、功能不足及运作不规范的问题；最后，城乡统一的市场体系建设要同城镇体系建设结合起来，根据市场发育的趋势和要求，安排卫星城镇的建设，优化市场的空间载体，为城乡统一市场体系创造物质条件。

（4）加强城乡基础设施建设。城乡经济一体化没有高水平的交通条件、通信手段及完善配套的基础设施是不能实现的，因为城乡生产活动联系的紧密性，城乡居民远距离就业的可能性，及居民生活消费行为的便利性，必须有快速便捷的交通体系把城乡联系起来。现代通信技术普及农村的每一个角落，社会基础设施接近城市的发展水平，才能保证农村的企业享受到与城市企业同等的商业机会,才能使居住在农村的人们享受到与城市相似的生活质量,避免人口单一流向城市。所以,应大力加强农村基础设施建设,缩短城乡之间的空间距离,促进城乡空间融合和人口融合,并在此基础上推动城乡经济融合和一体化。加强农村基础设施建设需要全市的统筹安排,做出总体规划,分期建设实施,做到逐年有所发展、有所改善。

(5) 制定城乡统一的发展规划。要加快推进天津市城乡一体化建设,就必须从整个区域协调发展的战略高度,做到高起点规划、高标准建设。把郊区的经济和社会发展融入天津市的整体发展规划中,在全市范围内进行生产力布局调整和重组,将经济发展、工业发展和基础设施建设适度向郊区转移和倾斜。调整城镇布局,做好以中心城区和滨海新区核心区为主副中心、新城、中心镇和一般建制镇组成的城镇体系建设规划。另外,统筹天津城乡经济社会协调发展,不能仅仅依靠市场机制发挥作用,还应充分发挥政府作为行为主体的调控作用。如果仅仅依靠市场机制的调配,人才、资金、技术等生产要素在较长一段时间内还很难自动流向投资回报较低的农村和农业,这就需要政府为此出台相关政策,促进生产要素向郊区流动,加大对"三农"的投入和扶持力度,加快农村城市化进程,以切实保证城乡经济社会的协调发展。

(6) 坚持双轨并进的发展模式。天津滨海新区的开发开放被列入《中华人民共和国国民经济和社会发展第十一个五年规划纲要》,这不仅为滨海新区也为天津市的发展带来了重大的历史机遇。滨海新区正在成为推动天津市及周边地区经济发展的强有力的增长极。在此形势下,要推进天津的城乡一体化建设,无疑应大力加快滨海新区的开发建设,不断提升中心城区和滨海新区的城市功能,以充分发挥两者的辐射功能,带动郊区的工业化与城市化。在中心城区和滨海新区继续走集中城市化道路的同时,也要采取有效措施积极推进郊区的城市化和工业化进程,加快农村劳动力的非农化转移,为城区的发展提供保障和支持。主要措施有:

第一,搞好城镇总体建设规划,避免盲目和低效率的重复建设。建立科学合理的城镇体系。

第二,采取非均衡发展战略,集中相对有限的社会基础设施投资,重点扶持卫星城和中心镇的基础设施和公共设施建设。从而为二、三产业提供良好的发展载体和环境,以加快产业和人口的聚集。

第三,以优化资源配置为重心,鼓励二、三产业向城镇聚集,引导乡镇企业向工业园区集中。

(7) 加快突破发展的体制性障碍。在经济社会加速转型的今天，天津市的城乡一体化建设必然受到以往二元结构体制下一些制度的制约，为此就必须根据形势发展的需要，积极深化改革，打通束缚城乡统筹发展的体制障碍，为城乡一体化发展提供良好的制度保证。

第一，要改革原有的户籍制度，实行有利于人口有序流动的户籍政策，引导鼓励农民向城镇集户。除天津市中心城区应继续实行有控制的户籍管理制度外，其他郊区城镇均宜按自愿原则逐步实行按居住地登记的制度，即主要以居住地为标准划分城镇人口与农村人口。对在城镇安家落户的农民，其子女入学、医疗保障等应与城镇居民享受同等待遇。

第二，要深化土地制度改革。建立土地承包权、使用权的市场流转制度，借鉴苏州、上海等地的经验，遵循"依法、自愿、有偿"原则，探索以农村集体土地作股参与小城镇建设的方法，以保障农民能够长期获得土地开发的收益分配。

第三，加快就业制度特别是农村就业制度改革在城市人口郊区化和郊区人口城市化的新的就业形势下，积极改革就业制度，加快建立统一、开放、竞争而有序的城乡一体化劳动力市场，构建城乡就业信息、网络。要取消对进城农民工的各种限制，要求用工单位对农民工要与城镇居民一样，签订劳动合同，执行最低工资标准，享受同等工资待遇，参加社会保险，切实保障进城务工农民的合法权益。

第四，构建城乡资源要素双向流动的机制。改革现行的相对封闭的行政经济管理模式，加强对城乡要素流动的引导和调控，促进城乡之间优质生产要素的双向流动和有效组合，逐步构建城乡资源共享、市场互动、产业互补的新机制。加强城乡新型服务业对接，鼓励城市大型服务贸易企业到郊区县布点。

(8) 加快推进城乡生态一体化建设。天津市城乡一体化建设，要高度重视统筹城乡发展中的城乡功能协调问题。城市的代表性功能是文化性、现代性、娱乐性和多样性，农村的代表性功能是自然性、情趣性、传统性，在推进城乡一体化建设的过程中应充分考虑二者的特点，使两者有机融合、相互补充，以真正实现城乡功能的协调，促进城乡的建设和发展。另外，要高度重视城乡生态一体化建设，将其作为增强城市核心竞争力的重要方面。在推进城市化的同时，要建立科学的生态环境保护实现机制。坚持生态与经济效益和社会效益协调统一、生态环境建设与经济发展相结合的发展思路，实行城乡统一的环保标准，彻底改变过去忽视农村环境保护的倾向，将中心城区与郊区的生态环境纳入大系统中统一加以考虑，防止生产和生活对环境的破坏和污染。要使传统的城乡污染梯度转移型向城乡生态环境互补型转化，建立生态环境优美的宜居城乡环境，从而为城乡经济社会的可持续发展提供有力的保证。

第十八章
改革与开放

30多年来,天津坚持改革开放,大胆实践,不断探索,建立和完善社会主义市场经济体制,从引领中国工业发展数十年的老工业基地,到中国北方最早的沿海开放城市,再到正在形成中的中国北方经济中心,逐步构建全方位的开放型经济格局,正逐步成为经济繁荣、社会文明、科教发达、设施完善、环境优美的国际港口城市、北方经济中心和生态城市。

一 改革开放成就巨大

30年来,天津坚持改革开放,勇于创新,不断探索、建立和完善社会主义市场经济体制,逐步形成了全方位的开放型经济格局,正逐步成为经济繁荣、社会文明、科教发达、设施完善、环境优美的国际港口城市、北方经济中心和生态城市。

(一) 经济实力显著增强

改革开放30年,是天津经济发展最快的时期。天津地区生产总值以平均每年10.6%的速度增长,特别是1992年以后,天津地区生产总值平均增速达到13.1%,步入了全国经济发展较快地区的行列。2000年以来,天津每年经济增长速度都达到12%以上,平均增速14.2%。全市生产总值由1978年的82.7亿元上升为2010年的9108.83亿元,顺利突破9000亿元。30年来,经济发展日趋稳定。1978年以前,天津年经济发展波峰与低谷之间相差了116个百分点；1978年以后，波峰与低谷之间相差了17.7个百分点，特别是1992年以来，天津经济保持了平稳较快发展势头，波峰与低谷仅相差了5.9个百分点。

（二）发展方式明显转变

天津市紧紧抓住发展的第一要务，不断地探索科学发展途径，努力转变经济发展方式，走出了一条具有天津特色的发展道路。第一，产业结构更加合理。天津三次产业比重由1978年的6.1∶69.6∶24.3，优化为2010年的1.6∶53.1∶45.3。其中，一产比重下降了4.5个百分点，二产比重下降了16.5个百分点，三产比重上升了21个百分点，产业结构更趋合理。第二，科技已成为经济社会发展的重要推动力量。随着科教兴市战略的实施，天津不断加大经费投入，30年来累计获得重大科技成果23862项，其中国家发明奖128项，国家科技进步奖274项。第三，节能降耗成效显著。20世纪90年代以来，天津地区生产总值实现了翻两番，而能源消费仅增加了一倍。全市单位GDP能耗2006年下降3.98%，2007年下降4.9%，2008年下降6.85%，2009年下降6.03%，2010年同比下降1.17%，"十一五"期间累计下降21%，超额完成了国家下达的20%的目标任务。

（三）滨海新区活力尽显

1984年，天津成为中国沿海地区首批开放城市，天津经济技术开发区开始建设，使天津对外经济联系得到空前发展。1994年，天津提出用10年左右时间，基本建成滨海新区。2002年底这一目标提前实现时，天津滨海新区当年实现生产总值862.45亿元，占天津比重达40.1%，极大地提升了天津对外开放的层次和水平。2006年，滨海新区被纳入国家发展战略，推动了新一轮开发开放。2007年，滨海新区生产总值增加到2364.08亿元，占全市比重达46.8%，对天津市经济增长的贡献率超过50%。2010年，滨海新区生产总值突破5000亿元，达到5030.1亿元，辐射功能日益增强。

（四）城市面貌焕然一新

近几年，天津坚持高起点规划、高水平建设和高效能管理，市容环境方面的综合整治力度非常大，一座现代化的都市已展现在人们的面前。

2008年，为迎接北京奥运会，大干150天；2009年，以庆祝新中国成立60周年为契机，又大干150天；2010年，天津开展了奋战300天市容环境综合整治活动。通过新一轮市容环境综合整治，2010年完成整修道路2378公里、楼房1.1万栋，新增提升改造绿化3900万平方米，新建改造提升公园51个，构建城市夜景灯光体系41公里，中心城区基本实现综合整治全覆盖，初步形成了大气洋气、清新靓丽、中西合璧、古今交融的城市风貌。

（五）社会事业全面发展

改革开放以来，天津不断完善社会保障制度，城镇职工基本养老、失业、医疗、工伤和生育保险制度全部建立，新型农村合作医疗取得突破性进展，社会保障水平明显提高。就业人数持续增长，就业规模不断扩大，就业结构不断优化，就业局势保持稳定。公共卫生体系建设逐步完善，突发公共卫生事件应急处置能力进一步增强。科技进步不断加快，综合实力保持全国先进水平。基础教育、职业教育、高等教育均衡发展，走在全国前列。文化体育设施逐步完善，为群众开展各种文化活动提供了良好的载体，提升了城乡居民的文化品位。思想道德建设和精神文明创建活动扎实推进，民主法制建设不断加强，社会安定和谐。

二 滨海新区综合配套改革扎实推进

推进滨海新区综合配套改革试验，是落实党中央、国务院推进滨海新区开发开放战略部署的重要举措。2006年5月26日，国务院下发的《国务院推进天津滨海新区开发开放有关问题的意见》正式批复天津滨海新区为全国综合配套改革试验区，并指出要依照全国发展战略从天津滨海新区的实际出发，先行试验一些重大的改革开放措施，不断拓展改革领域，通过综合配套改革推进天津滨海新区的开发开放。滨海新区在坚持重点突破与整体创新相结合、经济体制改革与其他方面改革相结合、解决当地实际问题与攻克面上共性难题相结合的基础上，基本完成《天津滨海新区综合配套改革试验总体方案三年实施计划（2008~2010年）》，取得显著成效，为加快滨海新区开发开放、保持经济社会又好又快发展提供了强大动力。

（一）金融改革创新取得重大突破

天津金融改革创新通过实施 40 项举措，金融规模迅速扩大，金融创新形成一批新亮点。私募股权投资基金及基金管理企业达 917 家，成为全国股权基金相对集中的城市；融资租赁业务总额达 1453 亿元，占全国 1/4；"融洽会"成功举办了 4 届；建成天津股权交易所、渤海商品交易所、排放权交易所等一批创新型交易平台；将 155 家投融资平台整合为 41 家，建立了"借用管还"良性机制，把风险控制在最低限度。

（二）土地管理体制改革迈出坚实步伐

在土地管理体制改革方面，创新管理方式，提高使用效率，为发展提供了空间。完善了"批、供、用、补、查"制度，有效避免了违法用地现象发生。

（三）国有企业改革不断深化，企业竞争力和发展活力不断提高

积极推进国有企业战略性重组，组建了渤海钢铁集团，市属国有企业集团由 52 家调整为 43 家，1018 户劣势企业平稳退出，56 万职工得到妥善安置。国有企业改制面达 95.3%。大力扶持民营经济发展，实力不断增强，占全市生产总值的比重达 40%。

（四）"两型社会"建设取得实质性进展

在推进资源节约和环境保护制度创新方面，大力发展循环经济、绿色经济、低碳经济。探索建立了北疆、泰达、子牙、临港、华明和中新天津生态城 6 种循环经济发展模式，关停并转了 1000 多家企业，万元生产总值能耗下降 21%，超额完成国家任务。

（五）自主创新能力不断提高

近些年，天津建立了部市合作、院市合作机制，建成了一批重大创新平台，高新技术产业化基地达到 10 个，国家级重点实验室和工程技术研究中心达到 30 个。制订了中长期人才发展规划，实施了科技"小巨人"成长计划，促进科技型中小企业"铺天盖地"发展。

（六）城市管理体制改革取得显著成效

在创新城市规划建设管理体制方面，实现了高起点规划、高水平建设、

高效能管理。成立了规划编制指挥部，制定了"双城双港、相向拓展、一轴两带、南北生态"的城市发展总体战略，高水平编制了119项重点专项规划。完善了"两级政府、三级管理"体制，颁布实施了城市管理规定，形成考核、执法、监督"三位一体"的管理模式，精细化、规范化、法制化管理水平明显提升。

（七）统筹城乡一体化进程取得实效

通过扎实推动示范工业园区、农业产业园区和农村居住社区"三区"联动发展，天津农村工业化步伐加快，31个示范工业园区全面启动，起步区124平方公里基础设施基本完成，建成了一批现代农业示范园区和养殖示范园区。成功探索了以宅基地换房办法建设示范小城镇的路子，全市41个镇开展了试点，建成农民住房1155万平方米，20万农民迁入新居，实现了安居乐业有保障。

（八）开放型经济体系不断完善并取得显著成效

在对外开放领域，创新了东疆保税港区管理体制，制定了北方国际航运中心核心功能区建设方案，已获国务院批复。完善了"大通关"体系，"异地报关、异地报检、口岸放行"的口岸监管体制基本形成。建成了国际贸易与航运服务中心，内陆"无水港"达到18个，实现了港口功能向腹地延伸。

（九）人民生活水平进一步改善

通过创新社会保障体系，在全国率先实现城乡社会居民保险一体化。通过健全住房保障制度，为41万户中低收入住房困难家庭提供了住房保障。通过创新就业再就业模式，每年新增就业40万人。通过加快国家职业教育改革实验区建设，高水平举办了三届全国职业院校技能大赛，完成了海河教育园区一期工程。通过深化医药卫生体制改革，基层医疗卫生服务机构基本药物零差率销售实现城乡全覆盖，药品价格平均下降25%以上。通过加快文化体制改革，促进了文化事业和文化产业蓬勃发展。

（十）政管理体制改革实现突破性进展

在转变政府职能方面，积极推进行政管理体制改革，服务效率显著提高。组建了滨海新区行政区，初步建立起统一的行政体制框架，实现管理体制改革重大突破。行政审批制度改革不断深化，实施审批服务大提速，市级审批事项由1033项减少到495项，现场审批率达到96.5%，审批效率提高80%。

三 开放型经济体系不断完善

改革开放以来，天津努力探索出一条"以开放促改革、促发展"的城市发展特色之路，即把发展开放型经济作为工作的重心，以此带动改革，促进发展。当前，开放型经济已经成为支撑天津经济发展的重要力量，并在天津整体社会经济发展中显示出日益强劲的发展态势。

（一）开放型经济格局基本形成

随着国际资本流动呈现向东北亚转移的趋向以及国内出现"南资北引"的格局，天津市多年来经济增长积聚的巨大能量正在释放。加上天津具备明显的区位优势和老工业基地的雄厚基础，以滨海新区为龙头，以各区县经济开发区为基地的开放型经济格局基本形成。2010年，滨海新区实际直接利用外资70.42亿美元，增长22.2%；外贸出口达244亿美元，同比增长24%；龙头带动作用更加突出。同时，各区县经济开发区的经济增长也呈强劲态势，利用外资的质量不断提高，引资的领域和范围不断拓宽。电子、汽车配件及相关产业新批项目占制造业50%以上。盖世理和、中粮国际、斯伦贝谢和西门子等世界500强项目落户津郊。中央企业、外省市企业和市区工业东移已成为郊区引进内资的三个主要渠道，特别是随着滨海新区的开发开放力度加大，内资进入天津郊区的速度明显加快。这种龙头和龙身的腾跃，奠定了天津开放型经济的坚实基础，促进天津全方位、多层次、宽领域的开放型经济格局的形成。

（二）开放的环境不断改善

开放环境建设是增强天津城市竞争力的重要途径，是关系天津经济发展的大事。天津市委、市政府高度重视优化投资环境，并将此作为扩大开放、发展开放型经济的战略举措，相继出台了一系列改善投资环境的政策措施，着力营造"亲商、安商、富商"的良好氛围，以提升城市竞争力。特别是

2004年以来，天津海关为支持天津地区外向型经济发展和滨海新区开发开放，主动、积极协助地方政府报请国家先后批准设立了天津港保税物流园区、天津东疆保税港区和天津滨海新区综合保税区。加上20世纪90年代国家批准设立的天津港保税区和天津出口加工区，目前滨海新区内已有五种海关特殊监管区，是目前国内海关特殊监管区种类最齐全的地区。为充分发挥天津市环渤海地区经济中心的作用和区位优势，不断完善天津的投资环境，更好地服务全国，吸引国内更多的投资者到天津发展，市政府召开加快开放型经济发展服务月活动，使各级政府和服务部门进一步解决企业的具体困难和要求，切实帮助企业解决实际问题，使天津的开放环境达到一流水平，树立高水平开放的良好形象，形成内外资踊跃到天津、海内外客商云集的局面。

（三）经贸合作交流日益密切

2010年，天津市与兄弟省区市互动合作不断深化，内陆无水港增至18个，全年引进内资规模达到"十五"时期的两倍。高水平举办了夏季达沃斯论坛、"中阿合作论坛"第四届部长级会议、联合国气候变化国际谈判会议、中国国际矿业大会等一系列重大活动，全年举办各类展会150余场，比上年增加15%。埃及苏伊士经贸合作区起步区提前建成，入驻企业26家。对口支援震后重建率先实现"三年任务两年完成"，新一轮支援新疆、西藏、青海、甘肃等工作顺利推进。

（四）招商引资取得突出实效

2010年，新批外商投资企业592家，合同外资额152.96亿美元，增长10.5%；实际直接利用外资108.49亿美元，增长20.3%。新批和增资合同外资额5000万美元以上项目89个，1亿美元以上项目8个。全市有383家外商投资企业增资，外方增资额51.3亿美元，占全市合同外资额的33.5%。香港在津投资项目个数、合同外资额和实际到位额依然名列首位，美国、韩国和日本实际到位分别增长2.3倍、72.5%和62.7%。2010年末在津投资的国家和地区达到50个，世界500强企业达到143家。国内招商引资快速增长，全市实际利用内资1633.82亿元，比上年增长31.5%。大项目继续保持引资主体地位，引进和增资超亿元大项目234个，到位资金1293.18亿元，占全市内资到位额的79%。引进国内500强优势企业累计达 157 家。引资结构更趋优化，引进服务业到位资金 1162.45 亿元，占内资总额的 71%；外地民营企业在津投资 1060.83 亿元，占内资总额的 65%。

（五）进出口总额稳步增长

尽管天津经历了百年一遇的美国金融危机，外贸发展受到严重影响，但天津以敢为人先的气魄和沉着应对的智慧经受了危机的考验。使得进出口贸易总额实现稳步增长。2010 年，全市外贸进出口总额完成 822.01 亿美元，增长 28.8%，扭转了上年的下降局面。其中进口 446.84 亿美元，增长 31.7%；出口 375.17 亿美元，增长 25.5%。对美国、欧盟、韩国、日本等四大传统市场出口分别增长 27.2%、25.5%、28.1% 和 17.3%，合计出口 213.25 亿美元，占全市外贸出口总额的 56.8%。在出口产品中，机电产品出口 262 亿美元，高新技术产品出口 149.8 亿美元，分别占全市出口的 69.8% 和 39.9%，同比分别提高 1.6 个和 0.1 个百分点。

四 面临的新形势新问题

中国特色社会主义是在不断深化改革开放中发展前进的。虽然取得了巨大成就，但妨碍经济社会发展的一些体制性、机制性障碍和弊端还没有完全消除，特别是随着改革开放的不断深入，更深层次的矛盾和问题逐渐浮出水面，改革开放面临更复杂的形势。天津作为一个后发城市，由于传统体制机制的制约和深远影响，改革开放依然面临诸多新矛盾新问题。

（一）行政管理体制改革不到位

目前，天津行政管理体制改革取得显著成绩，但与滨海新区综合配套改革要求还存在较大差距，突出表现在政府职能转变还不到位，对微观经济运行干预过多，社会管理和公共服务仍比较薄弱；部门职责交叉、权责脱节和效率不高的问题仍比较突出；政府机构设置不尽合理，行政运行和管理制度不够健全；对行政权力的监督制约机制还不完善，滥用职权、以权谋私、贪污腐败等现象仍然存在。这些问题直接影响政府全面正确履行职能，在一定程度上制约了经济社会发展，继续深化行政管理体制改革任重道远。

（二）金融改革创新纵深推进面临多重难题

天津金融服务体系还不健全，金融市场发展不够充分，金融改革创新对天津经济社会发展的支撑和促进作用并没有完全显现出来。金融作为基础产业的传导作用和先导产业的引领作用不足，影响了天津在全国金融业影响力的发挥。其次，金融业融资渠道狭窄，直接融资比重低于全国平均水平12个百分点。国家在短时期内批准多个重点发展区域，使得天津金融改革创新的独创性正迅速变淡，在完成了先行先试的任务后，很快陷入激烈的同质竞争中。

（三）对外开放水平和层次还不高

科技创新对天津开放型经济的促进作用不强。从外商投资工业企业的运行过程看，企业所从事的科技活动一般仅限于R&D成果应用，自主创新活动相对较少，以出口驱动经济增长的方式还没有转变为主要依靠技术进步和效率提高驱动经济增长的方式。其次表现在天津对外贸易、利用外资结构集中度偏高。外商投资企业进出口、出口均已占全市进出口、出口的70%以上，比全国平均水平高出20个百分点左右；而国有和民营企业仅占14%左右。外贸出口对摩托罗拉、三星、中海石油等少数大企业依赖程度过高。形成了天津市出口过分依赖外商投资企业的格局，导致天津市外贸出口抗风险能力降低。

（四）经济结构调整艰难前行，急需升级

天津"十一五"产业结构调整取得重要进展，在三次产业共同发展的同时，第一产业稳步发展，第二产业高新产业比重有较大提高，第三产业现代服务业步伐加快、比重上升。但农业离现代化水平还有相当差距；工业提高自主创新能力、改造传统产业、完成节能降耗任务还相当繁重；第三产业发展仍处于相对滞后的局面，现代服务业比重在大城市中依然偏低。当前的经济发展方式仍是以投资拉动为主，内需和出口拉动为辅。"十二五"时期力争转变为内需、投资、出口共同拉动协调发展，实现逐步以内需拉动为主的经济发展方式任务仍相当繁重。同时，天津市的区域发展不平衡依然存在，滨海新区、中心城区和广大区县实现"三区"联动协调发展的任务依然很重。

除了上述一些突出问题外，天津的自主创新能力仍亟待提高，节能减排压力加大；民营经济和中小企业发展活力不够；城市管理还不到位，重点领

域和关键环节改革需进一步加快;群众生活水平不够高,改善民生和发展社会事业的任务仍然繁重。对于这些问题,只有进一步深化改革开放,才能从体制机制上找到解决途径。

五 实现改革开放新突破

深化改革开放涉及经济、政治、文化、社会各个领域,是一项长期的任务。天津要以滨海新区综合配套改革为契机,紧紧抓住深化改革开放的主攻方向,突出优先改革领域,实施以点带面循序渐进的方式,更新观念,创新思路,以改革为动力,实施开放带动战略,着力解决经济社会发展中的深层次矛盾和问题,努力构建充满活力、富有效率、更加开放、有利于科学发展的体制机制。当前天津应重点推进以下领域的改革开放。

(一) 深化行政管理体制改革,加快服务型政府建设

在滨海新区行政管理体制改革取得显著成绩的基础上,天津应突出以转变政府职能为核心,进一步加快服务型政府建设。

一要强化社会管理和公共服务职能。进一步推进政企、政资、政事分开,政府与市场中介组织分开,坚决放开应由企业自主决定、市场机制有效调节、行业协会和中介机构自我管理的事务。完善公共应急管理体制,增强防灾减灾救灾能力。强化安全生产责任,加强食品、药品安全管理。加强社会治安综合治理,依法严厉打击各种犯罪活动,维护社会和谐稳定。

二要认真开展天津市区行政许可服务中心开展服务月活动,按照《关于在市和区县行政许可服务中心开展"加快开放型经济发展服务月"活动的安排意见》,分别在市区两级中心加快投资项目联合审批,解决审批难题,为重点项目建设搞好服务。完善公共财政体系,调整财政收支结构,扩大公共服务覆盖范围,把更多财政资金投向公共服务领域。

三要坚持依法行政。认真做好地方立法工作,切实提高政府立法质量和实施效果。严格行政执法程序,规范行政执法行为。健全行政监督机制,特别要加强对公权力大、与群众利益密切相关部门的监督。坚持科学民主决策,完善公众参与、专家论证机制。推进政务公开,保障市民的知情权、参与权、表达权和监督权。完善决策目标、执行责任、考核监督三个体系,强化政府督查工作,落实行政问责制。

四要大力加强作风建设和廉政建设。大力发扬密切联系群众、求真务实和艰苦奋斗的优良作风，把实现好、发展好、维护好最广大人民群众的根本利益，作为一切工作的出发点和落脚点。切实抓好廉政建设，严格执行中央和市委反腐倡廉的各项规定，落实廉政建设责任制，坚决查处违纪违法案件，严惩腐败分子。[1]

（二）深化金融体制改革，发挥金融创新优势

国务院明确，今后国家的金融改革和创新原则上可安排在滨海新区先行先试。近期将在产业投资基金、创业风险投资、金融业综合经营、多种所有制金融企业、外汇管理政策、离岸金融业务等方面进行改革实验。在控制风险的大背景下，天津金融改革创新应争取国家支持与实际工作推进相结合，拓展金融发展空间和领域。

一要积极寻求国家有关部门支持，将改革创新推向深入。天津应突出重点，争取全国影响。无论各类资本市场还是外汇等方面的创新做法，应积极与国家相关部门沟通，争取国家从推动北方经济发展的整体布局出发，从建设北方经济中心的高度加以支持。

二要进一步研究当前天津市场需求，将金融基本业务做实。天津应在追求全国效应的同时，更多地将金融改革创新的着眼点落在与当地产业需求更紧密的结合上，大力发展与天津现阶段需求相吻合的金融租赁业务，并在此基础上不断突破股权投资基金新发展。

三要注重防范金融风险。金融服务自由化是天津深化金融体制改革创新、逐步建设开放型经济体系、提高国际竞争力的一个重要因素。一方面要积极稳妥地推进金融服务的自由化，适当引进外资银行、保险公司和投资基金，拓展天津对外开放领域；另一方面，应把风险防范放在突出位置，加强和完善金融体系的监管，建立国际金融风险预警机制，防止国际游资冲击国内资本市场，使金融业在总体风险可控、可承受的条件下实现快速健康可持续发展。

（三）深化国有企业改革，不断完善社会主义市场经济体制

深化国有企业改革，以体制机制的创新为发展开放型经济体系提供制度

---

[1] 天津市 2010 年政府工作报告。

保障。为此，应深化国有外经贸企业改革，切实转换企业经营机制，使其成为对外经贸主体。鼓励有品牌的外贸公司与生产企业包括私营生产企业、"三资"企业进行联合，实现优势互补，改组成混合所有制进出口公司。对不具备生产经营条件的国有外经贸企业，依法实施破产。积极培育出口主力军。对于龙头产品及其企业，要制定政策重点扶持，优化布局，促其上档次、上规模。在办好"三资"企业的同时，还要大力引进外资兴办更多的企业，进一步扩大外商投资企业的出口总量。大力扶持民营企业出口，培育出口新主力军。支持和鼓励它们直接参与国际市场竞争，政府的产业政策应更多地通过市场机制和间接引导来加以贯彻。要按照国际惯例，建立和健全符合天津实际并与WTO规则相衔接的经济法律制度。加快改革审批制，提高透明度；抓紧清理和修订相关的法律和政策，并针对当前出现的新情况、新问题，及时制定新的法律和法规（如反倾销、反补贴等）；要尽快学会充分利用WTO争端解决机制，建立与贸易争端解决机制相对应的国内政策程序和绿色贸易壁垒，利用国际规则，保护本国产业及发展环境，最大限度地维护本国、本市企业的正当权益。[1]

（四）深化涉外经济体制改革，着力推动自由贸易港区建设

天津滨海新区在对外开放方面发挥着先导作用，必须深化涉外经济体制改革，促使其成为对外开放的重镇与先锋，这样才有利于加快建设北方国际航运中心和国际物流中心，疏通中国北方各地与世界发展经贸关系的绿色通道。在现阶段，深化涉外经济体制改革涉及推进外贸、航运、物流、口岸、金融、外汇等多方面管理体制改革，特别需要着力加快东疆保税港区建设。要借鉴国际通行做法，发展国际中转、国际配送、国际采购、国际转口贸易和出口加工等业务，探索海关特殊监管区域管理体制创新，实行"境内关外、一线放开、二线管住、区内自由、入港退税"的特殊海关监管政策。要创造条件，逐步发展离岸金融等业务，推动国际通行的自由贸易港区建设，运用最高层次的对外开放形式带动周边和整个北方地区扩大对外开放。[2]

---

[1] 臧学英：《天津发展开放型经济的现状及其战略思考》，《天津行政学院学报》2005年第1期。
[2] 李家祥、张同龙、韦福祥：《天津滨海新区功能定位的意义》，《开放导报》2007年第4期。

## 第三篇
走向世界的天津

第十九章
京津冀与环渤海

当前,环渤海经济圈的发展是人们议论比较多的话题之一,中国东部沿海地区30多年的增长积淀已为中国经济发展奠定了坚实的基础。继长江三角洲、珠江三角洲经济圈大展活力之后,环渤海经济圈正加速崛起,尤其是京津冀地区,有望成为中国经济板块中乃至东北亚地区极具影响力的都市圈,并将成为中国经济增长的第三极。

一 京津冀共同发展的重大意义

从历史上看,京津冀三地在经济和社会发展中始终有着很高的依存度和关联度。近年来,京津冀在互动合作方面也取得了一些成绩,但也面临着很多的问题,主要表现为区域经济联系松散、产业分工不合理、基础设施不能共享、生态环境治理缺乏整体安排、地方利益冲突不断等。因此,京津冀的经济合作势在必行。同时,京津冀的共同发展也对于打造环渤海"第三增长极"具有重要的意义。

(一) 京津冀共同发展的必要性

1. 区域经济发展与地方政府间的利益协调

区域经济协调发展,关键是要协调。由于区域是一个非行政性的概念,经济区划上的区域并不直接与国家的权力结构挂钩,也就是说,经济区域不是国家行政序列之中的。基于此,协调就成为十分重要的手段了。一个系统要有效地实现区域经济协调发展,就要求这个系统必须建立在对区域经济各因素之间，整体性、规律性联系的科学总结的基础之上。

区域经济协调发展，要以发展为目标。发展是执政兴国的第一要务，区域经济协调发展的最终目标是发展，当然这个发展应是区域内各方的共同发展，也就是通常意义上的双赢以至多赢。由此可以看出，从学理上讲京津冀的协调发展十分必要。

2. 京津冀经济联系不紧密，缺乏合理的区域分工

"长三角"经济圈之所以发展快，是因为上海不仅成为全国跨国公司总部和研发中心的聚集地，而且成为"长三角"经济扩散的中心和产业布局的重心。

与长江三角洲、珠江三角洲相比，环渤海经济圈内各城市之间相互联系不够紧密，生产要素流动不够顺畅，区内产业结构雷同，缺乏合理分工与布局，区域经济一体化进程缓慢，蕴藏的巨大潜力不能充分发挥出来。环渤海经济圈之所以"圈"不起来，主要原因还是区域的核心未能尽快形成，还没有建构起整个经济圈的巨大引力场。目前，京津冀地区，各自为战，自求发展。由于核心区域与周边区域的经济势差不明显，周边城市缺乏主动向中心城市靠拢、产业对接的经济动力，无法形成以"龙头"为重心的产业布局和区域分工，产业结构雷同、竞争多于合作便是必然结果。因此，京津冀的协同发展成为客观需要。

3. 京津冀产业结构严重趋同

环渤海经济区缺乏从整个区域经济发展层面上来规划区域的产业分工和地域分工。京津冀，产业分工不合理，制造业布局分散，相互之间缺乏联系，各省市的产业之间的联系程度甚至不及各自与国际经济联系的程度。许多省市都有钢铁、煤炭、化工、建材、电力、重型机械、汽车等传统产业，目前在电子信息、生物制药、新材料等高新技术产业领域又出现趋同现象。根据有关专家的研究，环渤海经济区产业结构相似系数最大的达到 0.943，结构相似系数超过 0.900 的有 4 对。① 例如钢铁工业，各省市都自成体系，相互之间争资源、争市场，重数量轻质量，产品不能满足社会多元化的需要，各自优势都难以得到发挥。因此，从产业布局上看，京津冀有协同发展的客观要求。

---

① 王晓霞：《环渤海地区产业集群升级与区域协作研究》，环渤海区域合作与发展研讨会论文，2008。

（二）京津冀共同发展的可行性

1. 京津冀区域之间的经济联系

（1）京津冀区域经济关系。京津冀区域图显示（见图19-1），从地域经济的依存性看，将北京、天津两个直辖市环绕在中间的唐山、保定、廊坊、秦皇岛、沧州、张家口和承德这7个地级市，是河北省和京津联系最紧密的地区。有关统计数字表明，在20世纪90年代这7个地级市对河北省经

图 19-1 京津冀区域

济增长的贡献率将近60%，是河北省经济发展最重要的区域，它们连同北京、天津一起被人们习惯地称为京津冀北经济圈。该区域是目前京津冀区域经济合作最活跃的地区。近两年来河北省南部的石家庄、邯郸、邢台、衡水四个地区也积极地参与到京津冀的合作中来，使京津冀所包含的地域范围更广。因而形成了所谓的大京津冀经济圈，包括北京、天津和河北省的所有地区，即包括北京、天津，以及河北省的石家庄、唐山、保定、秦皇岛、廊坊、沧州、承德、张家口、邯郸、邢台、衡水等13个城市，区域面积占全国的2.3%，人口占全国的7.23%。①

而本书所指的京津冀经济圈包括北京、天津，以及河北省的石家庄、唐山、保定、秦皇岛、廊坊、沧州、承德、张家口10个城市。从地域上来看也更符合京津冀区域的实际，其合作也就更加符合真正意义上的京津冀区域经济合作。

（2）京津冀区域生态联系。河北省环绕北京和天津两个特大城市，与京津共享自然资源，同处海河、滦河水系。河北省的生态建设将有效减少风沙对京津地区的侵袭，同时在保护水源、治理渤海污染、保证南水北调东线和中线水污染防治规划的实施等方面能发挥举足轻重的作用。

河北省的承德和张家口两市都位于北京的上风上水地区，北京人的生活用水，天津人的生活用水，还有包括河北唐山的生活用水，基本上都来自于这两个城市，张家口和承德共同向北京供水，同时承德又向天津和唐山供水。另外，由于处在上风位置，这两个城市又承担着为北京阻挡风沙、构建生态屏障的责任。多年来，张、承两市为了完成构建生态屏障的任务，当地政府不断加大对水源地保护的投入。同时国家也制定了很多措施、制度，加大水源保护的标准，这两个城市都是北京的水源地，为了保证给北京和天津提供清洁的水源，张、承两市都做出了巨大的牺牲。另外，为了涵养水源，保证首都和天津的安全用水，过去承德地区的农民多数都是种稻田的，后来都改为旱作，导致收成减少。由于要构建生态屏障、阻挡风沙，执行国家的退耕还林政策、退牧还草政策，给当地的农业、林业、畜牧业，主要是畜牧业和农业造成比较大的损失。

从林业生态的角度来看，北京和张家口、承德因为地理位置的关系，处在同一个生态范围之内，彼此之间的生态影响是巨大的，20世纪

---

① 卢彦：《京津冀都市圈合作强化"四个延伸"》，天津政务网，http://www.tj.gov.cn。

70年代启动了三北防护林工程，这是新中国成立以后最大的一项林业生态工程。80年代，在三北防护林的基础上又启动了首都周围绿化工程，由于前几年沙尘暴发生的情况仍然比较频繁，国家对北京以及京张这一带的生态环境治理给予更大的重视，所以从2000年开始又启动了京津风沙园治理工程和返耕还林工程，这两项生态治理工程不仅是我国历史上规模最大的生态治理工程，在世界上也堪称规模比较大的生态治理工程。

（3）京津冀区域经济合作。关于京津冀区域经济问题的研究，自20世纪80年代兴起至今已有20多年的历史。其间，许多学者从不同的角度对这一问题进行了深入的探索，取得了丰富的研究成果。

从京津冀区域经济合作的实践来看，现实意义上的京津冀区域合作是从改革开放后才开始的。1982年，北京市在《北京市城市建设总体规划方案》中首次提出了"首都圈"的概念，这可以认为是在合作设想上拉开了京津冀区域合作的序幕。不久，华北地区率先成立了全国最早的区域协作组织——华北地区经济技术协作会，用以指导企业间的横向经济联合，解决地区间物资调剂等问题，京津冀区域合作在协会的指导下得以正式展开。20世纪80年代末，京津冀区域经济合作进入实质性阶段。1988年，北京市与河北省环京地区的保定、廊坊、唐山、秦皇岛、张家口、承德6地市组建了环京经济协作区，定位为"北京、河北省政府指导下，以中心城市为依托的开放式、网络型的区域组织"，建立了市长、专员联席会制度，设立了日常工作机构。1996年，北京市科委制定的《北京市经济发展战略研究报告》指出，北京周边地区的范围主要包括天津市和河北省北部地区，即以京津为核心，包括河北省的7个市，面积共16.8万平方公里的"首都经济圈"。从此，京津冀区域经济合作进入了一个新的历史时期。为加快推进京津冀区域经济发展的一体化进程，2004年2月12日，国家发改委地区经济司召集北京市、天津市、河北省发改委的负责人在河北省廊坊市召开了京津冀区域经济发展的对策和建议。在会上三地有关官员达成了"廊坊共识"，决定首先选择易于突破的领域开展合作。2005年以来，是京津冀区域经济合作向纵深发展最具实质性的阶段，首钢被批准搬迁至河北省曹妃甸，曹妃甸还被列为国家首批循环经济示范试点单位，三省市高层领导也频频互访，并且在我国建设史上规模空前的投资项目纷纷落户这一地区，天津滨海新区计划在几年内投资达5000亿元。同时，北京至天津、北京至石家庄和秦皇岛等地的铁路、高速公路建设也已拉开序幕。①

京津冀区域经济合作正向深度和广度发展，主要体现在：北京的高新技术成果向河北推广、扩散日益增多；跨行政区的产业转移已经开始；跨行政区的产业链配置初步形成；京津冀"无障碍旅游共识"已初步达成；长途客运开始联合；在机场、港口、跨行政区道路等基础设施建设方面也进行了一些合作；在公共交通业、商业贸易、房地产业、通信、人口和劳动力流动、资本流动、水资源利用、生态环境保护、动植物保护、人工影响气象、食品安全保障体系建设和雪天道路交通应急保障体系等方面也初步显现出一体化发展的势头。

2. 打造京津冀经济圈的基础条件与优势

虽然目前"长三角"和"珠三角"的发展已经走在全国的前面，但无论从历史看还是从现实看，京津冀经济圈与另两个经济圈比较，仍有一些优势。具体而言有以下几方面。

（1）京津冀经济圈有比较雄厚的经济基础。从历史上看，京津冀曾与"长三角"媲美，超过"珠三角"。近代的天津是北方的工业、金融、商业和贸易中心，可谓国际化大都市。天津的发展，带动了北京、唐山、秦皇岛等地的工业发展，形成了一个新的城市经济带。从现实看，新中国成立后，北京由原先的消费城市变成工商业城市，改革开放以来，北京的经济实力与上海、广州并驾齐驱。天津虽然稍显落伍，但它的工业基础还在，实力还在，并在更新改造中逐渐焕发出生机。河北不仅是农业大省，全国最大的小麦和蔬菜生产地，也有门类比较齐全的工业，石家庄制药、唐山钢铁和煤炭、保定胶卷、秦皇岛玻璃等，都有相当的知名度。该区域由于矿产资源丰富，在煤炭、石油、建材等基础产业方面超过另外两个三角区，在钢铁和化工方面与另外两个三角区不相上下，在高新技术产业、汽车制造、金融、商业和贸易等方面，京津两市与"长三角"、"珠三角"的中心城市相当。

（2）京津冀经济圈具有明显的资源优势。该区域有物产丰富的大平原，有太行山脉和燕山山脉纵横作屏障并孕育出林地、草原和水流，有渤海湾漫长的海岸线和若干港口，还有北京、承德、秦皇岛等城市拥有的众多名胜古迹。但该区域的水资源匮乏、风沙大、气候干燥，远不及另外两个三角区气候条件和水资源条件优越。另外，首都北京和天津两大直辖市，有明显的政

---

① 赵国岭：《京津冀区域经济合作问题研究》，中国经济出版社，2006，第86~88页。

治优势，而且聚集了众多的大专院校、科研院所和一流的人才与技术，这是"长三角"和"珠三角"都无法比肩的。

（3）京津冀都市圈具有天然的联系。京津冀三地山水相连，历史上形成的紧密程度不亚于甚至超过另外两个区域，虽然现实中的融合还远不如另外两个区域。但京津冀都市圈必将利用具有的天然联系，加快京津冀的合作和融合。

（三）正在形成中的京津冀城市群空间布局

作为"十一五"规划一个组成部分，京津冀区域发展规划受到各界广泛关注。规划建议中的京津冀经济圈区域的空间布局，将形成以京津为核心，京津大都市轴为增长极，天津、秦皇岛等港口为主要出海口，京津保、京津唐两个三角和京张、京承生态走廊为骨架，以渤海西部秦—唐—津—沧海岸线为增长带，大中小城镇相结合，多层次、开放型城市体系。也就是说，京津冀经济圈城市群空间布局将呈轴向、多边、多核紧密型网络型结构。

北京随着"两轴—两带—多中心"的城市规划总体战略的实施，在东部扇型发展带中，有望将顺义（包括天竺、马坡）、通州、黄村、亦庄等原卫星城或园区核心，发育、提升为具有次中心地位的中等城市（新城）；将榆垡、采育、青云店、宋庄、西集、马驹桥、永乐和大孙各庄等在经济圈中具有区位优势的乡镇，发育、提升为具有亚中心地位的小城市，形成与周边的河北省廊坊、固安、燕郊、安平等城镇互动发展的组团式城市群格局。

而天津市城市发展格局在向北京靠近，《天津市城市总体规划（2005～2020年）》在深化完善天津在1986年确立的"一条扁担挑两头"布局结构的基础上，结合近几年天津城市发展的现状和今后的发展趋势，将京津塘高速公路走廊作为城市主要发展方向，提出了"双城双港、相向拓展、一轴两带、南北生态"的总体战略布局。其中，一轴就是指"京滨综合发展轴"，依次连接武清区、中心城区、海河中游地区和滨海新区核心区，有效聚集先进生产要素，承载高端生产和服务职能，实现与北京的战略对接。依托"京滨综合发展轴"，加强与北京的合作，形成高新技术产业密集带，形成京津冀地区一体化发展的产业群和产业链。两带是指"东部滨海发展带"和"西部城镇发展带"。"东部滨海发展带"贯穿宁河、汉沽、滨海新区核心区、大港等区县，向南辐射河北南部及山东半岛沿海地区，向北与曹妃甸和辽东半岛沿海地区呼应互动。"西部城镇发展带"贯穿蓟县、宝坻、中心城区、西青和静海,向北对接北京并向河北北部、内蒙古延伸,向西南辐射河北中南部,并向中西部地区拓展。通过"一轴两带",拓展城市发展空间,提升新城和城镇功能,统筹区域和城乡发展;进一步加强与北京的战略对接,扩大同城效应。这样可以加强环渤海地区内各类要素的对接和流动,有利于环渤海区域的经济协调。

河北也将在京津冀经济圈的发展中,崛起一批中小城市。目前,围绕京津唐、廊坊、保定、秦皇岛、承德、张家口、沧州等核心城市,霸州、涿州、泊头、高碑店等基础条件好的小城市预计将成为中等城市;大部分县级市达到15万人以上城市规模。

二 京津冀共同发展的途径

(一) 京津合作,共举龙头

北京作为首都,是全国的政治中心、文化中心、国际交流中心,是中国智力最密集的城市,是国家科研院所、全国一流大学聚集地、跨国公司总部聚集地和金融机构总部聚集地,也是全国科技成果、信息最集中的区域。人才竞争力、基础研究能力、科技创新能力以及科技综合实力均居全国第一位,经济综合实力居全国第二位。天津最大的优势在于港口。天津港设施齐全、技术先进,具有发展规模经济的优越条件和较强优势,目前已跻身世界深水大港10强行列。港口连接天津保税区和开发区,是建设与开放自由港的最理想选择。天津的科技竞争力在全国的城市中排名第三位,已经成为国家科技产业化的重要地区。国家北方环保科技产业基地、国家软件产业基地、国家新能源产业基地、国家纳米技术产业化基地等都建在天津。天津高新区作为国家级高新技术开发区之一,已初步形成电子信息、新能源、生物医药、光机电一体化和新材料五大支柱产业,是高新技术成果转化、产业孵化的重要平台。天津还具有吸引、消化和创新的比较优势,开发区已成为外商在中国投资回报率最高、中国最具活力的区域。天津的制造业基础雄厚且商务成本低,在应用技术转化方面具有比较优势。天津的教育特别是培养高技能人才的职业教育处于全国前列。天津有上千平方公里的土地尚待开发,这在特大城市中也是极少有的,为未来发展提供了巨大空间。总之,京津两大都市形成合力，完全有可能打造出与上海实力相当、中国最重要的科技高地、世界一流的发达地区。

（二）打造京津冀北通勤圈和京津塘高科技产业带

构建"双子座"京津冀都市圈，必须强化城际交通网络，迅速完善大城市群之间的交通功能，推动资源要素沿便利的交通网络顺畅高效地流动，形成"点线布局"、大中小城镇相结合的经济带。从世界大都市群的发展来看，以汽车为主的交通骨骼已经不可能支撑起高密度城市群的经济和社会生活。应该尽快形成以通勤铁路和高速铁路以及地铁为主的高速轨道交通体系，打造"一小时"核心圈。两市已启动京津塘城际铁路专线，增建2条京津高速公路，接通京津塘轻轨交通等建设方案。特别是京津城际铁路的开通，使天津到北京的时间缩短到30分钟之内。大大加快了京津之间的联系，形成了京津同城。与此同时，要加快京津塘高速公路的高科技产业带的建设，使其在国内甚至全球占有举足轻重的地位。

目前天津正在规划"13136"通达目标。即：滨海新区核心区内10分钟上快速路或公交站点，滨海新区主城区与中心城区之间实现30分钟通达，构筑滨海生活圈；核心区与京津冀北主要城市之间实现1小时通达，形成京津通勤圈；与京津冀及相邻腹地城市群之间实现3小时通达，形成区域都市圈；与环渤海主要城市及产业区之间实现6小时到达，形成渤海产业圈。

（三）推进京津冀经济整合，构建京津冀都市圈

加快环渤海经济圈建设，首先要积极推进京津冀的经济整合，建设以京津为"中心"，以河北为依托，城市经济职能互补、分工合理、协调发展的京津冀都市圈。京津冀都市圈一旦形成，环渤海地区就有了核心和龙头，就有条件继续推进与辽中南地区和山东半岛的区域合作。

1. 建立合理的区域分工与布局，增强核心区的产业优势

从区域比较优势、竞争优势和区域产业分工的关系看，北京属于知识型地区，高新技术产业和文化产业都具有优势；天津属于加工型地区，轻加工工业、重化工业和高技术制造业具有优势；河北属于资源型地区，采掘业、重加工工业占优势。北京和天津应以发展第三产业、高新技术产业、高端制造业等为主，其他产业为辅，发展成为京津冀都市圈的核心。其中北京应重点发展第三产业，尤其是现代服务业；发展电子信息尤其是计算机网络及软

件、生物医药、光机电一体化、新材料等高新技术产业，使之成为全国科技和高新技术产业化的"龙头"。天津则应利用口岸和外贸基地的条件，发展外向型第三产业，同时重点发展汽车及机械制造、海洋化工、石油化工、现代冶金以及电子信息等高新技术产业，成为同首都北京具有较明确分工的北方经济中心。

2. 加快京津冀区域协调机制建设

目前京津冀之间的协调机制仅限于双边协调。2006年，河北和北京签订了一个合作协议，但主要围绕北京周边的环境保护问题，并没有涉及经济建设与合作；河北与天津的双边协调也仅限于高层互访。因此，国家应制订并实施京津冀区域发展规划，建立区域协调机制，发展京津冀都市圈。在京津冀区域协调发展进程中，应充分发挥中央政府和地方政府的作用。中央政府应着眼于统筹区域协调发展，制订促进区域协调发展的战略和规划，并用这些战略和规划来引导社会或民间力量参与区域发展，发挥它们在推进区域协调发展中的作用。地方政府在制订本地发展规划时应具有区域视角，符合区域总体规划的要求。

改革现行的区域发展协调机制，提高推进区域合作的效率。首先，在现有的京津冀区域协调发展高层论坛基础上，尽快成立由国务院领导、国家发改委牵头、各行政区行政领导参加的京津冀区域协调发展联席会，专门负责研究、编制区域发展总体规划，统筹协调区域合作和一体化的战略决策。其次，在目前各个行政区划各自财政预算基础上，增加经济圈统筹安排公用基础设施投资的制度。再次，根据影响京津冀区域发展的重大问题，就跨行政区的重大项目和具体问题的协调与合作举行三方会谈，寻找三方都能够互利互惠的合作切入点。近期，重点加强资源、环境、基础设施和社会事业项目的合作协调工作，同时把一时难以解决的深层次问题，作为远期协调的重点，逐步加以引导控制。

（四）促进京津冀一体化发展

京津冀一体化发展，就是统一规划布局、协调发展政策、链接市场体系，构建优势互补、利益共享、良性互动的共赢格局。京津冀一体化发展的基本思路是：确立区域统筹和公共服务共享的发展理念，以资源合作开发、优势企业扩张、产业集群发展和科技创新带动为切入点，以开发区、大项目和生态环境建设为载体，充分发挥信息、钢铁、汽车、能源、旅游和临港产业的比较优势，制订发展规划，设立发展基金，建立京津冀利益补偿机制和一体化发展工作机制，着力提高整体竞争力。

1. 促进京津冀产业一体化

"长三角"与"珠三角"地区发展最可贵的经验，就是产业链拉动区域经济联动，形成经济圈。而京津冀地区却没有形成明显的产业链，仅有的几个产品的产业链十分单薄。其原因主要是这一地区长期以来国有企业占主导位置，产业自然是"大而全"。其次是这一区域内的北京、天津两大城市各种产业发展快，产业定位高，但周边地区很低，因此，产业的传递梯度落差大，甚至形成了产业"悬崖"。要解决这一问题，必须要以产业跨地区协作为主线，通过产业链在区域内的扩张和伸展，将区域黏合在一起。各地区依据自身比较优势，实现产业的合理区域分工与协作。要加快构筑合作对接的平台，破除体制、机制约束，推进产业对接、市场对接，积极引导和支持区域内行业及企业间的全方位合作，在加强联合中求发展。要围绕国家赋予京津冀的使命和京津冀的支柱产业，建立重大产业项目统筹协商机制，以资源促联合、以资产促联合、以配套产品促联合、以优势产业促联合，优化区域内社会化分工、专业化协作，推动优势互补，取长补短，联合发展，实现双赢。

2. 促进京津冀市场一体化

在现代市场经济条件下，客观上要求生产要素突破行政区划的限制进行自由流动，因为从系统论的角度看，在开放条件下，每个系统都要与外部进行物质交换和信息交流，形成系统内部及系统间的动态平衡。随着社会的发展，特别是科学技术革命极大地提高了生产力水平，生产跨区域分工日益加强，使区域之间的经济联系日益密切，相互依存日益加深。迫切需要统一的区域市场的建立。然而，与产业统筹布局相比，京津冀统一市场的培育目前仍处于相对初级的阶段。京津冀市场整合，绝不仅仅限于消费品市场，人才市场、科技市场、金融市场都需要在升级中加以整合。

要积极加强市场建设，促进商品、生产要素自由流动。一般来说，产业转移以资本（包括设备等实物资本）、技术、劳动力、信息等生产要素转移为基础，生产要素的跨行政区自由流动是产业转移的基本和必要手段。从区域经济协调发展的角度来说，商品流动只是区域经济合作的初级阶段，而高级阶段的经济合作不仅包括商品流动，还包括生产要素的流动。因此，京津冀经济圈不仅应加强商品市场的建设，取消地方保护，促进商品自由流动，更应重点加强生产要素市场建设，采取各种措施推动生产要素的跨行政区自由流动，提高生产要素在行政间、产业间的配置效率，实现经济圈区域产业结构的优化升级。应通过制度创新，统一市场准入门槛和产品质量认证标准，消除地区贸易壁垒，共同打造一体化流通市场，最大限度地降低交易成本，促进生产要素的自由流动，实现区域间的资源优化配置。

3. 促进京津冀科技一体化

从京津冀经济圈发展来看，京津冀的发展已逐步从最初的商品流动、要素流动向深层次的产业协作、科技协作转变。区域之间的协作也只有依赖科技的实质性协作，才能真正推动产业发展与区域协作。从京津冀经济圈内部来看，科技进步对京津冀经济发展的贡献有所不同。相对来说，科技资源及科技进步状况对京、津社会发展的贡献更高，而对河北的经济社会发展贡献相对较低，其主要原因是影响京津冀科技进步因素的水平不同。因此，加大科技进步对经济的拉动作用对整个京津冀地区的发展有着特别重要的意义。具体来说，就是要以科技创新促进一体化。要持续扩大与京津高等院校和科研院所的合作，积极引进京津的技术和人才，推动企业建立研发中心，产学研结合正在推动制造业集群发展。

4. 促进京津冀港口的整合与一体化

根据国内外的经验，环渤海区域应该重新审视港口的地位和作用。目前，该地区的港口分工合作的格局还未真正形成，各省市之间的陆海空综合交通体系还有待完善，交通网络一体化程度低，严重影响港口和综合交通体系对区域经济的拉动作用。因此，有关各方有必要积极行动起来，对港口产业和综合交通体系优化组合，统一规划，进行一体化管理和经营；合理分工，整合腹地货源市场；大力发展港口关联产业，提高港口企业和综合交通体系的整体效益和竞争能力。从而提高商品和要素的流动速度，以降低流动成本，提高对区域经济的贡献水平。在环渤海中心城市建设一批集批发、零售、仓储、运输为一体的配货中心、商业中心和商品集散地，形成快捷通畅的现代物流网络体系。

因此，在海运方面，京津冀三方应尽快就经济圈内港口开发利用问题进行专题研究和协商，力求在充分挖掘现有港口潜力的基础上，能够以天津港为核心，依托河北秦皇岛港、乐亭京唐港改造和新建曹妃甸港，以及修建京津塘货运高速公路复线和环渤海西部沿海高速公路，构建渤海湾枢纽港群海洋运输体系，进一步加强、拓展北京的出海通道。

同时，要以港口和综合交通体系为支点构造现代服务业基地。环渤海区域港口和交通网密度大、数量多，吞吐量和运输量大。港口在区域经济中发挥着非常重要的作用，它不但能够带动以港口为核心的港航产业及相关产业的发展，也带动第三产业和制造业的发展，并增加就业量，同时还是吸引跨国公司投资办厂的重要区位因素，对当地经济具有巨大的拉动作用。

三 环渤海的振兴之路

环渤海地区处于东北亚经济圈的中心地带，是中国欧亚大陆桥的东部起点之一，也是东北、华北、西北三大区域的交汇点，环渤海地区的发展对于西部大开发和振兴东北，对于解决事关国家稳定的南北和东西差距，具有重要意义。

（一）环渤海的破题之举

1. 做强做大京津冀"龙头"

法国著名经济学家戈特曼（Jean Gottmann）教授1957年提出了"大都市圈"理论，即由一二个大城市或特大城市作为一定行政区域的核心，辐射并带动周边范围内的一批中小城市，连接成为世界范围内有一定影响力、竞争力的区域城市群或城市带。目前我国城市群、都市圈的发展已进入规模化阶段，较为成形并进入实质性规划操作阶段的有"长三角"、"珠三角"和环渤海三大经济圈。

环渤海经济圈是由辽东半岛、山东半岛和京津冀地区20多个城市沿渤海组成的一个城市群或城市带，其中，京津冀地区是环渤海经济圈内起核心作用的都市圈，圈内并立着京津两个区域增长中心城市，它们是环渤海经济圈中的核心地区的核心，对整个环渤海经济圈的发展起着决定性的"龙头"作用。

在中国三大经济圈中，环渤海经济圈的经济实力稍逊一筹。长江三角洲是我国经济实力最强的地区，而"珠三角"次之，环渤海经济圈则相对较弱。

环渤海经济圈发展不快的主要原因是京津未能形成合力，使"龙头"带动力量不强。从区域经济布局的一般规律来看，大城市群的活跃与世界级竞争力的形成，关键在于是否有世界级的超级城市作为龙头或内核。"长三角"之所以发展快，是因为它的中心城市——上海经济实力强大，对区域的带动作用明显。2010年，上海的GDP已经达到16872.42亿元，比环渤海经济圈的中心城市北京和天津分别高出3000多亿元和7700亿元，略低于"珠三角"龙头城市"深、广"两市GDP之和。见表19-1。

表19-1 2010年三大经济圈的中心城市GDP比较

单位：亿元

上海	北京	天津	广州	深圳
16872.42	13777.94	9108.83	10604.48	9510.91

从城市首位度（一般指经济总量居第一位的中心城市与经济总量居第二位的城市的比值）来看，"长三角"中的首位城市上海与第二位苏州的比值为1.84:1，而环渤海经济圈中的首位城市北京和第二位天津的比值仅为1.51:1（见图19-2）。由于单个中心城市的经济总量偏小，加之环渤海地区幅员面积较大，两个城市都难以单独发挥龙头作用。只有京津"双核"联手，共建环渤海地区的京津冀核心区，才能争取尽早进入世界城市竞争的行列，进而有力地带动整个环渤海经济圈的发展。

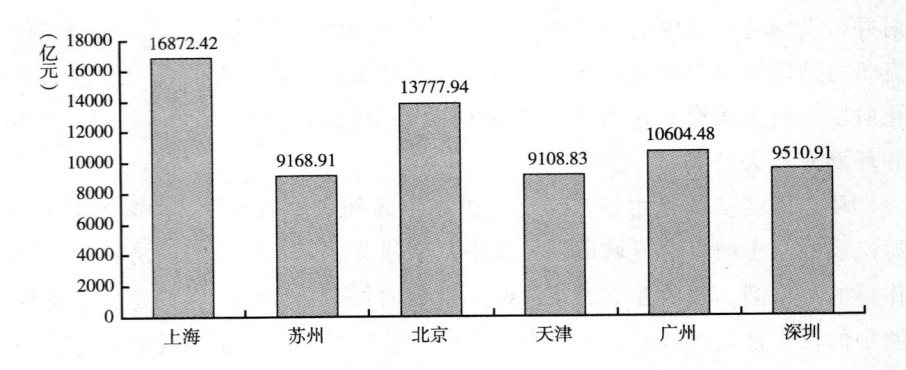

图19-2 2010年三大经济圈的城市首位度比较

从深层原因看，传统体制和观念制约了"龙头"崛起和环渤海经济圈腾飞。两个特大城市为何不能联手？环渤海经济圈这样好的基础和条件为何发展相对滞后？从根本上来说是输在了体制上，输在了人的观念上。京津两大城市各有优势，但二者之间经济竞争的动机强烈，互补合作的动力不足，产业发展协调不够，形成对有限区域资源的竞争。而整个环渤海地区，地跨华北、东北、西北三大区域，没有隶属关系，政策上难以统一，区域联合的协调性较差；行政区域利益主体意识强，各自为政，往往只考虑行政区的利益，而较少考虑区域布局；市场分割，资源垄断，自成体系，恶性竞争，阻碍了各成员之间的要素流动和资源优化配置，难以形成具有国际竞争力和规模效益的分工体系，出现了"圈内沿海地区与国际产业结合却与地区内产业转移相隔离"的畸形现象；国有经济比重大，政府对资源控制、对企业干预的能力过强，缺乏现代市场经济的意识等，这些因素从不同角度制约着环渤海经济圈的发展。因此，环渤海的崛起，必须从做强做大京津冀"龙头"入手。

2. 建立环渤海三大次区域的联系

环渤海经济圈行政区划明显，是一个长期存在的问题。事实上环渤海经济圈在现实中逐渐演变成"一大圈与三小圈"的格局：京津冀、辽东半岛、山东半岛自成体系、各自为战。北京和天津、大连、青岛已俨然成为京津冀、辽东半岛、山东半岛的龙头，然而，三个龙头的辐射区域却相互隔绝。条块分割使得环渤海的优势不能发挥，成本大大提高。从而形成了"一大圈"——环渤海经济圈和"三小圈"。即由京津冀组成的"核心圈"和"辽东半岛经济圈"、"山东半岛经济圈"为两翼的"三小圈"。"三圈"的存在在一定程度上影响了环渤海的合作和发展。其中，"辽东半岛经济圈"、"山东半岛经济圈"内部又存在着两个相互竞争的小圈。辽东半岛实际上又分为大连圈和沈阳圈。山东半岛又有青岛圈和济南圈之分。

环渤海地区各自为政，三大次区域相对独立，造成了地区间过度竞争。环渤海区域的各省份在没有完全形成自身的比较优势之前，难免会展开全方位的竞争。山东、天津、辽宁都做出了各自的部署。天津滨海新区开发开放属国家级发展战略，优势不言自明；辽宁省积极推动以"五点一线"为基础的沿海经济带；山东省则提出了建设胶东半岛制造业基地的发展蓝图，力推以青岛、烟台、威海"小三角"的整合，参与中、日、韩"大三角"的融合。这种地区之间的过度竞争，无疑会给区域开发带来不小的压力。鉴于环渤海区域的特点，在推进区域经济协调发展的过程中应采取分步骤实施的策略。按照国家发改委的构想，首先要发展京津冀都市圈，同时加强与辽东半岛、山东半岛的经济往来。进而形成环渤海以京津冀都市圈为中心、以辽东半岛和山东半岛为两翼，全面参与经济一体化和东北亚区域经济一体化的开发开放新格局。

可见，环渤海的崛起，最重要的是构建京津冀与辽东半岛、山东半岛之间的内在经济联系，实现环渤海的协调发展。

（二）环渤海振兴的目标

环渤海地区是我国北方经济最活跃的地区，是我国对外开放的窗口和对外贸易的重要基地之一。环渤海经济圈处于日渐活跃的东北亚经济圈的中心地带，不但在我国沿海经济发展的格局中起着举足轻重的作用，在东北亚乃至亚太地区国际经济分工协作中也具有重要地位。随着东北亚经济的日益发展，环渤海经济圈的地缘优势进一步凸显。

1. 近期目标

环渤海区域在发展中达成了几项共识：《廊坊共识》、《北京倡议》、《环渤海区域合作框架协议》、《渤海碧海行动计划》及《推进环渤海区域合作的天津倡议》，这些为我们指明了环渤海发展的目标和原则。

环渤海经济圈的近期发展目标是：发挥交通发达、大中城市密集、科技人才集中和煤、铁、石油等资源丰富的优势，以机械、电子、石化、汽车、建筑业等支柱产业的发展和能源基地、运输信道建设为动力，依托沿海大中城市，形成以辽东半岛、山东半岛、京津冀为主的环渤海综合经济圈。

《推进环渤海区域合作的天津倡议》也指出了环渤海的近期发展目标：

——构建一体化市场体系。研究制定生产要素合理流动的市场规则，促进资源、资本、技术、信息、人力的优化组合。消除行政壁垒和市场障碍，共同培育和发展环渤海地区统一、开放、有序的市场体系，积极发展面向区域经济的各类中介机构，加强各类行业协会、商会的建设和协作，增强区域经济活力。

——建立便捷的区域交通网络。统筹规划建设相关重要基础设施，加快区域公路、铁路、海运、航空运输网络的衔接和扩展，尽快形成环渤海地区互联式、一体化交通网络体系。按照国家港口发展总体规划布局，加强港口与港口、港口与腹地之间的分工与协作，鼓励联合建港用港，实现"以群港兴群市"。

——扩大能源与产业合作。推进区域电力、煤炭、石油、天然气等重大能源项目的合作。支持和引导区域产业转移，鼓励和推动优势产业扩张，促进区域产业结构调整和产业布局的优化。鼓励企业进行跨地区、跨行业、跨所有制的重组，发展大型企业集团。加快形成一批自主知识产权、核心技术和知名品牌，提高产业素质和竞争力。优先发展先进制造业、高技术产业和服务业，着力发展精加工和高端产品。发挥区域金融中心城市作用，创新金融品种，发展区域性产业基金。充分利用世界产业梯度转移的有利时机，优化区域投资环境，打造整体招商优势，使环渤海地区成为国际投资的热点地区之一。

——加强科技合作与创新。推动高等院校、科研院所的合作，加强重大科研课题的联合攻关，探索建立区域科技项目合作机制和成果转化平台，提升区域创新能力。建立人才合作交流机制，保障人力资源的合理流动。合力打造区域信息平台，同步加强电子政务、电子商务网络建设，建设环渤海地区城市协调联动的信息服务体系。

——共同治理和保护环境。坚持以人为本，构建资源节约型、环境友好型生态环境。加强区域水污染防治、水资源保护和综合治理，以及大气污染防治、渤海海域污染防治等方面的合作，联合制订区域环境和资源保护规划，建立环境安全预警预报制度和区域环境重大事故灾害通报制度，提高区域整体环境质量和可持续发展能力。

——活跃旅游和文化交流。共同研究制定区域旅游发展战略和市场开发策略，建立区域旅游协作网络，拓展旅游联合体组织的职能，共同构建区域旅游大市场。大力加强城际文化交流与合作，共同营造浓厚的区域文化氛围，提高城市的文明程度。

——完善区域合作机制。进一步发挥环渤海地区市长联席会的作用，推动建立区域高层领导人定期会晤制度，积极促进城市间社会团体、学术机构、行业协会和广大市民的交流与沟通，建立广泛的合作渠道，努力形成多元化、多层次的区域合作体系，为实现我国区域协调发展作出应有的贡献。

2. 远期目标

在中国改革开放和市场经济体制确立的进程中，"珠三角"、"长三角"和环渤海地区三大都市圈先后崛起，并成为国民经济发展的领头羊和区域经济增长的引擎。有关人士表示：近年来三大都市圈内的重要城市都已陆续推出未来发展目标，表明中国经济走向大城市区域特别是向"珠三角"、"长三角"、环渤海地区三大都市圈集聚的趋势日趋明显，三大都市圈将成为中国具有巨大影响力的经济空间。

环渤海地区未来发展的主要目标是：按照中央对环渤海地区发展的总体

要求，经过区域各省市和各城市的努力，率先提高自主创新能力，率先实现经济结构优化升级和增长方式转变，率先完善社会主义市场经济体制，将环渤海地区建设成为世界级的知识经济带、东北亚最大的制造研发基地、国际性贸易物流中心、具有全球影响力的城市经济区域。

对于环渤海地区经济一体化未来的发展目标，博鳌亚洲论坛秘书长龙永图认为应该加快国际化、市场化、城市化的进程。

环渤海地区未来发展的主要任务：一是把环渤海地区确立为中国北方的国际经济、金融、贸易中心，以及中国国际人才中心；二是加速形成功能分工明确、产业体系互补的骨干城市群；三是进一步强化区域经济社会发展的协调与合作，把潜在的资源优势转化为现实的经济优势。

3. 发展原则

加强和深化环渤海区域合作，加快环渤海经济圈一体化进程，应在坚持和落实科学发展观，坚持区域协调和可持续发展的基础上，充分发挥各方的优势和特色，按照"市场主导、政府推动、自愿参与、开放公平、优势互补、互利共赢"的原则，遵循区域经济发展规律，不断拓宽合作领域，拓展区域发展空间，提升合作层次和水平，形成良性互动、共同发展的格局。

《推进环渤海区域合作的天津倡议》指出：合作、共赢、振兴，是环渤海区域经济合作的主旋律，是面对经济全球化和区域一体化的必然选择。区域各城市应建立统一的市场体系、互惠互利的合作机制和便利高效的服务环境，促进要素自由流动和优化组合，实现良性互动合作发展。另外，以城市群为核心，发挥中心城市辐射带动作用，促进城乡一体化发展、区域协调发展，是各城市面临的重要任务。按照国家规划要求，加强城市群内各城市的分工协作和优势互补，增强城市群的整体竞争力。城市无论大小，享有平等发展地位和机会。不同发展特点和水平的城市，应加深理解，相互尊重，优势互补，实现共同繁荣。

在区域经济发展中，必须顺应规律，突出特色，增强综合竞争力。加强区域合作不能靠主观意志，搞人为的行政撮合是不行的，必须按照市场经济的内在规律，充分体现各相关城市的意志，走互惠互利、协作共赢的路子。

在区域经济发展中，必须发挥地方政府的引导和推动作用。环渤海地区市长联席会作为促进区域经济发展的重要载体，顺应社会主义市场经济体制建立和区域经济发展的需要，为企业搭建沟通信息、解决问题、密切合作的平台，创造了进行经济技术合作的有利条件。实践证明，加强环渤海地区经济合作，离不开地方政府的支持。而政府的组织推动主要体现在软硬件的建设上，体现在营造有利于经济合作与发展的大环境上，其中包括打破地域界限，建设统一规划布局的大型基础设施和公用设施；消除体制性障碍，形成规范统一的大市场，促进经济要素自由流动；加强产业政策协调，强化地区分工，避免产业趋同，形成协同效应。要加强各城市之间的统筹协调，使区域内产业布局更加符合市场经济规律。力争在产业结构调整、产品扩散上，特别是以地区性制造业、金融业、物流业、旅游业、信息业等为突破口，形成集约优势，共同开拓市场，争取更大发展。为实现上目标，必须做到以下几点：

首先，应该在中央政府的指导下，成立区域性的协调领导小组，其功能主要是区域内部的统一规划和协调利益，以解决各地方政府平行竞争、缺乏权威的问题。

其次，要根据区域发展的需要适当调整已不适应的行政区划。目前，我国区域经济发展中，一个突出的问题是行政区划对区域经济的影响。由于行政区划的不同，在很大程度上制约着区域经济的发展。因而，有人认为，我国目前存在的是区划经济，而不是区域经济。所以，有必要根据实际的需要调整行政区划。

最后，要改变中央政府对地方政府的考核机制，将区域的协调发展与和谐进步纳入政绩目标，改变地方政府单纯追求本地经济增长的行为策略，以促进区域政府间的协调合作。

（三）环渤海振兴的战略重点

环渤海的发展必须要确立战略重点和切入点，目前的重点就是要加强环渤海的联合。其切入点则是产业布局和分工。而环渤海的发展关键是天津滨海新区第三增长极的打造。

1. 完善区域合作机制，促进环渤海区域联合

大城市群要求各大城市圈的功能有科学的分工，在分工基础上形成紧密的协作。这些分工与协作并不以地域属性为界。这就要求打破这种长期形成的以行政区划为资源配置界限的体制，在环渤海经济圈的建设中引入、培育区域合作机制。

——整合完善环渤海区域合作机制。首先，要整合完善环渤海区域合作机制。高效的区域合作机制是推进区域合作进程的有效途径，这也是区域合作迅速推进的成功经验。环渤海地区要在充分协商的基础上，建立高效务实的合作机制，推动地区合作深入发展。其次，要努力清除市场障碍，从加快推进环渤海地区基础设施的一体化入手，在能源、交通、环保等基础设施建设方面加大规划的衔接力度，整合现有港口、机场、公路等资源，逐步实现基础设施的一体化。再次，要以京津为"引擎"，以山东产业带和辽宁产业带为两翼（"双轮"），形成一个有龙头带动的区域发展功能型组织结构和分工合作的产业带、产业链，奠定从中心城市到外围、从局部到整体的区域发展体系。目前，中国环渤海地区经济一体化的趋势不断加快。京津空港已经实现了一体化，海港和信息港也在走向一体化，整个环渤海地区经济一体化趋势正在加快发展。

——打破行政区划割据，促进区域一体化建设。加快环渤海的发展，必须打破行政区划割据，促进区域一体化建设。我国各级行政区划划分非常严格，行政管理以行政区划为限。政府对区划内的经济活动干预过多、过大。特别是在京津冀，由于国有经济份额较多，国有经济改革难度较大，从而使得行政对经济的干预程度难以降低。同时，由于改革开放以来，我国实行了"分税制"的财税体制，从利益机制上刺激了地方对经济的控制管理。从地方的经济利益考虑，以财权为中心的各自为政成为现实。在这样的体制下，我国的地区经济具有十分强烈的地域属性也就不足为奇了。但大城市群要求各大城市圈的功能有科学的分工，在分工基础上形成紧密的协作。这些分工与协作并不以地域属性为界。这就要求打破这种长期形成的以行政区划为资源配置界限的体制，在环渤海经济圈的建设中引入、培育区域合作机制。应该说，这种新的合作机制是我们所不熟悉的，必须进行大胆探索。既要考虑市场运作机制，也要考虑非市场运作机制。这对我国的行政体制将是一次巨大的撞击，同时也是对市场功能的强化。环渤海经济圈必须顺势而动，适应这种需要，打破行政区划割据，促进区域一体化建设的形成。

2. 加快产业集群升级，提升环渤海地区竞争力

区域主导产业是区域经济发展的主动力，标志着一个区域的产业优势所在，正确选择和培育区域主导产业，在区域经济发展中具有重要的战略意义。环渤海地区经济的高速发展，使其成为当代世界经济增长的中心地区，被称为世界最具竞争力和发展前景最好的地区。世界各国的发展经验证明，区域的发展最终要通过若干个极具竞争力的产业集群来支撑，环渤海地区的持续发展必然通过现有产业集群升级，提升环渤海地区竞争力。

——改造和提升传统型主导产业。从环渤海区域各省市确定的主导产业来看，其中大部分仍为传统产业，这就需要加大高新技术对传统产业的改造力度，提升产业素质和经济增长的质量。用高新技术改造传统主导产业，加强自主创新和全面提升传统产品的科技含量，提高企业和产品的国际竞争力，实现高新技术产业与传统产业的协调发展。

——实施错位竞争，整合产业链条。环渤海地区产业集群的升级，需要发挥区域比较优势，避免过度竞争。要打造集群竞争优势，在环渤海地区确立的主导产业中，化工产业占据主导地位。因此，必须有效协作配套、优势互补，培育环渤海大化工产业集群，建设国际化工产业带。具体分工为：山东的化工产业重点发展石油化工、海洋化工、煤化工；辽宁重点发展煤化工；天津要建设国家级石化产业基地，重点发展石油、海洋和精细化工。北京则主要发展石化新材料产业。

装备制造业作为未来有发展前景的产业，被各省区列为支柱产业。在产业集群升级中，要找准优势环节，重点突破。山东机械设备产业重点发展汽车、船舶和关键设备，突破重点装备产业，重点突破数控机床及数控系统、发电和输变电设备、精密仪器仪表、环保设备、大型施工机械、新型农业机械、大型化肥装置关键设备等 20 类重大装备；辽宁要着力发展基础设备、成套设备和运输设备。

——发挥比较优势，加强产业转移和对接。目前，环渤海正在进行产业转移。京津将不符合城市定位的重化工业和轻纺工业及一般加工业产业转移出去。在产业转移的过程中，河北、辽宁和山东应该做好承接规划，不能盲目地全盘皆收，应该有选择性地接收。要突出本地区和城市的功能和定位、优势和特色，避免各个地区各行其是，造成无序和生态破坏。同时，必须依据本区域的实际情况以及未来长远的发展战略进行理性选择，拒绝那些技术含量低、易于对资源与环保造成压力的产业。另一方面，河北、辽宁和山东在京津产业转移中，不应是完全被动地转移，应该是"双向转移"。京津可以向河北、辽宁和山东转移不再具有比较优势的传统产业甚至部分高技术产业；河北、辽宁和山东也可以通过商品和劳务输出等形式向京津转移绿色农业。

——加强区域协作，建立集群支撑体系。环渤海地区已进入新一轮发展阶段，面临区域经济结构重组与投资协作的重大课题。但由于环渤海地区产业发展与规划缺乏协作机制，加之行政体制的分割和地方保护主义导致的市场分割、资源垄断，仍阻碍着区域间的要素流动和资源优化配置。有数据显示，辽宁省的省际经济交流在与京津冀鲁之间进行的只有10%，山东与京津冀辽的交流只占省经济交流的12%。[①] 协作机制的缺乏使区域联合的意向多于实质性行动，争当"龙头"的倾向依然存在。

作为由政府决定投资方向的产业，在基础设施建设上必须统一规划与协作。基础设施产业的过度投资，所造成的不仅是资源浪费、效率缺乏，而且会影响区域间物流发展和经济整合。港口建设就是突出的一例。这种产业协作机制的缺失和基础设施产业的过度投资削弱了地区参与国际市场分工的竞争力，将影响整个区域的长远发展。

在环渤海地区产业集群的升级中，应当建立大产业集群的支撑服务体系。大力发挥环渤海地区雄厚的人才、技术、研发优势，构建环渤海国际性产业基地的技术平台、信息平台、人才基地、研发基地、咨询中心和金融中心。

3. 充分发挥滨海新区第三增长极"引擎"的带动作用

天津作为环渤海地区的经济中心、环渤海地区经济联合市长联席会的主任城市，在加快环渤海经济圈建设中负有组织、协调、服务、推动等多项职责，特别是要同北京一道，共同发挥区域"龙头"的示范、带动、辐射作用。目前，环渤海地区比较优势正在聚集，发展潜能空前释放。我们要抓住有利时机，加快联合与发展，努力使环渤海地区在中国北方乃至全国发展更大的作用。

十六届五中全会将天津滨海新区纳入国家发展规划，天津被确定为北方经济中心。这种经济中心的地位，客观要求天津与北京一起在加快环渤海经济圈建设中发挥核心龙头作用。

滨海新区是天津实施对外开放和经济增长的龙头地带，在引进外资、技术进步和企业管理等方面代表着天津发展的最高水平，也走在全国沿海开放地区的前列。如果说，天津要成为带动环渤海经济圈发展的"核心城市"或"火车头"的话，那么，滨海新区就是这个"火车头"的重要支撑和强大"引擎"。可以说，滨海新区是天津构建现代化国际港口大都市和我国北

---

① 王晓霞：《环渤海地区产业集群升级与区域协作研究》，环渤海区域合作与发展研讨会论文，2008。

方经济中心、环渤海经济中心的制胜之举。因此,必须加快滨海新区的建设,打好滨海新区这张牌。滨海新区要更多地引进消化吸收世界先进技术,并把自主创新与消化吸收结合起来,构建具有世界水平的技术与产业高地,成为天津高新技术的"辐射源"和环渤海经济圈的强大"引擎",并担负起衔接中国"三北"地区与东北亚经济的重要桥梁。这是环渤海的希望所在,也是环渤海的必然选择。

第二十章
依托北方腹地与面向东北亚

随着经济全球化趋势的深入发展，积极推进区域间经济合作，已经成为世界经济不可阻挡的发展潮流。在东北亚经济区域中，天津地处环渤海区域的中心位置，是我国重要的综合性港口城市和东北亚地区的重要港口城市。21世纪，天津要以高标准、高水平、新理念，立足环渤海，辐射"三北"，面向东北亚，增强服务功能，提高服务水平，努力建设成为现代化国际港口城市和北方经济中心。

一 依托环渤海和中国北方

（一）环渤海是天津崛起的重要依托

1. 环渤海是天津再次崛起的重要支撑

环渤海地区位于中国沿太平洋西岸的北部，是中国北部沿海的黄金海岸，在中国对外开放的沿海发展战略中占重要地位。环渤海地区与全国其他经济区相比，具有五大比较优势：一是地理区位十分优越，处于东北亚经济圈的中心地带，独特的地缘优势，为环渤海区域经济发展、开展国内外多领域的经济合作，提供了有利的环境和条件；二是自然资源非常丰富，拥有丰富的海洋资源、矿产资源、油气资源、煤炭资源和旅游资源；三是海陆空交通发达便捷，是我国海运、铁路、公路、航空、通信网络的枢纽地带，成为沟通东北、西北和华北经济和进入国际市场的重要集散地；四是工业基础和科技实力雄厚，工业资源优势与科技人才优势必将对国际资本产生强大的吸引力；五是形成了一个实力较强的骨干城市群，以京津两个直辖市为中心，以大连、青岛、烟台、秦皇岛等沿海开放城市为扇面，以沈阳、太原、石家庄、济南、呼和浩特等省会城市为区域支点，构成了中国北方最重要的集政治、经济、文化、国际交往和外向型、多功能的密集的城市群落。[①] 在国际经济中心不断向亚太地区转移的大趋势下，环渤海地区蕴藏着巨大的发展潜力，是天津再次崛起的重要支撑力。

2. 天津崛起必将推动环渤海地区振兴

（1）天津崛起有助于实现环渤海地区经济发展。长期以来，环渤海地区发展"龙头"不强，区域内各城市之间相互联系不够紧密，生产要素不够顺畅，产业结构雷同，缺乏合理分工与布局，区域经济一体化进程缓慢，蕴藏的巨大潜力无法充分发挥出来。天津地处环渤海中心，是京津城市带和环渤海城市带的交汇点，交通便捷，港口功能突出，资源较为丰富，制造业发达，经济发展迅速。作为北方和环渤海地区的经济中心，环渤海地区经济联合市长联席会的主任城市，在加快环渤海经济圈建设中负有组织、协调、服务、推动等多项职责，天津应该联合北京共同发挥区域"龙头"的示范、带动、辐射作用。特别是滨海新区被纳入国家发展战略，加快滨海新区开发开放，可以更有力地促进京津冀地区的经济合作，有效提升环渤海地区的对外开放水平，进一步形成以京津冀为经济核心区、以辽东半岛和山东半岛为两翼的环渤海区域经济共同发展的大格局，促进环渤海地区经济一体化发展。

（2）天津崛起有助于推动京津冀都市圈的融合发展。京津冀都市圈由北京、天津以及周边河北省的石家庄、唐山、秦皇岛、保定、张家口、承德、廊坊、沧州8个城市组成，是我国具有首都地区战略地位的重要城镇密集地区。推动京津冀都市圈融合发展对促进这个地区城乡空间协调发展，统筹区域人口、资源、环境以及重大基础设施布局，统筹沿海开放开发重点地区的空间发展，增强京津冀都市圈的综合承载能力和辐射带动作用具有重要意义。在国家打造环渤海"中国经济第三极"的战略背景下，京津冀都市圈的一体化进程也进入关键时刻。作为区域核心城市，天津具

---

① http://www.enorth.com.cn.

有良好的经济基础，人才、科技竞争力也较强。从空间区位、贸易地位、经济基础、市场载体等多方面来分析，天津都具有足够优势成为依托港口带动京津冀都市圈经济发展的龙头，对周边地区的辐射力和带动力不断增强。特别是滨海新区具有优良的天津港口和较强的国家级经济开发区，现在已经成为天津经济的新的增长极，正成为杠杆撬动京津冀都市圈的向心力。随着京津冀10座城市之间合作与交流的日益密切，一个总人口约8000万人，地区经济总量约30000亿元、占全国经济总量9.7%的京津冀都市圈正在逐渐形成。

（3）天津崛起有助于协调辽东半岛、山东半岛的有序发展。2009年7月，国务院通过了《辽宁沿海经济带发展规划》。包括大连、丹东、锦州、营口、盘锦、葫芦岛等沿海城市在内的辽宁沿海经济带，将整合港口资源，完善我国沿海经济布局，促进区域协调发展和扩大对外开放。2011年1月4日，国务院批复《山东半岛蓝色经济区发展规划》，山东半岛蓝色经济区建设正式上升为国家战略，成为国家海洋发展战略和区域协调发展战略的重要组成部分，对充分发挥山东地方特色和优势，将起到非常重要的作用。天津作为北方经济中心，应充分发挥环渤海地区的"龙头"作用，带动辽东半岛、山东半岛竞争而有序发展。一方面辽东半岛、山东半岛港口众多，势必造成各个枢纽港之间的腹地竞争和货源争夺，各个港口的腹地的扩大造成了腹地相互交叉、相互重叠，同时各个支线港口之间也在争夺腹地甚至与主要港口进行腹地和货源争夺。天津崛起有利于发挥"龙头"协调作用，合理分配货源和划分各港口腹地范围，促使环渤海地区港口作为整体进行调整和总体规划，增强港口运输体系的宏观调控和共同发展。另一方面，以辽东半岛、山东半岛、京津冀为主的环渤海滨海经济带产业同构性强，严重破坏了环渤海经济的互补性，阻碍了区内经济的扩散与关联程度，影响了区域产业链的形成以及区域经济的整体发展。天津崛起有利于形成北方经济发展的第三增长极，通过制定产业发展总体规划，明确各自的产业结构发展方向和支柱产业，形成环渤海区域合理的产业分工体系，增强以天津为"龙头"的内在凝聚力，提高国际竞争力。

（二）中国北方从历史上就是天津发展的重要腹地

天津作为中国北方最大的沿海开放城市，是华北、东北、西北和中原地区十多个省市的最大出海口岸，在承东启西、承内启外中发挥着极为重要的作用。中国北方的粮食、棉花、畜产品、石油、煤炭、轻纺产品等，通过天津运往世界各地；国外的资金、设备、技术和各种商品，通过天津进入中国北方市场。

1. 广阔北方是天津再次崛起的重要腹地

天津市地处华北平原东北部、环渤海湾的中心，东临渤海，北依燕山，拥有 200 多万平方公里、3 亿多人口的辽阔腹地，包括华北、西北和东北、华中地区的一部分。其直接经济腹地包括天津市、北京市、河北省和山西省，间接经济腹地通过综合运输网延伸至陕西、甘肃、宁夏、青海、新疆、内蒙古、四川、西藏等省区和蒙古国的部分地区。

历史上，天津开埠虽然在形式上带有强烈的被动色彩，但其客观内容却是直接地促成了天津港及其腹地与国际市场的接轨。天津开埠之前，北方的经济结构以传统的农、牧、工、商业为主；开埠之初，这些产业的商品化程度有了一定的发展。到 20 世纪以后，腹地农、牧、工、商各业的内部结构进一步调整，向着市场化与外向化的进程又迈进了一大步，腹地贸易也逐步从地区性和内向性的物资交流，向着更加广阔的全国性和国际性的市场流通迈进，以天津为终点的外向型市场网络体系在北方广大地区逐步架构起来。例如 1908 年，天津港商品的直接出口总值为 1544678 关平两，土副产品则达 879077 关平两，占天津港出口总值的 56.96%；畜产品的出口值为 384094 关平两，占整个出口总值的 24.84%。第一次世界大战以后，天津腹地的整个出口状况又比战前有了更大的改善。1919 年时腹地农产品的出口值增长到 14243807 海关两，占该年天津整个出口总值的 58.28%，此后这一比例虽然由于其他产业外向型经济的发展而稍有降低，但出口数值从整体上看却在上升。[①] 腹地产品由天津港口出口，成为天津港对外贸易的重要支柱。天津港作为腹地产品输往外地和外来产品进入内地的通道，也使天津港口城市的作用得到进一步加强。

进入 21 世纪，根据"长三角"、"珠三角"的发展经验，天津要实现国际航运中心的目标，成为北方经济中心，除加强与环渤海地区的经济联系外，还应该将我国广大北方地区纳入其广泛的经济腹地，与北部地区经济形成良好的经济互动，互相促进，共同发展。有了这样的腹地，物产才

---

① 吴松弟、樊如森：《天津开埠对腹地经济变迁的影响》，《史学月刊》2004 年第 1 期。

会丰富，港口输出才会有充足的货源，港口的大量输入才会有动力。2007年，天津港直接经济腹地GDP达到4937亿元，间接经济腹地GDP达到2.7万亿元，70%左右的货物吞吐量和50%以上的口岸进出口货值来自天津以外的各省区。天津港发达的腹地经济有利于生成大量适宜货源，有效推动天津港持续、快速发展。到2020年，天津港年货物吞吐量将达4亿吨，集装箱吞吐量达2000万标准箱，步入世界一流大港行列。因此，要提升天津的实力，带动腹地的经济发展，就必须注重与腹地建立经济联系。

2. 天津崛起必将带动中国北方经济振兴

（1）滨海新区带动辐射作用的发挥有助于北方经济的发展。天津滨海新区作为环渤海经济的核心地带和龙头，正在与整个中国北方经济紧密地联结在一起。滨海新区开发将会"激活"环渤海地区，辐射和驱动中国北部地区的经济发展。首先，滨海新区可以发挥承东启西的作用。滨海新区地处我国北方，是辐射东北经济板块和西部经济板块的枢纽，对内、对外开放"两个扇面"的轴心；滨海新区是西北地区最近的出海口，是西北与东北交流的必经之地，将有力辐射带动西北部开放，加快西北部地区融入经济全球化进程；滨海新区是东北连接华东、华南的咽喉，是世界走向中国北方的门户。其次，滨海新区一方面贯通南北，另一方面连接内外。近年来，天津滨海新区的开发和建设，带动环渤海区域以及北方地区参加国际经济循环的窗口、通道和枢纽作用更加突出，天津口岸出口的商品中有2/3是为华北和西北地区服务的。环渤海地区和中国北方可以通过天津滨海新区走向东北亚、走向世界；世界通过天津滨海新区可以走向中国。[①]

（2）国际航运中心带动辐射作用的发挥有助于北方经济的发展。国际航运中心是港口高度集约化的产物，是经济、金融、贸易中心的基本依托和基础，是一个国家参与国际经济交往和国际航运市场竞争、发展本地经济的重要枢纽。经过十几年的建设，天津滨海新区作为中国北方高度开放的标志性区域和经济发展的龙头，已经成为面向世界，辐射华北、西北和东北的国际贸易窗口和国际航运中心，其功能正在由货物运输中心、商业和工业服务中心向以物流中心为载体，集国际商品、资本、信息、技术等于

---

① 价值中国网：《天津崛起，使命与挑战》。

一体的资源配置型中心发展，在服务范围、服务方式等方面不断延伸至新领域，发挥商业服务扩展和价值增值效应，带动"三北"地区产业结构调整，建立新型产业，提升创新能力，以此缩小产业结构层的区域差距。[①]为推进区域物流协作区的建立，加速港口功能向内陆腹地的拓展和延伸，天津港还积极实施内陆"无水港"建设，使内陆地区所有的进出口贸易均可在当地的无水港口实行报送、报验、签发提单等一站服务。目前，天津港已经与北京、石家庄、郑州和包头等地签订了"无水港"项目的合资协议。内陆"无水港"的建设，将进一步扩大腹地口岸直通，实现港口功能、保税功能以及电子口岸功能在内地的延伸，提高服务效率。与此同时，天津港为适应腹地经济发展需求，加大港口调整力度，形成了以集装箱、原油及制品、矿石、煤炭为"四大支柱"，以钢材、粮食等为"一群重点"的货源结构。目前，天津港已成为环渤海地区规模最大、适应性最强的综合性港口。

二 东北亚区域合作潜力巨大

东北亚地域辽阔，包括中国、日本、韩国、朝鲜、蒙古及俄罗斯的远东地区，即整个环北太平洋地区。进入21世纪，东北亚区域经济合作日益活跃并取得积极进展，利益的共同性和需求的互补性成为东北亚区域经济合作的两大根本支柱。目前，东北亚已是世界贸易和外向型经济发展最为活跃的地区之一。东北亚各国对外贸易总额约占亚洲的40%和世界的10%，东北亚区域内贸易占其贸易额的比重仅为20%左右。一方面东北亚经济已充分融入世界经济；另一方面东北亚区域各国的合作空间极大。东北亚正以优越的地理位置、丰富的资源、多层次经济结构和巨大发展潜力引起国际密切关注。

（一）东北亚区域合作成绩显著

1. 东北亚区域交流合作平台日益宽阔

截至2010年9月，东北亚投资贸易博览会已成功举办六届。东北亚博

---

① 武超：《天津港北方国际航运中心建设与其腹地互动研究》，《当代经济（下半月）》2009年第3期。

览会是集商品贸易、投资合作、会议论坛、文化交流为一体的综合性展会，博览会期间举办东北亚经济合作论坛、东北亚五国商务周（日）以及投资合作、经贸洽谈等方面的专业国际会议，为东北亚区域合作提供了更高层次的交流合作平台。

2. 图们江地区国际合作开发迈上新台阶

图们江地区国际合作开发涉及中、俄、朝、韩、蒙、日等国，是当前全球经济最具发展活力的区域之一，该地区的经济发展对整个世界经济发挥着重要作用。2009年11月18日，国务院批复《中国图们江区域合作开发规划纲要》，通过与俄罗斯以及朝鲜的国际合作，推动图们江区域合作开发再上新台阶，营造东北亚地区和平发展的国际环境。

3. 多边金融合作机制已经构建

面对复杂多变的世界经济形势，东北亚各国在能够共同接受的框架前提下，建立多边金融合作组织机制和东北亚合作开发银行成为必要。2008年10月，第十七届东北亚经济论坛在天津滨海新区举行，并发表了《天津滨海宣言》，决定制订一个行动计划来推动东北亚合作开发银行的设立，进一步加快东北亚经济一体化进程。

4. 中、日、韩三国环境合作日益深化

在环境合作领域，中、日、韩三国从1998年在韩国首次召开三国环境部长会议以来，以后每年都召开一次三国环境部长会议。此外，随着近年来国际石油价格大幅上升，能源供应与能源安全问题突出，东北亚各国都在积极寻求国际合作。东北亚地区正在通过经济、交通、能源等诸多领域的合作，促进政府做出决策，促进东北亚六国探讨不断扩大区域性合作领域。

（三）东北亚区域合作面临的机遇与挑战

世界经济正在经历复杂和深刻的变化，国际金融危机导致世界贸易需求明显萎缩，对区域贸易投资合作造成了冲击，但东北亚国家之间经济的互补性强，区域一体化的趋势没有改变。特别是进入21世纪之后，东北亚国家政治经济形势发生了一些新变化，为区域经济发展与合作创造了更好的外部环境。

1. 东北亚区域合作面临的机遇

区域合作发展方面，随着经济全球化不断推进，区域一体化进程不断加快，世界各大洲和各地区相继成立了不同层次和不同形式的区域性经济集团，欧洲、北美先后成立了欧洲联盟（EU）和美、加、墨自由贸易区（NAFTA）。全球经济一体化的发展趋势使得区域性经济集团越来越成为国际经济关系中的主体，为东北亚区域经济合作提供了机遇。[①]

国际政治方面，东北亚地区政治形势有所缓和，缓和与稳定成为当前东北亚地区形势的主流。进入 21 世纪，东北亚各国都谋求建立和保持有利于经济发展的安全环境。它们都把谋求稳定的周边安全环境放在国家安全和发展战略的首位。爆发大规模武装冲突的可能性大大降低，保持稳定、促进发展已成为该地区形势发展的主流。

国际经济方面，东北亚地区的经济合作不断加强，经济因素在该地区安全中的作用日渐突出。在东北亚各国的经济体制改革中，各国互相取长补短，进行广泛的区域经济合作，中国的崛起和俄罗斯的市场经济改革为这一地区提供了巨大的劳动力市场和投资空间，日本、韩国的技术和资金在这个市场上得到了增值和扩展，而其所缺乏的能源及土地资源、矿产资源和农牧产品等其他资源则可以从广袤的俄罗斯远东地区和中国获取。这些共同构建了东北亚经济圈的良性发展趋势。

2. 东北亚区域合作面临的挑战

目前，东北亚开展区域性国际经济合作仍然面临着几个结构性障碍，即东北亚地区社会制度的东西方对立结构；经济体制的东西式不对称结构；经济发展水平的南北不对称结构和相互关系上错综复杂的矛盾结构。由于现行体制、地区既得利益等方面因素的影响，使这一地区的联合与协作仍处于低层次、低水平、松散式的状态中，未能形成区域经济发展的合力。在对外交往上，未能形成具有地区特色的"大兵团联合作战"的态势，环渤海地区与东北亚各国间的合作与交流，在学术界还处于探讨阶段，其理论的支撑尚未确立或尚未完善起来；在认识上，尚未达成促进区域发展和进行区域整体对外开发的共识，缺乏战略发展眼光，尚带有一定的地方经济色彩，从而在一定程度和范围上抵消了区域性综合优势的发挥。[②]

---

① 陈龙山：《东北亚经济合作的现状及前景》，《当代亚太》2003 年第 10 期。
② 易志云：《天津参与东北亚合作推进物流业发展研究》，《天津财经学院学报》2003 年第 1 期。

三 天津在东北亚区域合作中的新作用

天津地处东北亚的中心位置，东面临近朝鲜、韩国和日本，北面相距蒙古和俄罗斯很近，西面背靠中国北方广大地区和独联体国家，而且处在中国北方对内对外开放两个扇面的中心位置，可以在东北亚经济运行中发挥枢纽作用。通过天津为端点的三条亚欧大陆桥，可以把亚洲与欧洲、太平洋与大西洋连接起来。在东北亚沿海城市中，天津的腹地最为辽阔，拥有中国北方200多平方公里面积和3亿多人口的地区，蒙古和中亚、西亚一些国家也把天津作为出海口，这是东北亚城市中所特有的。东北亚的合作与发展需要重视和依赖天津发挥更大作用，天津滨海新区的进一步开发开放则为东北亚的区域合作与发展提供了新的契机。

（一）天津与东北亚区域的合作关系

天津经济发展与东北亚其他地区有着多方面的互补关系。东北亚是世界上生产要素和产业结构互补性最强的区域，天津与东北亚其他国家和地区存在技术结构、产业结构和自然资源的互补关系。在技术水平上，日本和韩国有些城市处于较高层次，天津在中间，东北亚还有很多中小城市和经济较不发达的地区。天津既需要也有条件承接日、韩技术的梯度转移，并发挥承上启下的作用，通过天津可以把成熟技术向广大内陆地区转移。在工业结构上，日本正在从重化工向高新技术转移，天津则正处于重化工发展阶段，可以承接东北亚一些发达城市和地区的产业梯度转移。同时，在IT技术及产品方面，天津可同日本、朝鲜联手同步发展。在产业类型上，日本、韩国主要是加工型产业，在中国北方广大地区和蒙古、俄罗斯远东地区主要是资源型产业，而天津处于这两类产业地区的中转位置，一方面可以把内陆地区的丰富资源转向日、韩等资源比较缺乏的地区；另一方面又可以把加工产业地区的产品、技术、资金转向内陆地区。[①]

（二）努力发挥天津在促进东北亚区域合作中的辐射作用

天津要成为一个国际性的城市，首先要成为东北亚的核心城市。因此，

---

① 吴敬华：《天津崛起》，天津人民出版社，2009，第281~289页。

努力增强天津对东北亚地区的服务功能，使其具备更强的综合实力和辐射功能，成为一个位居东北亚中心地带的功能完善、运转灵活的服务中心和枢纽城市，对推动东北亚各国经济交往、提供多方面的便捷高效服务、促进东北亚地区的繁荣与发展有着重大作用。特别是滨海新区更要以积极的姿态融入东北亚区域发展、服务区域发展、推动区域发展，成为区域经济发展的强大引擎，把滨海新区建成东北亚和世界级新区。

1. 发挥天津滨海新区对外开放的门户作用，进一步扩大东北亚的自由开放度

随着国家把地处环渤海地区中心位置的天津滨海新区确立为国家综合配套改革试验区，滨海新区的开发开放已经由地区发展战略上升为国家发展战略。作为当今世界经济发展最活跃的东北亚地区中心地带和欧亚大陆桥的东起点，滨海新区在发展中将面向东北亚的需要积极制定和调整自己的发展战略，努力建成东北亚的自由贸易区。一方面，要将滨海新区内的天津港、经济技术开发区、保税区连成一体，积极与世界接轨，构成自由贸易区的基本骨架；另一方面，要加快滨海新区开发开放，大力加强贸易设施建设投入，使其成为中国和东北亚各国、南方和北方、亚洲和欧洲商品物资的集散中心，为各国商家、企业家提供方便，减少交易成本。滨海新区建设自由贸易区战略顺应了经济全球化和贸易自由化的大趋势，是东北亚区域对外开放战略的重要组成部分，也是拓展对外开放广度和深度、提高开放型经济水平、深层次参与经济全球化进程的重要举措。把天津滨海新区建设成为东北亚自由贸易区，将为活跃和繁荣东北亚经济发挥重要作用。

2. 完善现代金融服务业，推进东北亚银行建设

一项研究结果显示，升级与发展东北亚地区的基础设施，需在未来15～20年内每年投入70亿美元，而现存的国际发展金融机构提供资金的最大上限离要求还有约50亿美元的缺口。[①] 仅靠世界银行、亚洲开发银行等提供的金融资源，远不足以满足这些融资需求。建立东北亚银行，利用多边银行的融资机制，不但有利于淡化国别色彩，减少摩擦矛盾，而且有助于加快跨国能源、交通等重大合作项目建设，推进整个东北亚地区经济的合作与发展。天津作为现代化的港口城市，金融业历史悠久，在历史上就是中国北方

---

① http：//www.360doc.com/content/06/0305/21/244_75827.shtml.

的金融中心，有发展商业银行的良好基础。早在20世纪40年代，在金融街上就有49家国内外银行，其中12家国内银行的总行设在天津，由270多家国内外保险机构，还有功能完备的证券交易所。因此，天津全力推动组建东北亚银行责无旁贷。首先，随着天津滨海新区开发开放上升为国家发展战略，滨海新区要充分利用国家给予的金融支持政策，加快推进金融体制改革，先行先试，自主创新，为东北亚银行组建提供示范作用；其次，要充分利用天津举办东北亚经济论坛的机会，加强与东北亚各国的沟通与协调，围绕东北亚地区的能源、交通、金融、环保、物流、技术转让、贸易与投资自由化和地区开发等问题进行探讨，致力于推动东北亚地区的经济合作和开发，努力提升天津在东北亚地区的影响力；再次，在东北亚经济论坛指导下，积极发挥东北亚金融合作研究中心的作用，依托南开大学综合优势，对设立银行问题进行充分的研究和论证，加强东北亚各国金融人士的相互交流，为筹建东北亚银行做好前期准备工作。

3. 发挥天津物流集散功能，促进东北亚地区的繁荣与发展

天津作为中国北方重要的港口城市和经济贸易中心，近年来一直把发展现代物流业作为调整经济结构、促进经济发展的重要举措，采取多种措施组织推动现代物流发展工作，努力把天津建设成为北方国际航运中心，为推动日、韩、朝、俄、蒙等国的经济往来，提供更便捷、更高效的服务。第一，天津要着力加强综合交通基础设施建设，积极推动国际航运中心和国际物流中心的建设。在空港方面，加快把京津城际高速铁路引入滨海国际机场，推动与北京机场进行更深入的战略合作，在软硬件两方面推动天津滨海国际机场成为国际一流空港，更大发挥机场对东北亚的服务作用；在海港方面，以建设北方国际航运中心为目标，加快集疏运立体大交通、大物流网络建设，增强港口国际竞争力，大力加强与环渤海港口的合作，加强中西部无水港建设，建立战略合作联盟，互相支持、互相补充、共赢发展；在铁路方面，以滨海新区为中心，在现有项目的基础上，加快环渤海铁路建设，形成高速大铁路网络；在公路方面，进一步完善高速公路网；在水路方面，大力发展高速客运和滚装运输，加快国际邮轮母港的建设，以天津港为中心，促进环渤海和东北亚形成多层面、多形式的海上现代交通网络。[①] 第二，天津要依托区位优势和综合运输体系优势，进一步增强以远洋运输、航空货运、国际中

---

① 张志强：《大力提升滨海新区在东北亚经济格局中的地位》，《港口经济》2009年第9期。

转、多式联运、配送、信息服务等为主体的物流枢纽地位，提高天津物流服务的国际、国内辐射能力，形成以港口为龙头、国际物流为重点、区域物流为基础、城市配送物流为支撑的现代物流框架体系，实现大型物流基地和各种综合性、专业性物流配送中心的相互衔接，把天津建设成为东北亚地区重要的物流中心城市，增强天津对东北亚地区的服务功能。第三，推进天津与东北亚其他城市的物流合作，联合建立世界性物流中心，覆盖东北亚地区和中国北方，辐射整个亚太地区和欧亚大陆，形成高度发达的物流服务业，做到两者相辅相成、共同推进。

4. 建成高水平的现代制造业基地，推动东北亚各国产业合作

天津是中国的老工业基地和第二大工业城市，加工业门类齐全，综合配套能力强，职工素质高，土地和劳动力成本便宜，成为外方投资回报率最高的地区之一，是东北亚各国理想的工业加工基地。进入21世纪，随着滨海新区开发开放的不断深入，依托京津冀、服务环渤海、辐射"三北"、面向东北亚，努力建设成为高水平的现代制造业和研发转化基地，成为天津滨海新区的功能定位目标之一。滨海新区将以建立综合配套改革试验区为契机，坚持走新型工业化道路，把增强自主创新能力作为中心环节，进一步完善研发转化体系，提升东北亚地区的整体技术水平和综合竞争力。

一是进一步壮大电子信息产业。根据数字化、网络化、智能化总体趋势，大力发展集成电路、软件和新型元器件等核心产业，重点培育光电通信、无线通信、高性能计算机及网络设备等信息产业群，建设软件、微电子、光电子等产业基地。

二是进一步壮大汽车、造船和机械装备产业。要积极引进汽车制造和造船企业，在工程机械、高档数控机床与基础制造装备、轨道交通装备生产等方面实现突破，引导形成一批集研发设计制造于一体、竞争力强的机械装备企业。

三是推进航空航天产业。要围绕空客A320、直升机和大火箭项目，积极引进零部件、航空航天材料和空管设备、机载设备等配套企业。

四是大力发展生物医药产业。重点发展基因工程药物、天然药物及保健品、医学仪器和医疗器械的创新技术及产品，加快集聚大型制药企业、跨国研发中心和专业孵化机构，构筑现代生物医药创新体系和产业链，形成国内领先的医药产业基地。

五是大力发展太阳能等节能环保产业。开展新材料、新能源开发，着力发展节能环保产业，引进重大项目，抢占新产业竞争制高点，是滨海新区今后产业发展的重要方向。

六是大力发展化工产业。在"双港双城"战略布局中，依托南港工业区，围绕中石油、中石化和跨国化工企业，建设世界级的化工基地。[1]

---

[1] 张志强：《大力提升滨海新区在东北亚经济格局中的地位》，《港口经济》2009年第9期。

第四篇
发展大趋势

第二十一章
中国第三增长极发展的七大趋势

21世纪以来,世界经济愈益走向全球化和多极化,在和平与发展的主基调下,国家之间竞争与合作交相辉映。一方面,美国、日本、欧盟等发达国家争夺全球市场的竞争更加激烈;另一方面,跨国公司的迅猛发展,使得产品的国家属性不断模糊。而后者的生产国际化不仅为广大发展中国家参与国际分工创造了条件,更为在全球化中不断崛起的新型工业化国家登上世界经济舞台提供了一条有效途径。

十一届三中全会以来,中国抓住全球生产一体化的有利机遇,不断融入世界经济发展大潮。在党中央经济体制改革与对外开放政策的有力支持下,经济不断腾飞,创造了一个又一个举世瞩目的奇迹!2005年,中国成为全球吸引外商直接投资(FDI)最多的国家;2009年,中国超越德国成为全球出口冠军;2010年,中国GDP总量超越日本,成为世界第二大经济体。

在中国经济30多年的快速发展中,中心城市的引领和带动作用功不可没!上海和深圳通过自身经济高速发展,成功带动了临近区域的卫星城市,分别形成长江三角洲、珠江三角洲经济圈。近年来,天津经济快速追赶,对外开放程度不断提高,成为继上海和深圳之后我国经济发展的第三增长极,肩负环渤海区域和京津冀经济圈的龙头带动使命,其成长潜力和发展趋势具有很大的后发优势!

天津地处华北平原东北部,位于渤海之滨,地理位置十分优越。它是我国四大直辖市之一,国内最早的沿海开放城市和世界十大港口之一,环渤海地区的经济引擎、京津冀都市圈的核心城市,金融中心,首都的海上门户。天津滨海新区纳入国家战略,空客A320等一大批重点项目在天津落户上马助推天津的经济腾飞，使得其第三增长极"领头羊"的地位日益凸显。

在2008年世界金融危机以后，国际经济发展的整体趋势有所变化。为了更好地应对危机，更好地发挥在环渤海区域内的龙头带动作用，天津已经认识到，必须走出原有增长模式，才能体现自身在环渤海区域中的核心地位和功能定位，才能实现天津的引领作用。

未来天津的经济发展定位于北方经济中心、国际港口城市和生态宜居城市，同时肩负着振兴京津冀和环渤海，进而调节国家经济发展南快北慢、东高西低的区域发展不平衡使命。因此，天津经济的发展必定将不会是深圳、上海两大城市发展模式的简单复制。展望未来，作为中国的第三经济增长极，天津及所在的京津冀都市圈和环渤海区域在"十二五"时期将呈现以下七大趋势。

一 龙头带动作用将不断增强

经济总量是一个国家或地区经济发展整体水平的最直接体现。自改革开放以来，中国经济总量提升的速度令全世界震惊，GDP总量从1978年的3645.2亿元增长到2010年的397983亿元[①]，即使在2008年国际金融危机中，中国仍然保持了9.6%的高速增长。

国家经济总体发展迅猛，各城市地方经济也捷报频传。天津不辜负党中央的殷切期望，在"十一五"期间，也交出了一份满意的答卷。天津GDP总量从2000年的1639.36亿元增长到2010年的9108.83亿元，增长速度也不断加快（如图21-1），经济总量10年时间翻了5倍多，与北京、上海等城市的差距逐渐缩小。作为京津冀区域的龙头城市，近年来天津在京津冀区域经济总量中的比重不断提高，从2000年的17.8%跃升到2010年的21.14%（如图21-2）。这样的高速增长与天津定位于北方经济中心，以及滨海新区被纳入国家战略密不可分。随着后续大项目、好项目相继启动，可以预见，天津经济总量在"十二五"期间将会以更快的速度增长。

滨海新区自2006年纳入国家战略以来，航空航天、大乙烯、大炼油等一大批大项目、好项目竞相进入、纷至沓来，助推滨海新区经济总量火箭式攀升！2010年上半年，滨海新区以2231.28亿元GDP总量超过浦东新区近5亿

---

① 数据来自《中国统计年鉴》。

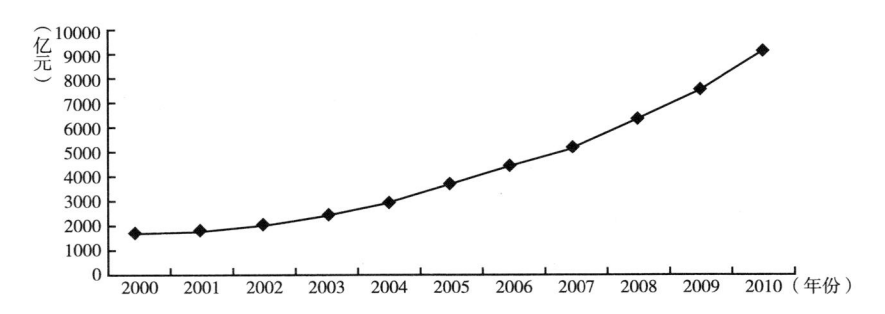

图 21-1　2000~2010 年天津经济总量快速提升

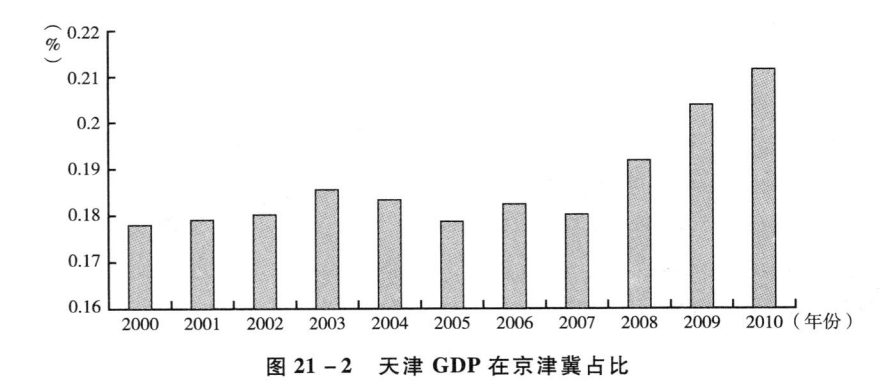

图 21-2　天津 GDP 在京津冀占比

元。2010 年下半年，滨海新区又全面打响"十大战役"，项目遍及整个滨海新区 2270 平方公里土地，总投资额达到 1.5 万亿元人民币，滨海新区核心区、响螺湾、于家堡中心商务区、东疆保税港区及其综合配套服务区的建设正在加速，预计滨海新区在"十二五"时期经济总量将继续跃升（见图 21-3）。

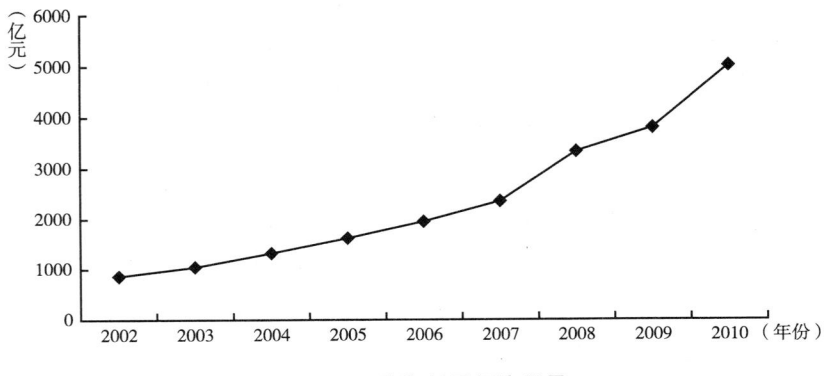

图 21-3　滨海新区经济总量

二 城市群效应愈发凸显

21世纪经济发展的主要趋势之一是区域经济一体化。国家间的竞争逐渐表现为区域之间的竞争，特别是大都市圈、城市群已经成为衡量一个国家或地区社会经济发展水平的重要标志。大城市群的发展和建设将充分发挥辐射带动作用，有利于都市圈内各类规模城市之间优势互补、联动发展、共同提高，符合圈内城市发展的内在要求，符合经济全球化、区域经济一体化的时代经济发展趋势。一个地区的城市之间如果互不依托、单打独斗，不仅不利于城市自身发展，也将损害这个地区的整体实力和核心竞争力。

随着市场化程度的提高，为了能够更好地实现区域经济协调发展，京津冀都市圈的发展更加重视专业化产业分工协作，以合理分工促进产业合作，各城市也确定了自身的功能定位。北京城市功能定位为国家首都、国际城市、文化名城、宜居城市，重点发展第三产业。北京同时发挥大学、科研机构林立、人才密集的优势，与高新技术产业园区、大型企业合作，积极发展高新技术产业，特别是高端服务业，逐步向外转移低端制造业。[1] 天津定位于构建国际港口城市、北方经济中心和生态宜居城市。天津在现有加工制造业优势与港口优势基础上，大力发展先进制造业、现代服务业，适当发展大运量的临港重化工业。河北省作为原材料重化工基地、现代化农业基地和重要的旅游休闲度假区域，是高技术产业和先进制造业研发转化及加工配套基地。此外，河北省在第一产业中着重发展农业和牧业，作为京津的"米袋子"和"菜篮子"。目前，京津冀区域经济分工合作正呈现不断升温的态势。

京津冀区域通过不断完善基础设施建设为区域经济一体化奠定了坚实的基础。目前京津唐高速公路、京津高速公路等几条相互交织的高速公路已经组成了区域公路交通网络，为环渤海企业间贸易往来与合作提供了便利条件。2001年1月，天津滨海国际机场和首都国际机场实现联合，这也是中国民航跨区域机场的首次联合。天津港与北京无水港实现直通，完成陆港与海港的无缝衔接，促进了京津冀区域外向型经济的发展。

京津冀区域内各省市正在突破地域结构和行政管辖的局限，建立了高层联系协调机制。各市政府已经建立起"市长联席会"等各个层次的交流与

---

[1] 《北京城市总体规划（2004~2020）》，2005。

合作平台，共同协商解决区域发展中的重大问题，目前已经签署了"廊坊共识"、"北京倡议"等多项共识。

京津冀区域充分发挥和利用市场中介机构的作用，经济一体化的进程正在不断深入推进和拓展，区域融合速度显著加快。区域间合作方式由商贸合作向经贸合作、产业投资合作深化；由人才、科技交流向错位发展、产业对接、产业链转移突破；由项目合作向共建园区、合作共赢转化。各城市依据自身比较优势，已经开始在农业、工业、旅游业、物流业、商业等方面进行密切的产业协作。

近年来，天津市极力打造"双城双港、相向拓展、一轴两带、南北生态"的城市发展战略格局，"双城双港"即建立以中心城区和滨海新区为核心的城市群，天津北港区与南港区实现功能一体化。"两带"是指东部滨海发展带和西部城镇发展带，具体为从大港、塘沽、汉沽沿海的高端旅游产业带，从蓟县一直到西青和静海的城乡一体化高效农业产业带。"南北生态"指的是从北到南的蓟县、盘山、七里河、大港等生态环境区。依照这一格局，天津中心城区通过有机更新、提升城市功能和品质，滨海新区核心区通过集聚先进生产要素，实现城市功能的跨越，成为服务和带动区域发展的经济增长极。

根据佩鲁的增长极理论，一个国家要实现平衡发展在现实中是不可能的，经济增长通常是从一个或数个"增长中心"逐渐向其他部门或其他地区传导。因此，应选择特定的地理空间作为增长极，以带动经济发展。可以预见，天津作为中国经济第三增长极，今后将会以自身经济总量的高速提升带动周边地区，更好地实现龙头引领作用。

三 生态城市建设助推城市的可持续发展

随着经济高速发展，人类对自然环境的污染和破坏也日趋严重，以至形成全球性问题。[①] 各国人民逐渐意识到应该采取可持续的经济增长模式，既满足当代人的需求，又不对后代人满足其需求的能力构成危害。2009年，联合国在丹麦首都哥本哈根召开世界气候变化大会，世界各国共同商讨未来

---

① 张静祎：《略论全球环境保护和绿色GDP》，《国际关系学院学报》2008年第6期。

应对气候变化的全球行动。我国"十二五"规划建议提出"把建设资源节约型、环境友好型社会作为加快转变经济发展方式的重要着力点"。

天津是一个资源能源相对缺乏的城市。随着社会与经济的快速发展，天津把发展循环经济、推进节能减排、加强资源综合利用作为贯彻落实科学发展观的重要举措，着力构建天津集约型发展模式，探索出一条低投入、低消耗、少排放、能循环、高产出的可持续发展道路。

早在2005年，天津市就已经将循环经济同时纳入天津市和滨海新区的国民经济和社会发展"十一五"规划纲要，指导全市经济社会发展向循环经济转型。2006年以来，天津千余项工业投资项目全部符合节能规范，其中促进节能的高新技术项目占37%。2007年，天津市被确定为国家循环经济示范试点城市之一。2008年9月，天津在滨海新区又设立了排放权交易所，涵盖温室气体、二氧化硫、化学需氧量等环境权益产品减排量交易以及与节能减排相关的咨询、交易服务。这是天津通过金融创新手段探索具有中国特色的节能减排市场机制的一个标志。2008年10月，《天津市循环经济试点实施方案（2008~2012年）》通过国家审核论证，试点工作全面展开。

近年来，天津还通过实施"绿色信贷"政策，推进企业节能减排发展。金融机构一方面为节能减排项目贷款开辟"绿色通道"，优化贷款流程，提高放款效率；另一方面对"三高"企业制定贷款投放的风险限额，严格控制其信贷投放量，适度上收分支机构对"三高"企业的信贷审批权限，加大对节能减排不达标客户的信贷退出力度。

经过几年的努力，天津市已经淘汰了一批落后产能。天津已经探索并完善了泰达、子牙、临港、北疆、华明等五种循环经济发展模式，积极打造电子信息、装备制造、风力发电、航空航天、新能源新材料、轻工纺织和百万千瓦级超临界发电机组等一批附加值高、消耗低、污染小的高新技术产业，极具清洁生产和节能环保的示范带动效应。依据国家统计局初步核算，2009年天津市万元GDP能耗为0.84吨标准煤，提前一年完成了国家下达的"十一五"节能降耗任务，是目前我国少数几个超额完成国家下达的单位GDP能耗下降指标的省市之一，成为国内节能减排的"排头兵"。

人是城市生活中的主体，是一切城市发展活动的中心。经济的发展绝不能以挥霍生态环境为代价。未来城市的发展将会以人与自然协调为宗旨，兼顾回归自然、生态建设、保护环境，使城市成为社会、经济、自然复合生态系统和居民满意、经济高效、生态良性循环的人类居住区。

中新天津生态城是中国、新加坡两国政府战略性合作项目,世界上第一个由国家合作开发的生态城市,可望为中国乃至世界其他城市可持续发展提供学习的榜样。中国希望通过借鉴新加坡城市建设的先进经验,在城市规划、环境保护、资源节约、循环经济、生态建设、可再生能源利用、中水回用、可持续发展以及促进社会和谐等方面进行广泛合作。该项目在天津落户,不仅将助推天津滨海新区的开发开放,还将为京津冀都市圈乃至环渤海区域经济的发展增添新动力。

经过两年多的建设,生态城已初具规模。目前已全面完成起步区30公里的路网和58公里的能源管网等系列配套基础设施;国家动漫园一期项目在2010年底正式开园;已经完成6万平方米商业街的修建工作;200万平方米的7个住宅项目和国家教学园区等公建项目的建设工作正在陆续开展。目前生态城累计完成投资150亿元,注册企业达200多家,注册资金120亿元,协议投资总额210亿元,已初步形成了聚集示范效应。"十二五"期间,中心生态城将会进一步加速发展。

四 金融改革和创新将成为城市发展的强大动力

从欧美等发达国家的经验来看,一国经济腾飞、大国地位确立的前提条件是拥有高度发达的金融体系。在后金融危机时代,金融依然是推动一个国家经济发展的动力源。同时,金融也是区域经济增长的重要动力,区域经济增长必须以金融作为依托,金融业的创新与发展对于区域经济增长意义深远。天津作为中国经济第三增长极,理应成为中国金融改革创新的示范区和引领区域,而国家政策的支持和天津金融改革创新的实践探索已在全国树立了样板,如融资租赁等行业的迅速发展将极大地推动天津城市的快速发展,并形成发展的持续动力。

天津市抓住滨海新区被列为国家综合配套改革试验区的机遇先行先试,积极探索、深化、创新金融改革,并取得重大突破。天津金融业规模迅速扩大,不断推出创新举措。2006年12月,渤海产业投资基金开业;2007年9月,全国第一家股权投资基金协会在天津成立;2008年12月,天津股权交易所开业;2008年9月,天津设立全国第一家综合性排放权交易机构——天津排放权交易所;2009年12月,渤海商品交易所开业;2010年5月,天津金融资产交易所完成注册登记；2010年6月，天津金融资产交易所正式挂牌成立。据天津市金融办统计，2005~2009年，天津金融业增加值由161亿元增加到421亿元，在国内生产总值所占比重由4.3%上升到5.6%。在天津注册的股权投资基金及基金管理企业已达363家，创投企业120多家，注册资金725亿元，向各行各业投资总额已超过400亿元。天津已成为我国各类基金最集中的城市之一。

为了与北方经济中心相适应，近年来天津极力打造于家堡金融区。于家堡金融区位于滨海新区核心区中心商务区，建设占地面积3.86平方公里，共120个地块，总建筑面积9.5平方公里，计划用10年时间打造成全球规模最大的金融区之一。目前，31个地块已经确定了投资主体，包括美国洛克菲勒、铁狮门等国际企业在内，在于家堡注册的企业已有200家，注册资本超过500亿元人民币。展望"十二五"，于家堡金融区创新，滨海新区整体金融服务功能创新，以及创新型金融机构的发展，金融租赁公司、金融控股集团、国际金融服务公司等一批新型金融机构的引进，将进一步增强滨海新区的金融配套服务水平，使得天津市金融改革创新水平迈上一个新台阶。

五　城乡一体化将成为城市发展一道亮丽风景

天津自第九次党代会以来，确定滨海新区、中心城区、各区县联动发展的战略布局，即滨海新区龙头带动、中心城区全面提升、各区县加快发展，"三个层面"联动协调发展，并将"大力实施城乡一体化发展战略"列为今后一个时期城市发展的三个重要战略之一。在天津城市建设日新月异、工业实力不断发展壮大的同时，城市与乡村的"二元经济"问题也得到各级政府的高度重视。

天津市政府从农村生产、生活、居民社会福利保障等各方面出台了一系列政策措施，大力支持社会主义新农村建设，积极推进城乡一体化进程。从2006年起，天津每年安排8000万元专项资金支持小城镇建设，加快农村城市化进程，扎实推进以宅基地换房建设示范小城镇试点工作，扩大建设规模，让更多农民住进设施完备、环境优美的小城镇和新社区。城市化的推进促进了城镇经济规模的扩大，形成新城、中心镇、一般镇、中心村、基层村等5个层次紧密关联的现代城镇体系框架。一批新城、中心镇成为发展优势明显、带动功能突出、生态环境良好的区域经济社会发展中心，镇域经济比重占区县的75%左右。

天津大力发展都市型现代农业，整合建立31个工业示范园区，先后启动495个区县重大项目，总投资近4000亿元，项目竣工投产后可新增年销售收入8000余亿元，新增利税900亿元，为天津农村城市化打造了有力的产业经济支撑。

自2007年以来，津郊每年新增设施农业面积10万亩，从根本上改变了农业靠天吃饭的局面。国家开发银行、农业合作银行、渤海银行等多家金融机构投入设施农业建设，为津郊现代农业提供资金支持。在津郊农村，已出现了一批蔬菜、蘑菇、花卉生产设施聚集区，比传统农业增收3~10倍。

同时，天津进一步完善农村民计民生，力求实现农村教育、医疗卫生、养老保障、特困救助等方面城乡"无差异"。从2009年9月开始，天津在全国率先实现统筹城乡居民基本医疗保险，400万农民在家门口就能享受到优质的医疗服务。农村居民和城镇居民在参保范围、个人缴费、政府补贴和待遇方面享受统一标准。同时，政府每年出资7亿元，实施城乡居民养老保障统筹规划，在农村居民只享受个人账户养老金的基础上，又增加了财政补贴的基础养老金，与原来实施的农村居民养老保险办法相比，农村居民在缴费金额基本相同的情况下，养老金水平提高了近60%。

天津坚持工业反哺农业，进入了一个以工促农、以城带乡、构筑城乡经济社会发展一体化的新时代。城市与农村在彼此融合、相互渗透、优势互补中焕发出巨大活力，在一系列社会主义新农村建设政策的推进下，实现了城市与农村"1+1>2"的倍增效应。

六 创新型城市在转型中健康成长

随着中国经济不断发展，天津越来越意识到自主创新能力是实现崛起的核心竞争力。"十一五"以来，天津通过实施自主创新产业化重大项目，打造了一批国家级科技创新平台，与高校和科研院所合作搭建产业研发平台，创建高新技术产业基地以全力提升自主创新能力，构筑自主创新高地，为天津未来经济腾飞插上了翅膀。

从2008年开始，天津市部署实施四批80项自主创新产业化重大项目，累计投资152.9亿元，累计开发出新产品413项，申请发明专利326项，授权发明专利110项；累计销售收入超过225.5亿元。全市共建成了10个国家级高新技术产业化基地，国家和部级重点实验室达到41家，国家级技术研究中心达到26家；新增国家工程实验室2家，国家级科技企业孵化器达到7家，市级重点实验室达到69个，科技企业孵化器32家，促进了生物医药、新能源、民用航空、半导体照明等一批战略性新兴产业的快速发展，成功开发了100多项具有国内外领先水平的重大创新技术和产品，引进培养了200多名高层次科技人才，综合科技进步水平保持全国第三位。

天津市政府与科技部共同建立了部市会商机制，全面推动科技创新进程。自该机制启动以来，天津先后共承担了56个国家重大专项子课题，承担"863"、"973"等国家重点科技计划项目1561项，为将近30家国家级科研院所的高水平创新成果进行产业转化，攻克了一批关键性技术，涌现出巨型工程子午线轮胎设备、超千万亿次计算机、锂电子动力电池核心技术等一批标志性成果。截至2009年，天津共认定高新技术企业753家，其中14家企业成为国家级创新型企业。全市高新技术产值从2005年的2141亿元增至2009年的3923亿元。

天津市通过连续出台一系列政策措施，不断加大扶持科技型中小企业力度，打造数量众多、技术领先、充满活力的企业群，使其迅速成长壮大，成为科技创新的主力军。例如，天津市召开"加快科技型中小企业发展"动员大会，动员科技型中小企业加大科技创新力度，迅速成长。同时，为了解决科技型中小企业融资难的问题，天津市设立了科技创新专项资金，累计财政投入11亿元，以加快重大科技成果转化和引进。目前专项基金共支持转化重大科技成果111项，拉动企业增加研发投入83.95亿元。

与此同时，天津通过打造多元化、多渠道的科技投融资保障体系，扶持科技型中小企业发展。天津成立了科技小额贷款公司，并与多家银行共同打造科技投融资平台，向科技型中小企业提供打包贷款、"零首付"注册资本、知识产权质押贷款等多种融资方式。2009年，2家商业银行为121家列入市科技发展计划的科技型中小企业提供无抵押无担保打包贷款4820万元，为1家科技公司提供专利质押贷款2000万元，目前累计为科技型企业提供银行贷款22亿元。全市共注册122家从事创业投资的机构，注册资本金110亿元，累计项目投入260余项，并设立了3只总额超过2亿元的天使投资基金。

此外，天津已建立市区县联手工作机制，共同扶持科技型中小企业创新发展。目前已涌现出一批高成长性科技型中小企业和具有国内外竞争力的创新产品，例如长荣印刷设备、天地伟业安防产品、松正电气混合动力系统等。与此同时，在各相关部门联合推动下，一批科技型中小企业、例如赛象科技、红日药业、力生制药、九安医药、经纬电材、瑞普生物等成功上市。未来，天津在扶持科技型中小企业、促进金融创新方面将会进一步加大力气！

七　城市的国际化现代化程度不断提升

未来区域的竞争、城市的竞争归根结底是人才的竞争。环渤海地区在人才方面具有很大的优势。北京、天津两大直辖市是国内技术人才最为密集的城市，拥有一大批高等院校、研究院所和科研机构。在此基础上，近年来天津市又采取多项政策，千方百计引进各行业领军人物和技术尖子以及海外高端人才，不断增强自身科技竞争软实力，持续保持发展的永动力。

在"十一五"期间，天津市相继颁布《天津市实施海外高层次人才引进计划的意见》、《天津市关于引进创新创业领军人才暂行办法》等，滨海新区专门出台领军人才政策，设立专项资金引进两院院士、科技领军人物、尖子人才，同时发挥重大项目和创新平台的优势，面向海内外吸引创新创业人才，为他们创业提供一切便利条件，带动创新团队的聚集、科技和产业发展的跨越，为建设创新型城市提供人才保证。这一系列政策措施保证了天津科技人才队伍不断壮大。目前，天津共拥有两院院士35名，国家"千人计划"35人，国家有突出贡献的中青年专家179人，国家"百千万人才工程"入选者93人，国家杰出青年科学基金获得者46人，长江学者88人，"973"项目首席科学家12人。天津获得国家资助创新群体和团队达到15个，引进海外高层次人才100余人到天津创业，并带动3000多名高科技人才加盟研究团队。

此外，天津作为全国职业教育示范基地，将在中国产业大军整体素质的培养培训上发挥龙头带动作用，这必将促进一个城市的现代化建设与国际化程度。天津市贯彻落实国家大力发展职业教育的方针政策，规划建设海河教育园区。海河教育园区地处海河中游地区，规划总占地37平方公里，预计办学规模20万人。2011年3月，海河教育园区一期工程竣工投入使用，7所职业院校首批进驻。2011年6月，第四届全国职业院校技能大赛在天津海河教育园区举行。"十二五"期间，天津将基本完成海河教育园区整体建设和国家职业教育发展博物馆等6个国家级项目建设，建成一批综合实力强、师资配备齐、管理水平高、教学质量优、办学效益好和辐射能力广的高水平职业院校和实训基地。未来，天津将继续领跑全国职业教育！

参考文献

[1] 刘牧雨、赵弘：《环渤海区域经济发展研究》，中国经济出版社，2008。

[2] 阙天韬：《从"天津制造"到"天津创造"——构筑自主创新高地，加快步入创新驱动、内生增长发展轨道》，2010年10月17日《天津日报》。

[3] 姚腾霄：《环渤海区域经济一体化的现状与特点》，《科教前沿》2009年第17期。

[4] 刘志良、杜斌、李庶民：《推进节能减排正在加倍努力》，2009年12月17日《金融时报》。

[5] 张立平：《天津迈入城乡一体化新时代》，2009年9月22日《天津日报》。

[6] 贺灿飞、王俊松：《京津冀都市圈产业合作研究》。

[7] 黄晓晴：《未来天津经济运行的基本趋势及判断》，《天津经济》2008年第1期。

[8] 高舜礼、白四座：《论旅游业的现代服务业特征》，2009年3月6日《中国旅游报》。

[9] 厉无畏、王慧敏、孙洁：《创意旅游——旅游产业发展模式的革新》，《旅游科学》2007年第6期。

[10] 杨军：《国民旅游是经济社会发展的重要目标》，2009年6月26日《中国旅游报》。

[11] 邹统钎：《绿色旅游产业发展模式与运行机制》，《中国人口·资源与环境》2005年第4期。

[12] Kreg Linberg：《生态旅游的经济影响》，1996年11月3日，Charles Surt 大学，http//www. ecotourism. ee/oko/kreg. html。

[13] 亚太旅游协会：《充分发挥中国旅游业潜能——对未来发展的建议》，中国旅游出版社，2008。

[14] 厉无畏：《产业融合与产业创新》，《上海管理科学》2002年第4期。

[15] 理查德·弗罗里达：《创意经济》，中国人民大学出版社，2006。

[16] 胡小武：《创意经济时代与城市新机遇》，《城市问题》2006年第5期。

[17] 庄军：《旅游产业集群研究》，全国优秀博硕士论文网，2005年5月。

[18] 迈克尔·波特著《国家竞争优势》，李明轩、邱如美译，华夏出版社，2002。

[19] "中国天津旅游政务网"，http：//www. tjtour. gov. cn。

[20] 冯学钢、于秋阳：《论旅游创意产业的发展前景与对策》，《旅游学刊》2006年第12期。

[21] 原勃：《旅游创意产业：概念构成和融合发展》，《陕西行政学院学报》2008年第3期。

[22] 曾博伟：《旅游业转型升级的战略型思考》，2009年7月8日《中国旅游报》。

[23] 王方华：《企业战略竞争》，复旦大学出版社，2008。

[24] PATA：《充分发挥中国旅游业潜能》，中国旅游出版社，2008。

[25] 中国港口资讯网，http：//www. port. org. cn/info/200802/105436. htm。

[26] 《天津滨海新区管理体制改革全景式解析》，滨海新区网（http：//www. bh. gov. cn）。

[27] 王伟：《基于供应链管理的我国邮轮旅游港口接待体系研究》，南开大学硕士学位论文，2009。

[28] 马献林：《天津经济研究论文集》，天津人民出版社，2006。

[29] 周立群、谢思全：《环渤海区域经济报告（2008）》，社会科学文献出版社，2007。

[30] 倪鹏飞：《中国城市竞争力报告 NO. 6》，社会科学文献出版社，2008。

[31] 周立群：《创新、整合与协调》，经济科学出版社，2007。

[32] 郝寿义：《区域经济学原理》，上海人民出版社，2007。

[33] 吴敬华、祝而娟等：《中国区域经济发展趋势与总体战略》，天津人民

出版社，2007。
- [34] 张玉庆：《环渤海与长三角、珠三角比较研究》，首都经济贸易大学出版社，2008。
- [35] 赵国岭：《京津冀区域经济合作问题研究》，中国经济出版社，2006。
- [36] 景体华、陈孟平：《2007~2008年：中国区域经济发展报告》，社会科学文献出版社，2008。
- [37] 张兆安：《大都市圈与区域经济一体化》，上海财经大学出版社，2006。
- [38] 马树强：《京津冀协调发展前沿研究》，中国经济出版社，2007。
- [39] 祝尔娟、臧学英：《中国"三大增长极"发展之比较》，《经济管理与研究》2008年第1期。
- [40] 陈维、游德才：《珠三角、长三角和京津冀区域经济发展阶段及制约因素的比较分析》，《珠江经济》2007年第6期。
- [41] 陈耀：《中国三大城市经济圈及其发展前景比较》，2003年10月27日《中国经济时报》。
- [42] 李立华：《环渤海经济圈发展战略研究》，《宏观经济研究》2004年第12期。
- [43] 潘文达：《环渤海区域经济发展战略初探》，《学习与探索》2005年第3期。
- [44] 孙虎军：《促进环渤海区域经济发展与加快天津滨海新区开发开放对接思路初探》，《宏观经济研究》2007年第1期。
- [45] 王树理：《新形势下环渤海经济圈的战略研究》，《价值工程》2006年第7期。
- [46] 王晓霞：《环渤海地区产业集群升级与区域协作研究》，《生态经济》2009年第1期。
- [47] 尹平均：《天津市科技竞争力的现状分析及对策研究》，《天津社会科学年鉴2007》。
- [48] 孙鸿武：《"十一五"天津实现产业结构高级化的主要路径研究》，《天津经济》2005年第1期。
- [49] 姚立中：《选好天津市金融创新的突破口》，《天津经济》2005年第11期。
- [50] 戴相龙：《坚持金融改革创新加快建设与北方经济中心相适应的现代

金融服务体系》,《港口经济》2006 年第 6 期。

[51] 天津市政协金融研究课题组:《加快金融业发展,促进滨海新区进一步开发开放》,《天津社会科学年鉴 2006》。

[52] 张俊萍:《对加快天津现代服务业发展的思考》,《环渤海经济瞭望》2008 年第 8 期。

[53] 刘文华:《30 年改革开放——天津商业发展管窥》,《天津市财贸管理干部学院学报》2009 年第 1 期。

[54] 李润兰:《加快和平区商业商务区建设》,《天津经济》2007 年第 12 期。

[55] 陈格葛:《天津五大核心商圈走马观》,《中国制衣》2005 年第 8 期。

后 记

　　历经 3 年多时间的研究和反复修正，由天津市委原副秘书长、天津社科联副主席、天津市"十二五"规划专家委员会副主任吴敬华研究员挂帅，由天津市委党校（天津行政学院）经济发展战略研究所所长臧学英教授牵头的天津市科技发展战略研究计划项目"中国北方经济中心的第二次崛起研究"（项目编号：08ZLZLZT04600）终于完成，其专著《战略机遇期中的天津——中国第三增长极发展大趋势》也与读者见面了。

　　该书作为近年来专门研究天津经济社会发展全貌的专著，就我们的搜索来看，并不多见。在写作过程中几易其稿，很多数据都是作者随着天津的发展变化随时补充和调整的，而且，来源真实可靠。该书的研究团队是以中共天津市委党校（天津行政学院）经济发展战略研究所为主体，由南开大学、天津市社会科学院的知名专家和天津滨海新区有关人员及天津市委党校的部分教师通力合作完成的。

　　该书由吴敬华研究员和臧学英教授提出写作大纲。各章节的作者分别是：第一、二、五、十五章由天津市委党校（天津行政学院）经济发展战略研究所副教授邹玉娟博士和天津保税区经济发展局招商办主任（天津大学管理学院在读博士）朱轶彬撰写；第三、四章由天津市社会科学院城市经济研究所研究员陈柳钦撰写；第七、八、九、十章由天津市委党校（天津行政学院）经济发展战略研究所副教授刘波博士和天津市政府合作交流办综合处处长（天津大学管理学院在读博士）张莉撰写；第六、十一、十三章由天津市委党校（天津行政学院）经济学部副教授杨东方撰写；第十二、十四、十七、二十章由天津市委党校（天津行政学院）教务处助理研究员未江涛和天津开发区人力资源与社会保障局（天津大学管理学院在读博士）郎培撰写；第十六章由天津市委党校（天津行政学院）经济发展战略研究所讲师牛立超博士后撰写；第十八章由南开大学旅游学院副院长、博士生导师徐虹教授撰写；第十九章由天津市委党校（天津行政学院）经济发展战略研究所副所长张玉庆教授撰写；第二十一章由天津市委党校（天津行政学院）经济发展战略研究所讲师于明言博士撰写，并对有关章节数据的调整做了大量工作。臧学英教授统修全书，最终定稿完成。

该书写作期间曾得到天津市商务委刘东水副主任、天津市科委体改处夏正淮处长的鼎力支持；也得到天津市委党校（天津行政学院）常务副校长祝宝钟教授、副校长刘润忠教授、科研处处长杨生祥教授的全力支持。而且，在研究中我们还借鉴参考了诸多研究成果，并得到社会科学文献出版社财经与管理图书事业部恽薇主任的大力支持，在此，一并致谢。

天津市委党校（天津行政学院）经济发展战略研究所作为专门研究区域经济，特别是天津经济发展的研究机构，多年来一直关注、跟踪研究天津（滨海新区）经济社会的发展状况，完成了数十部专著、研究报告和论文。但该书是近年来精心打磨和较系统全面研究天津经济社会发展的一部力作，作者倾注了很大的精力。尽管如此，我们在研究中依然感觉有些认识和观点需要不断完善和提升，有些研究还是初步的，诸多问题仍有研究空间，需要随着实践的发展，做进一步的超前研究和延伸研究。书中如有不当之处，敬请读者批评指正。

编　者

2011 年 8 月